	기미일	경신일	신유일	임술일	계해일
1국	307	363	417	475	533
2국	311	367	421	480	537
3국	315	371	426	485	541
4국	320	376	431	489	545
5국	324	381	435	493	550
6국	329	385	439	498	555
7국	334	389	443	503	560
8국	338	393	448	507	565
9국	343	398	453	512	570
10국	347	402	457	516	575
11국	352	406	462	521	580
12국	356	411	467	526	585

○ 묘성과, 리괘, 호랑이가 사람을 무는 상
구관은 길하고, 나머지 정단은 모두 흉하다. 특히 출행, 병재, 관재가 흉하다.

○ 별책과, 음란의 상, 불완전의 상
혼인과 가정에서 음란이 발생한다. 모든 일에서 불완전하다.

○ 팔전과, 동인괘, 협력동심의 상
근친상간의 상으로서 가정이 음란하다. 유실물은 안에 있다.

○ 반음과, 진괘, 경천동지의 상
길사는 불성하고, 흉사는 사라진다. 혼인과 가정과 직장과는 절연된다.

○ 복음과, 간괘, 수구대신의 상
구관(求官)은 길하고, 나머지 정단은 모두 흉하다. 질병은 수술수가 있다.

즉문즉답
대육임직지

인사(人事)를 통달하다

갑인순

우산愚山 이수동李洙銅

1963 경북 백두대간 황악산 남쪽 산자락에서 출생
1991 한국기공연합회 기공사, 감사 역임
2005 『운명 바꿀 것인가 따를 것인가』에
　　　한국의 대표 역학인 10人에 소개
2006 『육임입문』 1·2·3 출간
2009 『육임실전』 1 출간
2010 『대육임필법부 평주』 출간
2013 원광대학교 한국문화학과 졸업, 문학박사
2014 『육임실전』 2(「육임지남주해」) 출간
2018 「육임의 혼인점단 이론체계 연구」, 실천민속학회, 2018
2019 『대육임직지』 6권 완간
2019 『육임을 알면 미래가 보인다』
전직) 서라벌대학교 풍수명리학과 강사, 공주대학교 동양학과 강사
현재) 원광디지털대학교 동양학과 강사, 원광대학교 대학원 강사,
　　　동국대학교 미래융합교육원 강사
　　　(학술단체) 고려육임학회 학회장.
　　　네이버에서 고려육임학회 카페 http://cafe.naver.com/taotemple
　　　이메일 : gigong@naver.com

대유육임시리즈 12 **대육임직지** ⑥ 갑인순

▪ 초판 발행 2022년 4월 5일
▪ 주해　우산 이수동
▪ 편집　이연실 윤치훈
▪ 발행인 윤상철　▪ 발행처 대유학당 since1993
▪ 출판등록 2002년 4월 17일 제305-2002-000028호
▪ 주소 서울 성동구 아차산로17길 SK V1 센터 1동 814호
▪ 전화 (02)2249-5630~1
▪ ISBN 978-89-6369-099-5　03180
▪ 정가 **34,000원**

▪ 이 도서의 국립중앙도서관 출판예정도서목록(CIP)은
　서지정보유통지원시스템 홈페이지(http://seoji.nl.go.kr)와
　국가자료공동목록시스템(http://www.nl.go.kr/kolisnet)에서
　이용하실 수 있습니다. (CIP2019021156)

즉문즉답
대육임직지

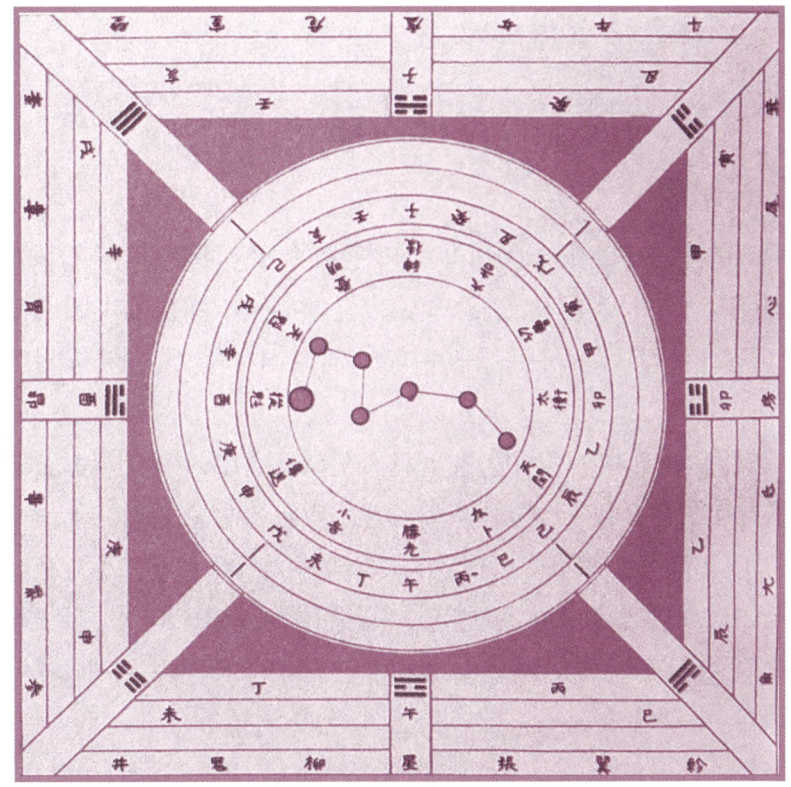

낙랑군 우왕묘에서 출토된 육임식반의 복원도

○ 육임식반은 하늘을 뜻하는 원형(圓形)의 천반과 땅을 상징하는 방형(方形)의 지반으로 구성되어 있다.
□ 원형(동그라미)의 한 가운데에는 북두칠성이 그려져 있고, 동그라미 테두리에는 육임의 12월장 및 10간 12지가 적혀 있으며, 그 바깥의 방형의 네모에도 10간 12지와 팔괘 그리고 이십팔수가 적혀 있다.
△ 이 유물을 통해 육임식반이 널리 사용됐고, 육임점(六壬占)이 널리 성행했음을 알 수 있다.

머리말

무술년의 중추절에 『대육임직지』의 전편에 해당하는 갑자순·갑술순·갑신순의 720과 주석서가 출간되었고, 금년에는 『대육임직지』의 후편에 해당하는 갑오순·갑진순·갑인순의 720과 주석서를 출간하게 되었다.

육임은 720개의 〈육임식반〉을 보고 사안의 길흉(吉凶)과 성부(成否)를 예측하는 학문으로서 정확성과 자세함이 타의 추종을 불허한다. 육임을 제대로 활용할 수 있는 모범적인 720과 주석서가 상담업 종사자 및 육임 애호가에게 절실히 필요하다. 수많은 독자들이 이러한 필요성을 말했고, 10여 년 전부터 자료를 모으고 연구하며 집필해서 이제서야 완간하게 된 것이다.

이 책에는 가정(양택), 구관(시험, 승진), 혼인, 임신·출산, 귀인 알현(면접), 구재(장사, 사업), 질병, 출행(여행), 귀가, 쟁송(관재)를 비롯하여 날씨, 음택(산소), 전쟁 등에 관한 길흉과 그 이유가 비교적 자세하게 설명되어 있다.

각 사안의 정답은 육임 고전에 기록된 정답을 사용하였고, 부족한 것은 저자가 첨가하였다. 그리고 정답이 도출된 이유는 『대육임필법부』를 비롯한 육임의 여러 고전에 바탕을 두되 자의적인 해석은 하지 않았고, 이러한 이유를 들어 『대육임직지』는 육임의 여러 고전이 융합된 성격의 책이라고 말할 수 있다. 그리고 이 책을 자평하면, 동서고금의 '육임학사'에서 육임 720과 주석서로서 최초 출간이라는 의미를 부여할 수 있다.

동양 고전에 "낙수가 바위를 뚫는다."는 말이 있다. 만약 매일의 일진의 열 두 국을 정독하고 사색하기를 이와 같이 계속하면, 어느 순간 홀연히 '즉문즉답'할 수 있는 문리가 터질 것이다. 아무쪼록 이 책이 육임을 연구하는 학자, 상담 현장에서 상담하는 술사, 그리고 일반인에게 작은 도움이 되길 기원한다.

서기 2019년 맹하에
빛고을 光明에서 우산 이수동 삼가 적음

일러두기

❶ 본고의 근본은 『대육임입성대전검』, 『육임직지』, 『육임요결』에 두었다.

❷ 과체

매 국의 과체에서 '//' 이전의 것은 고전의 것이고, '//' 이후의 것은 고전 이외의 것으로써 저자가 보완하였다.

❸ 귀인접지법

구분 주야 십간	현대		청나라 이전 ~명나라	
	낮	밤	낮	밤
甲	未	丑	丑	未
乙	申	子	子	申
丙	酉	亥	亥	酉
丁	亥	酉	亥	酉
戊	丑	未	丑	未
己	子	申	子	申
庚	丑	未	丑	未
辛	寅	午	午	寅
壬	卯	巳	巳	卯
癸	巳	卯	巳	卯

본고에서는 현대인의 활용을 위해 아래와 같이 현대의 귀인접지법을 적용하였다.

갑일의 낮 귀인은 未이고 밤 귀인은 丑이다.

을일의 낮 귀인은 申이고 밤 귀인은 子이다.

병일의 낮 귀인은 酉이고 밤 귀인은 亥이다.
신일의 낮 귀인은 寅이고 밤 귀인은 午이다.
임일의 낮 귀인은 卯이고 밤 귀인은 巳이다.

❹ 갑오순의 섭해과 삼전은 '섭해법(涉害法)' 곧 '사과 중 극의 수가 많은 곳을 발용으로 정하는 방법'을 취해서 삼전을 정하고 이론을 전개하였다. 갑오일 제3국, 기해일 제9국, 계묘일 제3국이 그 예로서, 육임의 고전인 『대육임입성대전검』·『육임직지』·『육임요결』 등에서의 삼전과는 다르다.

❺ 귀인알현
이 항목은 공무원이나 직장인이 그들의 상급자에게 청탁하거나 혹은 서민이 관청의 공무원 혹은 귀인을 만나서 부탁할 때에 적용된다.

❻ 가정
원문에서의 '가택'이다. 가정사와 가상(양택) 항목이다. 만약 회사를 정단하면 회사가 되고, 가게를 정단하면 가게가 된다. 따라서 회사 또는 가게의 좋고 나쁜 상황을 알 수 있다.

❼ 쟁송과 관재
쟁송은 원고와 피고가 정해진 상황에서 승소와 패소를 예측하는 것이고, 관재는 범법을 저지른 뒤 죄의 경중을 예측하는 것이다.

❽ 원문에서 10개 '괘'로 표기되어 있는 것을 '과'로 바꾸었다. 예를 들어 '원수괘'를 '원수과'로 바꾸었다.

❾ 본문의 동그라미 표시(○)는 고전의 원문, 화살 표시(➔)는 저자의 주석, 우산그림(☂)은 원문에는 없지만 꼭 필요하다고 생각하여 저자가 추가한 것이다. 가령 갑자일 제1국에서 '☂ 알현' 항목을 저자가 보충하여 항목의 가장 뒤편에 수록하였다.

『대육임직지』의 특징

❶ 이 책의 원저는 『대육임입성대전검』, 『육임직지』, 『육임요결』이다.

❷ 이 책은 인사의 주요 질문에 대한 답을 직지(直指)한 책이다. 따라서 육임의 최종 결과물이라고 할 수 있다.

❸ 이 책은 과체(課體), 과의(課義), 해왈(解曰), 단왈(斷曰), 12개 사안, 그리고 『대육임필법부』와 『과경』을 비롯한 육임의 주요 문헌에서의 720과 해설로 구성되어 있다. '과의'는 '핵심'으로, '해왈'은 '분석'으로, '단왈'은 '정단'으로 변경하였다.

❹ 사안별 정단은 12개 사안 혹은 10개의 사안으로 구성되어 있다. 가령 갑자일 제1국의 12개 사안은 천시(날씨), 모망, 가택, 혼인, 질병, 임신·출산, 구재, 포획, 유실, 행인, 출행, 정벌이다. 그러나 일진에 따라 일부가 빠지고 이를 대신하여 공명, 실탈(失脫), 쟁송이 추가되어 있다. 본문의 일부에서는 공명이 사환(仕宦)으로 되어 있거나 혹은 정벌(征伐)이 병전(兵戰)으로 기술되어 있으며 혹은 쟁송이나 실탈(유실)이 빠져있기도 하다.

정단에 필요한 도표

〈표 1〉 국수

월장 중기 점시	亥 우수~	戌 춘분~	酉 곡우~	申 소만~	未 하지~	午 대서~	巳 처서~	辰 추분~	卯 상강~	寅 소설~	丑 동지~	子 대한~
子	2	3	4	5	6	7	8	9	10	11	12	1
丑	3	4	5	6	7	8	9	10	11	12	1	2
寅	4	5	6	7	8	9	10	11	12	1	2	3
卯	5	6	7	8	9	10	11	12	1	2	3	4
辰	6	7	8	9	10	11	12	1	2	3	4	5
巳	7	8	9	10	11	12	1	2	3	4	5	6
午	8	9	10	11	12	1	2	3	4	5	6	7
未	9	10	11	12	1	2	3	4	5	6	7	8
申	10	11	12	1	2	3	4	5	6	7	8	9
酉	11	12	1	2	3	4	5	6	7	8	9	10
戌	12	1	2	3	4	5	6	7	8	9	10	11
亥	1	2	3	4	5	6	7	8	9	10	11	12

● 국수를 찾는 방법과 점시, 월장, 행년

　가령 2019년 7월 16일 낮 4시에 정단할 경우, 일진은 甲寅이고 점시는 申이며 월장은 未이다. 점시 난의 申과 월장 난의 未가 만나는 지점에 2가 적혀있으므로, 본문 중 갑인일의 제2국을 펴서 궁금한 항목을 읽으면 된다. 점시는 〈표 2〉를 참조하면 되고, 월장은 〈표 3〉을 참조하면 되며, 한국나이에 따른 행년은 〈표 4〉를 참조하면 된다.

〈표 2〉 12점시(기준 : 표준시)

점시	시간(대략)
자시(子時)	밤 11시 32분~01시 31분
축시(丑時)	밤 01시 32분~03시 31분
인시(寅時)	밤 03시 32분~05시 31분
묘시(卯時)	새벽 05시 32분~07시 31분
진시(辰時)	아침 07시 32분~09시 31분
사시(巳時)	낮 09시 32분~11시 31분
오시(午時)	낮 11시 32분~1시 31분
미시(未時)	낮 1시 32분~3시 31분
신시(申時)	낮 3시 32분~5시 31분
유시(酉時)	저녁 5시 32분~7시 31분
술시(戌時)	밤 7시 32분~9시 31분
해시(亥時)	밤 9시 32분~11시 31분
※ 점시의 기준은 매일 조금씩 달라진다.	

⟨표 3⟩ 월장이 바뀌는 날짜(기준 : 양력)

월장	12기	양력	월장	12기	양력
亥	우수(雨水)	2월 18일~20일	巳	처서(處暑)	8월 22일~23일
戌	춘분(春分)	3월 20일~22일	辰	추분(秋分)	9월 22일~24일
酉	곡우(穀雨)	4월 20일~21일	卯	상강(霜降)	10월 23일~24일
申	소만(小滿)	5월 20일~21일	寅	소설(小雪)	11월 22일~23일
未	하지(夏至)	6월 21일~23일	丑	동지(冬至)	12월 21일~23일
午	대서(大暑)	7월 22일~23일	子	대한(大寒)	1월 20일~21일

※ 월장이 바뀌는 일시분(日時分)은 매년 달라진다.
신뢰성 있는 만세력을 참조할 것.

〈표 4〉 행년표

나이	1세	2세	3세	4세	5세	6세	7세	8세	9세	10세
남자	丙寅	丁卯	戊辰	己巳	庚午	辛未	壬申	癸酉	甲戌	乙亥
여자	壬申	辛未	庚午	己巳	戊辰	丁卯	丙寅	乙丑	甲子	癸亥

나이	11세	12세	13세	14세	15세	16세	17세	18세	19세	20세
남자	丙子	丁丑	戊寅	己卯	庚辰	辛巳	壬午	癸未	甲申	乙酉
여자	壬戌	辛酉	庚申	己未	戊午	丁巳	丙辰	乙卯	甲寅	癸丑

나이	21세	22세	23세	24세	25세	26세	27세	28세	29세	30세
남자	丙戌	丁亥	戊子	己丑	庚寅	辛卯	壬辰	癸巳	甲午	乙未
여자	壬子	辛亥	庚戌	己酉	戊申	丁未	丙午	乙巳	甲辰	癸卯

나이	31세	32세	33세	34세	35세	36세	37세	38세	39세	40세
남자	丙申	丁酉	戊戌	己亥	庚子	辛丑	壬寅	癸卯	甲辰	乙巳
여자	壬寅	辛丑	庚子	己亥	戊戌	丁酉	丙申	乙未	甲午	癸巳

나이	41세	42세	43세	44세	45세	46세	47세	48세	49세	50세
남자	丙午	丁未	戊申	己酉	庚戌	辛亥	壬子	癸丑	甲寅	乙卯
여자	壬辰	辛卯	庚寅	己丑	戊子	丁亥	丙戌	乙酉	甲申	癸未

나이	51세	52세	53세	54세	55세	56세	57세	58세	59세	60세
남자	丙辰	丁巳	戊午	己未	庚申	辛酉	壬戌	癸亥	甲子	乙丑
여자	壬午	辛巳	庚辰	己卯	戊寅	丁丑	丙子	乙亥	甲戌	癸酉

갑인일

甲寅日의 길신(구보)과 흉살(팔살)			
일덕	寅	형	
일록	寅	충	
역마	申	파	
장생	亥	해	
제왕	卯	귀살	申酉
순기	亥	묘신	未
육의(六儀)	甲寅	패신 / 도화	子 / 卯
귀인	주 未	공망	子丑
	야 丑	탈(脫)	巳午
합(合)		사(死)	午
태(胎)	酉	절(絶)	申

| 갑인순 | 갑인일 | 1국 |

甲寅日 제 1국

공망 : 子·丑
낮 : 왼쪽 신장, 밤 : 오른쪽 신장

甲	丁	庚
青 寅 蛇	朱 巳 勾	后 申 白
寅	巳	申
甲	甲	甲	甲
青 寅 蛇	青 寅 蛇	青 寅 蛇	青 寅 蛇
甲 寅	寅	寅	寅

丁朱巳巳	戊勾午午	己蛇未未	庚青申申
丙合辰辰			辛空酉酉
乙勾卯卯			壬白戌戌
甲青寅寅	蛇空丑丑○	貴后子子○	癸常亥亥

□ **과체** : 복음(伏吟), 자임(自任), 원태(元胎) // 비태(比胎), 간지동류(干支同類), 신임정마(信任丁馬), 덕경(德慶), 육의(六儀), 권섭부정(權攝不正), 복덕(福德), 마상호귀(馬上虎鬼), 주객형상(主客刑傷), 왕록임신(旺祿臨身), 사화백(蛇化白/밤), 최관사자(催官使者/밤).

□ **핵심** : 일덕과 일록이 일간에 임한다. 낮에 정단하면 귀인에게 부탁하면 성사되고, 밤에 정단하면 백호귀살이 역마를 타고 달리니 형이 닥친다.

□ **분석** : ❶ 일덕 겸 일록인 寅이 일간에 임한 뒤에 발용이 되었다. 낮에는 이곳에 청룡이 타니 성공을 희망할 수는 있지만 복음과의 과상을 준수해야 한다. 만약 경거망동하면 초전은 좋은 편이지만, 중전의 巳는 일간을 탈기하고, 말전의 백호귀살은 역마를 타고 달려온다.

❷ 삼전이 계속 형(刑)을 하고 극(剋)과 해(害)와 충(沖)을 하니 만 가지의 해를 말로 표현할 수 없다.

□ **정단** : ❶ 자임(自任)은 십이신이 본래의 자신의 자리로 되돌아간다.

하늘과 땅이 같고 오일(五日, 甲丙戊庚壬)의 사진(四辰)은 동일한 寅이다. 일지가 일간에 가해서 동류(同類)가 도우니 기본적인 토대가 견고하다.

❷ 군자가 덕을 닦으면 복은 오고 흉은 사라지며, 일반인은 본분을 지키면 아무런 구속을 받지 않고 자유롭다. 다만 삼전에 형(刑)과 해(害)가 이어졌으니 가만히 있어야 하고 움직이면 안 된다. 하물며 복음과 원태(元胎)는 숨어 있는 상이니 움직이면 화가 생긴다. 따라서 근신하지 않으면 안 된다.

○ **날씨 :** 바람이 많이 분다.
→ 오행의 목과 백호는 바람을 부르는 신이다. 초전이 寅목이고 다시 말전에 백호가 타고 있으니 바람이 많이 분다.

○ **가정 :** 낮에 정단하면 길하고, 밤에 정단하면 놀라는 일과 괴이한 일이 있다.
→ 일지는 가택이다. 낮에는 지상에 청룡이 타고 있어서 식록이 있으니 길하고, 밤에는 등사가 타고 있으니 놀라는 일과 괴이한 일이 있다. ● 삼전이 삼형이니 은인자중해야 한다. 특히 밤에는 말전의 백호귀살이 말을 타고 달려오니 질병과 교통사고가 속히 닥치는 것을 예방해야 한다.

○ **혼인 :** 마땅하지 않다.
→ 삼전은 연애, 혼담, 혼인이 진행되는 과정이다. 삼전이 상형이어서 다투는 상이니 혼인이 마땅하지 않다. 만약 혼인하면 일평생 부부가 다투니 나쁘다. ● 궁합 : 나쁘다. ● 일지는 상대이다. 낮에는 지상에 길장이 타고 있으니 좋고, 밤에는 등사가 타고 있으니 좋지 않다. ● 과전에 재성이 없으니 혼인한 가정에 재운이 약하다.

○ **임신·출산 :** 사월에 정단하면 낙태를 예방해야 하고, 해월에 정단하

면 첩이 임신한다. 부모를 닮지 않은 자식을 예방해야 한다.

→ 일간은 태아, 일지는 임신부, 삼전은 태아가 생육되는 과정이다. 사월에 정단하면 태신 酉가 사월의 사기이니 유산된다. 해월에 정단하면 태신 酉가 해월의 생기이니 임신되어 자란다. 다만 酉가 첩을 뜻하니 첩의 임신이다.

○ **구관** : 낮에 정단하면 이롭다. 밤에 정단하면 등사의 대가리에 뿔이 나고 구진이 관인(官印)을 받쳐 들며 백호가 사당에 드니 더욱 이롭다.

→ 삼형은 권위와 권력을 뜻한다. 삼전이 삼형을 온전하게 갖췄으니 구관에 길하다. 특히 밤에는 초전에 등사가 타고 말전에 백호가 타고 있어서 이무기가 용이 되는 상이니 더욱 길하고, 말전의 관성에 백호가 타고 있어서 '최관사자((催官使者)'이니 더더욱 길하며, 더군다나 역마를 타고 있으니 최길하다.

○ **구재** : 재성이 나타나지 않았으니 노력하더라도 득재하지 못한다.

→ 재성은 재물이다. 과전에 재성인 辰戌丑未가 나타나지 않았으니 득재하지 못하고 오히려 과전에 겁재인 寅이 다섯 군데에 나타났으니 손재수가 생긴다.

○ **질병** : 밤에 정단하면 우려된다.

→ 백호가 귀살에 타면 병재, 역마는 발동의 신이다. 밤에 정단하면 백호귀살이 말전에 있으니 병재가 발생하는데, 백호귀살이 역마에 타고 있으니 병재가 더욱 신속하게 발생하며, 삼형을 이루어서 일간을 극하니 극흉하다. ● 백호귀살이 申금에 타고서 오행의 목을 극하니 간에 병이 든다. ● 의약신인 午가 지반의 午에 가했으니 오방 곧 정남방에서 명의와 명약을 구해서 치료하되 의약신의 오행이 화이니 뜸과 방사선 등의 온열요법이 적합하다.

○ **출행** : 원행은 불리하다.

→ 초전은 근행, 말전은 원행이다. 말전이 일간의 귀살이니 원행은

불리하다. 특히 밤에 정단하면 백호가 귀살에 타고 있으니 병을 얻거나 혹은 말전이 자동차를 뜻하는 역마이니 교통사고를 예방해야 한다. 만약 진월에 정단하면 백호귀살이 진월의 사기이니 생명이 위험해진다.

○ **귀가** : 며칠 안에 집에 도착한다.

→ 복음과는 근행은 며칠 안에 집에 도착하고, 원행은 귀가를 기약할 수 없다.

○ **쟁송** : 걱정된다. 선흉후길하다.

→ 삼형은 형을 당하는 것을 뜻한다. 삼전이 삼형을 지었으니 쟁송과 관재가 걱정된다. 말전이 귀살이니 흉하고, 다시 초전에 등사가 타고 말전에 백호가 타고 있어서 관재가 확대되는 상이니 날이 갈수록 태산이다. 만약 연명이 午이면 그 상신 午가 말전의 백호귀살인 申을 제극하니 선흉후길하다. ● 일간과 일지가 비화(比和)하니 양측이 합의하는 것이 좋다. ● 승패 : 초전은 나, 말전은 상대이다. 초전의 寅이 말전의 申으로부터 극상을 당했으니 내가 불리하다.

○ **도난** : 낮에는 잡을 수 있다.

→ 귀살은 도둑이다. 귀살인 申이 초전과 중전으로부터 형(刑)을 당하고 다시 초전의 寅으로부터 충을 당했으니 주야 모두 잡을 수 있다.

○ **전쟁** : 낮에는 무방하고, 낮에는 근신해야 한다.

→ 복음과는 대체로 근신해야 한다. 낮에는 과전에 길장이 많으니 무방하고, 밤에는 과전에 흉장이 많으니 근신해야 한다.

□ 『**필법부(畢法賦)**』 : 〈제89법〉 자임과 자신에 정마가 타면 모름지기 행동한다.

→ 복음과의 천반이 지반에 붙어 있으니 몸을 땅에 붙이고 움직이

지 못하는 상이다. 그러나 중전에는 정마가 타고 다시 말전에 역마가 타고 있으니 행동한다.

〈제91법〉 백호가 귀살에 타면 귀살의 흉이 대단히 빠르다.

➔ 밤에는 백호가 일간의 귀살인 申에 타고 다시 그 둔반이 귀살인 庚이다. 질병과 관재와 여행을 정단하면 최흉하고, 관직을 정단하면 대길하다.

〈제69법〉 백호가 둔간귀살에 타면 재앙이 얕지 않다.

➔ 귀살인 말전 둔반의 庚에 백호가 타고 있으므로 재앙이 깊다.

☐ 『과경(課經)』: 간지가 동일한 오행이니 재물을 구하기 어려우며 또한 쟁탈당하는 것이 두렵다. 백호귀살이 역마를 타고 있으니 소송을 정단하면 반드시 먼 곳으로 유배를 간다.

➔ 일간이 甲이고 일지가 寅이니 간지가 동일한데, 다시 사과와 초전에 寅이 있어서 일곱 겁재가 있으니 구재에서 대흉하다. 밤에 정단하면 말전에서 백호귀살이 차를 뜻하는 역마를 타고 있으니 먼 곳으로 유배를 간다.

☐ 『신장론(神將論)』: 공조(寅)에 청룡에 타니 수도사이다. 등사가 타고 있으니 살쾡이의 괴이함이 있다.

➔ 수도사는 산림에서 수도한다. 산림을 뜻하는 寅에 청룡이 타니 수도사이다.

甲寅일 제 2 국

공망 : 子·丑
낮 : 왼쪽 천장, 밤 : 오른쪽 천장

- **과체** : 지일(知一), 퇴여(退茹), 고진과수(孤辰寡宿) // 간지동류(干支同類), 중음(重陰/子亥戌), 재공(財空), 삼기(三奇), 무음(蕪淫), 교차상극(交叉相剋), 무록(無祿), 사과개공(四課皆空), 살몰(殺沒), 막귀임간(幕貴臨干), 괴도천문(魁度天門).

- **핵심** : 亥와 子는 공함되었다. 戌이 나에게 와서 해를 입힌다. 꾀하는 모든 일이 불리하다. 질병과 소송을 감당하기 어렵다.

- **분석** : ❶ 초전의 子는 공망되었고 중전의 亥는 공함되었다. 이와 같이 삼전이 공허하여 무력하니 일간을 생하지 못한다. 말전의 戌로 가면 재물을 취할 것 같지만 현무가 타고 있으니 헛일이다.

  ❷ 삼전이 모두 무익하니, 모든 일에서 안전하게 이익을 얻을 수 없다. 만약 질병과 소송을 정단하면 사과삼전에 여섯 개의 공망과 하나의 도적이 있으니 어찌 이것을 감당할 수 있겠는가?

- **정단** : ❶ 비용(比用)이고 퇴연여(退連茹)이다. 먼 곳에 있는 것을 버리고 가까운 곳에 있는 것을 취하며, 소원한 것을 버리고 친한 것을 따르는 과로서, 행동하고 싶지만 행동하지 못하고 멈추고 싶지만 멈

추지 못하는 상이다.

❷ 사과 네 곳의 아래가 네 곳의 위를 극하니, 음인과 소인이 무례로 인해 해를 입는 것을 예방해야 한다.

❸ 발용이 공망되어 '고진과수(孤辰寡宿)'이니 집과 고향을 떠나 먼 곳으로 떠나 고독하게 된다.

❹ 나를 생하는 오행인 亥子가 공망되었으니 모든 일에서 결과가 없고 헛된 놀람만 있다.

○ **날씨** : 처음에는 비가 올 듯 오지 않다가 나중에는 결국 많은 비가 쏟아진다.

→ 오행의 수는 비이다. 삼전이 子亥이니 비가 올 것 같지만 子亥가 공망되어 비가 오지 않다가 순을 벗어나서 공망이 메워지니 많은 비가 쏟아진다.

○ **가정** : 암손(暗損)을 예방해야 한다. 낮에는 짐승의 머리가 떨어지고 밤에는 부녀자의 음란을 예방해야 한다.

→ 오자원둔을 적용하면 말전의 둔간이 귀살 庚이니 암해를 예방해야 한다. ●『필법부』 30-2법 사수충택격(獅獸冲宅格)에서, "밤에 정단하면 백호승신 申이 일지 寅을 충하는 것은 집에 짐승의 머리가 떨어지는 상이다." 따라서 이웃으로부터의 해를 예방해야 한다. ● 사과의 지반이 그 천반을 모두 극하니 가정의 내외에서 무례가 매우 심하고, 간지가 교차상극(交叉相剋)하니 부부가 화목하지 않고 사적인 정분이 나는 것을 예방해야 한다. 더군다나 초전이 고진과수이니 가족이 헤어지는 것을 예방해야 한다.

○ **혼인** : 마땅하지 않다.

→ 사과가 모두 공망되었으니 혼인이 마땅하지 않다. ● 일간은 나, 일지는 배우자감이다. 일간(기궁) 寅은 지상의 丑을 극하고 일지 寅

은 간상의 丑을 극하니 남녀의 궁합이 나쁘고 혼인은 마땅하지 않다. ● 천반은 남자, 지반은 여자이다. 사과의 지반이 그 천반을 모두 극하니 여자의 성정이 매우 드세다. ● 일지는 상대이다. 낮에는 지상에 흉장인 천공이 타고 있으니 허언을 하는 사람이고, 밤에는 지상에 귀인이 타고 있지만 지금은 공망되었으니 귀하지 않은 사람이다.

○ **임신·출산** : 여종업원이나 첩의 임신이다. 키우기 어렵다.
→ 태신인 酉가 곧 여종업원과 첩을 뜻하니 여종업원이나 첩의 임신이다. 만약 사월에 정단하면 태신인 酉가 귀살이고 다시 사기에 해당하니 아기를 키우지 못한다.

○ **구관** : 후퇴가 곧 전진이다.
→ 삼전이 子亥戌이니 후퇴해야 하지만 삼전이 공망되었으니 전진해야 한다. ● 고시 : 과전이 공허하니 떨어진다. ● 승진 : 안 된다.

○ **구재** : 스스로 오는 것을 취하면 안 된다. 얻은 뒤에 잃는 것을 예방해야 한다.
→ 말전의 戌이 재성이지만 여기에 현무가 타니 설령 얻더라도 잃게 되고, 간상의 재성 丑은 공망되었으니 취득하지 못한다.

○ **질병** : 신병(新病)은 무방하고, 구병(久病)은 대흉하다.
→ 일간과 초전이 공망되었으니 신병은 무방하지만 구병은 사망한다.

○ **출행** : 일정을 바꾼다.
→ 일간은 여행객, 일지는 여행지이다. 일간이 공망되어 갈 수 없으니 일정을 변경해야 하고, 일지가 공망되어 갈 수 없으니 역시 일정을 변경해야 한다.

○ **귀가** : 지체되어 온다.
→ 삼전이 퇴여이니 귀가가 순조로운 상이지만 아쉽게도 중전과 초전이 공망되었으니 지체되어 온다.

○ **쟁송** : 소송이 이루어지지 않는다.
→ 일간은 나, 일지는 상대이다. 간지가 모두 공망되었으니 소송이 이루어지지 않는다.

○ **도난** : 남여 종업원이 훔쳤다. 쉽게 잡는다.
→ 현무는 도둑, 戌은 남종업원이다. 현무가 戌에 타고 있으니 남자 종업원이 훔쳤다. 현무의 오행인 癸亥수가 현무승신인 戌토로부터 극을 받았으니 쉽게 잡힌다.

○ **전쟁** : 군사를 잃는 것을 예방해야 한다.
→ 일간은 아군이다. 일간이 공망되었으니 군사를 잃는 것을 예방해야 한다.

○ **분묘** : 처 혹은 어린이 매장에 적합한 땅이다.
→ 처재효는 처, 子는 어린이다. 지상이 처재효이니 처를 매장해야 하고, 일지음신이 子이니 어린이를 매장해야 한다.

─────────────────────

□ 『**필법부(畢法賦)**』 : 〈제18법〉 답각공망은 나아감이 옳다.
〈제48-2법〉 귀인이 묘신에 타면 귀인으로부터 속임을 당한다.

□ 『**과경(課經)**』 : 밤 귀인이 일간에 임하고 주작이 卯에 타서 밤 귀인을 극한다. 만약 문서의 일로 귀인에게 부탁하면 귀인이 꺼려하니 내가 부탁한 용무를 봐주지 않는다.

□ 『**관월경(觀月經)**』 : 수미(首尾)가 서로 극제하고 행년에 子가 임하면 자식이 길을 잃는다. 반드시 발용의 숫자를 살펴야 한다. 늙은 뒤에는 없는 것과도 같다.
→ 일간은 수(首) 일지는 미(眉)이다. 일간 甲이 지상의 丑을 극하고 일지 寅이 간상의 丑을 극하니 수미(首尾)가 서로 극제한다고 하였다.

□ 『**지장부**』 : 子亥戌은 '중음(重陰)'이다. 편안하게 은둔해야 일평생 즐

겁다. 어두운 곳으로 가서 편안하게 쉬고 모든 것을 거두어들여서 깊이 간직하며 살아야 한다.

甲寅일	제 3 국

공망 : 子·丑 ○
낮 : 왼쪽 천장, 밤 : 오른쪽 천장

壬	庚	戊	
玄 戌 玄	后 申 白	蛇 午 青	
子 ○	戌	申	
○	壬	○	壬
白 子 后 玄 戌 玄		白 子 后 玄 戌 玄	
甲 寅	子 ○	寅	子 ○

乙卯巳 勾	丙辰午 朱 合	丁巳未 朱 合	戊午申 勾 蛇	青
甲寅辰 青 蛇			己未酉 貴	空
○ 丑卯 空 貴			庚申戌 后	白
子寅 白 后	癸亥丑 常 陰	壬戌子 玄 陰	辛酉亥 陰 常	

□ **과체** : 원수(元首), 퇴간전(退間傳), 패려(悖戾/戌申午), 폐구(閉口), 여덕(勵德=귀립사문) // 간지동류(干支同類), 구생(俱生), 호생(互生), 복덕(福德), 육양(六陽), 최관사자(催官使者/밤), 사과개공(四課皆空), 말조초혜(末助初惠), 호귀승마(虎鬼乘馬), 답각공망(踏脚空亡), 고진과수(孤辰寡宿).

□ **핵심** : 두 수(水)가 공망되었으니 윤택하지 않다. 백호귀살이 허물을 부른다. 존장의 말은 믿을 것이 못 된다.

□ **분석** : ❶ 간상과 지상에 두 子가 보인다. 비록 子가 간지를 생하지만 공망되었으니 일간을 윤택하게 하지 못한다.

❷ 초전의 재성 戌이 공함되었고 다시 현무가 타고 있으니 소모와 도난이 백이어서 수입이 지출을 감당하지 못한다.

❸ 중전의 역마가 귀살 申을 등에 업고 밤에는 백호가 타고 있으니 화와 허물을 면할 수 없다.

→ 다만 관직을 정단하면 최관사자(催官使者)이니 최길하다.

❹ 말전의 午가 일간을 훔치고, 간지의 상신은 모두 공망되었으며,

용신이 공망된 子에 임했고 여기에 현무가 타서 폐구되었으니 모든 일에서 믿을 것이 못된다.

□ **정단 :** ❶ 원수과이며 물러나는 상의 퇴간전(退間傳)이니 '도발사(倒拔蛇)'이다. 공정한 뜻이 없으니 반드시 정도에 어긋나는 상이다.

❷ 두괴(戌)가 발용이 되었다. 여기에 현무가 타고 있어서 입이 닫혔다는 뜻의 '폐구(閉口)'이니 모든 정단에서 기미를 예측할 수 없고, 다시 공망된 지반에 앉아 있으니 공허한 소리만 나고 실제하는 것은 없다. 다행히 그 상신 壬이 일간을 생하니 도모하는 일이 뜻대로 되는 상이지만, 애석하게도 갑진순의 공망이 되었으니 무기력을 면할 수 없다.

❸ 귀인이 卯와 酉에 서면 귀인에게는 마땅하고 비천한 사람에게는 그렇지 않다.

→ 귀인은 관청의 공무원, 비천한 사람은 서민을 뜻한다.

○ **날씨 :** 짙은 구름이 끼지만 비는 오지 않는다. 찬바람이 소용돌이친다.

→ 초전에 수의 천장인 현무가 타고 있지만 공망되었으니 비가 오지 않는다. 바람을 뜻하는 백호가 申에 타고 있으니 찬바람이 소용돌이친다.

○ **가정 :** 공허하다. 낮에는 상(喪)을 예방해야 한다.

→ 일간은 사람, 일지는 가택이다. 일간이 공망되었으니 가정 외의 일이 공허하고, 일지가 공망되었으니 가정 내의 일이 공허하다. ● 부모효는 부모이다. 간지상의 부모효 子가 공망되었으니 부모상을 예방해야 한다. 만약 신월에 정단하면 子가 신월의 사기이니 매우 위독하다. ● 일간음신과 일지음신의 戌에 현무가 타고 있으니 가정 내외에서 재물이나 처를 잃는 것을 예방해야 한다. ● 밤에 정단하

면 백호가 귀살 申에 타서 일간 甲을 극하니 질병을 예방해야 하며 역마에 해당하니 교통사고를 예방해야 한다.

○ **혼인** : 이루지 못한다.
→ 일간은 남자, 일지는 여자이다. 남녀를 뜻하는 일간과 일지는 물론이고 양가를 뜻하는 일간음신과 일지음신이 공망되었으니 혼인은 이루지 못한다. 또한 처재효와 초전의 지반이 공망되어 여자를 잃는 상이니 혼인을 이루지 못한다. 만약 경거망동하여 혼인하면 혼인 초기에 상처한다. ● 궁합 : 나쁘다. 만약 공망된 子가 메워지는 자년이나 자월이나 자월장 기간에 정단하면 좋다. ● 일지는 상대이다. 낮에는 백호가 타고 있으니 병이 있는 사람이거나 성정이 드센 사람이고, 밤에는 길장인 천후가 타고 있으니 여성적인 사람이다.

○ **임신·출산** : 여종업원이나 첩의 임신이다. 벙어리를 예방해야 한다.
→ 태신인 酉가 곧 여종업원과 첩을 뜻하니 여종업원이나 첩의 임신이다. 두괴(戌)가 발용이 되었고 여기에 현무가 타고 있어서 입이 닫혔다는 뜻의 '폐구(閉口)'이니 벙어리를 예방해야 한다.

○ **구관** : 나를 보살펴 주는 사람이 있다. 혼자 전진하면 안 된다.
→ 귀인은 나에게 도움을 주는 상급의 공무원이다. 귀인이 子에 타서 일간을 생하므로 나를 보살펴주는 귀인이 있지만 **공망되었**으니 도움을 받지 못한다. 다만 공망이 메워지는 자년이나 자월이나 자월장이 오면 귀인이 나에게 도움을 주니 그 때를 기다렸다가 승진 혹은 발탁을 받아 신분상승을 꾀하면 된다. ● 고시 : 떨어진다. ● 승진 : 안 된다.

○ **구재** : 잃지 않는 것을 다행으로 여겨야 한다.
→ 재성은 재물이다. 초전의 재성 戌에 현무가 타고 있을 뿐만 아니라 공망이 되었으니 오히려 재물을 잃는 것을 예방해야 한다.

○ **질병** : 격증(膈症)이다. 밤에는 흉하다.
→ 초전이 폐구되었으니 가슴이 막힌 증상이다. 밤에는 백호가 귀

살인 庚申에 타서 일간을 극하여오니 흉하다. 백호승신이 오행의 목을 극하니 간에 병이 든다. ● 백호승신 申을 극하는 午 아래의 신방(申方) 곧 서남방에서 명의와 명약을 구해서 치료하면 되고, 의약신이 화이니 뜸이나 온열요법이 좋다.

○ **유실** : 발견하기 어렵다. 본 사람이 말을 하지 않는다.
→ 재성인 戌이 공망되었으니 발견하기 어렵다. 두괴(戌)가 발용이 되었고 여기에 현무가 타고 있어서 입이 닫혔다는 뜻의 '폐구(閉口)'이니 도둑을 본 사람이 말을 하지 않는다.

○ **출행** : 출행 날짜를 변경해야 한다.
→ 일간은 여행객, 일지는 여행지이다. 일간이 공망되어 갈 수 없는 상황이니 일정을 변경해야 한다.

○ **귀가** : 아직 도착하지 않는다.
→ 초전은 귀가의 끝이다. 초전이 공망되었으니 아직 도착하지 않는다.

○ **쟁송** : 서로 돈을 쓴다. 쟁송이 사라진다.
→ 일간은 나, 일지는 상대이다. 나는 일간음신의 재물 戌을 쓰고 상대는 일지음신의 재물 戌을 쓴다. 사과가 모두 공망되었고 다시 초전이 공망되었으니 쟁송이 사라진다. ● 원수과이니 먼저 기소해야 이롭다. 나중에는 이롭지 않으니 가급적 단시일 안에 쟁송을 끝내는 것이 유리하다.

○ **도난** : 서남방에 있다. 밤에 점단하면 잡을 수 있다.
→ 현무의 음신에 도둑이 있다. 주야 모두 현무의 음신이 申이니 서남방에 도둑이 숨어 있다. 현무의 오행인 癸亥수가 현무승신 戌토로부터 극을 받았으니 잡힌다.

○ **전쟁** : 허위와 속임수를 예방해야 한다.
→ 일간은 아군, 일지는 적군이다. 공망된 지상의 子가 일간을 생하여오니 적군이 아군을 속이는 것을 예방해야 한다.

○ **분묘** : 구멍이 난 묘지로 물이 들어가는 것을 예방해야 한다.
　→ 일지는 묘지이다. 일지가 공망되었고 지상의 子가 오행의 수이니 구멍이 난 묘지로 물이 들어가는 것을 예방해야 한다.

□ 『**필법부(畢法賦)**』 : 〈제69법〉 백호가 둔간귀살에 타면 재앙이 얕지 않다.
　→ 밤에 정단하면 백호가 중전의 둔간 庚에 타고 있다.
　〈제38법〉 폐구(閉口)는 두 가지로 나눠서 추리한다.
　→ 이 과전에서는 두괴(戌)가 발용이 되었고 여기에 현무가 타고 있으니 '폐구(閉口)'로 보았다.

□ 『**육임지남(六壬指南)**』 : 癸酉년 申월 甲寅일 申시 午월장으로 육임식반을 조식한 뒤에 관직의 안부를 정단한다.
① 발용과 간지가 순의 공망이면서 일간의 패신(敗神)이므로 본래 재상이 되지 못한다. ② 그러나 나중에는 재상이 된다. 왜 그러한가? 그 이유는 중전이 역마이면서 황조(皇朝)이고, 말전에는 월장에 청룡이 타며, 다시 태세에 태상이 타서 관성이 되어 행년과 본명에 가임하기 때문이다. ③ 『경』에서 말하기를, "태상이 관향에 들면 조정에서 나라의 정무를 맡고, 월장에 청룡이 타면 한마디로 재상이 된다."고 하였다. ④ 재상이 되어 계속 집정하지 못하는 것은 왜 그러한가? 그것은 싫어하는 것인 곧 청룡신에서 세군(태세)을 극하기 때문이며, 장차 임금의 뜻을 얻지 못하여서 직위에서 물러난다. 나중에 이 정단과 같았다.
　→ 황조(皇朝)를 황서라고도 한다. 봄에는 寅, 여름에는 巳, 가을에는 申, 겨울에는 亥가 황조이다.
　※ 이우산, 『육임실전』 2, 대유학당, 2014, 42쪽~44쪽 참조.

甲寅일 제 4 국

공망 : 子·丑
낮 : 오른쪽 천장, 밤 : 왼쪽 천장

○	癸	癸
空 丑 貴	常 亥 陰	常 亥 陰
辰	寅	寅
癸	庚	癸	庚
常 亥 陰	后 申 白	常 亥 陰	后 申 白
甲 寅	亥	寅	亥

甲寅巳 青	乙卯午 蛇 勾 朱	丙辰未 朱 合 合	丁巳申 合 朱 勾
○ 丑 辰 空 貴			戊午酉 蛇 青
○ 子 卯 白 后			己未戌 貴 空
癸亥寅 常 陰	壬戌丑 玄 玄 ○	辛酉子 陰 常 ○	庚申亥 后 白

□ **과체** : 팔전(八專), 과수(寡宿), 폐구(閉口), 유박불수(帷薄不修) // 간지동류(干支同類), 재공(財空), 삼기(三奇), 호생(互生), 구생(俱生), 우로균점(雨露均霑), 오음(五陰), 귀인입옥(貴人入獄), 최관사자(催官使者/밤), 태상간생(太常干生), 교차상생(交叉相生).

□ **핵심** : 다행히 생업이 있다. 귀인은 공망된 재성을 약속한다. 이리저리 전전하다가 옛 곳으로 되돌아온다.

□ **분석** : ❶ 간상의 亥는 장생이다. 이것을 고수하면 가지 않더라도 생활이 안정되는데, 왜 구태여 먼 곳으로 가서 구해야 하겠는가?
❷ 초전의 재성을 취하러 가면 밤에는 비록 귀인을 만나지만 갑인순의 공망이 되었고, 낮에는 천공이 타고 있어서 공허하게 되니 결과가 없다. 중전에서 말전까지의 곡절이 끝이 없어서 결국은 간상의 亥로 되돌아온다.

□ **정단** : ❶ 팔전과의 사과에 극이 없고 유박불수(帷薄不修)이다. 손위와 손아래가 같은 곳에 있고 사람과 가택을 구분할 수 없으며 내외의 구별 또한 없으니 중첩되는 일이 많고 크게 구하고 작게 쓴다.

❷ 순미(旬尾)가 일지에 가했고 순수(旬首)는 폐구되었으니 근신하는 것이 이롭고, 발용이 공망되어 반드시 변경되는 것이 있으니 정도를 지키는 것이 좋다.

○ 날씨 : 처음에는 황사와 안개가 끼고 나중에는 비가 온다.
　→ 초전이 오행의 토이니 황사와 안개가 끼고, 중전과 말전이 모두 수이니 나중에는 비가 온다.
○ 가정 : 평안하고 길하다. 부녀자는 근신해야 한다.
　→ 일간은 사람, 일지는 가택이다. 지상이 일간의 장생이어서 생업이 안정되어 있으니 가정이 평안하다. 팔전과의 유박불수이고 다시 일지음신에 음란의 천장인 천후가 타니 부녀자의 음란과 가족 상호간의 근친상간을 예방해야 한다. ● 초전의 재성이 공망되었으니 손재수를 예방해야 한다.
○ 혼인 : 혼인할 수 없다.
　→ 처재효는 여자이다. 처재효인 丑이 공망되어 여자가 사라진 상이니 혼인할 수 없다. ● 팔전과의 과전에 음란의 천장인 현무와 천후가 타고 있어서 유박불수(帷薄不修)이니 혼인하지 않아야 한다. ● 궁합 : 일간은 나, 일지는 배우자감이다. 간지가 교차상생(交叉相生)하니 좋다. ● 일지는 상대이다. 낮에는 지상에 태상이 타고 있으니 요리와 예능에 밝은 사람이고, 밤에는 지상에 태음이 타고 있으니 음란한 성정의 사람이다.
○ 임신·출산 : 출산이 늦어진다.
　→ 일간은 태아, 일지는 임신부이다. 간지가 교차상생하는 것은 태아가 어머니의 자궁을 그리워하는 상이니 임신은 길하지만 출산은 늦어진다.
○ 구관 : 관직을 얻지 못한다.

→ 관성은 공무원이다. 과전에 관성이 나타나지 않았으니 관직을 얻지 못한다. ● 고시 : 떨어진다. ● 승진 : 안 된다.

○ **구재** : 귀인에게 부탁하면 되지만 결국은 무익하다.
→ 재성은 재물, 귀인은 관청의 공무원이나 사회에서의 귀인이다. 귀인이 재성인 丑에 타고 있지만 공무원이나 사회에서의 귀인에게 재물을 구하는 일에서 소득이 없다. 생업을 뜻하는 장생 亥가 일간과 일지에 가했으니 현재의 생업에 만족하는 것이 이롭다.

○ **질병** : 몸조리를 잘하면 몸을 보전할 수 있다.
→ 일간에 장생이 임했으니 몸조리를 잘하면 몸을 보존한다.

○ **유실** : 노비가 훔쳐갔다.
→ 현무는 도둑, 戌은 노비이다. 현무가 戌에 타고 있으니 남자종업원(노비)이 훔쳐갔다. 주야 모두 현무의 음신이 未이니 귀인의 집에 숨어 있다.

○ **출행** : 아직 출행을 결정하지 못했다.
→ 일간은 여행객, 일지는 가정이다. 일간이 일지가 교차생합((交叉相生)하니 아직 출행을 결정하지 못했다.

○ **귀가** : 생(生)을 연연해하니 돌아오지 않는다.
→ 일간은 출행인, 일지는 목적지이다. 지상이 일간을 생하고 중전과 말전이 일간을 생하며 다시 그들의 천지반이 상합하니 생을 연연해하면서 돌아오지 않는다.

○ **쟁송** : 쟁송을 멈춰야 한다.
→ 일간은 나, 일지는 상대이다. 간상과 지상이 폐구(閉口)되어 모두에게 불리하며, 초전의 재성이 공망되었으니 쟁송으로 인한 지출이 많다. 따라서 쟁송을 멈춰야 한다.

○ **전쟁** : 화친한다.
→ 일간은 아군, 일지는 적군이다. 간지가 교차생합하니 아군과 적군이 화친한다.

○ **분묘** : 일지에 장생이 타니 대길하다.

→ 일간은 후손, 일지는 묘지, 장생은 생기이다. 지상이 생기인 亥이니 대길하다.

□ 『**필법부(畢法賦)**』 : 〈제77법〉 호생(互生)과 구생(俱生)은 모든 일에서 유익하다. 호생은 간상신은 일지를 생하고 지상신은 일간을 생하는 것으로서, 양쪽이 모두 유익하고 모두에게 생하는 뜻이 있다. 구생은 간상신이 일간을 생하고 지상신이 일지를 생하는 것으로서, 각각에게 생하는 뜻이 있고, 나와 상대가 화순하니 양쪽이 밑천을 합쳐서 경영하면 좋다.

□ 『**점험(占驗)**』 : 乙亥년에 출생한 사람이 戊申년에 월장 未를 점시 戌에 가한 뒤에 전정을 정단한다. 본명과 행년이 일간과 일지를 생하고 다시 태상이 타고 있으니 '학직(學職)'을 거쳐서 '태간(台諫)'에 근무하지만 오직 부모가 폐구된 것이 꺼림직은 하다. 공망된 묘신(墓神)이 발용이 되었으니 부모상을 당한 뒤에 관직으로 나아간다. 寅은 7이고 亥는 4이니 수명이 74세이다. 나중에 모두 적중했다.

□ 『**육임지남(六壬指南)**』 : 辛巳년 酉월 甲寅일 壬申시 巳월장이다. 강일의 발용은 일상신에서 쏘아서 발용이 된다. 丑은 소이고 그 색은 황색에 흑색을 겸하였다. 亥에는 쌍의 뜻이 있으므로 반드시 황색과 흑색 두 색이다. 다시 일간의 천을귀인이니 반드시 귀중한 물건이다. 그 위에 천의(天醫)가 탔으니 반드시 치병할 수 있고, 그 수는 4수와 8수이다. 풀로 만든 대복에 있는 통을 열어봤더니 석황 두덩이이며, 매 덩이의 대략의 무게는 사푼 칠팔리이다.

※ 이우산, 『육임실전』 2, 대유학당, 2014, 328쪽~329쪽 참조.

甲寅일 제 5 국

공망 : 子·丑 ○
낮 : 왼쪽 천장, 밤 : 오른쪽 천장

壬	戊	甲
合戌合后午白	白寅后	
寅	戌	午

壬	戊	壬	戊
合戌合后午白	合戌合后午白		
甲寅	戌	寅	戌

	○空丑巳 貴	甲寅午 白	乙卯未 后 常	丙辰申 陰 玄
青	○子辰 蛇			丁巳酉 陰 常
勾	癸亥卯 朱			戊午戌 后 白
	壬戌寅 合	辛酉丑 朱	庚申子 勾蛇 青	己未亥 貴 ○空

- **과체** : 중심(重審), 염상, 참관(斬關), 교동(狡童) // 간지동류(干支同類), 앙구(昳咎), 초전협극(初傳夾剋), 전국(全局), 화국(火局), 화미(和美), 육의(六儀), 복덕(福德), 무음(蕪淫), 교차상극(交叉相剋), 육양(六陽), 신장·살몰·귀등천문(神藏·殺沒·貴登天門/낮), 자손효현괘.

- **핵심** : 삼전은 모두 일간을 훔치는 기운이니 재물을 쓸데없이 낭비한다. 낮 귀인이 등천하니 신에게 기도해야 한다.

- **분석** : ❶ 삼전이 화국을 이루어서 일간의 기운을 빼앗는다. 비록 재성인 戌이 일간에게 돌아가지만 결국 불필요한 낭비를 면하기 어렵다.

    ❷ 未가 亥에 가했으니 낮에는 귀인이 천문에 오른다. 질병을 정단하면 신명에게 기도해야 도움을 받는다.

- **정단** : ❶ 중심과이며 삼전이 합을 하여 '염상(炎上)'이고 팔전(八專)에 극이 있고 삼전이 차례로 일간을 탈기(脫氣)하니 공동으로 도모하는 일에서 손실을 막아야 한다.

    ❷ 화국이 공망되지 않았지만 네 묘신이 장생에 임하니 모든 정단

에서 밝음이 변하여 어둠이 된다. 하물며 참관(斬關)이니 안거하는 상이 아니고, '교동(狡童)'이니 부정한 뜻이 있으며, '견기(見機)'이니 예로써 화를 예방해야 한다.

❸ 다행히 과전의 처음에는 부족한 것이 있지만 나중에는 순조로우니 순리를 따르면 된다.

○ **날씨** : 안개가 끼고 바람이 많이 분다.
→ 초전이 戌이니 구름이 끼고, 말전이 寅이고 여기에 백호가 타고 있으니 바람이 많이 분다.

○ **가정** : 부녀자의 음란을 예방해야 한다.
→ 삼전의 앞에 육합이 있고 뒤에 천후가 있어서 '음일(淫泆)'이니 부녀자의 음란을 예방해야 한다. 또한 일간 甲은 지상의 戌을 극하고 일지 寅은 간상의 戌을 극해서 간지가 '교차상극(交叉相剋)'하니, 부부의 정이 멀어지고 음란해지는 것을 예방해야 한다. ● 일간의 음양과 일지의 음양과 삼전이 각각 삼합해서 일간을 탈기하니 가정의 재물이 크게 손실되는 것을 예방해야 한다. ● 가상 : 큰 손실이 발생한다.

○ **혼인** : 바르지 않다.
→ 일간은 나, 일지는 배우자감이다. 간지가 '교차상극(交叉相剋)'하여 음일(淫泆)이니 남녀가 바르지 않다. ● 궁합 : 간지가 교차상극(交叉相剋)하니 매우 나쁘다. ● 일간과 일지와 삼전이 각각 합국하여 일간을 설기하니 혼인에서 큰 손실이 발생하고 하가 상을 극하여 발용이 된 중심과이니 드센 여자이다.

○ **임신·출산** : 여종업원과 첩의 임신이다. 출산은 늦다.
→ 태신은 태아이다. 태신인 酉가 여종업원과 첩을 뜻하니 여종업원이나 첩의 임신이다. 일간과 일지와 삼전이 각각 삼합하여 임신부

가 태아를 껴안는 상이니 출산이 늦어진다.
○ **구관** : 관직을 취득한 뒤에 잃는다.
→ 일간과 일지와 삼전이 각각 삼합해서 상관국을 이루었으니 설령 관직을 얻거나 승진하더라도 다시 잃게 된다. 연명이 亥인 사람이 정단하면 귀인이 천문에 오르니 승진 혹은 발탁된다. ● 고시 : 떨어진다. ● 승진 : 안 된다.
○ **구재** : 얻는 것이 잃는 것을 감당하지 못한다.
→ 비록 간지상과 초전에 재성이 보이지만 이것이 탈기국을 형성하였으니 결국은 잃게 된다.
○ **질병** : 열증이다. 무방하다.
→ 일간과 일지와 삼전이 각각 삼합해서 화국을 이루었으니 열증성 질환과 신장질환이고, 일간이 크게 탈기되었으니 원기가 많이 훼손되었다.
○ **유실** : 획득할 수 있다.
→ 재성이 간지상에 나타났으니 유실물을 획득할 수 있다.
○ **출행** : 장애가 생긴다.
→ 초전은 출행의 초기이다. 초전이 협극되었으니 출행에 장애가 생긴다.
○ **귀가** : 아직은 귀가하지 않는다.
→ 삼전은 귀가의 과정이다. 삼전이 삼합한 것은 출행한 사람이 사람들과 어울리고 있는 상이니 아직은 귀가하지 않는다.
○ **도난** : 정북방의 물가에 숨어 있다.
→ 현무의 음신에 도둑이 숨어 있다. 주야 모두 현무의 음신이 子이니 정북방의 물가에 숨어 있다.
○ **쟁송** : 손실이 매우 많다. 결국 화해한다.
→ 일간은 나, 일지는 상대이다. 일간과 일지와 삼전이 각각 삼합해서 탈기국(脫氣局)을 이루었으니 손실이 매우 많고, 세 곳이 삼합했

으니 결국 화해한다.
○ **전쟁** : 적이 허장성세를 부린다.
→ 일지는 적군이다. 일지 寅이 일지음양의 화국으로 탈기되었으니 허세를 부린다.

___

□ 『**필법부(畢法賦)**』: 〈제85법〉 초전이 협극(夾尅)되면 뜻대로 되지 않는다.
→ 아래의 『과경』 참조.
〈제40법〉 천후와 육합은 혼인 정단에서 중매인을 쓰지 않아도 된다.
→ 미혼 남녀는 연애혼인하고, 기혼 남녀는 간음한다.
□ 『**과경(課經)**』: 삼전의 화국이 일간의 기운을 탈기해서 간상의 재신을 생하니 전생의 돈을 돌려받는다는 뜻이 있는 '환혼채(還魂債)'이다. 그리고 초전의 천반이 이것을 극하는 지반에 앉아 있고 다시 천반에 타고 있는 육합의 오행인 乙卯목이 초전을 극하니 모든 일이 자신의 뜻대로 되지 않는다.
□ 『**지장부**』: 戌午寅은 건조를 취한다는 뜻의 '취조(就燥)'이다. 중용으로 행동해야 하며, 언어가 급하며 불순하고 건조한 것을 바르게 해서 중용으로써 도를 삼아야 한다.
□ 『**신장론(神將論)**』: 갑일에서 戌이 寅에 가했으니 그 상이 담장이다. 여기에 육합이 타고 있으니 덕합(德合)이고 卯와 戌이 합을 하며 다시 일전(日前) 다섯 십이지의 합이다.

甲寅일 제 6 국

공망 : 子·丑
낮 : 왼쪽 천장, 밤 : 오른쪽 천장

辛	丙	癸
朱酉勾	玄辰玄	勾亥朱
寅	酉	辰

辛	丙	辛	丙
朱酉勾	玄辰玄	朱酉勾	玄辰玄
甲寅	酉	寅	酉

青子巳 蛇	○空丑午 貴	甲寅未 白	乙卯申 后 常 陰
勾癸亥辰 朱			玄丙辰酉 玄
合壬戌卯 合			陰丁巳戌 常
朱辛酉寅	勾庚申丑 青	貴己未子 空	后戊午亥 白

- □ **과체** : 팔전(八專), 원수(元首), 사절(四絕) // 간지동류(干支同類), 형상(刑傷), 삼기(三奇), 가귀(家鬼), 구극(俱剋), 무음(蕪淫), 교차상극(交叉相剋), 호태(互胎), 태수극절(胎受剋絕), 화귀살등사주작극택격(여름/낮), 아괴성(亞魁星).

- □ **핵심** : 파쇄(破碎)가 사람과 가정을 손상시킨다. 여름의 낮에 정단하면 화재를 예방해야 한다. 질병과 소송이 일어난다.

- □ **분석** : ❶ 파쇄인 酉가 간지상에 임하니 사람을 손상시키고 다시 집을 파손시킨다.

  ※ 파쇄(破碎) : 맹일(寅申巳亥)의 파쇄는 酉, 중일(子午卯酉)의 파쇄는 巳, 계일(辰戌丑未)의 파쇄는 丑.

  ❷ 여름에 정단하면 酉가 화귀(火鬼)이다. 이것이 택상에 임하니 화재를 예방해야 한다. 낮에 정단하면 주작이 귀살인 酉에 타니 야단법석을 떨어서 편안하지 않고 또한 질병과 소송이 발생한다.

- □ **정단** : ❶ 원수과이다. 辰과 酉가 상합하니 순조로운 일이 많다. 다만 팔전(八專)에 극이 있고 과전이 모두 자형(自刑)이며 발용이 사승살

(四勝煞)이다. 밤에는 구진이 허리에 검을 차고 낮에는 주작이 떠들어대어서, 교만과 헛된 공명심을 좋아하여 스스로 화를 초래하는 것을 예방해야 한다.

❷ 장생인 말전의 亥가 합을 하지만 몸가짐을 바르게 해서 근신해야 한다.

❸ 과체가 사절(四絕)이니 옛일은 매듭지어야 하고 새로운 것은 도모하면 이롭지 않다.

○ **날씨** : 흐린 뒤에 바람이 분다.
→ 초전이 酉이니 흐리고, 주작이 말전에 타고 있으니 바람이 분다.

○ **가정** : 사람과 가택이 불안녕하다.
→ 일간은 사람, 일지는 가택이다. 간지의 상신이 모두 귀살이고 다시 일지의 파쇄(破碎)이니 이 집에 거주하는 사람과 가택이 모두 불안녕하다. 낮에는 이곳에 주작이 타고 있으니 구설수와 탄핵이 생기는 상이고, 밤에는 이곳에 구진이 타고 있으니 쟁투와 관재가 생기는 상이니, 사람과 가택에 이러한 우환이 발생하는 것을 예방해야 한다. ● 일간은 남편, 일지는 아내이다. 간지가 교차상극(交叉相剋)하여 부부가 불화하니 생이별을 예방해야 한다. ● 가상 : 여름의 낮에 정단하면 여름의 화귀살인 酉에 등사가 타서 일지를 극해서 집에 화재가 발생하니 화재보험을 들어야 한다.

○ **혼인** : 신부감을 잃는다. 자식이 절손되니 어렵다.
→ 일간은 나, 일지는 배우자감이다. 간지가 교차상극(交叉相剋)하여 혼담이 깨지는 상이니 신부감을 잃는다. 만약 혼인하면 자식을 얻기 어렵고, 임신되더라도 태신이 절지에 임하여서 유산되니 절손을 예방해야 한다. ● 궁합 : 일간과 일지가 교차상극하고 그 상신이 자형(自刑)이니 나쁘다. ● 일지는 상대이다. 낮에는 주작이 타고 있으

니 말이 많은 사람, 밤에는 구진이 타고 있으니 싸움을 일삼는 사람이다.

○ **임신·출산** : 여자를 낳는다. 안전하게 출산한다.
→ 일간은 태아이다. 일간음양의 두 양(甲,辰)이 하나의 음(酉)을 감싸고 있으니 여자를 낳는다. 간지의 상신이 서로 형(刑)을 하니 태아와 임신부 모두 몸을 상할 우려가 있다. ● 간지의 상신이 간지의 태신이니 임신의 기쁨이 있다. 만약 해월(亥月)에 정단하면 태신인 酉가 생기이니 매우 길하지만, 태신 酉가 酉의 절지인 寅에 임하니 유산을 예방해야 한다.

○ **구관** : 늦게 관직을 얻는다. 용퇴해야 한다.
→ 관성은 관직이다. 간지상과 초전이 관성이니 관직을 득하고, 일간음신과 일지음신과 중전의 재성이 관성을 생하니 구관에 더욱 길하다. ● 이미 관직에 몸담고 있는 사람은 간지상과 초전의 관귀효 酉에 주작과 구진이 타고 있어서 탄핵을 당하는 상이니, 조금도 주저하지 말고 용기있게 물러나야 한다. ● 고시 : 낙방한다. ● 승진 : 안 된다.

○ **구재** : 득재한 뒤에 잃는 것을 예방해야 한다.
→ 재성은 재물이다. 재성인 辰에 현무가 타고 있으니 득재한 뒤에 잃는 것을 예방해야 한다.

○ **질병** : 주색이 지나쳐서 몸이 허약해지고 기침과 오한과 도한(盜汗:잠잘 때 흘리는 식은 땀)과 열이 나는 병증이다. 기가 막힌 병증이다.
→ 酉는 주색을 뜻한다. 酉가 간지상과 초전에 있으니 주색으로 인해 병이 왔다. 귀살 酉를 극하는 巳 아래의 술방(戌方) 곧 서북방으로 가서 명의와 명약을 구해서 치료하면 된다. 의약신이 화이니 온열요법으로 치료하면 된다.

○ **유실** : 여종업원이 잃었다.
→ 간상의 酉가 여종업원이니 그가 물건을 잃었다.

○ **출행** : 이롭지 않다.
→ 일간은 여행객, 일지는 여행지이다. 일간이 간상의 酉로부터 극을 당하니 신상에 해롭고, 일간이 지상의 酉로부터 극을 당하여 안전하지 않는 여행지이니 출행이 이롭지 않다.

○ **귀가** : 아직은 귀가하지 않는다.
→ 천강(辰)이 사중(酉)에 가했으니 아직은 귀가하지 않는다.

○ **도난** : 서북방 곧 건방(乾方)의 물가에 있다. 송사가 있다. 집의 식구가 풀어주는 것을 예방해야 한다.
→ 도둑은 현무의 음신에 숨어 있다. 현무의 음신이 亥이니 서북방에 숨어 있다. 그리고 간지상에 주작과 구진이 귀살인 酉에 타고 있으니 관재가 있다.

○ **쟁송** : 화해를 해야 한다.
→ 간지가 모두 그 상신으로부터 극을 당하고 다시 간지가 교차상극(交叉相剋)하여 나와 상대 모두 피해가 크니 화해를 해야 한다.

○ **전쟁** : 서로 손상된다.
→ 일간과 일지가 극을 당했으니 아군과 적군 모두 손상된다.

□ 『**필법부(畢法賦)**』 : 〈제63법〉 피차 모두 상하니 양쪽 모두 손상을 방비해야 한다.
→ 일간 甲은 간상의 酉로부터 극을 당하고 일지 寅은 지상의 酉로부터 극을 당하며, 다시 일간 甲은 지상의 酉로부터 극을 당하고 일지 寅은 간상의 酉로부터 극을 당한다. 따라서 화해를 해야 한다.
〈제50법〉 두 귀인이 모두 공망되면 헛된 기쁨이 된다.
→ 낮 귀인 未는 공함되었고 밤 귀인 丑은 공망되었다.
〈제87법〉 사람과 가택이 묘신에 앉으면 불행을 부른다.
→ 일간(기궁)과 일지 寅이 그의 묘지인 未에 앉아 있다.

☐ 『회통(會通)』: 초전의 귀살이 말전을 생하고 말전이 일간을 생하니, 귀살을 인도하여 일간을 생하는 '인귀위생(引鬼爲生)'이니 먼저는 흉하고 나중은 길하다. 낮에는 주작이 귀살 酉에 타서 일간에 가하니 공무원은 탄핵을 예방해야 하며, 상부의 관청에 투서를 하거나 말을 하면 안 된다. 그리고 일진의 앞의 한 자리와 마주 충(沖)하는 것이 '지망살(地網煞)'이다. 만약 발용이 정시(正時)와 동시에 일간을 극하면 지망격(地網格)이다. 이것은 오로지 사냥이나 도둑의 체포에만 이롭다.

☐ 『주후경(肘後經)』: 초전이 생(生)이고 말전이 사(死)이면 우환이 매우 깊다. 초전이 사이고 말전이 생이면 서로 취한다.

甲寅일 제 7 국

공망 : 子·丑 ○
낮 : 왼쪽천장, 밤 : 오른쪽 천장

甲	庚	甲
白 寅 后	蛇 申 青	白 寅 后
申	寅	申
庚	甲	庚	甲
蛇 申 青	白 寅 后	蛇 申 青	白 寅 后
甲寅	申	寅	申

癸亥 勾巳	○子 朱午 青	○丑 蛇未 空	甲寅 貴申 白 后
壬戌辰 合 合			乙卯酉 常 陰
辛酉卯 朱 勾			丙辰戌 玄 玄
庚申寅 蛇 青	己未 貴丑○	戊午 空子○	丁巳亥 白 陰 常

- **과체** : 반음(返吟), 원태(元胎), 절태(絶胎), 육의(六儀) // 간지동류(干支同類), 무의(無依), 형상(刑傷), 덕경(德慶), 구절(俱絶), 간지봉절(干支逢絶), 회환(回還), 무음(蕪淫), 교차상극(交叉相剋), 육양(六陽), 귀인상가(貴人相加), 교차작절(交叉作絶), 명암이귀(明暗二鬼).

- **핵심** : 서로 상해를 입는다. 역마가 귀살과 관성을 태웠다. 일덕과 일록에 백호가 타니 재앙과 화가 많다.

- **분석** : ❶ 申이 간지에 임하여 간지와 상충과 상극을 하고, 일간의 귀살인 申이 역마를 타고 있다.

    ❷ 寅은 일간의 덕신이다. 밤에 정단하면 천후의 천장오행인 수가 寅을 생하니 좋다. 낮에 정단하면 백호의 천장오행이 해를 입힌다. 관직자가 정단하면 부임이 신속하고 비 관직자가 정단하면 재앙과 화가 발생되는 것이 하나에 그치지 않는다.

- **정단** : ❶ 반음(返吟)이고 무의(無依)이니 편안하지 않고 왕래 또한 일정하지 않다. 정(靜)한 사람은 동(動)하려고 하고 동한 사람은 정하려고 하는 상이다.

❷ 일덕 겸 일록 寅이 절지 申에 임하고 역마가 간지에 앉아 있으니, 옛일을 끝내고 새로운 것을 도모해야 한다.

→ 가령 가택을 정단하면 이사해야 하고, 혼인을 정단하면 새 배우자감을 물색해야 하며, 직장을 정단하면 이직해야 한다.

○ **날씨** : 밤에 정단하면 용이 승천하니 오일(午日)에는 우레가 치고 비가 온다.

→ 청룡이 중전에 나타났으니 비가 오고, 등사가 중전에 출현했으니 우레가 친다.

○ **가정** : 낮에 정단하면 등사가 귀살에 타서 가택을 극하니 화재로 인한 놀람과 고양이의 해를 예방해야 한다.

→ 일지는 가택이다. 화의 오행인 등사가 재앙을 뜻하는 귀살 申에 타서 일지 寅을 극하니, 가택에 화재가 발생하거나 놀라는 일을 예방해야 한다. 밤에는 지상의 귀살에 청룡이 타서 일지와 일간을 극하니 가계난을 예방해야 한다. ● 간지가 교차상극(交叉相剋)하니 가정이 화목하지 않고, 간지의 상신이 교차작절(交叉作絶)이니 이사해야 한다.

○ **혼인** : 밤에 정단하면 미녀이지만 성사되기 어렵다.

→ 일간은 나, 일지는 배우자감이다. 밤에 정단하면 지상에 청룡이 타고 있으니 미녀이지만 간지가 교차작절(交叉作絶)하니 혼인이 성사되기 어렵다. 만약 혼인하면 혼인한 뒤에 곧 이혼한다. ● 궁합 : 간상의 申은 일지 寅을 극하고 지상의 申은 일간 甲을 극하여서 일간과 일지가 교차상극(交叉相剋)하니 매우 나쁘다. ● 일지는 상대이다. 지상의 申이 일간 甲을 극하니 나를 해롭게 하는 사람이고, 낮에는 등사가 타고 있으니 간교한 사람이다.

○ **임신·출산** : 장녀이다. 출산은 신속하지만 태아가 상한다.

→ 과전이 육양이다. 양이 극에 이르면 음이 되니 여자이다. 반음과이니 출산은 신속하지만, 일간이 지상의 申으로부터 극을 당하니 태아가 상한다.

○ **구관** : 봄에는 일덕과 일록이 왕성하고 가을에는 관성과 역마가 왕성하다. 구직(舊職)을 얻거나 혹은 승진한다.
→ 일덕 寅은 공무원, 일록 寅은 관록, 관성 申은 관직, 역마 申은 승진의 신이다. 삼전의 십이신이 사과로 되돌아왔으니 구직을 얻거나 혹은 관직에 길한 신이 많으니 승진한다.

○ **구재** : 밤에 정단하면 청룡이 일간에 임하니 얻을 수는 있지만 화를 예방해야 한다.
→ 청룡은 재물이다. 청룡이 귀살에 타고 있으니 오히려 재정난을 당하는 것을 예방해야 한다. 『육임직지』 원문에서는 "오행의 화가 왕성해서 금을 극한다."고 하였다.

○ **질병** : 밤에 정단하면 오행의 화가 왕성해서 금을 극하고, 낮에 정단하면 오행의 목이 토를 극하니, 주야 모두 구토를 예방해야 한다.
→ 반음과의 천지반은 서로 뒤집혀진 상이니 주야 모두 구토하고, 옛 병이 재발하며, 두 가지 이상의 병증이다.

○ **유실** : 원래의 장소에서 찾아야 한다.
→ 반음과는 원래의 장소에서 찾아야 한다.

○ **출행** : 도중에 되돌아온다.
→ 반음과는 정(靜)한 사람은 동(動)하려고 하고 동한 사람은 정하는 특징이 있으니 도중에 되돌아온다.

○ **귀가** : 즉시 온다.
→ 역마가 집을 뜻하는 지상으로 왔으니 즉시 온다.

○ **도난** : 현무가 구진을 극하니 잡기 어렵다. 서방에 있는 도둑떼가 범인이다.
→ 낮에 정단하면 현무승신 辰이 구진승신 亥를 극하니 도둑을 잡기

어렵고, 밤에 정단하면 현무승신 辰이 구진승신 酉를 생하니 역시 도둑을 잡기 어렵다. 주야 모두 현무의 음신이 戌이니 서북방에 도둑이 숨어 있다.

⬆ **쟁송** : 나와 상대가 엇비슷하다.
→ 일간은 나, 일지는 상대이다. 간지가 동일한 글자이고 그 상신 또한 동일한 글자이니 나와 상대가 엇비슷하다. 따라서 합의해야 한다. 간지가 모두 그 상신으로부터 극을 받으니 나와 상대 모두 패소할 우려가 있다.

○ **전쟁** : 아군과 적군의 군세가 비슷하다.
→ 일간은 아군, 일지는 적군이다. 간지가 동일한 글자이고 그 상신 또한 동일한 글자이니 아군과 적군의 기세가 비슷하다.

□ 『**필법부(畢法賦)**』 : 〈제45법〉 주야귀인이 서로 가하면 양 귀인에게서 구하면 된다.
→ 공무원이 귀인에게 요청하는 정단에서는 양 귀인이 참견하여 반드시 뜻을 성취한다. 그러나 서민이 귀인을 알현하는 정단을 하면 반드시 귀인을 만나지 못한다.
〈제50법〉 두 귀인이 모두 공망되면 헛된 기쁨이 된다.
→ 주야의 귀인이 서로 가하지만 지금은 두 귀인 모두 공망되었으니 귀인의 도움을 받지 못한다.
〈제79법〉 일간과 일지가 절신이면 모든 모망사는 끊긴다.
→ 간상과 지상이 모두 甲과 寅의 절신인 申이다.
〈제63법〉 피차 모두 상하니 양쪽 모두 손상을 방비해야 한다.
→ 일간과 일지는 모두 간지상의 申으로부터 극살을 당한다. ⬆ 쟁송 참조

□ 『**과경(課經)**』 : 申이 甲에 가했으니 일간의 드러난 귀살이고 다시 둔

간이 庚이어서 숨겨진 귀살이니 명암이귀(明暗二鬼)이다. 다시 말하기를 간지에 모두 절신이 임하고 다시 귀살이니 흉사를 끝내는 일과 관청의 소송을 해산하는 일에 이롭다.

□ 『**신장론(神將論)**』: 백호가 공조(寅)에 타서 申에 가하면 대풍이 분다. 낮에는 백호가 타고 전송(申)에 청룡이 타니 도로이다. 갑일의 천반에 등사가 타고 있으니 관직과 재물을 잃는다.

甲寅일 제 8 국

공망 : 子·丑
낮 : 왼쪽천장, 밤 : 오른쪽 천장

	○	丁	壬
	青子蛇 未	陰巳常 子 ○	合戌合 巳
	己 ○	己 ○	○
	貴未空 甲寅	青子蛇 未	貴未空 寅	青子蛇 未

壬合戌巳	癸勾亥午	○青未	○空丑申
辛朱酉辰			白寅酉
庚蛇申卯			乙常卯戌
己貴未寅	戊后午丑 ○	丁陰巳子 ○	丙玄辰亥

□ **과체** : 지일(知一), 주인(鑄印), 과수(寡宿) // 간지동류(干支同類), 침해(侵害), 앙구(怏咎), 간지구묘(干支俱墓), 복덕(福德), 무음(蕪淫), 교차상극(交叉相剋), 무록(無祿), 묘신부일(墓神覆日), 살몰(殺沒), 장도액(長度厄).

□ **핵심** : 간지에 묘신과 공망과 패신이 임하니 의지할 곳이 없다. 자식이 움직이면 재앙이 생긴다. 판사가 화를 낸다.

□ **분석** : ❶ 일간의 묘신인 未가 간지를 덮고 있으니 혼미하고 불안하다. 초전이 움직여서 일간을 생하지만 공망이 되었고 다시 패신(敗神)이니 어찌 그를 의지할 수 있겠는가?

❷ 巳는 甲의 자식이다. 아래로는 子로부터 극을 당하고 위로는 戌에 의해 묘지를 당하니, 가만히 고수하면 적합하고 움직이면 재앙이 발생한다.

❸ 낮에는 子와 未가 서로 육해하여 귀인으로부터 해를 입으니 소송에서 나쁘다.

□ **정단** : ❶ 주인(鑄印)은 본래 길한 격이다. 다만 사과의 네 곳에서 하

적상하고 부모효가 발용이 되어 공망되었으니 존장에게 매우 이롭지 않다.

❷ 천라(天羅)인 辰이 일간의 장생인 亥를 묶어서 '천옥(天獄)'이니 구애되고 지체된다. 만약 연명이 亥이면 '천라자과(天羅自裹)'라고 하여 반드시 형상(刑傷)이 생긴다.

➔ 『육임직지』 원문에서는 연명이 未이면 '천라자과'라고 하였다. 천라인 辰이 장생인 亥를 묶고 있으니 연명이 亥이어야 '천라자과'가 된다.

❸ 고진과수가 발용이 되었고 '부구앙구(俯丘仰仇)'이니 주객 모두 좋지 않다.

➔ 부구앙구에 해당되지 않는다.

○ **날씨** : 비는 오지 않고 하늘은 어둡다.

➔ 초전의 子가 공망되었으니 비가 오지 않고, 말전이 戌이니 하늘이 흐리다.

○ **가정** : 밤에 정단하면 타인으로부터의 속임을 예방해야 하고, 사람과 집 모두 형통하지 못하다.

➔ 일간은 사람, 일지는 가택이다. 간지의 상신이 모두 묘신이니 타인의 의해 속임을 당하고 또한 가정 내외의 모든 일이 어둡다. ● 일간 甲은 지상의 未를 극하고 일지 寅은 간상의 未를 극하니 가족이 서로 화목하지 않다. 사과가 모두 하적상하니, 부모는 자식에게 불효를 당하고 남편은 아내에게 무례를 당한다. ● 가상 : 집이 점차 어두워지는 가상이다.

○ **혼인** : 어리석은 여자이지만 귀한 집안의 여자이다. 밤에 정단하면 성실하지 않다.

➔ 일간은 남자, 일지는 여자이다. 묘신에는 우둔의 뜻이 있으니 남

녀 모두 우둔한 사람이다. ● 궁합 : 간지가 교차상극(交叉相剋)하여 상대를 해치는 상이니 나쁘다. ● 일지는 여자이다. 낮에 정단하면 지상에 귀인이 타고 있으니 귀한 집안의 여자이고, 밤에 정단하면 지상에 천공이 타고 있으니 거짓을 일삼는 여자이다.

O **임신·출산** : 여자를 임신한다. 아직 출산하지 않는다.
→ 일간은 태아, 일지는 임신부, 삼전은 태아가 생육되는 과정이다. 지반은 여자, 천반은 남자의 상이다. 지반이 천반을 극하여 발용이 되었으니 여자이고 다시 삼전의 두 양(子,戌)이 하나의 음(巳)을 감싸고 있으니 여자이다. ● 간지의 상신이 묘신이니 아직은 출산하지 않는다.

O **구관** : 시험을 정단하면 합격이 가능하고, 관직을 정단하면 불길하다.
→ 밤에 정단하면 염막귀인이 간상에 타고 있으니, 시험을 정단하면 합격하지만 관직을 정단하면 퇴임하는 상이니 불길하다. 낮에 정단하면 시험과 승진 모두 불길하다.

O **구재** : 귀인과 소인으로부터 우롱은 당하지만 재물을 얻는다.
→ 재성은 재물, 귀인은 귀인, 천공은 소인이다. 일간의 재성 未에 낮에 정단하면 귀인이 타고 있으니 귀인으로부터의 우롱을 당하고, 밤에 정단하면 천공이 타고 있으니 소인으로부터의 우롱을 당한다. ● 일간의 처재효가 묘신에 해당하니 작은 재물을 취득한다.

O **질병** : 비위의 병이다. 의사의 도움을 받지 못한다. 2월에 정단하면 매우 흉하다.
→ 지상은 병증이다. 지상이 未이니 비위에 병이 들었다. 묘신은 사망과 장례의 신이다. 특히 묘월에 정단하면 묘신인 간지상의 未가 卯월의 사기이니 생명이 위험하다. 특히 구병을 정단하면 초전이 공망되었으니 사망한다.

O **유실** : 서남방의 땅속에 있다.

➔ 재성은 물품, 未는 땅이다. 재성이 未이니 서남방의 땅속에 유실물이 있다.
○ **출행** : 존장의 일로 인해 장애가 발생한다.
➔ 부모효인 子가 초전에서 공망되었으니 부모로 인해 장애가 발생한다. ● 일간은 여행객, 일지는 여행지이다. 간상의 未가 묘신이니 여행이 불가하고, 지상의 未가 묘신이니 안전한 여행지가 아니다.
○ **귀가** : 묘신이 일간에 임했으니 집에 도착한다.
➔ 묘신은 맹중계의 끝이다. 묘신이 일지에 가했으니 집에 도착한다.
○ **도난** : 정서방에 있다. 임신한 여자 혹은 술로 인한 구설이 일어나고 소송이 발생한다.
➔ 현무의 음신에 도둑이 숨어 있다. 주야 모두 현무의 음신이 酉이니 정서방에 도둑이 있다. 酉가 태신과 술(酒)이니 임신한 여자나 술과 관련이 있는 도둑이다.
⬆ **쟁송** : 승패가 나기 어렵다.
➔ 일간은 나, 일지는 상대이다. 일간과 일지가 동일한 글자이고 그 상신 또한 동일한 글자여서 승패가 나기 어려우니 합의해야 한다.
○ **전쟁** : 아군과 적군이 휴전하려고 한다.
➔ 일간은 아군, 일지는 적군이다. 간지의 상신이 비화(比和)하니 휴전하려고 한다.
○ **분묘** : 참된 용맥(龍脈)이 아니다. 묘지에 구멍이 나 있다.
➔ 사과의 지반이 모두 그 천반을 극하고 밤에 점단하면 천공이 지상에 타고 있으니 참된 용맥이 아니고 또한 구멍이 나 있다.

□ 『**필법부(畢法賦)**』 : 〈제65법〉 일간의 묘신이 관신(關神)을 아우르면 사람과 가택이 황폐해지는 허물이 있다. 일간의 묘신이 네 계절의 관

신을 만들어서 발용이면 이 격이다. 마땅히 간·지·발용을 구분하여, 만약 일간의 양 과에서 발용이 되면 사람이 쇠패해지고, 지진의 양 과에서 발용이 되면 가운이 닫힌다. 관신은 봄에는 丑, 여름에는 辰, 가을에는 未, 겨울에는 戌이다.

→ 가을에 정단하면 간지상의 未는 관신이다. 지금은 일간음신 곧 제2과가 발용이 되었으니 사람이 쇄패해진다.

〈제88법〉 간지에 묘신이 타면 모두 혼미해진다.

→ 간상과 지상의 未는 모두 간지의 묘신이다.

☐ 『과경(課經)』 : 묘신인 未가 일간을 덮고 있다. 만약 월내의 생기(生氣)이면 파견을 가는 것으로는 해석하되 묘신으로는 해석하지 않아야 한다.

→ 묘신인 未가 생기가 되는 월건은 酉이다.

※ 생기

월건 신살	寅	卯	辰	巳	午	未	申	酉	戌	亥	子	丑
생기 (生氣)	子	丑	寅	卯	辰	巳	午	未	申	酉	戌	亥

☐ 『육임지남(六壬指南)』 : 비둘기가 비를 부른다. 이 과는 바람은 많고 비가 적은 상이다. ② 신후(子)가 발용이 되어 순중의 공망이다. 중전에는 백호와 풍살(風殺)이 정마에 탄다. 다시 풍백(風伯, 未)이 간지에 임하여 寅에 모인다. 寅에는 기수(箕宿)가 있으므로 바람을 부른다. 따라서 어찌 오늘 바람이 없겠는가? ③ 그리고 밤 子시에는 공망을 메우므로 어찌 비의 조짐이 아니겠는가? 휴폐의 공망이니 비를 뿌리는 것이다.

※ 이우산, 『육임실전』 2, 대유학당, 2014, 275쪽~276쪽 참조.

甲寅일 제 9 국	공망 : 子·丑

낮 : 왼쪽 천장, 밤 : 오른쪽 천장

庚 蛇 申 青	戊 后 午 白	戊 后 午 白
辰	寅	寅
戊 后 午 白	壬 合 戌	戊 后 午 白	壬 合 戌
甲 寅	午	寅	午

辛 朱 酉 巳	壬 勾 戌 午 合	癸 勾 亥 未 朱	○ 青 子 蛇 申
蛇 庚 青 申 辰			○ 空 丑 貴 酉
己 貴 未 空 卯			甲 白 寅 后 戌
戊 后 午 白 寅	丁 陰 巳 丑○	丙 常 辰 玄 子○	乙 玄 常 卯 陰 亥

□ **과체** : 팔전(八專), 유박불수(帷薄不修), 여덕(勵德) // 간지동류(干支同類), 형상(刑傷), 앙구(怏咎), 삼전외전(三傳外戰), 복덕(福德), 가중사거(家中死去), 간지구사(干支俱死), 근단원소(根斷源消), 육양(六陽).

□ **핵심** : 밤에는 백호가 네 마리이다. 화재가 발생한다. 구관은 성사되지만 갑자기 어려움이 닥친다.

□ **분석** : ❶ 과전의 네 午에 밤에는 백호가 타서 열을 지어 가고 있으니 그 기세가 두렵다. 비록 午가 초전의 귀살 申을 극하지만 오히려 일간의 자식인 午가 화를 입고, 午가 일간을 탈기(脫氣)하고 백호의 오행인 금을 극하니 재앙이 발생하는 것을 면하지 못한다.

❷ 구관을 정단하면 성사되지만 필경 간지가 모두 탈기를 당하고 백호가 귀살을 도우니 마음에 품은 일이 이루어지기 어렵다.

□ **정단** : ❶ 팔전(八專)의 사과에 제극이 없으니 남녀 부정(不正)의 상이다.

❷ 네 개의 午에 백호가 타서 귀살을 제극하고 재물을 생하니, 비관직자가 정단하면 오히려 길한 조짐이다. 낮에 정단하면 초전에서

는 등사의 오행인 丁巳가 申을 극해서 일간의 귀살이 제극되며, 중전에서는 천후가 타서 일간을 탈기하니 처와 자식으로 인해 파재(破財)한다.

○ **날씨** : 청룡이 극을 받으니 비가 오지 않는다. 네 午에 백호가 타고 있으니 열풍이 분다.

→ 청룡은 감우의 천장, 백호는 바람의 천장이다. 청룡이 초전에 나타났지만 申금으로부터 극을 받아 무력해졌으니 비가 오지 않고, 백호가 午에 타서 중·말전에 나타났으니 열풍이 분다.

○ **가정** : 밤에 정단하면 남녀 모두 질병이 있다.

→ 일간은 나, 일지는 가족이다. 밤에 정단하면 간지상에 백호가 타고 있으니 나와 가족에게 질병이 있다. ● 일간의 상하와 일지의 상하와 삼전이 각각 삼합해서 일간을 탈기하니 가정 내외에 손실이 매우 많다. ● 지상의 午는 일간의 사기이고, 만약 인월에 정단하면 지상의 午가 인월의 사기이니, 가정에서 상을 당하는 것을 예방해야 한다.

○ **혼인** : 낮에 정단하면 미인이고, 밤에 정단하면 추녀이다.

→ 일지는 여자이다. 낮에 정단하면 지상에 천후가 타고 있으니 미인이고, 밤에 정단하면 지상에 백호가 타고 있으니 추녀이다. ● 궁합 : 비록 일간과 일지가 비화(比和)하고 과전이 삼합하지만 간지의 상신인 午와 午가 자형(自刑)이니 좋은 편이 아니다. ● 만약 혼인하면 일지의 음양이 삼합해서 일간을 탈기하니 혼인으로 인한 손실이 매우 크다.

○ **임신·출산** : 양이 극에 이르렀으니 여자이다. 생을 연연해하니 출산이 지체된다.

→ 과전이 육양이니 여자이다. 과전이 삼합한 것은 태아가 임신부

의 자궁을 떠나지 않는 상이니 출산이 지체된다.
○ **구관** : 관성이 제극을 받으니 파면을 예방해야 한다.
　→ 관성은 공무원이다. 비록 초전이 관성이지만 과전이 상관국을 형성하여 관성을 힘껏 제극하여 상하게 하니 파면을 예방해야 한다. ● 고시 : 떨어진다. ● 승진 : 안 된다.
○ **구재** : 자손으로 인해 재물을 잃은 뒤에 다시 재물을 얻는다.
　→ 자손효는 자손, 재성은 재물이다. 과전이 자손국이니 자손으로 인해 파재하고, 자손국이 재성을 생하니 자손으로 인해 재물을 얻는다. 만약 연명이 卯나 午면 그 상신이 재성인 未와 戌이니 투자한 뒤에 재물을 얻는다.
○ **질병** : 폐병이고 마음에 근심이 있다. 비록 흉하지만 무해하다.
　→ 과전의 화국이 오행의 금을 극하니 폐병이 든다. 간지의 상신이 모두 12운성의 사기이니 대흉한데, 만약 인월에 점단하면 인월의 사기가 되어 사기가 중복되니 위독하다. 그리고 일간이 탈기되니 원기가 쇠약하지만, 겨울이나 봄에는 일간이 왕성해지니 무방하다.
○ **유실** : 쇠로 만든 물건이다. 동남방에서 찾으면 된다.
　→ 자손효는 유실물이다. 午에 백호(庚申)가 타고 있으니 쇠로 만든 물건이다.
○ **출행** : 비록 출행하지만 가까운 곳으로 간다.
　→ 지일과는 근처로 출행한다. 일지의 음양이 삼합해서 일간을 탈기하니 손실이 많은 출행이다.
○ **귀가** : 즉시 도착한다.
　→ 말전과 중전이 집을 뜻하는 지상으로 연결되었으니 즉시 도착한다.
○ **도난** : 곤방 곧 서남방에 있다. 승려나 도인이 감췄다.
　→ 도둑은 현무의 음신에 숨어 있다. 주야 모두 현무의 음신이 申이니 서남방에 도둑이 숨어 있다. 申이 승려 혹은 수도자를 뜻하니 그

들이 도둑이다.
↑ **쟁송** : 결론이 나지 않는다.

→ 간지가 동일하고 다시 그 상신이 동일하여 결론이 나지 않으니 합의해야 한다. 만약 합의하지 않으면 일간과 일지의 음양이 삼합해서 탈기국을 형성하였으니 나와 상대 모두 큰 손재수가 발생한다. 그리고 간상의 午는 일간의 사기이고 지상의 午는 일지의 사기이니 나와 상대 모두 패소할 우려가 있다.

○ **전쟁** : 낮에 정단하면 승전하지 못한다.

→ 일간은 아군, 일지는 적군이다. 간지상신이 12운성의 사기이니 아군과 적군 모두 패전할 우려가 있다.

□ 『**필법부(畢法賦)**』 : 〈제80법〉 사람과 가택이 모두 사신이면 사람과 가택이 쇠해지고 파리해진다.

→ ○ 가정과 □ 과경 참조.

□ 『**과경(課經)**』 : 酉가 巳에 가해서 태신이 장생에 앉아 있으니, 임신을 정단하면 매우 이롭고 출산을 정단하면 이롭지 않다. 丑이 酉에 가하면 뱃속에 태아가 있다는 뜻의 '복태(腹胎)'이니, 나를 찾아온 이유는 반드시 처의 임신과 관련된 일이다. 丑이 갑인순의 공망이니 출산을 정단하면 신속하지만 태아를 정단하면 반드시 태아가 손상된다. 그리고 간지상이 모두 사기이면 모든 일을 멈춰야 하고 움직여서 꾀하는 것은 이롭지 않다.

※ 사기

월건\신살	寅	卯	辰	巳	午	未	申	酉	戌	亥	子	丑
사기(死氣)	午	未	申	酉	戌	亥	子	丑	寅	卯	辰	巳

□ 『**신장론(神將論)**』 : 밤에는 승광(午)에 백호가 타고 있으니 길에 병사

가 있다. 그리고 백호가 수에 타면 백호가 불에 타니 '분신(焚身)'이라고 하여 전화위복이 된다.

甲寅일 제 10 국

공망 : 子·丑 ○
낮 : 왼쪽 천장, 밤 : 오른쪽 천장

庚	癸	甲
蛇 申 青	勾 亥 朱	白 寅 后
巳	申	亥
丁	庚	丁	庚
陰 巳 常	蛇 申 青	陰 巳 常	蛇 申 青
甲 寅	巳	寅	巳

| 庚 蛇 申 巳 己 未 辰 戌 午 卯 丁 陰 巳 寅 | 辛 朱 酉 午 空 丙 常 玄 辰 丑 ○ | 壬 合 戌 未 乙 陰 卯 子 ○ | 癸 勾 亥 申 ○ 青 子 酉 ○ 空 丑 戌 貴 甲 白 寅 后 亥 |

□ **과체** : 중심(重審), 원태(元胎), 생태(生胎) // 간지동류(干支同類), 형상(刑傷), 충파(沖破), 침해(侵害), 삼기(三奇), 육의(六儀), 복덕(福德), 가귀(家鬼), 명암이귀(明暗二鬼), 절신가생(絶神加生), 백호입상여(白虎入喪輿), 탈상봉탈(脫上逢脫/밤), 귀인입옥(貴人入獄), 교차상형(交叉相刑), 교차육해(交叉六害).

□ **핵심** : 정마가 달리니 잠시도 멈출 수 없다. 손실을 예방해야 한다. 몸에 병이 있는 사람은 무덤으로 간다.

□ **분석** : ❶ 정마 巳는 일간과 일지에 임했고, 역마 申은 일간과 일지의 음신에 임했다. 정마과 역마의 움직임이 작지 않으니 어찌 잠시라도 멈출 수가 있겠는가?

❷ 간지가 모두 巳에 의해 탈기(脫氣)를 당하니 잃고 뺏기는 것을 예방해야 하고, 일간의 귀살이 발용이 되었으니 질병을 정단하면 매우 위험하다.

□ **정단** : ❶ 중심과이니 모든 일에서 기로에 있고, 원태(元胎)이니 다시 시작해야 한다.

❷ 삼전이 말전의 일록 寅을 차례로 생하니 구관을 정단하면 최길하다. 자신을 알아주는 사람에 의해 추천을 받으니 갑자기 관운이 일어난다.

❸ 순수(旬首)가 순미(旬尾)에 임했으니 끊어졌다가 다시 이어지고, 정(靜)한 상태에서 다시 동(動)하지만 동하는 것이 정한 것만 못하다.

○ **날씨** : 청룡이 수모(申)에 타서 발용이 되었으니 사일(巳日)에 비가 온다.

→ 청룡은 감우의 신, 申은 비를 생하는 신이다. 청룡이 申에 타서 巳에 가하여 발용이 되었으니 사일(巳日)에 비가 온다.

○ **가정** : 간지의 상신이 교차육해를 한다. 낮에는 음인이 말썽을 부린다.

→ 일간은 사람, 일지는 가택이다. 일간(기궁) 寅은 지상의 巳와 육해하고 일지 寅은 간상의 巳와 육해하니 가족의 불화를 예방해야 한다. 이러한 기운의 간지상에 낮에는 태음이 타고 있으니 소인에 의한 말썽을 예방해야 한다. ● 간지의 음신에는 두 귀살이 간지를 극하고 있다. 낮에 정단하면 귀살에 등사가 타고 있으니 놀라는 일을 예방해야 하고, 밤에 정단하면 귀살에 청룡이 타고 있으니 생활고를 예방해야 한다. ● 申은 몸, 巳는 상여이다. 가정에 환자가 있을 경우 몸이 상여로 들어가는 상이니 상을 예방해야 한다.

○ **혼인** : 여자가 비록 미인이지만 화합 속의 파(破)를 예방해야 한다.

→ 일간은 남자, 일지는 여자이다. 지상에 낮에는 태음이 타고 있으니 미인이고, 밤에는 태상이 타고 있으니 요리를 잘하고 예능에 능숙하다. ● 일간과 일지가 교차상형(交叉相刑)하고 다시 교차육해(交叉六害)하니 혼인이 깨지는 것을 예방해야 한다. ● 궁합 : 간지가 교

차 상형하고 상해하니 나쁘다. ● 지반이 천반을 극하여 발용이 되었으니 온순하지 않은 여자이다.

○ **임신·출산** : 여종과 첩의 임신이며 태아는 여자이다. 출산이 순조롭고 쉽다.

→ 태신은 태아, 酉는 여종과 첩이다. 酉가 태신과 여종·첩을 동시에 뜻하니 여종과 첩의 임신이다. 만약 亥월에 정단하면 태신인 酉가 생기이니 살고, 巳월에 정단하면 태신인 酉가 사기이니 죽는다.

○ **구관** : 말전의 일덕과 일록이 장생에 임하니 명성과 직위가 세상에 드러난다.

→ 일덕과 관성은 공무원, 일록은 공무원이 받는 급여이다. 초전의 申이 관성이고 말전의 寅이 일덕·일록이니 공명이 빛난다. 초전과 말전에 천리(天吏,寅)와 천성(天城,申)을 모두 갖췄고 다시 삼전이 체생하니 관직에 더욱 길하다. ● 복직 : 일간의 절신인 申이 申의 장생인 巳에 임하니 복직된다.

○ **구재** : 함부로 구하면 안 된다.

→ 재성은 재물이다. 과전에 일간의 재성이 나타나지 않았으니 함부로 구하면 안 된다. 다만 연명이 辰丑未인 사람이 구재하면 그 상신이 재성인 未辰戌이니 구재가 가능하다.

○ **질병** : 비장의 병증이다. 부엌에서 머리나 눈의 병을 얻었다. 병사가 오랫동안 몸에 머무르지 않도록 해야 한다.

→ 간상으로 병의 원인을 알 수 있다. 간상의 巳가 부엌을 뜻하니 부엌에서 병을 얻었다. ● 초전의 申은 몸(申), 巳는 상여이다. 申이 巳에 가한 것은 몸이 상여로 들어가는 상이니 사망을 예방해야 한다. 만약 진월에 정단하면 초전의 申이 진월의 사기이니 상을 당할 우려가 있다.

○ **유실** : 주방에 근무하는 두 하인이 가져갔다.

→ 자손효는 유실이다. 자손효인 巳가 주방을 뜻하니 주방에 근무하

는 두 하인이 가져갔다.
- **출행** : 길하다. 식록을 만난다.
  → 일간은 여행객, 일지는 여행지, 삼전은 여정이다. 말전이 일록이니 출행하여 식록을 만난다.
- **귀가** : 오늘 도착한다.
  → 초전은 귀가의 종착지이다. 초전이 역마인 申이니 오늘 혹은 수일 안에 도착한다.
- **도난** : 서남방에 있는 빈 우물의 좌우에 있거나 혹은 숲 아래의 지방 공무원의 집에 있다.
  → 도둑은 현무의 음신에 숨어 있다. 주야 모두 현무의 음신이 未이니 우물 옆에 있거나 혹은 낮에는 未에 천을귀인이 타고 있으니 공무원의 집에 숨어 있다.
- ↑ **쟁송** : 화해가 상책이다.
  → 형에는 수형(受刑)의 뜻이 있다. 간지와 그 상신이 비화(比和)하니 승패가 나지 않고, 간지가 교차상형하여 양측 모두 형을 받을 우려가 있으니 화해가 상책이다.
- **전쟁** : 화해가 상책이다.
  → 간지와 그 상신이 비화(比和)하니 화해가 상책이다.

- □ 『**필법부(畢法賦)**』 : 〈제35법〉 사람과 가택이 손실을 당하니 두 곳 모두에서 도적을 초래한다.
  → 일간 甲은 간상의 巳로 실탈을 당하고, 일지 寅은 지상의 巳로 실탈을 당한다. 가정을 정단하면 자정 안팎으로 손실이 있다.
- □ 『**과경(課經)**』 : 일덕이 亥에 가해서 삼전에 들면 덕입천문(德入天門)이다. 수험생이 정단하면 반드시 합격한다.
  → 말전에서 일덕 寅이 천문을 뜻하는 亥에 가하니 시험에 합격한

다. 연명이 亥이면 덕입천문이니 반드시 시험에 합격한다.
- 『정온(精蘊)』: 송나라 인종 명도 2년(1033) 癸酉년에 월장 未를 점시 辰에 가한 뒤에 비가 오기를 바라는 정단을 한다. 청룡이 발용이 되었으니 오늘 신시(申時)에 바람이 불고 우레가 치지만 비는 약간 온다. 중전의 주작이 亥에 타서 申에 가해서 수화가 교전하니, 庚申일의 오시(午時)에 바람이 불고 우레가 치기를 반복하지만, 巳화에 토의 천장인 태상이 타고 있으니 비가 충분하지 않다. 말전에서는 공조(寅)가 亥에 가했고 여기에 수의 천장인 천후가 타고 있으니 甲子일에 구름이 끼고, 서북방으로부터 비가 세차게 내리다가 잠잠해지더니 비가 그쳤다. 모두 정단한 것과 같았다.

| 甲寅일 | | 제 11 국 | 공망 : 子·丑 ○
낮 : 왼쪽 천장, 밤 : 오른쪽 천장 |

丙	戊	庚
合辰合	蛇午靑	后申白
寅	辰	午

丙	戊	丙	戊
合辰合	蛇午靑	合辰合	蛇午靑
甲寅	辰	寅	辰

己未貴空	庚申后白	辛酉陰常	壬戌玄玄
戊午蛇青辰			癸亥常陰酉
丁巳朱勾卯			○子白后戌
丙辰合合寅	乙卯勾朱丑○	甲寅青蛇子○	○丑空貴亥

□ **과체** : 중심(重審), 진간전(進間傳), 등삼천(登三天/辰午申), 참관(斬關)
// 간지동류(干支同類), 형상(刑傷), 앙구(怏咎), 초전협극(初傳夾剋), 복덕(福德), 무음(蕪淫), 교차상극(交叉相剋), 육양(六陽), 마재호귀(馬載虎鬼/밤), 사호둔귀(蛇虎遁鬼/밤), 강색귀호(罡塞鬼戶), 최관사자(催官使者), 신장·살몰·귀등천문(神藏·殺沒·貴登天門/밤).

□ **핵심** : 밤에 정단하면 두렵다. 백호귀살이 역마를 타고 있다. 귀인이 천문에 오른다. 천강(辰)이 귀호(寅)를 막는다.

□ **분석** : ❶ 초전의 辰은 일간의 재성이고 여기에 주야 모두 육합이 타서 천반의 辰을 협극(夾剋)하니 구재가 뜻대로 되지 않는다.

❷ 중전의 午는 일간을 탈기(脫氣)하고, 말전의 귀살에 낮에는 백호가 타서 일간을 극하니 매우 두렵다.

❸ 두강(辰)이 일간에 가한 뒤에 발용이 되었으니 '참관(斬關)'이다. 밤에는 귀인이 천문(亥)에 오르고 천강(辰)은 귀호(寅)를 막으니, 여섯 흉신이 숨고 네 살(殺)이 숨으며 청룡과 육합을 만나서 도모하는 일이 지극히 이롭다.

□ **정단 :** ❶ 등삼천(登三天)은 관직자에게 가장 좋고 비 관직자가 정단하더라도 이익이 있지만, 삼전이 진간전이니 곧장 오르지는 못한다. ❷ 발용이 천강(辰)이니 시골로 돌아가지 못하고, 자신의 본분을 지키면 나날이 새로워진다.

○ **날씨 :** 흐리고 맑은 날씨가 일정하지 않다.
→ 삼전의 辰午申은 용이 하늘로 올라 비를 뿌리는 상이니 흐리고 맑은 날씨가 일정하지 않다. 만약 가뭄에 정단하면 감로수가 내린다.

○ **가정 :** 이사하지 않으면 저절로 부자가 된다. 식구가 평안하다.
→ 일간은 사람, 일지는 가택이다. 간상의 辰과 지상의 辰이 모두 재성이니 이 집에 살면 부자가 된다. 삼전이 등삼천(登三天)이니 공무원이나 직장인이 있는 가정은 승진하고 자영업자가 있는 가정은 돈을 번다. ● 간지가 교차상극하여 무음(蕪淫)이니 부부가 다툰 뒤의 사정(私情)을 예방해야 한다.

○ **혼인 :** 반드시 성사되지만 싸움을 예방해야 한다.
→ 일간은 나, 일지는 배우자감이다. 간지의 상신이 모두 간지의 재성이니 남녀 모두 부유하지만 간상의 辰과 지상의 辰이 서로 형(刑)을 하니 남녀가 다투는 것을 예방해야 하고, 간지가 교차상극(交叉相剋)하니 남녀의 사이가 멀어지는 것을 예방해야 한다. ● 궁합 : 간지의 상신이 상형하고 간지가 교차상극하니 나쁘다. ● 일지는 상대이다. 주야 모두 지상의 辰이 괴강살의 하나이니 드센 사람이고 辰이 지반의 오행인 寅목과 辰에 타고 있는 육합의 오행인 乙卯목으로부터 협극을 당했으니 하품의 여자이다.

○ **임신·출산 :** 순양(純陽)이니 여자이다. 출산이 지체되지만 길하다.
→ 양이 극에 이르면 음이 되니 여자이고, 하가 상을 극하여 발용이

되었으니 다시 여자이다. 삼전이 사이를 두고서 진행되는 진간전(進間傳)이니 출산이 지체된다.
○ **구관** : 말전이 역마이고 관성에 백호가 타고 있으니 외임(外任)이 매우 빠르다.

→ 백호가 관성에 타면 '최관사자(催官使者)'라고 하여 부임이 매우 신속한데, 이것이 역마에 해당하니 부임이 더욱 신속하다. ● 고시 : 이번의 시험은 불리하지만 다음에는 유리하다. ● 승진 : 이번에는 불리하지만 다음에는 유리하다.

○ **구재** : 재운이 매우 좋지만 뜻대로 되지는 않는다.

→ 간지상의 辰은 재물이다. 다만 간지상의 辰과 辰이 상형하고 다시 상하로 협극(夾剋)되었으니 구재가 뜻대로 되지 않고 설령 득재하더라도 잃게 된다.

○ **질병** : 간이 상했다. 급하게 치료하면 낫기 어렵다.

→ 백호의 극을 받은 장부에 병이 든다. 밤에는 백호승신 申이 목을 극하니 간에 병이 든다. 삼전이 진간전이니 병이 오래가고 속히 낫지 않으니 느긋하게 치료해야 한다. ● 의약신 午가 백호승신 申을 극하니 나을 수 있는 병이고, 의약신이 辰에 임하니 진방(辰方) 곧 동남방에서 명의와 명약을 구해서 치료하면 된다.

○ **유실** : 어린이가 집어갔다.

→ 등사는 어린이, 자손효는 유실물이다. 등사가 자손효인 午에 타고 있으니 어린이가 집어갔다.

○ **출행** : 집으로 귀가하지 못한다.

→ 삼전의 辰午申은 용이 승천하는 상이니 출행하면 한동안 귀가하지 못한다.

○ **귀가** : 말전의 역마가 일지 및 일간과 육합하니 자일(子日)이나 진일(辰日)에 반드시 도착한다.

→ 말전의 申은 역마이며 자동차이다. 申과 삼합하는 자일이나 진일

○ **도난** : 정북방의 물가에 도둑이 숨어 있다. 밤에는 잡지 못한다.
→ 도둑은 현무의 음신에 숨어 있다. 주야 모두 현무의 음신이 子이니 정북방에 숨어 있다. ● 구진은 경찰이다. 밤에 정단하면 구진승신 巳가 현무승신 戌을 생하여서 오히려 경찰이 도둑을 도우니 도둑을 잡지 못한다.

⬆ **쟁송** : 화해를 해야 한다.
→ 일간은 나, 일지는 상대이다. 일간과 일지가 동일하고 다시 그 상신이 동일하니 화해를 해야 한다. 만약 화해하지 않으면 승패가 나지 않고 오래 간다.

○ **전쟁** : 낮에 정단하면 승전하고, 밤에 정단하면 패전한다.
→ 낮에 정단하면 구진승신 卯가 현무승신 戌을 극하니 승전하고, 밤에 정단하면 구진승신 巳가 현무승신 戌을 생하니 패전한다.

▢ 『**필법부(畢法賦)**』 : 〈제69법〉 백호가 둔간귀살에 타면 재앙이 얕지 않다.
→ 말전의 庚에 백호가 탄다. 백호가 庚에 타서 일간을 극하니 재앙이 깊다.
〈제52법〉 천강(辰)이 귀신문(寅)을 막으면 임의로 도모할 수 있다. 재난을 피하는 일, 음모, 사적인 기도, 문상, 문병, 약 짓기, 부적 쓰기에 좋다. 만약 甲·戊·庚일이면 더욱 좋다.

▢ 『**과경(課經)**』 : 여섯 흉신이 숨는다는 것은 다음과 같다. 첫째, 등사(丁巳)가 물에 빠져 익사하고, 둘째, 주작(丙午)이 강물에 빠져 머리가 깨지며, 셋째, 구진(戊辰)이 卯목에 제극당하며, 넷째, 천공(戊戌)의 육신이 갈기갈기 찢기며, 다섯째, 백호(庚申)가 불길에 타서 죽임을 당하며, 여섯째, 현무(癸亥)의 다리가 부러진다. 네 살(殺)이 숨는

다는 것은 네 묘신(辰未戌丑)이 건곤간손(乾坤艮巽)에 임하여 사유(四維, 寅巳申亥)에 빠진 것이다.

□ 『정와(訂訛)』: 청룡이 만리를 날아가고, 육합이 사문(卯酉)에 숨으며, 다시 삼전에 申과 백호가 보이면, 장애물을 부수고 자른다는 뜻의 '참관득단(斬關得斷)'이다. 이 격은 외출에 가장 적당한데 정마가 (삼전)에 보이면 외출에 더욱 좋지만 집에 머물면 오히려 어두운 일이 발생한다.

→ 곧 참관격을 설명하고 있다. 참관격은 은둔과 도망 등에 이롭다.

甲寅일 제 12 국

공망 : 子·丑
낮 : 왼쪽 천장, 밤 : 오른쪽 천장

丙 合 辰 合	丁 朱 巳 勾	戊 蛇 午 青
卯	辰	巳
乙 勾 卯 朱	丙 合 辰 合	乙 勾 卯 朱	丙 合 辰 合
甲 寅	卯	寅	卯

戊午 蛇青 丁巳辰 朱勾 丙辰卯 合合 乙卯寅 勾朱	己未午 青貴	庚申未 空后	辛酉申 白陰
			壬戌酉 玄玄
			癸亥戌 常陰
	甲寅丑 青蛇	○丑子 空貴	○子亥 白后

- □ **과체** : 중심(重審), 진여(進茹), 승계(升階/辰巳午) // 간지동류(干支同類), 복덕(福德), 침해(侵害), 앙구(昻咎), 초전협극(初傳夾剋), 구왕(俱旺), 호왕(互旺), 천라지망(天羅地網), 상호나망(相互羅網), 나거취재(懶去取財),

- □ **핵심** : 앞에서는 탈기하고 뒤에서는 망하게 한다. 고수하면 왕성하다. 한 알의 곡식을 탐내다가 반년치의 식량을 잃는다.

- □ **분석** : ❶ 삼전의 辰巳午는 염상(炎上)이다. 甲이 앞으로 전진하면 삼전 화국에 의해 손실을 입고, 뒤로 물러나면 子丑 공망을 만난다. 만약 간상의 卯를 고수하면 왕성을 잃지 않는다.
  → 삼전에 巳午未를 모두 갖추지는 못했지만 염상으로 보았다.
  ❷ 협극(夾剋)된 초전의 재물을 욕심내면 반드시 탈기(脫氣)와 도난의 지반으로 들어가니, 한 알의 곡식을 참내다가 오히려 반년치의 식량을 잃는다.

- □ **정단** : ❶ 진여(進茹)는 출행에 이롭지만 그물(나망)과 칼(양인)이 앞에 있으니 모든 일에서 정수(精守)해야 하며, 말전이 초전의 재성을

생하니 자연히 복을 받지만 만약 경거망동하면 반드시 죄와 허물이 생긴다.

❷ 자손효가 너무 왕성하여 관귀효가 상하니, 비 관직자에게는 이롭고 공무원 임용고시를 준비하는 사람 및 관직자에게는 불리하다.

○ **날씨** : 대단히 맑다.
  → 삼전이 화국이니 대단히 맑다.
○ **가정** : 가정에서 구설수를 예방해야 한다.
  → 일지는 가정이다. 낮에 점단하면 지상에 구진이 타고 있으니 싸움이나 관재를 예방해야 하고, 밤에 점단하면 지상에 주작이 타고 있으니 구설수를 예방해야 한다. ● 일간은 남편, 일지는 아내이다. 간지가 교차나망(交叉羅網)이니 남편과 아내가 서로 속이고 해를 입는 것을 예방해야 한다. ● 일간음신과 일지음신의 재성이 협극(夾剋)되었으니 가계난을 예방해야 한다.
○ **혼인** : 간지에 양인(羊刃)이 임하니 다투는 것을 예방해야 한다.
  → 양인은 혈광의 신, 제왕은 왕성이다. 간상과 지상의 卯가 제왕이어서 다툼이 발생할 우려가 있으니 예방해야 한다. ● 궁합 : 보통이다. ● 일지는 상대이다. 지상이 양인이니 성정이 드세다. 게다가 낮에는 구진이 타고 있으니 싸움을 즐기는 사람이고 밤에는 주작이 타고 있으니 언쟁을 즐기는 사람이다.
○ **임신·출산** : 두 양이 하나의 음을 감싸고 있으니 여자를 임신한다. 쉽게 출산한다.
  → 일간은 태아, 삼전은 태아가 생육되는 과정이다. 일간의 음양에서 두 양(甲,辰)이 하나의 음(卯)을 감싸고 있으니 여자, 삼전에서도 두 양(辰,午)이 하나의 음(巳)을 감싸고 있으니 다시 여자이다. 삼전이 진여(進茹)이니 쉽게 빨리 출산한다.

○ **구관** : 뇌물을 받으면 파면된다.
　→ 삼전의 자손효가 지나치게 왕성하니 만약 뇌물을 받으면 파면된다. ● 고시 : 떨어진다. ● 승진 : 안 된다.
○ **구재** : 삼전이 모두 자손에 속하니 재물을 구하지 않더라도 저절로 재물이 온다.
　→ 자손효는 재성을 생하는 오행이다. 중·말전의 자손효가 초전의 재성을 생하니 재물을 구하지 않더라도 저절로 재물이 오는 상이다. 다만 초전의 재성 辰이 상하 협극되었고 다시 간상과 지상의 양인살 卯가 재물을 쟁탈하니 나의 재물이 되지 않는다.
○ **질병** : 열이 나는 증세이다. 낫는다.
　→ 삼전이 화국이니 열증의 병이다. 삼전에 의약신인 巳午가 있으니 낫는다.
○ **유실** : 문 옆의 부엌 바닥에서 찾으면 된다.
　→ 자손효는 유실물이다. 자손효인 巳가 부엌을 뜻하니 부엌에서 찾으면 된다.
○ **출행** : 문을 나서면 안 된다.
　→ 일간은 여행객, 일지는 여행지이다. 간상의 卯는 일간 甲의 전일위이고 지상의 卯는 일지 寅의 전일위이니 천라지망(天羅地網)이다. 일간과 일지에 그물이 씌어져 있으니 문을 나서면 안 되며, 간지의 상신이 양인이니 문을 나서면 몸을 다친다.
○ **귀가** : 집을 떠나 먼 곳에 가 있다.
　→ 중전이 정마이니 집을 떠나 먼 곳에 가 있다.
↑ **쟁송** : 화해가 가능하다.
　→ 일간과 일지가 비화(比和)하고 다시 간지의 상신이 비화하니 화해가 가능하며 승패가 나지 않는다. 만약 합의하지 않으면 간지가 삼전으로 탈기되니 나와 상대 모두 손실이 크다.
○ **도난** : 서북방에 있는 수루의 누각 안에 숨어 있다.

→ 현무의 음신이 亥이니 서북방에 있는 수루의 누각 안에 있다.
○ **전쟁** : 아군과 적군이 서로 대치하고 있다. 병사를 움직이는 것은 이롭지 않다.
→ 일간과 일지 그리고 간지의 상신이 서로 비화(比和)하니 아군과 적군이 대치하고 있다. ● 양인에는 혈광의 뜻이 있다. 간지의 상신이 양인이니 병사를 움직이는 것은 이롭지 않다.
○ **분묘** : 자손이 번창한다.
→ 지상이 乙이니 을용(乙龍)이고 삼전이 순조로운 자손국이니 자손이 번창한다.

□ 『**필법부(畢法賦)**』 : 〈제55법〉 천라지망(天羅地網)을 만나면 모망사가 보잘 것이 없게 된다.
→ 매일의 제12국은 이 법에 해당한다.
〈제57법〉 비용을 많이 들였으나 대가는 부족하다.
→ 중·말전의 巳午가 일간을 탈기하니 비용을 많이 들였고, 초전의 재성이 협극(夾剋)되었으니 대가는 부족하다.
〈제78법〉 호왕(互旺)과 개왕(皆旺)은 앉아서 꾀하는 것이 좋다.
→ 지상의 卯가 일간 甲의 왕신이고 간상의 卯가 일지 寅의 왕신이니 호왕(互旺), 간상이 일간의 왕신이고 지상이 일지의 왕신이면 구왕(俱旺)이다. ● 개왕과 호왕은 타인과 나, 손님과 주인, 남편과 아내, 부모와 자식이 모두 흥왕하다. 무릇 모망사는 순조로운 이익이 있으니 애써 힘들이지 않아도 스스로 만족하니, 앉아서 기다리는 것은 옳고 도모하여 움직이면 불리하다.
□ 『**과경(課經)**』 : 간상의 卯는 일간의 왕신으로서 초전의 辰과는 육해하고, 중·말전은 모두 일간의 기운을 훔치는 기운이다. 간상이 형제효인 卯이니 비록 삼전에 재성이 보이지만 반드시 후회가 많은데, 그

이유는 재물을 취하는 일에 나태해서 재물을 빼앗기기 때문이다.
□ 『지장부(指將賦)』: 삼전의 辰巳午는 '승계(升階)'이다. 상국(上國)을 관광한다.

을묘일

乙卯日의 길신(구보)과 흉살(팔살)				
일덕	申		형	
일록	卯		충	
역마	巳		파	
장생	亥		해	
제왕	卯		귀살	申酉
순기	亥		묘신	未
육의(六儀)	甲寅		패신 / 도화	子 / 子
귀인	주	申	공망	子丑
	야	子	탈(脫)	巳午
합(合)			사(死)	午
태(胎)	酉		절(絶)	申

乙卯日　제 1 국

공망 : 子·丑 ○
낮 : 왼쪽 천장, 밤 : 오른쪽 천장

丙	乙	○
勾辰勾	青卯合	常子貴
辰	卯	子○
丙	丙	乙	乙
勾辰勾	勾辰勾	青卯合	青卯合
乙辰	辰	卯	卯

丁合巳巳	戊青朱午午	己空蛇未未	庚白貴申常申
丙勾辰勾辰			辛后酉玄酉
乙青卯合卯			壬陰戌陰戌
甲空寅朱寅	○白丑蛇丑○	○常子貴子○	癸玄亥后亥

- □ **과체** : 복음(伏吟), 두전(杜傳), 참관(斬關) // 간지동류(干支同類), 형상(刑傷), 침해(侵害), 권섭부정(權攝不正), 교차육해(交叉六害), 귀인공망(貴人空亡/밤).
- □ **핵심** : 서로 시기하고 무례하게 변한다. 밤의 귀인은 아무런 소용이 없다. 일간의 식록은 좋다.
- □ **분석** : ❶ 일간의 재성인 초전의 辰은 자형(自刑)이고 간상과 지상은 육해(六害)하니, 재물로 인해 꺼리게 되고, 점차 子와 卯가 서로 형(刑)을 하는 것으로 변하니 무례가 심하다.
　❷ 밤 귀인 子가 일간을 생하지만 공망되어 무력해서 귀인에게 부탁을 하더라도 소용이 없으니 택상의 왕록을 지키는 것만 못하고 그렇게 해야 바름을 얻는다.
- □ **정단** : ❶ 복음과 간지의 상하가 교차육해(交叉六害)하고 중전과 말전이 서로 형(刑)을 하니 온화한 정이 어긋난다. 만약 조용히 고수하면 간상에는 부동산 재물이 있고 일지에는 눈앞에 식록이 있으니, 가만히 앉아서 그것을 누릴 수 있다. 다만 참관(斬關)이니 편안하게 거주

하는 상이 아니고, 두전(杜傳)에는 변경하는 뜻이 있으니 기회를 살펴서 일을 잘 처리해야 한다.

❷ 말전의 子가 공망되었지만 결국은 나를 생한다. 만약 연이나 월이나 월장이 공망을 메우면 나아가서 취할 수 있다.

───────────────

○ **날씨** : 흐리며 흙비가 내리는 상이다. 많이 맑고 비(雨)는 적다.
→ 초전이 辰토이니 흐리며 흙비가 오는 상이고, 말전의 子가 공망되었으니 비가 조금만 온다.

○ **가정** : 대대로 물려받는 나라의 녹봉을 고수해야 한다. 낮에 정단하면 더욱 길하다.
→ 일록은 가업, 일지는 가정이다. 지상의 卯가 일록이니 (윗대로부터 이어받은) 가업을 유지해야 한다. 낮에 정단하면 일록에 길장인 청룡이 타고 있으니 가업에 더욱 길하다. ● 간지의 상신인 辰卯가 육해하고 삼전의 辰卯가 다시 육해하니 가족이 화목하지 않다. ● 간상의 재성 辰이 지상의 卯와 육해하니 부동산으로 인해 해로운 일이 발생하는 것을 예방해야 한다.

○ **혼인** : 여자의 집이 풍요롭지만 장애가 우려된다.
→ 일간은 남자, 일지는 여자이다. 지상의 卯가 일록이니 여자의 집이 부자이지만, 간상의 辰과 육해하니 남녀의 혼인에 장애가 발생할 우려가 있다. ● 궁합 : 간지의 상신이 육해하고 다시 초전이 자형(自刑)이고 중전과 말전이 서로 무례지형이니 나쁘다.

○ **임신·출산** : 태아가 손상된다. 출산이 신속하다.
→ 일간은 태아, 일지는 임신부이다. 간상의 辰과 지상의 卯가 육해하니 태아와 임신부 모두 몸을 상할 우려가 있다. 천반과 지반이 동일한 복음과이니 선천성언어장애가 우려된다. ● 밤에 정단하면 태신인 酉에 현무가 타니 사생아이다.

○ **구관** : 록신이 비록 왕성하지만 육해를 만나 장애가 생기니 결국은 관직을 붙들지 못한다.

→ 일록은 관록이다. 일록인 卯가 지상과 중전에 나타났지만 간상의 辰과는 해(害)를 하고 말전의 子와는 형(刑)을 하니 구관에 장애가 생긴다. ● 일록이 지상에 가했으니 좌천되거나 혹은 타향으로 발령 받거나 혹은 퇴임한다. 입사 시험에 합격한 사람은 임시직이다.

○ **구재** : 현재의 재물을 고수해야 한다. 탐내지 않아야 한다.

→ 일간은 나, 일지는 사업장이다. 간상은 재성인 辰이고 지상은 일록인 卯이니 현재의 사업을 유지하는 것이 이롭다. 만약 삼전의 재성과 일록을 욕심부리면 삼전이 불순하니 탐내지 않아야 한다.

○ **질병** : 신수(腎水)가 부족하다. 음식만 섭취하면 낫는다.

→ 오행의 수는 신장이다. 子수가 공망되었으니 신수가 부족하다. 과전에 백호가 나타나지 않았으니 음식만 먹으면 낫는다.

○ **유실** : 본가의 사랑채 아래에 있다.

→ 복음과이니 집을 벗어나지 않았다.

○ **출행** : 다른 곳에 이르지 못한다.

→ 복음과는 먼 곳으로 출행할 수 없다.

○ **귀가** : 중전과 말전이 서로 형(刑)을 하여 장애가 있으니 아직은 돌아오지 못한다.

→ 중전과 말전이 서로 형을 하고 초전이 스스로 형을 하여 귀가에 사고로 인한 장애가 생기니 아직은 돌아오지 못한다.

○ **도난** : 앞집의 여인 혹은 외갓집에 있다. 아이가 망을 본다. 그 지역을 벗어나지 않았다.

→ 일지 卯의 대충인 酉에 현무가 타니 酉가 뜻하는 앞집의 여인이 도둑이다. 복음과는 가까운 사람이나 장소에 도둑이 있는 상이니 이웃집 혹은 친척집에 있거나 혹은 지역을 벗어나지 못했다.

↑ **쟁송** : 상대가 유리하다.

→ 일간은 나, 일지는 상대이다. 지상의 卯가 간상의 辰을 극살하니 상대가 유리하다.

○ **전쟁** : 주(主)가 불리하다. 반드시 군량미와 말의 먹이로 적을 유인해야 한다.

→ 하가 상을 극하는 중심과의 상(象)이 있으니 가만히 있는 쪽이 불리하다. 지상의 卯는 군량미와 말의 먹이지만 간상과는 육해하니 이것으로써 적을 유인해야 한다.

□ 『**필법부(畢法賦)**』: 〈제8법〉 일록이 일지에 임하면 임시직으로서 정당한 직위가 아니다.

→ 乙의 일록인 卯가 일지에 임한다. 일간은 높고 일지는 낮다. 일록이 일지에 임하니 하위직과 임시직이다.

〈제76법〉 서로 시기하여 모두에게 화가 미친다.

→ 간지의 상신이 육해하니 나와 상대가 서로 해친다. 혼인·매매·교역·동업 등의 교섭에서 나쁘다.

□ 『**과경(課經)**』: 乙卯일의 복음과의 간지가 교차육해를 하니 교제에서 불리하다. 다시 말하기를 복음과의 과전에 비록 정신과 역마가 없더라도 만약 사람의 연명상에 괴강(辰戌)이 타거나 혹은 丁巳가 임하면 정신과 역마가 서로 가하니 움직임이 매우 신속하다.

□ 『**신장론(神將論)**』: 辰에 구진이 타면 전투가 되고, 구진이 관청에 오르는 경우는 辰에 구진이 탈 때이며 감옥 및 관리와도 연관되어 있다.

→ 구진의 오행은 戊辰으로서 쟁투와 관재를 뜻한다. 구진이 辰에 타니 구진의 성향이 더욱 강해진다.

乙卯일 제 2 국

공망 : 子·丑
낮 : 왼쪽 천장, 밤 : 오른쪽 천장

	○	○	癸
白 丑 蛇	常 子 貴	玄 亥 后	
寅	丑 ○	子 ○	
乙	甲	甲	○
青 卯 合	空 寅 朱	空 寅 朱	白 丑 蛇
乙 辰	卯	卯	寅

丙辰巳 勾	丁巳午 合	戊午未 朱	己未申 蛇 白
青 乙卯辰			庚申酉 貴 常
空 甲寅卯 朱			辛酉戌 后 玄
白 ○寅 蛇	常 子 貴	玄 亥 后	壬戌亥 陰 陰
	丑 ○	子 ○	
		癸亥子	

□ **과체 :** 중심(重審), 퇴여(退茹), 삼기(三奇) // 간지동류(干支同類), 수장(收藏/丑子亥), 과수(寡宿), 재공(財空), 왕록임신(旺祿臨身), 불비(不備), 무음(蕪淫), 맥월(驀越), 삼전개공(三傳皆空), 답각공망(踏脚空亡), 나거취재(懶去取財), 간지상회(干支相會), 귀인공망(貴人空亡/밤), 여덕(勵德/낮), 괴도천문(연명:亥).

□ **핵심 :** 앉아서 고수하면 흥왕하고 전진하면 나쁘다. 계속하여 공망이니 어찌 앞으로 나갈 수 있겠는가?

□ **분석 :** ❶ 卯는 일록이다. 제왕 겸 일록이 일간에 임했으니 앉아서 고수해야 하고 망동하면 안 된다.

❷ 움직이더라도 삼전이 모두 공망되었으니 좋은 정취가 있겠는가? (일진 乙卯가) 전진하면 탈기인 丁巳가 있고 물러나면 공함의 우려가 있다. 계속하여 삼전이 공망되었으니 전진하면 안 된다.

□ **정단 :** 퇴여(退茹)가 공망을 만났고 삼전이 삼기(三奇)이니 전진이 가능한 상이다. 비록 삼전이 모두 나를 생하는 신이지만 공함이 되었으니, 〈경〉에서 말하는 "생을 봐도 생을 받지 못하니 차라리 생이 없

는 것만 못하다."에 해당한다. 즉 일체의 도모하는 모든 일이 흉한 조짐이니, 차라리 문을 닫고 가만히 있으면 복을 누린다.

○ **날씨** : 바람은 불지만 비는 오지 않는다.
→ 초전에 백호가 타고 있어서 바람은 불지만 삼전의 수국이 공망되었으니 비가 오지 않는다.

○ **가정** : 가택에 퇴기(退氣)가 타지만 이 집에 거주하는 사람은 오히려 건강하고 왕성하다.
→ 일간은 사람, 일지는 가택이다. 지상의 寅이 형제효이고 일지음신의 재성 丑이 공망되어 가정에 손재수가 있지만, 간상이 일록이니 이 집에 거주하는 사람은 오히려 건강하고 왕성하다. ● 사과가 '불비(不備)'이니 가정에 음란이 발생하는 것을 예방해야 하고, 하가 상을 극하여서 발용이 되었으니 자식은 부모에게 불효하고 아내는 남편에게 공손하지 못한 일이 발생하는 것을 예방해야 한다.

○ **혼인** : 여자가 정단하면 길하고 남자가 정단하면 불길하다.
→ 일간은 남자, 일지는 여자이다. 여자가 정단하면 간상이 일록이어서 남자에게 직업이 있으니 길한 남자이고, 남자가 정단하면 지상이 겁재(劫財)이니 낭비가 많은 여자이다. ● 사과가 불비(不備)여서 남녀가 음란하니 혼인이 불길하다. ● 궁합 : 여자를 뜻하는 일지 卯가 남자를 뜻하는 간상으로 온 것은 남녀가 서로 만나는 상이니 좋은 편이다. ● 중심과이니 온순하지 않은 여자이다.

○ **임신·출산** : 정실 외의 사사로운 임신이 우려된다. 태아는 남자이다. 자궁이 비어 있는 상이니 즉시 낳는다.
→ 일간은 태아, 삼전은 태아가 생육되는 과정이다. 삼전에서 두 음(丑,亥)이 하나의 양(子)을 감싸고 있으니 남자이다. 만약 봄과 여름에 정단하면 초전의 지반이 왕성하니 여자일 가능성이 있다. ● 출

산을 정단하면 자궁을 뜻하는 丑이 공망되었으니 쉽게 출산하고, 임신을 정단하면 유산된다. ● 밤에 정단하면 태신인 酉에 현무가 타니 사생아이다.
○ **구관** : 일평생 식록은 있지만 조금도 발전하지 못한다. 해년(亥年)에는 이롭다.
→ 식록을 뜻하는 일록 卯가 일간에 임하니 일평생 식록은 있지만 삼전이 '답각공망(踏脚空亡)'이니 조금도 발전하지 못한다. 다만 공망된 장생이 풀리는 해년(亥年)에는 이롭다. ● 고시 : 떨어진다. ● 승진 : 안 된다.
○ **구재** : 청룡과 육합이 일간에 임했다. 누군가가 보내오는 재물을 취득하면 안 된다.
→ 일록은 직업이고 재산이다. 일록이 일간에 임했으니 직업이 있고 재산이 있다. 만약 이 직업 외의 것을 욕심내어 개업하면 간지상에 겁재(劫財)가 지나치게 많고 다시 삼전이 공망되었으니 전혀 득재하지 못한다.
○ **질병** : 수가 간을 보양하지는 못하지만 낫는다.
→ 오행의 수는 신장, 목은 간이다. 삼전의 수국이 공망되어 간을 보하지는 못하지만 과전에 질병을 뜻하는 백호와 귀살이 없으니 저절로 병이 낫는다.
○ **유실** : 목기구의 안에 있다.
→ 사과의 오행이 목이니 목기구의 안에 있다.
○ **출행** : 나쁘다.
→ 일간은 여행객, 일지는 여행지, 삼전은 여정이다. 지상이 겁재여서 여행지에서 손재수가 있으니 출행이 나쁘고, 삼전이 답각공망(踏脚空亡)이니 더욱 나쁘다.
○ **귀가** : 아직 오지 않는다.
→ 삼전은 귀가 과정이다. 삼전이 모두 공망되어 귀가에 장애가 있

으니 아직은 도착하지 않는다.
○ **도난** : 밤에 정단하면 서남방의 길에 숨어 있고, 낮에 정단하면 서북방의 산 그늘에 숨어 있다.
→ 도둑은 현무음신에 숨어 있다. 밤에 정단하면 현무음신이 申이니 서남방의 길옆에 있고, 낮에 정단하면 현무음신이 戌이니 서북방에 있는 산의 그늘진 곳에 있다.
↑ **쟁송** : 합의가 가능하다. 나중이 유리하다.
→ 간지의 상신이 비화(比和)하니 합의가 가능하다. 중심과는 나중이 유리하니 고등법원에 상고해야 한다.
○ **전쟁** : 내가 주(主)이면 이롭다. 먼저 공격하면 안 된다.
→ 중심과는 주역의 곤괘에 해당하니 먼저 공격하면 안 된다.
○ **분묘** : 용맥(龍脈)이 모두 공망되었다. 건향(乾向)은 조금 길하다.
→ 용맥은 풍수지리에서 산의 정기가 흐르는 산줄기로서 산의 정기가 모인 자리가 혈(穴)이다. 제4과는 혈이다. 일지음신이 공망되어 용맥이 비었으니 길지가 아니다.

□ **『필법부(畢法賦)』** : 〈제42법〉 삼전 내에서 삼기(三奇)를 만나면 명예가 높아진다.
→ 갑인순의 삼기인 亥가 말전에서 공망되었으므로 명예가 높아지지 않는다.
〈제18법〉 답각공망(踏脚空亡)은 나아감이 옳다.
→ 초전의 丑은 갑인순의 공망, 중전의 子는 갑인순의 공망, 말전의 亥는 갑자순의 공망이니 답각공망이다. 답각공망이니 전진하는 것이 좋다.
〈제7법〉 왕록이 일간에 임하면 망령된 행동을 해서는 안 된다.
→ 간상의 卯는 일간의 제왕이면서 일록이다.

□ 『**과경(課經)**』: 삼전이 모두 공망되면 마치 배후에 세 개의 함정이 있는 것과 같으니 어찌 전진할 수 있겠는가? 질병을 점단하여 이와 같으면 죽을 곳을 찾는다는 뜻의 '심사격(尋死格)'이다.

□ 『**위지 관로전(魏志 管輅傳)**』: 수레(로,輅)는 전농왕홍에 직속된 것으로서 갑자기 부는 바람을 따라 신방(申方)에서 온다. 일진이 乙卯이고 두건(斗建)은 申인데 申이 寅을 충(沖)하니 사람이 사망하는 징조이다. 巳가 午에 가했으니 바람이 일고 말발굽의 조짐이다. 未가 申에 가했고 未에 백호가 타고 있으니 대인의 아버지를 뜻하는 조짐이다. 동방에서 마리(馬吏)가 당도하며 아버지가 자식을 잃은 뒤에 곡(哭)을 할 우려가 있다. 그 다음날 교동(膠東)에서 관리가 당도하였는데 과연 자식이 죽었다는 전갈을 가지고 왔다.

乙卯일 제3국

공망 : 子·丑
낮 : 왼쪽 천장, 밤 : 오른쪽 천장

	癸	辛		己	
	玄亥	后酉	后酉玄	蛇未	白
	丑		亥	酉	
	甲				癸
空寅朱	常子貴	白丑蛇	玄亥后
	乙辰		寅	卯	丑

乙卯巳 青合	丙辰午 勾合	丁巳未 勾 青	戊午申 朱空
甲寅辰 空朱			己未酉 蛇白
〇丑卯 白蛇			庚申戌 貴常
〇子寅 常貴	癸亥丑 玄后	壬戌子 陰陰	辛酉亥 后玄

□ **과체** : 섭해(涉害), 시둔(時遁/亥酉未), 구추(九醜) // 간지동류(干支同類), 퇴간전(退間傳), 고진(孤辰), 재공(財空), 삼기(三奇), 형통(亨通/체생), 맥월(驀越), 나거취재(懶去取財), 답각공망(踏脚空亡).

□ **핵심** : 재성과 장생이 공망되었다. 辛酉만을 만난다. 보이는 모든 것은 악신이다. 취하려고 했던 모든 것은 종적이 없다.

□ **분석** : 일간의 재성인 丑과 일간의 장생인 亥가 입전(入傳) 되었으니 일간에게 유익해 보이지만, 丑은 공망이 되었고 亥는 공함이 되었으니 중전의 귀살 酉만 남았다. 乙의 둔간이 귀살인 辛이어서 辛酉만이 튼실하니 일간에게 명귀(明鬼)와 암귀(暗鬼)가 나쁘게 작용한다. 재물과 장생을 일간이 취하고 싶지만 모두 없으니 어찌 이익이 있겠는가?

□ **정단** : ❶ 은둔의 뜻이 있는 '시둔(時遁)'이고 물러나는 상의 퇴간전(退間傳)이니 모든 일에서 장애가 발생하여 전진하지 못하며 우환을 없애기 어렵다.

❷ 하물며 丑이 卯에 가해서 '구추(九醜)'이니 흉은 많고 길은 적은데

초전의 공함이 반갑다. 길사는 불성하고 흉사는 풀리므로 낮에 정단하면 용두사미이다.

○ **날씨 :** 바람이 불고 안개가 끼어 어두우며 궂은비가 온다.
➔ 말전이 未이니 바람이 불고, 중전이 酉이니 어두우며, 초전이 亥이니 비가 온다.

○ **가정 :** 문에 있는 흙을 정리해서 없애야 한다.
➔ 일지는 가택이다. 일지 卯 위가 丑토이니 문앞에 있는 흙을 정리해서 없애야 하고, 재성 丑이 공망되었으니 손재수를 예방해야 한다. ● 낮에 정단하면 지상의 처재효에 백호가 타고 있으니 처의 건강이 나빠지거나 혹은 부동산을 잃는 것을 예방해야 하며, 밤에 정단하면 등사가 타고 있으니 처나 재물로 인해 놀라는 일을 예방해야 한다. ● 부모님이 생존할 경우, 장생인 亥가 공망되었으니 부모의 건강이 매우 우려된다.

○ **혼인 :** 길상하지 않다.
➔ 일지와 처재효는 신부감이다. 일지가 공망되었고 다시 처재효 丑이 공망되어 신부감을 처로 맞이하지 못하는 상이니 길상하지 않다. 낮에 정단하면 丑에 백호가 타고 있으니 몸에 병이 있거나 드세고, 밤에 정단하면 丑에 등사가 타고 있으니 성정이 좋지 못하다. ● 궁합 : 간상의 寅이 지상의 丑을 극살하니 나쁘고, 말전의 未가 초전의 亥를 극살하니 다시 나쁘다. ● 섭해과이니 연애 혹은 혼담에서 장애가 많고, 일간에 겁재(劫財)가 임했으니 신부감을 뺏기는 것을 예방해야 한다.

○ **임신·출산 :** 여자를 낳는다.
➔ 일간은 태아이다. 일간의 음양에서 두 양(寅,子)이 하나의 음(乙)을 감싸고 있으니 여자이고, 다시 하가 상을 극하여 발용이 되었으

니 여자이다. ● 밤에 정단하면 태신인 酉에 현무가 타니 사생아이다.

○ **구관** : 이랬다저랬다 하며 성사되기 어려우니 방법을 바꿔야 취할 수 있다.

→ 섭해과이고, 관성인 酉가 병지에 앉아 있으며, 초전이 공함되었으며, 삼전이 캄캄한 밤의 십이지로 연결되어 은둔하는 상이니 득관(得官)하기 어렵다. 따라서 방법을 바꿔야 한다. ● 고시 : 떨어진다. ● 승진 : 안 된다.

○ **구재** : 비록 재물은 있지만 부실하다.

→ 재성은 재물이다. 지상의 丑은 공망되었고 말전이 비록 재성이지만 묘신 겸 재성이어서 부실한 재물이니 큰 재물이 되지 못한다.

○ **질병** : 丑이 卯에 가하고 여기에 백호가 타고 있으니 부인의 복통이다. 구병은 흉하다.

→ 丑은 처재효와 복부이다. 丑이 卯에 가하고 丑에 백호가 타고 있으니 부인의 복통이다. 초전이 처를 잃는 상의 고진이고 다시 삼전이 캄캄한 밤으로 이어지니 구병은 흉하다.

○ **유실** : 도둑이 장물을 탈취한 뒤에 사라졌다.

→ 현무는 도둑이다. 현무가 폐구되었으니 도둑이 장물을 탈취한 뒤에 감쪽같이 사라졌다.

○ **출행** : 매우 이롭지 않다. 편안하게 있어야 한다.

→ 일간은 여행객, 일지는 여행지이다. 일지가 공망되었으니 안전한 여행지가 아니고, 간상의 겁재(劫財)에게 재물을 뺏기는 상이니 다시 이롭지 않으며, 삼전이 밤으로 연결되니 또다시 이롭지 않다. 따라서 집에 가만히 있어야 한다.

○ **귀가** : 장애가 있어서 오지 못한다.

→ 삼전은 귀가과정이다. 삼전이 밤의 십이지로 연결되었으니 귀가가 어둡고, 초전이 공망되었으니 장애가 있어서 아직은 오지 않는

다.
○ **쟁송** : 뜻밖의 재난이 풀린다.
→ 초전이 공함되었으니 뜻밖의 재난을 당하더라도 사라진다. ● 승패 : 일간은 튼실하고 일지는 공허하니 내가 유리하다. ● 섭해과이고 삼전이 밤으로 이어져서 쟁송이 오랫동안 지속되면 불리하니 가급적 빨리 끝내야 한다.
○ **전쟁** : 적이 헛소리로 아군을 당혹하게 하는 것을 막아야 한다.
→ 일간은 아군, 일지는 적군이다. 지상이 공망되었으니 적군이 헛소리로 아군을 당혹하게 하는 것을 예방해야 한다.

□ 『**필법부(畢法賦)**』: 〈제18법〉 답각공망(踏脚空亡)은 나아감이 옳다.
→ 초전의 丑은 갑인순의 공망, 중전의 酉는 갑술순의 공망, 말전의 未는 갑오순의 공망이니 답각공망이다.
□ 『**관월경(觀月經)**』: 대길(丑)이 사중(子午卯酉)에 가하면 천재(天災)가 발생하니 군사를 일으키면 안 된다. 대소의 두 시가 함께 있고 흉신이 사평(四平/子午卯酉)에 있으니 삼년에서 삼개월 안에 대흉이 발생하는 것을 예방할 수 없다.
□ 『**심경(心經)**』: 처를 맞이하지 않으면 딸을 시집보낸다. 정처 없이 떠돌아다니는 것과 출병을 가장 꺼린다.
□ 『**정와(訂訛)**』: 乙은 우레가 울리기를 시작하는 날이고 卯는 춘분인데 양이 왕성하면 음이 끊긴다. 그리고 丑이 사중(子午卯酉) 위에 임하는 것이 일지에 가하여서 발용이 되고 백호가 타면 사망하는 일이 발생한다.
→ 丑은 군자 곧 공무원이다. 丑이 사중에 가하면 구추(九醜)이다. 丑에 백호가 타면 군자가 병을 얻고, 丑이 공망되면 군자가 사망하는 뜻이 성립된다.

□ 『**지장부(指將賦)**』: 삼전의 丑亥酉는 극음(極陰)이다. 달이 서산에 숨는 상이다.

→ 이 과전의 삼전은 여기에 해당하지 않는다.

| 갑인순 | 을묘일 | 4국 |

乙卯일 제 4 국

공망 : 子·丑
낮 : 왼쪽 천장, 밤 : 오른쪽 천장

○	壬	己	
青 丑 蛇	朱 戌 陰	后 未 白	
辰	丑 ○	戌	
○	壬	○	辛
青 丑 蛇	朱 戌 陰	勾 子 貴	蛇 酉 玄
乙 辰	丑 ○	卯	子

甲寅 空 巳 朱	乙卯 白 午 合	丙辰 常 未 勾	丁巳 玄 青 申
○ 青 丑 蛇 辰			陰 戌 空 午 酉
勾 ○ 子 貴 卯			己 后 未 白 戌
癸亥 合 寅	壬戌 后 朱 丑 陰	辛酉 蛇 子 玄	庚申 貴 常 亥

□ **과체** : 중심(重審), 가색(稼穡), 여덕(勵德/밤) // 간지동류(干支同類), 유자(遊子/3·9월), 과수(寡宿), 재성공망(財星空亡), 전국(全局), 형상(刑傷), 사과개공(四課皆空), 호묘(虎墓), 처재효현괘.

□ **핵심** : 공망된 두 마리의 뱀이 널려 있다. 재물이 귀살과 묘지로 든다. 밖에서는 화합을 기대할 수 없고, 안의 해가 두렵다.

□ **분석** : ❶ 丑에 밤에는 등사가 타서 일간에 임한 뒤에 발용이 공망되었으니 공허한 기운만 널려 있다.

❷ 재성인 戌은 丑으로 들어간다. 丑은 금의 묘지이며 동시에 귀살의 묘지이니 어찌 이 재물을 취할 수 있겠는가?

→ 중전 지반의 丑은 금의 묘지이며 동시에 귀살의 묘지이다.

❸ 간지상의 子와 丑이 상합하지만 모두 공망이 되었으니 전혀 의지할 수 없고, 일간(기궁) 辰과 일지 卯가 육해하니 두렵다.

□ **정단** : ❶ 이 중심과의 삼전이 '가색(稼穡)'이어서 모든 일이 어려우니 상세하게 살펴야 한다.

→ 가색격(稼穡格)은 토의 오행으로만 구성되었으니 침체의 뜻이 있

다.

❷ 삼전이 모두 재성이니 웃어른에게 불리하고, 재물이 천지에 널려있지만 함부로 구하면 오히려 모자란다.

→ 재국이 인성을 극하니 만약 부모의 질병을 정단하면 가장 흉하다.

❸ 하물며 귀살과 묘신이 일간을 덮고 사과의 아래에서는 서로 해치고 위로는 상합하여, 아래로는 튼실하고 위로는 공허하니 타인에 의해 손상된다. 다행한 것은 丑이 공망되었으니 그 흉이 반드시 사라진다. 그러나 일체의 모든 도모하는 일은 성취되지 않으니, 오직 기미를 살펴서 분수를 지켜야 한다.

○ **날씨** : 흐리고 맑은 날씨가 일정하지 않다.

→ 삼전이 토국이니 흐리고, 토국이 공함되었으니 흐리고 맑은 날씨가 일정하지 않다.

○ **가정** : 택상에는 형(刑)이 있고 상하는 무례하다.

→ 일지는 가택이다. 택상의 子는 일지 卯와 형이다. 子와 卯가 무례지형이니 집에 거주하는 가족이 서로 다투며, 다시 하가 상을 범하여 발용이 되었으니 자식이 부모에게 무례하다. ● 부모효인 지상의 子가 공망되었으니 부모를 잃는 것을 예방해야 한다. ● 일지의 상하인 子卯가 음란지형이고 다시 천반의 子가 일지 卯의 도화이며 다시 지상의 子가 일간 乙의 패신이니 가정이 음란해지는 것을 예방해야 한다.

○ **혼인** : 이루지 못한다. 자월(子月)의 낮에 정단하면 성사된다.

→ 일간은 나, 일지는 배우자감이다. 기궁 辰과 일지 卯가 육해하고 간지의 상신인 子와 丑이 비록 상합하지만 공망되었으니 혼인이 불성하며 초전의 천반이 공망되어 과수이니 혼인이 성사되지 않는다.

축년의 자월이나 자년의 축월에 정단하면 공망된 子와 丑이 모두 풀리니 혼인이 가능하다. ● 궁합 : 기궁과 일지가 육해하고 간지의 상신이 공망되었으며 다시 초전과 말전이 상충하니 나쁘다. ● 일지는 상대이다. 일지의 상하가 음란지형이고 다시 그 천반이 일지의 도화이며 또다시 일간의 패신이니 음란한 사람이다.

○ **임신·출산** : 태신이 공망과 패지(敗地)에 임하니 부실(不實)을 예방해야 한다.

→ 태신은 태아이다. 태신인 酉가 酉의 사지인 子에 가했으니 사산을 예방해야 한다. ● 밤에 정단하면 태신인 酉에 현무가 타니 사생아이다.

○ **구관** : 재물을 상납해야 이롭다. 다만 지체된다.

→ 과전에 관직을 뜻하는 관성이 나타나지 않았으니 구관에 불리하다. 삼전에 재성이 많으니 이 재물을 관청에 상납하면 승진이나 발탁에 이롭지만 관성이 나타나지 않았으니 지체된다. ● 고시 : 떨어진다. ● 승진 : 안 된다.

○ **구재** : 움직이면 타인으로부터 속임이나 사기를 당한다.

→ 재성은 재물이다. 재물을 취하기 위해 움직이면 초전과 중전의 재성이 공망되어 오히려 타인으로부터 속임을 당한다.

○ **질병** : 신병은 무방하다. 부모의 질병을 정단하면 불길하다.

→ 초전이 공망되면 신병(新病)은 무방하다. 삼전이 재국이고 부모효 子가 공망되었으니 만약 부모의 질병을 정단하면 사망할 우려가 있으니 불길하다.

○ **유실** : 빈 묘지의 속에 있으니 그곳에서 찾으면 된다.

→ 재성은 물건, 丑은 묘지이다. 丑이 공망되었으니 빈 묘지의 속에서 찾으면 된다.

○ **출행** : 이르는 곳마다 편안하게 도착할 곳이 없다.

→ 일지는 여행지, 삼전은 여정이다. 일지가 공망되었으니 머물 곳

이 없고, 삼전의 초·중전이 공망되었으니 편안하게 머물 곳이 없으며 삼전이 삼형이니 편안하게 도착할 곳이 없다.
- **귀가** : 근행은 자일(子日), 원행은 사일(巳日)이나 유일(酉日)에 온다.
  ※ 『육임직지』 원문에서는 "미일(未日)에 온다."고 하였다.
  → 근행한 경우에는 초전과의 육합일에 오니 자일(子日)에 오고, 원행한 경우에는 초전과의 삼합일에 오니 사일(巳日)이나 유일(酉日)에 온다.
- **쟁송** : 근심과 의혹이 해소되고 풀린다.
  → 삼전은 쟁송의 진행과정이다. 초전과 중전이 공망되었으니 근심과 의혹이 해소되고 풀린다. ● 중심과는 장기전이 유리하니 상부의 법원에서 재심(再審)하는 것이 이롭다. ● 관재 : 중죄를 지은 경우에 관재를 정단하면, 일간이 공망되었으니 교도소에 수감될 우려가 있다.
- **전쟁** : 간첩이 거짓을 꾸미는 것을 예방해야 한다. 낮에 정단하면 약간 이롭다.
  → 일간은 아군, 일지는 적군이다. 지상의 子가 간상의 丑을 상합하여 오지만 지상이 공망되었으니 거짓을 꾸미는 것을 예방해야 한다.

- □ 『**필법부(畢法賦)**』 : 〈제75법〉 손님과 주인이 다투지 않아도 형벌이 이미 있다.
  → 삼전이 삼형이니 주객이 서로 다툰다. 주로 혼인, 매매, 교역, 계약, 동업, 국제회담 등에서 양측 모두에게 이롭지 않다.
- □ 『**찬요(纂要)**』 : ❶ 위로는 子와 丑이 육합하고 아래로는 卯와 辰이 육해하여, 겉으로는 좋아하고 속으로는 도끼로 나무를 치니 화합은 공허하고 해로움은 강하다. 따라서 모든 일에서 기쁨은 헛되고 해는

실재한다.

❷ 乙卯일에 월장 子를 점시 卯에 가했다. 태양 곧 월장에 귀인이 타서 가택을 생하면, 집에 반드시 보물이 감춰져 있고 자년(子年)에 정단하면 그 해에 반드시 귀한 아들을 낳는다. 子가 비록 공망이지만 태양이 하늘에 걸려있으니 순의 공망을 두려워하지 않는다.

□ 『비요(秘要)』: 丑은 귀살의 묘고로서 이것이 일간에 임했으니 반드시 몰래 재앙을 매개하는 사람을 예방해야 한다.

→ 간상의 丑은 일간의 귀살인 금의 묘신이다. 묘신은 일간에게 암해를 입히는 신이니 이러한 해석이 가능해진다.

乙卯일 제 5 국

공망 : 子·丑
낮 : 왼쪽 천장, 밤 : 오른쪽 천장

- **과체** : 원수(元首), 곡직(曲直), 일녀(洪女/낮) // 간지동류(干支同類), 화미(和美), 전국(全局), 삼기(三奇), 구생(俱生), 호생(互生), 맥월(驀越), 합중범살(合中犯殺), 이귀개공(二貴皆空), 호묘(互墓/밤), 형제효현괘, 귀인상가(貴人相加).
- **핵심** : 록신과 묘신이 백호와 병존한다. 공망된 귀인이 일간을 생하고 묘지에서 장생으로 전해진다.
- **분석** : ❶ 未는 일간의 묘지이고 卯는 일간의 식록인데 두 곳에 백호가 타고 있다. 밤에 질병을 정단하면 위험하고, 낮에 정단하면 식록을 지키기 어렵다.
  ❷ 귀인승신 子가 일간을 생하지만 공망되었으니 믿기 어려운데, 오직 말전의 亥가 일간의 장생이다.
  ❸ 삼전이 未에서 亥로 전해진다. 未로부터 亥는 곧 묘지가 장생으로 전해지니, 처음에는 혼미하지만 나중에는 혼미에서 깨어난다.
- **정단** : ❶ 원수과이고 곡직(曲直)이니 이치상으로는 순조롭지만, 일은 난잡해져서 성사가 되려고 하다가 되지 않고 합하려고 하다가 되지

않는다.

❷ 사과의 子辰申과 삼전이 육해(六害)하니 은혜 속에 원수가 있고 좋다가도 불화가 생긴다.

❸ 낮에는 천후가 육합으로 전해져서 '일녀(泆女)'이니 행실이 바르지 않은 것을 예방해야 하고, 초전에서 천후가 사계(四季)에 탔고 음신이 백호이니 처에게 불리하다.

→ 낮에 정단하면 초전의 未에는 천후가 타고 중전의 卯에는 백호가 탄다. 천후가 未에 타니 처의 신상이 나쁘고, 천후음신에 백호가 타니 처에게 병이 있다.

○ **날씨** : 바람은 많이 불고 비는 조금 온다.

→ 삼전이 목국이니 바람이 많이 불고, 말전이 癸亥이니 비가 조금 온다.

○ **가정** : 장생이 가택에 임하니 길한 가택이다. 부인은 예의를 지켜야 한다.

→ 일간은 사람, 일지는 가택이다. 지상이 생업을 뜻하는 장생이어서 생업이 활발하니 길한 가택이다. ● 일간은 간상의 子로부터 생을 받고 일지는 지상의 亥로부터 생을 받으니, 가정 내외에 생기가 넘친다. ● 낮에 정단하면 삼전의 초전에 천후가 보이고 말전에 육합이 보여서 부인이 음란하다는 뜻의 '일녀(泆女)'이니 부인은 예의를 지켜야 한다. ● 밤에 정단하면 처효인 일지음신 未에 백호가 타니 부인의 질병을 예방해야 한다. 만약 묘월에 정단하면 未가 묘월의 사기이니 위독하다.

○ **혼인** : 지체되어 성사된다. 낮에 정단하면 나쁘다.

→ 일간은 나, 일지는 배우자감이다. 일간이 공망되었고 다시 간상의 子와 중전의 卯가 무례지형이니, 혼인이 성사되다가 중간에 지체

되지만 사과와 삼전이 화미하니 성사된다. ● 낮에 정단하면 초전에 천후가 타고 말전에 육합이 타니 연애결혼을 한다. ● 궁합 : 좋은 편이다. ● 일지는 여자이다. 낮에는 지상에 육합이 타고 있으니 애교가 있는 사람이고, 밤에는 지상에 천후가 타고 있으니 미인이다.

○ **임신·출산** : 태신이 공망과 묘지에 앉아 있어서 귀태(鬼胎)가 되니 나쁘다.

→ 일간과 태신은 태아이다. 일간이 공망되었으니 유산될 우려가 있고, 태신인 酉의 지반이 공망과 묘지이니 다시 유산될 우려가 있다. ● 밤에 정단하면 태신인 酉에 현무가 타니 사생아이다.

○ **구관** : 늦게 이룬다. 타인의 도움을 받아야 한다.

→ 원수과이니 구관에 이롭지만, 삼기(三奇)가 말전에 보이니 늦게 이룬다. ● 천을귀인은 공무원이다. 공망된 귀인승신 子가 풀리는 자년이나 자월이나 자월장에 이룬다. ● 고시 : 떨어진다. ● 승진 : 안 된다.

○ **구재** : 이익이 없다.

→ 재성은 재물이다. 비록 초전에 재성인 未가 나타났지만 목국으로 변하여 겁재국을 형성하였으니 구재를 하더라도 이익이 없고 오히려 대흉하다.

○ **질병** : 처에게 병재가 생긴다.

→ 처재효는 처, 백호는 질병이다. 처재효에 백호가 타고 있으니 처에게 질병이 발생하고 삼전과 삼합해서 국을 형성하니 병세가 점차 커지며 오래간다. ● 부모의 질병을 정단하면 부모효인 子가 공망되었으니 부모가 칠성님에게 돌아가는 것을 예방해야 한다.

○ **유실** : 경찰이 노력하지 않는다.

→ 구진은 경찰이다. 낮에는 구진승신 子가 공망되었으니 경찰이 도둑을 잡으려는 노력을 하지 않고, 밤에는 구진승신 辰이 현무승신 酉를 생하니 역시 경찰이 도둑을 잡으려는 노력을 하지 않는다.

○ **출행** : 지체된다. 도착한 뒤에 길하다.
  → 일간은 여행객, 일지는 여행지이다. 일간이 공망된 것은 출행할 준비가 안 되었다는 뜻이니 출행이 지체된다. 지상이 일간의 장생이니 여행지에 도착한 뒤에는 안전하고 길하다.
○ **귀가** : 귀가가 지체된다.
  → 삼전이 삼합한다. 귀가 중에 화합할 일이 있으니 귀가가 지체된다.
○ **쟁송** : 화합한 곳에서 어긋나는 일이 생긴다. 그 일을 해소해야 한다.
  → 삼합한 삼전의 초전이 간상의 子와 육해하니 판사로부터 불이익을 받는 것을 해소해야 한다.
○ **전쟁** : 봄과 겨울에 정단하면 승전하고, 나머지 계절에 정단하면 적의 속임과 유혹을 예방해야 한다.
  → 일간은 아군이다. 겨울과 봄에는 일간 乙과 삼전의 목국이 왕성하니, 겨울에는 승전하지만 나머지 계절에는 그렇지 않다.

□ 『**필법부(畢法賦)**』 : 〈제47법〉 귀인이 비록 감옥에 있더라도 일간에 임하면 좋다. 만약 乙辛일 두 날에 정단하여 귀인이 몸에 임하면 귀인에게 구하는 용무는 두루 온전하게 성사한다.
  〈제65법〉 일간의 묘신이 관신(關神)을 아우르면 사람과 가택이 황폐해지는 허물이 있다. 일간의 양 과에서 발용이 되면 사람이 쇠패해지고 지진의 양 과에서 발용이 되면 가운이 닫힌다. 관신은 봄에는 丑, 여름에는 辰, 가을에는 未, 겨울에는 戌이다.
  → 가을에 정단하면 일지음신 및 초전의 未는 가을의 관신이고 또한 일간의 묘신이다. 일지음신이 발용이 되었으니 가운이 닫힌다.
  〈제84법〉 합 속에 살기를 범하면 꿀 속에 비상이 있다.
  → 삼전이 합을 하는 가운데에서 중전의 卯와 간상의 子가 형(刑)을

하니 꿀 속에 비상이 있다.
- 『**과경(課經)**』: 戊申년에 월장 卯를 점시 未에 가한 뒤에 일생을 정단한다. 간상에 천을귀인이 타서 일간을 생하여 오고 삼전의 목국에서는 스스로 묘신에서 장생으로 이어져서 왕성에서 장생으로 이어지니 반드시 곤궁에서 점차 벗어나서 입신출세하고 장수한다. 다만 과전에 화가 없으니 자식이 없다. 일간과의 동류 오행인 卯에 육합이 타고 있으니 할 수 없이 형제의 자식을 양자로 받아들인다. 처재효 未는 공허한 묘신이고 여기에 백호가 타니 배우자를 잃는다. 일록인 卯가 未에 가했고 말전에서는 천후가 장생에 타서 다시 일록의 지반으로 들어가니, 젊은 미인을 처로 맞이하며 처가 남편을 왕성하게 돕는다. 모두 적중했다.

| 갑인순 | 을묘일 | 6국 |

| 乙卯일 | 제 6 국 |

공망 : 子·丑 ○
낮 : 왼쪽 천장, 밤 : 오른쪽 천장

戊	○	庚
陰午空	青丑后	貴申勾
亥	午	丑 ○
癸	戊	壬	丁
合亥蛇	陰午空	朱戌朱	玄巳白
乙辰	亥	卯	戌

○	○	甲	乙
勾子貴	青丑后	空寅陰	白卯玄
巳	午	未	申
癸亥 蛇			丙辰 常
合辰			酉 常
壬戌 朱			丁巳 白
朱卯			玄戌
辛酉 蛇	庚申 勾	己未 青	戊午 空
合寅	貴丑○	后子○	陰亥

□ **과체** : 섭해(涉害), 사절(四絕) // 간지동류(干支同類), 재공(財空), 귀인공망(貴人空亡/밤), 복덕(福德), 불행전(不行傳), 은다원심(恩多怨心), 장생폐구, 삼전체생(三傳遞生/공망).

□ **핵심** : 밤에 정단하면 삼전이 모두 공망이다. 낮에 정단하면 종적이 없다. 구관을 정단하면 불리하다. 먼 곳에 화도 있고 공로도 있다.

□ **분석** : ❶ 丑은 천반이 공망이고 申은 지반이 공망이니 오직 초전의 午만 튼실하다. 그러나 밤에 정단하면 초전에 천공이 타니 삼전이 모두 공망되었다.

❷ 申은 낮 귀인이고 관성이지만 공함이 되었으니 종적이 없고 근거도 없다. 비록 삼전이 체생(遞生)하지만 삼전이 무력하니 관직자가 정단하면 어찌 이익이 있겠는가?

❸ 만약 비 관직자가 정단하면 일간의 귀살이 공망되었으니 공덕이 있다.

□ **정단** : ❶ 섭해과이다. 간상신 亥가 일간 乙을 생하고, 일간이 삼전을 체생하며, 삼전이 다시 간상신을 체생하니 본래는 순조롭다. 밤에

정단하면 여러 사람의 도움을 받고, 낮에 정단하면 신(神)의 도움을 받는다.

❷ 탈기와 공망이 계속되니 비현실적으로 변경되며 은혜도 많고 원한도 깊다. 말전이 공망되었으니 반드시 시작은 있지만 결과는 적고 모든 일은 실패한다.

❸ 과체가 사절(四絶)이다. 오직 옛일을 끝내는 것에는 이롭고 새로운 일을 도모하는 것에는 불리하다. 만약 우환을 정단하면 쉽게 풀려서 사라진다.

○ **날씨** : 오랫동안 가물고 건조하다.
→ 초전이 午화이니 맑고, 중전과 말전이 공망되었으니 가물고 건조하다.

○ **가정** : 사람을 무는 개가 있다.
→ 戌은 개, 일지는 가택이다. 지상에 戌이 보이니 사람을 무는 개가 있다. ● 지상의 戌이 재성이고 여기에 주야 모두 주작이 타고 있으니 처와 재물로 인한 구설수를 예방해야 한다.

○ **혼인** : 이루지 못한다.
→ 일간은 나, 일지는 배우자감, 삼전은 혼담의 과정이다. 주야 모두 초전이 사절이니 혼담이 끊긴다. 또한 밤에 정단하면 삼전이 공망되었고 낮에 정단하면 두 전(傳)이 공망되었으니 혼인을 이루지 못한다. ● 궁합 : 기궁 辰과 일지 卯는 서로 해치고 지상의 戌은 간상의 亥를 극살하니 나쁘다. ● 일지는 상대이다. 주야 모두 지상에 주작이 타고 있으니 말이 많은 사람이다.

○ **임신·출산** : 임신을 정단하면 나쁘고, 출산을 정단하면 즉시 낳는다.
→ 일간은 태아, 일지는 임신부이다. 초전이 사절(四絶)이니, 태아를 정단하면 유산되고 출산을 정단하면 바로 낳는다.

○ **구관** : 축월의 낮에 정단하면 이롭다.
　→ 관성은 관직, 귀인은 공무원이다. 申이 낮 귀인이고 관성이지만 공함이 되었고, 비록 삼전이 체생하지만 중·말전이 공함되어 무력하니 이롭지 않다. 다만 공함된 丑이 메워지는 축년이나 축월이나 축월장(동지~대한) 기간에 정단하면 공망된 말전의 관성이 살아나니 구관에 길하다. ● 고시 : 떨어진다. ● 승진 : 안 된다.

○ **구재** : 득재하지 못한다.
　→ 재성은 재물이다. 중전의 재물이 공망되었으니 득재하지 못한다. 축년, 축월, 축월장 기간에 정단하면 공망된 재성 丑이 풀리니 재물을 얻는다. ● 섭해과이니 오랫동안 경영이 곤란하다.

○ **질병** : 신병(新病)은 즉시 낫고, 구병(久病)은 허탈하다.
　→ 초전은 질병의 초기이다. 초전의 午가 절지에 가했으니 신병은 즉시 낫고, 일간이 삼전을 체생(乙…午…丑…申)하니 허탈증이다. 간상의 장생이 일간을 생하니 길하다. ● 섭해과이니 질병이 오래간다.

○ **유실** : 한번 잃은 것은 돌아오지 않는다.
　→ 삼전이 모두 공허하니 한번 잃은 것은 돌아오지 않는다.

○ **출행** : 출행시기를 변경하면 뜻대로 된다.
　→ 일간은 여행객, 일지는 여행지이다. 삼전에 공망이 많으니 순을 바꿔서 출행하면 삼전의 공망이 메워지니 뜻대로 된다.

○ **귀가** : 자손의 귀가를 정단하면 즉시 온다.
　→ 초전의 午가 자손효이니 자손의 귀가를 정단하면 즉시 온다.

○ **쟁송** : 속임이 많지만 쉽게 풀린다.
　→ 섭해과여서 쟁송이 오래가지만 쟁송의 과정을 뜻하는 삼전이 모두 공망되었으니 쟁송이 쉽게 풀린다. ● 승패 : 일간은 나, 일지는 상대이다. 일간과 간상이 지상의 극을 받으니 내가 불리하다.

○ **전쟁** : 적의 속임에 넘어가는 것을 예방해야 한다. 공터에 시설물을

설치해야 한다.

→ 초전은 초기이다. 초전에 천공이 타고 있으니 적의 속임에 넘어가는 것을 예방해야 한다. 중전과 말전이 공망되었으니 공터에 군시설물을 설치해서 적의 기습에 대비해야 한다.

○ **분묘** : 술방(戌方)에서 물이 새어나온다. 간곤향(艮坤向)은 길하다.

→ 일지는 묘지이다. 戌 위에 壬수가 있으니 술방 곧 서북방에서 물이 새어나온다. 낮에 정단하면 귀인이 申에 타니 申이 뜻하는 서남방 곧 간좌곤향(艮坐坤向)이나 곤좌간향(坤坐艮向)의 산소가 길하다.

───────────────

□ 『**필법부(畢法賦)**』 : 〈제74법〉 거듭하여 공망되면 일을 추구하지 않아야 한다.

→ 특히 밤에는 삼전이 모두 공망되었다.

〈제82법〉 삼전이 나아가지 못하는 불행전(不行傳)은 초전을 살펴야 한다.

→ 밤에는 삼전이 모두 공망되었고, 낮에는 초전만 튼실하고 중·말전은 공망되었다.

□ 『**신정경(神定經)**』 : 일간 乙이 초전 午를 생하고 초전이 중전의 丑을 생하며 중전이 말전의 申을 생하고 말전이 오히려 일간을 극한다. 따라서 은혜도 많고 원한도 깊다는 뜻의 '은다원심(恩多怨深)'이다. 그리고 말전의 관성 申이 초전의 午로부터 극을 당하고 중전에서는 묘지에 매장을 당하여 관성이 무기력하니, 고시생과 공무원에게는 불리하고 비 관직자는 오히려 어려움이 풀리고 화가 제거된다.

□ 『**심인부(心印賦)**』 : 午가 亥에 거주하거나, 酉가 寅에 거주하거나, 子는 巳에 거주하거나, 卯가 申에 거주하면 〈경〉에서 말하기를 "사절(四絶)이라고 하여 옛일을 끝맺는 일에서 가장 적합하다."고 하였다.

갑인순 | 을묘일 | 7국

乙卯일 제 7국

공망 : 子·丑
낮 : 왼쪽 천장, 밤 : 오른쪽 천장

乙	辛	乙
白 卯 玄	蛇 酉 合	白 卯 玄
酉	卯	酉
壬	丙	辛	乙
朱 戌 朱	常 辰 常	蛇 酉 合	白 卯 玄
乙 辰	戌	卯	酉

癸亥 합	○子午	○丑未	甲寅 공
蛇巳	勾 貴	青 后	申 陰
壬戌辰 朱朱			乙卯酉 白 玄
辛酉卯 蛇 合			丙辰戌 常 常
庚申寅 貴 勾	己未丑 ○ 后 青	戊午子 ○ 陰 空	丁巳亥 玄 白

□ **과체** : 반음(返吟), 무의(無依), 용전(龍戰), 삼교(三交) // 간지동류(干支同類), 록현탈(祿玄脫), 회환(回還), 맥월(驀越), 착륜(斲輪), 침해(侵害), 교차육합(交叉六合), 화귀살등사주작극택격(火鬼殺螣蛇朱雀剋宅格, 여름/낮).

□ **핵심** : 일간과 일지가 교차육합(交叉六合)을 한다. 卯에는 백호가 타고 酉에는 등사가 탄다. 여름의 낮에 정단하면 화재로 인해 놀란다.

□ **분석** : ❶ 기궁 辰과 지상의 酉가 상합하고 일지 卯와 간상의 戌이 상합하니 간지가 서로 교차육합을 하고, 기궁 辰과 간상의 戌은 상충하고 일지 卯와 지상의 酉는 상충한다. 합 속에 충이 있고 충 속에 합이 있는 반음과이다.

❷ 낮에 정단하면 卯에 백호가 타고 酉에 등사가 타서, 천장오행이 그 십이신을 극하니 흉화를 면하기 어렵다.

❸ 여름에 정단하면 酉는 화귀(火鬼)이고 등사는 화요(火妖)이다. 화귀가 가택을 극하니 화재가 걱정된다.

□ **정단** : ❶ 반음과의 무의(無依)이며 사중(子午卯酉)이 서로 가하고 卯

酉가 발용이 되었으니 '용전(龍戰)'이고 또한 '삼교(三交)'이다.

❷ 교차하여 합(合)을 하는 가운데에서 속으로는 충(沖)을 하여 반복하여 방해가 이어지니 성패도 이와 같이 계속 이어진다.

❸ 집에는 음사(陰私)가 숨어있고 심신은 두렵고 당혹스러워서, 속히 도달하고 싶지만 도달하지 못하고 끝내려고 하지만 끝내지 못한다.

❹ 군자가 순순히 본분을 지키면 어려움 속에 쉬운 것이 보인다. 소인이 급급하게 구하면 평온하지 못하고 어려움을 막을 방죽이 없다.

○ **날씨** : 갑자기 비가 왔다가 갑자기 개이기를 반복한다.
  ➔ 반음과이니 강우와 맑음이 반복된다.
○ **가정** : 집에 죄인을 숨겼다. 여름에 정단하면 화재를 예방해야 한다.
  ➔ '삼교(三交)'이니 집에 죄인이 숨어 있다. 그리고 일지는 집이다. 여름에 정단하면 화귀(火鬼)인 지상의 酉가 일지 卯를 극하니 집에 화재가 발생한다. ● 간지가 교차상합을 하지만 간지의 상하가 상충하니 가족이 유정하기도 하고 무정하기도 하다. ● 가상 : 여름의 낮에 정단하면 여름의 화귀(火鬼)인 酉에 등사가 타서 일지를 극해서 집에 화재가 발생하니 화재보험을 들어야 한다.
○ **혼인** : 이루지 못한다.
  ➔ 일간은 나, 일지는 배우자감이다. 비록 간지가 교차상합을 하지만 간지의 상하가 상충하고 다시 간지가 육해하며 또다시 그 상신이 육해하니 혼인을 이루지 못한다. ● 궁합 : 나쁘다. ● 일지는 상대이다. 낮에 정단하면 지상에 등사가 타고 있으니 간교한 사람이고, 밤에 정단하면 지상에 육합이 타고 있으니 애교가 있는 사람이다.
  ● 처와 시가와의 관계 : 지상의 酉와 일간음신의 辰이 상합하니 신

부와 시가는 유정하다. ● 남편과 처가와의 관계 : 간상의 戌과 일지 음신의 卯가 상합하니 신랑과 처가는 유정하다.
  ● 시가와 처가 관계 : 일간음신의 辰과 일지음신의 卯가 육해하니 양가는 유정하지 않다.
  ● 삼전은 혼인 이후이다. 만약 혼인하면 초전이 용전(龍戰)이니 서로 다투고 다시 삼전의 천지반이 계속하여 충(沖)을 하니 이혼한다.
  ● 자녀 : 제2과의 둔반에 자손효가 있고 다시 중전에 육합이 있으니 자식이 있다. 다만 과체가 반음이니 임신이 쉽지 않다. 일간의 음양이 1음2양이고 다시 중전의 태신이 태괘이니 딸이다.

○ **임신·출산** : 움직이니 불안하다.
  → 반음과는 태아가 요동치는 상이니 태아의 건강이 불안하다.
○ **구관** : 득과 실이 반복된다. 위태롭고 불안하다.
  → 관성은 관직이다. 중전의 관성 酉가 충지(沖地)에 앉아 있고 다시 초·말전의 卯와는 상충하니 득과 실은 반복되고 직위는 위태로우며 불안하다. ● 이 과전은 고시와 관직에 가장 나쁘다.
○ **구재** : 시비가 우려된다.
  → 재성은 재물이다. 일간음양의 두 재성인 戌辰이 상충하니 구재가 나쁘고, 간상의 戌에는 주작이 타고 있으니 구설수를 초래하는 것이 우려된다. 만약 사업종목을 정단하면 처재효에 주작이 타니 학문·문화·홍보·광고에 관련된 사업을 하면 된다.
○ **질병** : 학질이 있다. 두 가지의 병증이다.
  → 지상은 병증이다. 지상이 酉이니 해수와 폐결핵이다. 반음과는 두 가지의 병증이 동시에 나타나며, 천반의 귀살이 충지에 앉아 있으니 곧 낫지만 재발이 우려된다.
○ **유실** : 먼 곳으로 쫓아가면 찾을 수 있다.
  → 반음과는 먼 곳으로 쫓아가면 찾을 수 있다.
○ **출행** : 출행한 뒤에 다시 돌아온다.

➜ 반음과는 출행한 뒤에 다시 돌아온다.
○ **귀가** : 귀가한 뒤에 다시 나간다.
➜ 반음과는 귀가한 뒤에 다시 나간다.
○ **쟁송** : 매듭이 쉽게 풀린다. 잠잠해진 쟁송이 다시 일어난다.
➜ 반음과의 천반은 모두 충지에 앉아 있으니 쟁송이나 관재의 매듭이 쉽게 풀린다. 그러나 초전이 중전의 지반에 숨었다가 말전에 다시 나타나니, 잠잠해진 쟁송이나 관재가 다시 발생하는 것을 예방해야 한다. ● 합의 : 간지가 교차상합하니 합의가 되는 상이지만 간지의 천지반이 상충하니 합의가 되지 않고 다시 卯일에 卯가 발용이 되어 용전(龍戰)이니 쟁송이 발생하는 것을 예방해야 한다. ● 승패 : 간지가 동일한 오행이니 승패가 나기 어렵다.
○ **도난** : 밤에 정단하면 정서에 있고, 낮에 정단하면 정북에 있다.
➜ 도둑은 현무의 음신에 숨어 있다. 밤에 정단하면 현무의 음신이 酉이니 정서에 있고, 낮에 정단하면 현무의 음신이 亥이니 정북에 있다.
○ **전쟁** : 여러 번 왕래한다.
➜ 반음과는 여러 번 왕래한다.

□ 『**필법부(畢法賦)**』 : 〈제76법〉 서로 시기하여 모두에게 화가 미친다.
➜ 기궁 辰은 일지 卯와 육해하고 간상의 戌은 지상의 酉와 육해하니 나와 상대가 모두 해를 입는다.
〈제84법〉 합 속에 살을 범하면 꿀 속에 비상이 있다.
➜ 비록 간지가 교차상합하지만 일간의 기궁 辰은 일지 卯와 육해하고 간상의 戌은 지상의 酉와 육해하니 꿀 속에 비상이 있다.
□ 『**과경(課經)**』 : 卯酉卯의 반음과이다. 가택을 정단하면 가정이나 도로의 일로서 만약 흉장이 타면 손실을 입는다. 비록 움직이더라도 무

익하고 거듭 놀라며 번뇌한다.

- □ 『**수중금(袖中金)**』: 卯酉에 육합이 타면 사람은 이별하고 재물은 흩어진다.
  → 혼인을 정단하면 불성하고, 가정을 정단하면 부부가 이혼한다.
- □ 『**지장부**』: 발용이 卯이면 '용전(龍戰)'이고 발용이 酉이면 '호투(虎鬪)'이다. 고치려고 하지만 근심과 의혹이 많다. 삼전이 사중(子午卯酉)이면 '삼교(三交)'이다. 이것이 일진에 가한 경우에 정단하면 집에 간음이 숨어있다.

乙卯일 제8국

공망 : 子·丑 ○
낮 : 왼쪽 천장, 밤 : 오른쪽 천장

	甲	己	○
	空 寅 陰	后 未 靑	勾 子 貴
	酉	寅	未
	辛	甲	庚	○
	蛇 酉 合	空 寅 陰	貴 申 勾	靑 丑 后
	乙辰	酉	卯	申

壬戌 朱巳	癸亥 合午	○ 蛇子 勾未	○ 勾丑 靑申甲
辛酉 蛇辰	合		空寅 陰酉
貴 庚申卯	勾		白 乙卯戌 玄
后未寅	戊 陰午 空丑 ○	丁 玄巳 白子 ○	丙 常辰 常亥

- □ **과체** : 중심(重審), 육의(六儀), 여덕(勵德/낮) // 간지동류(干支同類), 구재대획(求財大獲), 앙구(怏咎), 삼전외전(三傳外戰/밤), 삼전협극(三傳夾剋/밤), 일덕(日德), 아괴성(亞魁星), 육편판(六片板/연명:卯), 명암이귀(明暗二鬼), 교차상극(交叉相剋), 무음(蕪淫).

- □ **핵심** : 간상에서부터 말전에 이르기까지 계속하여 정벌한다. 화 속에 재앙이 발생하고 서로 충돌한다.

- □ **분석** : ❶ 간상의 酉는 초전의 寅을 극하고, 초전의 寅은 중전의 未를 극하며, 중전의 未는 말전의 子를 극하니, 酉로부터 子에 이르기까지 계속하여 극한다.

  ❷ 寅은 酉의 재물이고, 未는 寅의 재물이며, 子는 未의 재물이다. 체극(遞剋)해서 재물을 얻으니 화 속에 재물이 생긴다. 다만 간상의 酉가 일지 卯를 극하고 지상의 申이 일간 乙을 극하니, 서로 접촉해서 주객 모두에게 이익이 없다.

- □ **정단** : ❶ 중심과의 과전이 체극(遞剋)하고 천장과 십이신이 내전(內戰)하니, 모든 일이 뜻대로 되지 않는다.

  ❷ 간상신 酉가 일간 乙을 극하니 먼저 일어나는 쪽에 이롭다.

❸ 밤에 정단하면 삼전이 모두 극을 받으니 모든 일이 뜻대로 되지 않고, 낮에 정단하면 모든 십이신이 모든 천장을 극하여서 주야 모두 십이신과 십이천장이 내외로 교전(交戰)하니 흉과 액을 짐작할 수 있다. 오직 말전이 일간을 생하니 처음에는 비록 이루기 어렵지만 나중에는 결과를 희망할 수 있다.

○ **날씨** : 바람이 분 뒤에 흐리고 비가 온다.
　※『육임직지』 원문에서는 "겨울·봄·여름에는 재앙이 있고, 가을에는 이익이 있다."고 하였다.
　→ 초전이 寅목이니 바람이 불고, 중전이 未토이니 흐리며, 말전이 子수이지만 공망되었으니 약간의 비가 온다.

○ **가정** : 신분이 높아진다. 신에게 기도해야 한다.
　→ 귀인은 공무원, 관성은 관직, 일지는 집이다. 귀인이 관성에 타서 입택하였으니 신분이 높아진다. 다만 삼전이 계속하여 체극하고 다시 십이신과 십이천장이 내외전하니 관로가 순탄하지는 않다. ● 간지가 교차상극(交叉相剋)하니 부부가 음란하다. ● 귀인이 귀살에 타서 귀수가 있으니 신에게 기도해야 한다.

○ **혼인** : 나쁜 인연이다.
　※『육임직지』 원문에서는 "혼수품이 대단히 풍성하다."고 하였다.
　→ 간지가 교차상극(交叉相剋)하는 것은 남녀가 서로 싸우는 상이니 나쁜 인연이다. 그리고 하가 상을 극하여 발용이 되었으니 온순하지 않은 여자이다. ● 궁합 : 일간은 남자, 일지는 여자이다. 간지가 교차상극하니 나쁘다. ● 낮에는 지상에 귀인이 타고 있으니 귀한 여자이고, 밤에는 지상에 구진이 타고 있으니 싸움을 좋아하는 여자이다. ● 간지가 교차상극하고 무음(蕪淫)이니 남녀가 음란하다.

○ **임신·출산** : 매우 길하다.

→ 태신은 태아이다. 태신인 酉가 간상으로 와서 기궁 辰과 상합하니 임신을 정단하면 매우 길하다.
○ **구관** : 뜻밖의 기이한 인연으로 인해 '풍헌(風憲)'에 이른다.
→ 귀인이 관성 申에 타면 관직자가 되고 초전이 육의(六儀)이니 고위직에 이른다.
○ **구재** : 부정하게 모은 재산이 사라지는 것을 예방해야 한다.
→ 중전의 未가 일간의 묘신이고 그 음신이 공망되었으니 재산이 사라진다.
○ **질병** : 몸에서 병을 털기 어렵다. 음식으로 인해 재발한다.
→ 일간은 사람, 일지는 질병이다. 간지가 동일하고 다시 그 상신이 동일하니 몸에서 병을 털기 어렵다. 연명이 卯인 사람이 정단하면 천반의 몸(申)이 지반의 관(卯)으로 들어가는 상이니 매우 흉하다. 만약 진월에 정단하면 申이 사기이니 사망이 우려된다.
○ **유실** : 찾기 어렵다.
→ 재성은 물건이다. 재성인 丑이 공망되었으니 찾기 어렵다.
○ **출행** : 원행은 이롭지 않다.
→ 초전은 근행, 말전은 원행이다. 초전의 寅이 일간 乙과 비화하니 근행은 이롭고, 말전이 공망되었으니 원행은 해롭다.
○ **귀가** : 근행은 해일에 오고, 원행은 오일이나 술일에 온다.
※ 『육임직지』 원문에서는 "진일(辰日)에 온다."고 하였다.
→ 근행은 초전과의 육합일에 오니 해일(亥日)에 오고, 원행은 초전과의 삼합일에 오니 오일(午日)이나 술일(戌日)에 온다.
○ **쟁송** : 흉이 사라지기 어렵다. 재물은 사라지고 화는 잠잠해진다.
→ 간지의 상신이 간지의 귀살이니 흉이 사라지기 어렵다. 중전의 재물이 협극(夾剋)되었으니 재물이 사라지고, 말전이 공망되었으니 화가 사라진다. ● 일간 乙은 간상의 酉으로부터 극을 당하고 일지 卯는 지상의 申으로부터 극을 당해서 나와 상대 모두 해를 입는다.

○ **전쟁** : 먼저는 어렵고 나중은 쉽다. 승세를 탄 뒤에 쫓아가면 전리품을 얻는다.

➜ 삼전은 전투과정이다. 초전이 협극되어 먼저는 어렵지만 삼전이 계속 정벌하여 가니 나중은 쉽다. 승세를 탄 뒤에 적을 쫓아가면 말전의 子가 일간을 생하니 길하다.

☐ 『**필법부(畢法賦)**』 : 〈제63법〉 피차 모두 상하니 양쪽 모두 손상을 방비해야 한다.

➜ ○ **쟁송** 참조.

〈제64법〉 부부가 음란하여 각기 사통하는 일이 있다.

➜ 간지가 교차상극하니 부부가 음란하고 사통한다.

〈제31법〉 삼전이 차례로 일간을 생하니 타인의 추천을 받는다.

➜ 그렇지 않다. 오히려 삼전이 체극한다.

〈제48법〉 귀살에 천을귀인이 타면 곧 하늘 귀신과 땅 귀신의 해가 있다.

➜ 낮에는 귀살 申에 귀인이 타니 귀수가 있다.

☐ 『**과경(課經)**』 : 삼전이 모두 극을 받으니 가법이 부정하다.

➜ 초전의 寅은 지반 酉, 중전의 未는 지반의 寅, 말전의 子는 지반의 未로부터 각각 극을 받는다. 가정의 예의가 문란하다.

☐ 『**관월경(觀月經)**』 : 甲寅인 공조(寅)는 갑인순의 수(首)로서 만물이 그 의(義)를 얻는다. 죄인은 위험하지 않고, 환자는 천의(天醫)를 얻고, 구재는 배로 이익을 얻고, 투서는 지체되지 않는다.

☐ 『**옥성가(玉成歌)**』 : (삼전의) 십이신이 맞서고 막히면 타인과는 이별하고, 지상에서 이것을 만나면 가택이 깨진다.

乙卯일 제 9 국

공망 : 子·丑 ○
낮 : 왼쪽 천장, 밤 : 오른쪽 천장

	癸	乙	己
	合亥蛇	白卯玄	后未靑
	未	亥	卯
	庚 ○	己	癸
	貴申勾	勾子貴	后未靑 合亥蛇
	乙辰	申	卯	未

辛蛇酉巳	壬合戌午	癸朱亥未	○勾子申貴
庚貴申辰	勾		○靑丑酉后
己后未卯戌	靑		甲空寅戌陰
陰午寅	丁空巳丑	丙白辰子○	乙玄卯亥

□ **과체** : 섭해(涉害), 곡직(曲直) // 간지동류(干支同類), 침해(侵害), 덕경(德慶), 화미(和美), 전국(全局), 삼기(三奇), 록현탈(祿玄脫), 맥월(驀越), 귀인육해(貴人六害), 막귀임간(幕貴臨干), 형제효현괘, 귀덕임신(貴德臨身/낮).

→ 『대육임입성대전검』·『육임직지』·『육임요결』 등에는 을묘일 제9국의 삼전이 未亥卯이다. 사과의 제3과는 두 번의 수극이고 제4과는 세 번의 수극이다. 섭해법 원칙을 따르면 극의 수가 많은 제4과가 발용이 된다. 따라서 삼전은 亥卯未이다.

□ **핵심** : 낮 귀인이 일간을 극하고 밤 귀인은 허수아비이다. 일지의 식록은 번뇌하고 식구가 재난을 당한 뒤에 후회한다.

□ **분석** : ❶ 일간에 임한 낮 귀인이 일간을 극한다. 비록 귀인이 입옥(入獄)은 되었지만 일간에 임했으니 무방하다.

❷ 밤 귀인 子는 공망되었다. 비록 주야의 귀인이 서로 가하지만 공망되었으니 무력하다.

❸ 卯는 일지이며 일록이다. 밤에는 현무가 타고 낮에는 백호가 탄

다. 모두 길장이 아니므로 번뇌하고, 목의 묘신인 未가 가택을 덮쳐서 집이 어두우니 뒤늦게 재난을 후회한다.

□ **정단** : ❶ 섭해과이고 곡직격이니, 모든 일에서 처음에는 어렵고 나중에는 쉬우며, 처음에는 구부려지고 나중에는 퍼진다.

❷ 일간의 귀살이 일간에 임하니 고시생과 관직자가 아닌 사람은 재난과 화가 생기고, 일간의 묘신이 말전에 있으니 천한 사람은 오히려 평안하다.

❸ 봄에는 목이 왕성하니 봄에 정단하면 순조로운 상이지만, 합 속에 해가 있으니 모든 일에서 몰래 속는 것을 예방해야 한다.

❹ 낮에는 초전과 말전에 육합과 천후가 보이니 '교동(狡童)'이다.

○ **날씨** : 바람이 많이 분다. 초목이 무성하다.
→ 오행의 목은 바람과 초목이다. 삼전이 목국이니 바람이 많이 불고 초목이 무성하다.

○ **가정** : 집이 사람에 비해 이롭다. 어두운 상이다.
→ 일지는 집, 일간은 사람이다. 지상의 未가 일지 卯의 재성이고 간상의 申이 일간 乙의 귀살이니, 집이 사람에 비해 이롭다. 그러나 지상의 未가 묘신이니 집이 어두운 상이다.

○ **혼인** : 혼인이 가능하다.
※ 『육임직지』 원문에서는 "데릴사위가 된다."고 하였다.
→ 섭해과이니 혼인에 장애가 많다. 일간(기궁) 辰과 일지 卯가 육해를 하지만 간지의 상신인 申未가 상생하니 혼인이 가능하다. ● 궁합 : 보통이다. ● 일지는 상대이다. 지상의 未가 일간의 묘신이니 운세가 나쁜 사람이다.

○ **임신·출산** : 태아는 안전하고 출산은 이롭지 않다.
→ 과전이 삼합하면 태아가 임신부와 하나가 되는 상이니, 임신은

길하고 출산은 흉하다.
- **구관** : 봄에 정단하면 대길하다.

    → 봄에 정단하면 과전의 목국이 왕기이니 대길하다. 또한 간상의 申이 관성이고 여기에 귀인이 타고 있으니 시험에 최길하다. 다만 밤에 정단하면 간상의 申이 염막귀인이니 퇴임기의 공무원은 퇴임할 우려가 있다.

- **구재** : 재성이 묘신이니 옥에 티가 있다.

    → 재성이 묘신이면 죽은 재물이니 나쁘다. 未가 비록 재성이지만 묘신이니 옥에 티가 있다.

- **질병** : 풍질(風疾)이고 간질(肝疾)이다. 신에게 빌어야 한다.

    → 과전이 목국이니 풍사로 인해 생기는 제반 병증의 풍질과 간질이다. 천을귀인이 귀살에 타서 일간을 극하니 신에게 빌어야 병이 낫는다.

- **유실** : 숲속의 무덤에 있다.

    → 과전이 목국이니 숲속에 있고, 未가 일간의 묘신이니 분묘에 있다.

- **출행** : 길하다.

    → 일간은 여행객, 일지는 여행지이다. 간상의 申이 일덕이니 신상이 길하지만, 지상의 未가 일간의 묘신이니 안전한 여행지가 아니다.

- **귀가** : 즉시 도착한다.

    → 삼전이 사과로 이어졌으니 즉시 온다.

- **쟁송** : 곡단(曲斷)을 예방해야 한다.

    → 귀인은 법원의 공무원이다. 초전의 亥가 간상의 申을 육해하니 왜곡된 판결을 받는 것을 예방해야 한다.

- **전쟁** : 대승할 조짐이다. 절대로 주저하지 않아야 한다.

    → 과전이 일간의 형제효여서 아군의 군세가 강하니 승전한다.

○ **분묘** : 청룡의 기운이 매우 맑지만 재물이 모이지는 않는다.
→ 일지는 묘지, 청룡은 혈의 좌측에 있는 산이다. 청룡이 묘지에 들어 삼합하니 청룡의 기운이 매우 맑지만 과전이 형제국이니 재물이 모이지 않는다.

□ 『**필법부(畢法賦)**』: 〈제45법〉 주야귀인이 서로 가하면 양 귀인에게서 구하면 된다.
→ 제2과에서 乙일의 주야귀인 子와 申이 서로 가한다. 공무원이 귀인에게 요청하는 정단에서는 양 귀인이 참견하여 반드시 뜻을 성취한다. 그러나 서민이 귀인을 알현하는 정단을 하면 반드시 귀인을 만나지 못한다.
〈제48법〉 귀살에 천을귀인이 타면 곧 하늘 귀신과 땅 귀신의 해가 있다.
→ ○ **질병** 참조.
〈제65법〉 일간의 묘신이 관신(關神)을 아우르면 사람과 가택이 황폐해지는 허물이 있다.
→ 지상의 未는 일간의 묘신이고 가을의 관신이다. 지진의 양 과에서 발용이 되었으니 가운이 닫힌다. 관신은 봄에는 丑, 여름에는 辰, 가을에는 未, 겨울에는 戌이다.
〈제66법〉 일지의 묘신과 재신이 나란히 보이면 여정을 다시 생각해야 된다. 일지의 묘신이 일간의 재성을 만들면, 반드시 장사를 하여 원금을 잃고, 여정에서는 도로에서 장애가 생긴다. 모든 도모하는 것은 뜻대로 되지 않고 형통하지 못하다.

□ 『**과경(課經)**』: 태신이 장생에 앉은 경우, 임신을 정단하면 매우 좋고 출산을 정단하면 이롭지 않다.
→ 태신 酉가 酉의 장생인 巳에 앉아 있다.

□ 『정와(定訛)』: 곡직격에서 亥가 未에 가한 곳에 등사가 타고 있어서 내전(內戰) 되었으니 재물을 잃는다. 未가 卯에 가한 곳에 천후가 타면 음인에게 병재가 있으며 사별하여 곡(哭)을 하는 조짐이다.

→ 亥는 수이고 등사의 오행은 丁巳화이다. 천반의 亥수가 등사의 오행인 화를 극하니 내전이다.

□ 『지장부(指將賦)』: 未亥卯는 '종길(從吉)'이다. 때를 기다렸다가 움직여야 한다.

□ 『중황경(中黃經)』: 일진이 쇠한 목이면 금을 보아야 한다. 삼전에 화가 없으니 곤란해진다.

乙卯일 제 10 국

공망 : 子·丑
낮 : 왼쪽 천장, 밤 : 오른쪽 천장

	辛	○	乙
后酉合	常子貴	青卯玄
午	酉	子 ○
己	壬	戊	辛
蛇未青	陰戌朱	朱午空	后酉合
乙辰	未	卯	午

| 庚勾
申
巳
蛇
己
未
辰
朱
午
卯
合
丁
巳
寅 | 辛
酉
午
青

白
丙
辰
丑 ○ | 壬合
戌
未
陰

勾
乙玄
卯
子 ○ | 癸朱
亥
申玄蛇
○子貴
常酉
○丑后
白戌
甲陰
空寅
亥 |

□ **과체** : 섭해(涉害), 삼교(三交), 여덕(勵德/밤) // 간지동류(干支同類), 록현탈(祿玄脫/밤), 복덕(福德), 가귀(家鬼), 맥월(驀越), 묘신부일(墓神覆日), 불행전(不行傳), 귀인공망(貴人空亡).

□ **핵심** : 겉으로는 웃지만 속으로는 독기를 품는다. 늘 치욕을 당한다. 재앙이 있더라도 재앙이 되지 않고 복이 있더라도 복이 되지 않는다.

□ **분석** : ❶ 未가 일간의 재성이니 겉으로는 좋지만 속으로는 일간의 묘지이다. 특히 낮에는 등사가 타서 일간을 덮쳤으니 안에 독을 품고 있다. 묘신은 혼미를 주관하니 만약 묘신을 재물로 오인하면 치욕을 당한다.

❷ 귀살이 발용이 되었으니 그 기세가 매우 흉하지만, 午에 임해서 午로부터 극을 받으니 재앙이 되지 않는다.

❸ 子가 일간 乙과 일록 卯를 동시에 생하지만 귀인(己丑土)과 태상(己未土)의 오행이 子수를 협극(夾剋)하니 복이 오지 않는다.

→ 子수가 이미 공망되어 일간을 생하지 못하니 복이 오지 않는다.

또한 생기인 子가 공망되었으니 복이 되지 않는다.
- □ **정단** : ❶ 섭해과이고 삼전에서 사중(子午卯酉)이 서로 가한 '삼교(三交)'이니, 길 속에 흉이 있고 흉 속에 길이 있다. 모든 일을 순리대로 꾀하면 넉넉하고 천천히 도모하면 이룬다.
  ❷ 용신이 지반의 午화로부터 극을 받았으니 관직자에게는 막힘이 있지만 비 관직자는 오히려 재앙을 면한다.
  ❸ 3월에 정단하면 '천번(天煩)'을 범하니 근신해야 한다.
  → 천번 : 일수(월장)가 사중(子·午·卯·酉)이면서 태양이 사중에 가하고 두강(辰)이 丑·未에 강림하여 丑·未를 묶으면 '천번'이다. 양력으로 4월 20일 ~ 5월 20일의 월장은 酉이다. 이 기간의 을묘일 제5국은 천번에 해당한다.

○ **날씨** : 흐리다. 비가 오지 않는다.
  → 초전이 일간을 극하니 흐리고, 중전과 말전이 공망되었으니 비가 오지 않는다.
○ **가정** : 빈궁하며 지출이 많다. 사람이 암매하다.
  → 일간은 사람, 일지는 가택이다. 일간이 지상의 午로 탈기되니 지출이 많고 빈궁하다. 일간이 암매의 신인 묘신 未에 의해 매장되었으니 사람이 하는 모든 일이 어둡다. ● 섭해과이니 가정 내외의 모든 일에서 곤란이 많고, '삼교(三交)'이니 가정에 음란이 발생하는 것을 예방해야 한다.
○ **혼인** : 실패한다.
  → 일간은 나, 일지는 배우자감이다. 비록 간상의 未와 지상의 午가 상합하지만, 기궁 辰과 일지 卯가 육해하고 다시 과전이 삼교(三交)이니 혼인이 이뤄지지 않고 실패한다. ● 궁합 : 보통이다. ● 일지는 상대이다. 지상의 午가 일간 乙을 설기하니 나에게 손실을 입히는

사람이다. 낮에는 지상에 주작이 타고 있으니 말이 많은 사람이고, 밤에는 지상에 천공이 타고 있으니 허언을 일삼는 사람이다.

○ **임신·출산** : 태아가 손상되는 것을 예방해야 한다.
  ➜ 태신은 태아이다. 태신인 酉가 지반의 午로부터 극을 받았으니 태아가 손상되는 것을 예방해야 한다.

○ **구관** : 명성과 직위는 있지만 좌절을 예방해야 한다.
  ➜ 관직을 뜻하는 관성 酉가 발용이 되었지만 지반의 午로부터 극살(尅殺)을 받고 다시 과전이 '삼교(三交)'이니 좌절을 예방해야 한다.
  ● 고시 : 떨어진다. ● 승진 : 안 된다.

○ **구재** : 고수하는 것이 좋다.
  ➜ 삼전에는 재성이 없고 간상에는 묘신 겸 재성인 未가 임하니 현재의 생업을 고수하는 것이 좋다.

○ **질병** : 집안에 명의가 있다. 비록 흉하지만 낫는다.
  ➜ 자손효는 귀살을 제극하니 곧 의약신이다. 의약신 午가 가택에 임하니 가정에 명의가 있다. ● 섭해과이니 병이 오래가지만 중전과 말전이 공망되었으니 나중에는 낫는다. ● 부모의 질병을 정단하면 子가 공망되었으니 위독하고, 형제의 질병을 정단하면 卯가 공망되었으니 위독하다. ● 귀살인 酉를 극하는 午 아래의 묘방(卯方, 정동)이 양의가 있는 방위이다.

○ **유실** : 희경사로 유실했다. 획득한다.
  ➜ 연회를 뜻하는 태상의 오행이 未이니 희경사로 인해 유실했지만 이것이 간상에 있으니 획득한다.

○ **출행** : 진월에는 가면 안 된다.
  ➜ 일간은 여행객이다. 간상의 未는 암매의 신이다. 未가 일간에 가했으니 사람에게 해로운데, 未가 진월의 사신이어서 사망할 우려가 있으니 가지 않아야 한다.

○ **귀가** : 도중에 장애가 생겼다.

→ 삼전은 귀가의 동선이다. 말전과 중전이 공망되었으니 도중에 장애가 생겼다.
- **쟁송** : 풀린다.
  → 삼전은 쟁송의 과정이다. 중전과 말전이 공망되었으니 쟁송과 관재가 풀린다. ● 일간은 나, 일지는 상대이다. 간지의 상신이 상합하니 화해가 가능하다.
- **전쟁** : 금은보화를 노획하니 좋다.
  → 초전이 酉이니 적으로부터 금은보화를 노획한다.

- □ 『**필법부(畢法賦)**』: 〈제68법〉 귀살을 제압하는 자리가 곧 훌륭한 의사가 있는 곳이다.
  → 귀살인 酉를 극하는 午 아래의 묘방(卯方, 정동)이 양의가 있는 방위이다.
  〈제59법〉 화개가 일간을 덮으면 사람이 혼미해진다.
  → 간상의 未는 일간의 묘신이며 동시에 일지의 화개이다. 이들이 일간을 덮었으니 사람이 하는 모든 일이 어둡다.
- □ 『**과경(課經)**』: 酉가 午에 가해서 발용이 되었고 두강(辰)이 丑이나 未를 묶으면 '이번격(二煩格)'이다.
- □ 『**고감(古鑒)**』: 월장 亥를 점시 申에 가한 뒤에 도둑을 잡는 정단을 한다. 卯에 현무가 타고 그 위에 午가 보이니 도둑이 정동방에서 정남방으로 돌아서 갔고, 卯가 6이고 午가 9이니 54리를 가야 한다. 卯는 수목의 묘지이고 午에 타고 있는 천공은 기와를 굽는 가마의 구멍이다. 중전의 子가 午를 극하고 초전의 酉가 卯를 극하니 반드시 잡는다. 유일(酉日)과 자일(子日)이 도둑을 잡는 날짜이다.
- □ 『**오성가(五成歌)**』: 삼교(三交)의 길흉은 모두 안에서 발생한다.
  → 子午卯酉는 모두 도화이다. 일지가 卯이고 지상이 午이며 삼전이

酉子卯이어서 과전에 도화기가 지나치게 많으니 삼교이다. 격이 삼교이면 집에 음인을 숨겨 두었다.

□ **『조담비결(照膽秘訣)』**: 천후와 육합과 현무와 태음 및 酉와 卯가 과전에 가임하면 반드시 강도를 만난다.

乙卯일 제 11 국

공망 : 子·丑 ○
낮 : 왼쪽 천장, 밤 : 오른쪽 천장

	庚	壬	○
	貴申勾	陰戌朱	常子貴
	午	申	戌
	戊	庚	丁 己
	朱午空	貴申勾	合巳白 蛇未青
	乙辰	午	卯 巳

己蛇未巳 青	庚貴申午	辛后酉未 勾	壬陰戌申 朱
戊朱午辰	空		癸玄亥酉 蛇
丁合巳卯	白		○常子戌 貴
勾丙辰寅	常乙青卯丑○	玄甲空寅子○	○白丑后亥

□ **과체** : 중심(重審), 진간전(進間傳), 섭삼연(涉三淵/申戌子) // 간지동류(干支同類), 덕경(德慶), 복덕(福德), 인귀생신(引鬼生身), 오양(五陽), 강색귀호(罡塞鬼戶), 탈상봉탈(脫上逢脫/밤), 양귀수극(兩貴受剋).

□ **핵심** : 양 귀인이 무력하니 구하는 것을 그에게서 얻기 어렵다. 집에서 놀라는 액이 있다. 정마가 가택에 든다.

□ **분석** : ❶ 밤 귀인 子는 감옥인 戌에 앉아 있고, 낮 귀인 申은 지반의 午로부터 극을 당한 뒤에 삼전에 들어 무력하다. 따라서 귀인을 의지하기도 어렵고 귀인을 만나 도움을 받기도 어렵다.

❷ 巳의 둔간은 정마이고 巳는 역마이다. 밤에는 백호가 타서 가택에 들어 가택의 기운을 탈기(脫氣)하니 집에 반드시 놀라는 액이 있고 또한 일상적이지 않은 변동이 있다.

□ **정단** : ❶ 중심과이고 순의 진간전(進間傳)이며 섭삼연(涉三淵)이어서 주역 감괘의 외상(外象)이니 간난하고 막힘이 있다.

❷ 두 귀인이 극을 받았으니 귀인에게 부탁하고 싶지만 길이 없고, 일간과 가택이 그 상신으로 탈기(脫氣)를 당하니 모든 일에서 속임

을 예방해야 한다.

❸ 군자는 비장의 무기를 감추고서 호기(好機)를 기다리면서 경거망동하지 않아야 한다. 일을 도모하면 형통하지 않다.

❹ 만약 연명상신이 辰이면 중전의 戌을 충(沖)하고 삼전에 들어 수국을 이루어서 일간을 생하고 탈기를 제어하니 가는 곳마다 길하지 않은 것이 없다.

○ **날씨** : 오랫동안 가물고 비가 오지 않는다.
→ 삼전이 섭삼연(涉三淵)이니 가물고 비가 오지 않는다.
○ **가정** : 가산을 낭비한다. 불안하다.
→ 일간은 사람, 일지는 가택이다. 지상의 巳가 일간 乙을 탈기(脫氣)하니 가정 외에 손실이 많다. ● 낮에는 육합이 타니 자식으로 인한 손실이고, 밤에는 백호가 타니 자식의 질병으로 인한 손실이다. ● 지상에 정마와 역마가 타고 있으니 이사수가 있다. 만약 이사하지 않으면 가정에 손재수가 발생한다.
○ **혼인** : 자월(子月)의 밤에 여자의 연명이 戌인 사람이 정단하면 길하다.
→ 자월의 밤에 여자의 연명이 戌인 사람이 정단하면, 공망된 연명상신 子가 메워지고 귀인이 타고 있는 子가 일간을 생하니 길한 여자이다. ● 궁합 : 일간은 나, 일지는 배우자감이다. 기궁 辰과 일지 卯가 서로 해치지만 간지의 상신이 비화(比和)하니 보통이다. ● 일지는 상대이다. 낮에 정단하면 지상에 육합이 타고 있으니 애교가 많은 사람이고, 밤에 정단하면 지상에 백호가 타고 있으니 병이 있거나 혹은 드센 사람이다.
○ **임신·출산** : 여자를 낳는다.
→ 일간은 태아이다. 일간의 음양에서 두 양(午, 申)이 하나의 음(乙)

을 감싸니 여자이다.
○ **구관** : 시험을 정단하면 세 번 근신해야 한다. 관직자는 파견된다. 공무원 임명장을 잃는 것을 예방해야 한다.
→ 삼전이 섭삼연(涉三淵)이다. 시험에 세 번 떨어지니 세 번은 응시하지 않아야 한다. ● 지상의 巳가 정마와 역마이니 파견가고, 주작이 실탈의 신인 자손효에 타니 임명장을 잃는 것을 예방해야 한다.
● 고시 : 떨어진다. ● 승진 : 안 된다.
○ **구재** : 본전을 잃는 것을 예방해야 한다.
→ 비록 재물을 뜻하는 재성 戌이 중전에 있지만, 간지의 상신인 午 巳가 일간을 설기하니 본전을 잃는 것을 예방해야 한다.
○ **질병** : 흉하다. 신에게 빌어야 한다.
→ 자손효 巳에 백호가 타고 있으니 자식의 질병을 정단하면 흉하다. ● 부모의 질병을 정단하면 부모효인 子가 공망되었으니 위독하다. 낮에는 귀인승신 申이 일간을 극하고 밤에는 귀인이 귀살에 타고 있으니 신에게 빌어야 병이 낫는다. ● 낮에 연명이 巳인 사람이 정단하면 양사협묘이니 암이다.
○ **유실** : 식구와 관련이 있다. 먼 곳으로 가지만 찾기 어렵다.
→ 일지는 집이다. 정마가 입택하였으니 가족과 관련이 있고 먼곳으로 가지만 찾기 어렵다.
○ **출행** : 출행 중 일정을 변경한다.
→ 연못을 건너는 상의 섭삼연은 출행에 장애가 많으니 일정을 변경한다.
○ **귀가** : 근행은 사일, 원행은 자일이나 진일에 온다.
※『육임직지』 원문에서는 "진일(辰日)이나 술일(戌日)에 온다."고 했다.
→ 근행한 사람은 초전과의 육합일에 오니 사일(巳日)에 오고, 원행한 사람은 초전과의 삼합일에 오니 자일(子日)이나 진일(辰日)에 온

다.
○ **쟁송** : 반드시 두 법원을 거친다. 서로 재산을 잃는다.
→ 거듭 심사숙고하는 뜻이 있는 중심과는 두 법원을 거친다. 간지 상에 실탈의 신이 임하니 양측 모두 재산을 잃는다.
○ **전쟁** : 군량미가 끊긴다.
→ 재성은 군량미이다. 비록 중전에 재성이 있지만 말전이 공망되었으니 식량이 끊긴다.
○ **분묘** : 묘지가 이동하는 상이니 불안하다.
※『육임직지』원문에서는 "밤에는 길하고 낮에는 흉하다."고 하였다.
→ 주야 모두 지상에 정마와 역마가 가해서 묘지가 이동하는 상이니 불안하다.

□ 『**필법부(畢法賦)**』 : 〈제49법〉 양 귀인이 극을 받으면 귀인에게 아뢰는 일에서 뜻을 성취하기 어렵다.
→ 낮 귀인 申은 午, 밤 귀인 子는 戌로부터 극을 받는다.
〈제35법〉 사람과 가택이 실탈 당하니 두 곳 모두에서 도적을 초래한다.
→ 일간 乙은 간상의 午로 탈기를 당하고, 일지 卯는 지상의 巳로 탈기를 당한다.
〈제48법〉 귀살에 귀인이 타면 곧 하늘 귀신과 땅 귀신의 해가 있다.
→ ○ **질병** 참조.
〈제15법〉 (일간) 위에서 탈기하고 다시 탈기하면 헛된 속임을 예방해야 된다.
□ 『**과경(課經)**』 : 간상의 午에 밤에는 천공이 타고 있어서 '탈공격(脫空格)'이니 모든 일에서 실적(失跡)이 없다. 未가 巳에 가하고 지반의 巳

는 등사이다. 낮에는 未에 다시 등사가 타니 '양사협묘(兩蛇夾墓)'이다.

→ 등사의 오행은 丁巳이다. 낮에 연명이 巳인 사람이 정단하면, 연명 巳가 등사이고 연명상 未에 등사가 타고 있다. 두 마리의 뱀(兩巳)이 묘지를 타고 있으니 질병을 정단하면 암이고, 관재를 정단하면 교도소에 수감된다.

□ 『지장부(指將賦)』: 삼전의 申戌子가 '섭삼연(涉三淵)'이니 숲에 은거한다. 申子 수국은 수풀의 상이고 戌토는 산의 상이다. 때가 밤으로 접어드니 흡사 은사가 산림에 은거하면서 정(正)을 지키는 것과 같다.

乙卯일 제 12 국

공망 : 子·丑
낮 : 왼쪽 천장, 밤 : 오른쪽 천장

丙 勾 辰	丁 勾 合 巳 青	戊 朱 午 空
卯	辰	巳
丁 合 巳 青	戊 朱 午 空	丙 勾 辰	丁 勾 合 巳 青
乙 辰	巳	卯	辰

戊 朱 午 巳	己 蛇 未 午	庚 常 申 未	辛 玄 酉 申
丁 合 巳 青 辰			壬 陰 戌 酉
丙 勾 辰 卯			癸 后 亥 戌
乙 青 卯 寅	甲 合 空 寅 丑	○ 朱 白 丑 子 ○	○ 蛇 常 子 亥 貴

□ **과체** : 중심(重審), 진여(進茹), 참관(斬關), 난수(亂首) // 간지동류(干支同類), 승계(升階/辰巳午), 침해(侵害), 복덕(福德), 회환(回還), 불비(不備), 무음(蕪淫), 천라지망(天羅地網), 인종(引從), 귀인공망(貴人空亡/밤).

□ **핵심** : 정마와 역마가 나란히 보인다. 움직이면 비용이 든다. 말전이 초전의 재성을 생한다. 신분을 낮춰서 봉록을 받는다.

□ **분석** : ❶ 巳가 갑인순의 정마와 역마이지만 일간에 임했으니 오히려 정수(靜守)해야 한다. 움직이면 일간의 기운을 뺏겨서 지출을 면하지 못한다.

❷ 일간의 재성 辰에 구진이 타서 발용이 되었으니 여유가 있고, 말전의 午가 이것을 도우니 재성이 더욱 왕성하다.

❸ 辰은 본래 일간의 기궁으로서 지상으로 가서 일록 卯를 구하면 손실은 적고 소득은 많다.

□ **정단** : ❶ 중심과이고 순조로운 진여여로서 전진 속에 후퇴해야 하고 행하고 멈추는 것이 좋지 않으며 득실은 반반이다.

❷ 두강(辰)이 일지에 가한 뒤에 발용이 되어 '참관(斬關)'이다. 안거(安居)가 이롭지 않으니 움직여야 한다.

❸ 일간은 존장, 일지는 비유이다. 일간(기궁) 辰이 지상으로 가서 일지 卯에 가한 뒤에 일지로부터 극을 받아 '난수(亂首)'이니 상(上)이 스스로 존대하지 못해서 반드시 하(下)로부터 무례를 당한다. 특히 구진이 타서 발용이 되어 쟁탈을 당하는 상이지만 어질게 가면 재앙을 면한다.

○ **날씨** : 안개가 많이 끼지만 비는 오지 않는다.
→ 초전이 辰卯이니 안개가 끼고, 중·말전이 모두 화의 오행이니 비가 오지 않는다.

○ **가정** : 가장이 식솔을 통제하지 못한다. 데릴사위가 된다.
→ 일간은 가장, 일지는 식솔이다. 기궁 辰이 지상으로 가서 일지 卯로부터 극을 받았으니 가장이 식솔을 통제하지 못한다. 기궁이 지상으로 갔으니 데릴사위가 된다. ● 지상의 처재효 辰에 구진이 타고 있으니 재물로 인한 분쟁을 예방해야 한다. 또한 일간 乙이 일지 음신 巳로 탈기되니 손재수를 예방해야 한다.

○ **혼인** : 남자는 약하고 여자는 강하다.
→ 일간은 남자, 일지는 여자이다. 기궁이 지상으로 갔으니 데릴사위가 되는 상이고, 기궁이 일지로부터 극을 받았으니 남자는 약하고 여자는 강하다. ● 궁합 : 지상으로 간 辰이 일지 卯로부터 극을 받고 다시 육해하니 나쁜 편이다.

○ **임신·출산** : 여자를 낳는다. 안전하게 출산한다.
→ 삼전은 태아가 생육되는 과정이다. 삼전의 두 양(辰,午)이 하나의 음(巳)을 감싸고 있으니 여자를 낳는다. 삼전이 진여이니 출산이 순조롭다. ● 밤에 정단하면 태신 酉에 현무가 타니 사생아이다.

○ **구관** : 이롭지 않다.

→ 과전에 관성은 없고 파관살은 지나치게 많으니 공무원 임용고시와 공무원의 승진이나 발탁에서 이롭지 않다.

○ **구재** : 남방이 크게 이롭다.

→ 재성은 재물이다. 중전과 말전의 巳午가 초전의 재성 辰을 생하니 남방이 크게 이롭다.

○ **질병** : 음식을 탐내서 온 병이다.

→ 재성은 음식이다. 중전과 말전의 巳午가 초전의 재성 辰을 생했으니 음식을 탐내서 온 병이다. 과전에 백호와 귀살은 없고 의약신은 있으니 쉽게 낫는다.

○ **유실** : 득할 수 있다.

→ 재성은 재물이다. 재성인 辰이 초전에 보이니 득할 수 있다.

○ **출행** : 의혹과 주저로 인해 아직 결정되지 않았다.

→ 초전은 출행의 초기이다. 초전이 협극(夾剋) 되었으니 의혹과 주저로 인해 아직은 출행을 결정하지 못한다.

○ **귀가** : 일지 기준의 역마가 일간에 임했으니 속히 도착한다.

→ 역마는 자동차이다. 역마인 巳가 일간에 임했으니 속히 도착한다.

○ **도난** : 서북방에 있다.

→ 도둑은 현무의 음신에 숨어 있다. 낮에 정단하면 현무의 음신이 子이니 정북에 있고, 밤에 정단하면 현무의 음신이 戌이니 서북방에 있다.

○ **쟁송** : 관청에 이르지 못한다.

→ 기궁 辰이 지상으로 가서 일지 卯로부터 극상을 당했으니, 나는 패소하고 상대는 승소한다.

○ **전쟁** : 북방으로 쫓아가서 식량을 구하면 오히려 잃는다.

→ 갑인순의 공망이 子丑이고 子丑이 북방을 뜻하니 북방으로 가면

오히려 식량을 잃는다.

□ 『**필법부(畢法賦)**』: 〈제55법〉 천라지망(天羅地網)을 만나면 모망사가 보잘 것이 없게 된다. 그물로 몸과 가택을 옭아매니, 모든 정단에서 어찌 형통할 수 있겠는가?

→ 매일의 제12국은 천라지망이다.

〈제37법〉 말전에서 초전을 생하는 것에는 세 가지 이론이 있다. 말전에서 초전을 도와서 일간을 생하는 것과, 말전에서 초전을 도와서 일간을 극하는 것과, 말전에서 초전을 도와서 일간의 재신을 만드는 것이 있다.

→ 이 과전은 세 번째에 해당한다. 구재에 길하다.

□ 『**수중금(袖中金)**』: 가령 입추가 乙卯일이고 월장은 巳이다. 천강(辰)이 卯에 가해서 발용이 되었고 행년이 卯酉이면 '용전격'이다. 타인의 마음이 의혹이 많고, 얻는 것은 적고 잃는 것은 많으며, 움직이면 어긋나고 흩어진다.

→ 乙卯일 정단에서 일지 卯가 초전에 있으니 용전격으로 해석했다.

□ 『**관월경(觀月經)**』: 천강(辰)이 卯 위에 임한 뒤에 발용이 되면 사람이 노한다. 사람의 행년이 卯酉이면 잘못된 길을 겪는다.

□ 『**정와(靜訛)**』: '자취난수(自就亂受)'는 안에서 발단되어 밖에서 일어난다. 전쟁에서는 객(客)에게 불리하니 객은 공격하면 안 된다.

→ 객을 뜻하는 일간(기궁) 辰이 지상으로 가서 지반의 卯로부터 극을 받는다.

병진일

丙辰日의 길신(구보)과 흉살(팔살)

일덕	巳		형	
일록	巳		충	
역마	寅		파	
장생	寅		해	
제왕	午		귀살	亥子
순기	亥		묘신	戌
육의(六儀)	甲寅		패신 / 도화	卯 / 酉
귀인	주	酉	공망	子丑
	야	亥	탈(脫)	辰戌丑未
합(合)			사(死)	酉
태(胎)	子		절(絶)	亥

| 丙辰일 | 제 1 국 |

공망 : 子·丑
낮 : 왼쪽 천장, 밤 : 오른쪽 천장

丁	庚		甲
勾巳	空申蛇	申玄	白寅合
巳	申		寅
丁	丁	丙	丙
勾巳	勾巳空	青辰青	青辰青
丙巳	巳	辰	辰

丁勾巳	戊空合午午	己白朱未未	庚常蛇申申玄
丙青辰青辰			辛貴酉陰酉
乙空卯勾卯			壬后戌后戌
甲白寅合寅	常丑朱丑○	玄子蛇子○	癸陰亥貴亥

□ **과체** : 복음(伏吟), 자임(自任), 참관(斬關), 원태(元胎), 여덕(勵德/낮) // 덕경(德慶), 육의(六儀), 복덕(福德), 나거취재(懶去取財), 신임정마(信任丁馬), 일록임신(日祿臨身), 귀등천문(貴登天門/밤).

□ **핵심** : 일록과 재성과 장생이 삼전에 보인다. 그러나 천공과 백호가 종횡무진하니 뜻한 바를 이루지 못한다.

□ **분석** : ❶ 일덕과 일록인 巳 위의 둔반에 丁이 타서 발용이 되었고, 중전의 申은 일간의 재성이며, 말전의 寅은 장생과 역마이다. 이와 같이 삼전이 모두 길하지만 천공과 현무와 백호가 종횡무진하고 복음과의 삼전에 정신과 역마가 보이니 가만히 움직여야 한다.

❷ 삼전이 스스로 초전에서 차례로 극하고 다시 장생 寅이 삼형(三刑)이 되어 생하려는 뜻이 사라졌으니 어찌 일이 성취되겠는가?

□ **정단** : ❶ 복음과는 본래 고요한 상이지만 삼전에서 정마를 만나니 움직이려는 뜻이 있다.

❷ 근신하면 말전의 寅이 초전의 巳를 도와서 록신이 왕성하니 관직에 대길하다. 그러나 청룡이 천강(辰)에 타서 일지에 임하니 반드시

희경사로 인해 집안이 덜 편안하다.

___

- **날씨** : 비가 오기를 원하는 정단을 하면 즉시 갠다.
    → 초전이 화의 오행인 丁巳이니 즉시 갠다.
- **가정** : 일상에 일록이 있고 지상에 청룡이 타니 재물의 기쁨이 중중한 상이다.
    → 일록은 식록, 청룡은 재물이다. 일상에는 일록이 있고 지상에는 청룡이 타니 가정 내외에 재물의 기쁨이 넘치지만 지상이 자손효이니 재산이 많이 낭비된다.
- **혼인** : 여자는 미인이지만 성정이 강하다. 처로 맞이할 수 있다.
    → 일지는 여자이다. 지상이 괴강의 하나인 辰이니 성정이 강하지만 여기에 청룡이 타고 있으니 미인이다. 간상의 巳와 지상의 辰이 상생하니 처로 맞이할 수는 있지만, 삼전이 상형이니 평생 싸울 것이 우려된다. ● 궁합 : 보통이다.
- **임신·출산** : 천강이 자식효이니 남자를 임신한다. 출산이 늦어진다.
    → 자손효인 辰이 양지이니 남자, 일간의 음양이 하나의 양과 두 음이니 다시 남자이다. 복음과이니 출산이 늦어져서 인공분만을 할 우려가 있고 또한 선천성 언어장애가 우려된다.
- **구관** : 일록과 역마를 만나니 크게 이롭다.
    → 일록은 관록, 역마는 승진의 신이다. 초전의 巳가 일록이니 관청에서 관록을 받는 상이고 말전의 寅이 역마이니 승진하는 상이니 관직에 매우 이롭다.
- **구재** : 음사(陰私)의 재물을 취득할 수 있지만 놀라는 일을 예방해야 한다.
    → 중전의 庚申은 재물이다. 여기에 낮에는 등사가 타고 있으니 재물을 얻은 뒤에 놀랄 것을 조심해야 하고, 밤에는 현무가 타고 있으

니 재물을 잃는 것을 예방해야 한다.
○ **질병** : 비위에 병이 들었거나 혹은 정이 새거나 혹은 바람으로 인한 악창이다. 빨리 낫기 어렵다.
   → 낮에 정단하면 백호가 寅목에 타서 오행의 토를 극하니 비위에 병이 들었다. 지상은 병증이다. 지상이 辰이니 정이 새거나 혹은 바람으로 인한 악창이다. 삼전이 삼형이니 빨리 낫기 어렵다.
○ **출행** : 길하다.
   → 일간은 여행객, 일지는 여행지이다. 간상이 차를 뜻하는 정마이니 출행이 길하다. 다만 지상의 청룡승신 辰이 일간을 탈기하니 여행지에서 손실이 많다.
○ **귀가** : 즉시 온다.
   → 복음과는 근행은 즉시 오고, 원행은 귀가를 기약할 수 없다.
○ **도난** : 찾기 어렵다.
   → 현무가 과전에 없으니 도둑을 찾기 어렵다.
↑ **관재** : 무방하다.
   → 과전에 귀살이 없으니 무방해 보이지만 중죄를 지은 경우에는 삼전이 삼형이니 수감될 우려가 있다. ● **승패** : 일간은 나, 일지는 상대이다. 일간 丙은 일지 辰으로 탈기되고 간상의 巳는 지상의 辰으로 탈기되니 내가 불리하다.
○ **전쟁** : 거짓된 속임수를 예방해야 한다.
   → 일간은 아군, 일지는 적군이다. 일지 辰이 일간 丙을 탈기하니 거짓된 속임수를 예방해야 한다.
○ **분묘** : 용신(龍神)이 득기하고 물이 축방(丑方)으로 흘러나가니 길하다.
   → 辰은 봄의 용신이다. 청룡이 지상에 가해서 용신이 득기(得氣) 했으니 길지이다.

□ 『**필법부(畢法賦)**』: 〈제89법〉 복음과의 자임(自任)과 자신(自信)에 정마가 타면 모름지기 행동을 한다.

→ 자임과 자신은 복음과를 뜻한다. 복음과의 초전에 동신(動神)인 정마가 타니 행동한다.

□ 『**육임지남(六壬指南)**』: 戊子년 8월에 월장 辰을, 첫 사람은 辰시 두 번째 사람은 酉시에 가한 뒤에 정단한다. ① 辰시는 앞의 예이고 酉시는 뒤의 예이다. 천강(辰)은 영도의 신인데 종괴(酉)와 염막귀인이 뒤에 있으므로 이렇게 말하는 것이다. ② 그리하여 辰시로 과를 만드니 삼전은 巳申寅이다. 일간에는 일덕과 일록이 타고, 일지에는 월장에 청룡이 보이며, 다시 덕과 록이 삼전에 든다. 고시생이 시험을 치른 후에 복음을 득하였으므로 반드시 합격한다.

③ 酉시로 만든 삼전은 子未寅이다. 초전의 태세가 공망이고 염막귀인이 다시 묘신에 드니 다음이다. ④ 합격자 발표에서, 辰시에는 육가구 22명이 합격하였고, 酉시에는 상열에 사는 조씨가 성이 부권으로 합격하였다. 이 둘은 모두 점시로 합격을 예측한 예이다.

〈과전도〉 丙辰일 6국

○	己	甲
合 子	陰 未	青 寅
巳	子○	未

○	己	癸	戊
合 子	陰 未	朱 亥 貴	玄 午
丙巳	子○	辰	亥

※ 이우산, 『육임실전』 2, 대유학당, 2014, 128쪽~131쪽 참조.

| 갑인순 | 병진일 | 2국 |

丙辰일 제 2국

공망 : 子·丑
낮 : 왼쪽 천장, 밤 : 오른쪽 천장

乙	甲	○
空 卯 勾	白 寅 合	常 丑 朱

| 辰 | 卯 | 寅 |

丙	乙	乙	甲
青 辰 青	空 卯 勾	空 卯 勾	白 寅 合
丙 巳	辰	辰	卯

丙青辰巳	丁勾午	戊合午未	己常未申
空乙卯辰			蛇庚申酉
白寅合卯			陰辛酉戌
常朱丑寅	玄○子丑	蛇陰癸亥子	后○壬戌亥

- **□ 과체 :** 퇴여(退茹), 참관(斬關), 불비(不備) // 원수(元首), 연방(聯芳/卯寅丑), 무음(蕪淫), 형상(刑傷), 침해(侵害), 육의(六儀), 귀총(歸寵), 복덕(福德), 복공(腹空), 귀인입옥(貴人入獄/낮), 귀인공망(貴人空亡/밤), 답각공망(踏脚空亡).
- **□ 핵심 :** 자식에게 빚을 갚는다. 장생이니 인내한다. 우환이 사라진다. 물러나서 공망을 만나니 무해하다.
- **□ 분석 :** ❶ 발용의 卯가 일지를 극하고 일간을 생하지만, 일지가 일간에 임한 뒤에 일간의 생을 받으니 상대는 얻고 나는 베푼다. 간상의 辰이 丙의 자식이니 자식에게 갚는 빚이다.
  ❷ 일간의 장생인 寅에 백호가 타니 질겁하지만 일간이 이것의 생을 받으니 인내하면 나중에는 이롭다.
  ❸ 말전의 丑이 공망되었으니 걱정거리가 풀린다. 물러나면 비록 공망을 만나고 다시 탈기(脫氣)되지만 장생을 만나니 생은 있고 해는 없다.
- **□ 정단 :** ❶ 삼전이 퇴연여(退連茹)이니 후퇴의 상이지만, 말전에서 공

망을 만나니 오히려 전진해야 한다. 모든 정단에서 먼저 일어나는 쪽은 길하고 나중에 일어나는 쪽은 흉하다.

❷ 패기(敗氣)가 일지에 임하니 재앙으로 인해 자녀가 상하거나 혹은 가정에 소모가 있다.

❸ 관직을 구할 경우, 시작은 마치 봄꽃 같지만 나중에는 가을의 나뭇잎 같아서, 시작은 있지만 끝이 없는 상이다.

○ **날씨** : 청룡이 비록 승천하지만 초전과 중전으로부터 극을 당하니 비는 오지 않고 바람만 분다.

→ 청룡은 감우의 천장이다. 간상의 청룡승신 辰이 초전의 卯목과 중전의 寅목으로부터 극을 당해서 청룡의 날개가 부러져서 승천하지 못하니 비가 오지 않는다.

○ **가정** : 卯목이 가택을 극하고 일간을 생하니 집은 나쁘고 사람에게는 이익이 있다. 사람은 소모를 많이 당한다.

→ 일간은 사람이다. 일간 丙이 간상의 辰으로 탈기되니 사람에게 손실이 많다. 그러나 지상의 卯가 일지 辰을 극하니 집에 우환이 닥치고 지상의 卯가 일간 丙을 생하니 사람에게는 이익이 있다. ● 간상의 辰과 지상의 卯가 육해하니 가족이 서로 화목하지 않고, 사과가 불비(不備)이고 무음(蕪淫)이니 가정에 음란이 발생하는 것을 예방해야 한다.

○ **혼인** : 일간과 일지가 서로 육해하니 혼인이 불길하다.

→ 일간은 나, 일지는 배우자감이다. 간지의 상신인 辰과 卯가 서로 해치고, 일지 辰이 간상으로 와서 일간 丙을 탈기하여 상대가 나에게 와서 손실을 입히는 상이니 혼인이 불길하다. ● 삼전은 혼담의 진행과정이다. 초·중전이 일간의 생기이고 말전이 공망되었으니 선이후난하다. ● **궁합** : 나쁜 편이다.

○ **임신·출산** : 상은 강하고 하는 약하며, 불비(不備)가 음을 만나니 임신하면 남자가 된다. 일지와 일간이 육해하니 자그마한 난을 면하기 어렵다.

→ 상(천반)은 남자, 음(지반)은 여자의 상이다. 상이 약한 하를 극해서 발용이 되었으니 남자이고, 사과가 두 양에 하나의 음이니 남자이다. ● 일간은 태아, 일지는 임신부이다. 간상의 辰과 지상의 卯가 상해의 뜻이 있는 '육해'이니 임신부와 태아 모두 상할 우려가 있다.

○ **구관** : 과전에 귀인과 일록과 관성이 보이지 않으니 공명에 흠이 있다

→ 귀인은 공무원, 일록은 관록, 관성은 관직이다. 丙일의 낮 귀인 酉와 밤 귀인은 亥, 일록 巳, 관성 亥·子가 과전에 나타나지 않았으니 관직에 이롭지 않다. ● 삼전은 구관의 진행과정이다. 초·중전이 일간의 생기이고 말전이 공망되었으니 선이후난하다.

○ **구재** : 청룡이 일간에 임하여 일간을 탈기(脫氣)하니 오히려 재물이 나가고 재물이 모이지 않는다.

→ 청룡과 처재효는 재물이다. 일간의 처재효인 申酉는 보이지 않고 청룡승신 辰이 일간에 임하여 일간을 탈기하니 오히려 손재수만 생긴다.

○ **질병** : 위장병이다. 간상이 의약신이니 즉시 낫지 않는다.

※『육임직지』원문에서는 "간담 질환이다."고 하였다.

→ 낮에 정단하면 백호가 寅에 타서 오행의 토를 극하니 비위에 병이 든다. 의약신인 辰이 巳에 임하니 동남방에서 명의와 명약을 구하면 된다.

○ **출행** : 수로와 육로 모두 길하지 않고 이롭지 않다.

→ 현대에서는 일간은 여행객, 일지는 여행지이다. 간지의 상신이 육해하니 여행이 길하지도 않고 이롭지도 않다.

○ **귀가** : 천강이 사맹에 가했으니 아직 출발하지 않았다.
  ➔ 천강(辰)은 동신, 사맹은 귀가의 초기이다. 천강이 사맹의 하나인 巳에 가했으니 아직 출발하지 않았다.
○ **도난** : 밤에 정단하면 서남방의 음식점에 있고, 낮에 정단하면 서북방의 여자의 집에 있다.
  ➔ 도둑은 현무의 음신에 숨어 있다. 밤에 정단하면 현무의 음신이 未이니 서남방의 음식점에 있고, 낮에 정단하면 현무의 음신이 亥이고 여기에 태음이 타니 서북방의 여자의 집에 있다.
↑ **쟁송** : 상대가 유리하다.
  ➔ 일간은 나, 일지는 상대이다. 삼전의 목국이 일간은 생하고 일지는 극하니 내가 유리하다.
○ **전쟁** : 득실이 반반이다.
  ➔ 일간은 아군, 일지는 적군이다. 간지의 상신이 辰卯 육해여서 아군과 적군이 모두 상하니 득실이 반반이다.

□ 『**필법부(畢法賦)**』 : 〈제76법〉 서로 시기하여 모두에게 화가 미친다.
  ➔ 간지의 상신이 육해(六害)하니 서로 해치고 주객이 모두 상한다. 〈제94법〉 희신(喜神)과 구신(求神)이 공망되면 묘한 기틀이 된다. 공망되어 좋은 것은 흉살이고, 공망되어 나쁜 것은 길신이다.
  〈제18법〉 답각공망은 나아감이 옳다.
  ➔ 말전의 丑은 갑인순의 공망, 중전과 초전의 寅卯는 갑진순의 공망이다. 따라서 답각공망이다.
□ 『**과경(課經)**』 : 丙辰일에서 辰이 巳에 가하고 卯가 辰에 가한다. 간지의 상신인 辰卯가 육해하니 서로 의심하고 주객이 서로 융통성이 없다.
□ 『**태을경(太乙經)**』 : 타인과의 모임을 정단하여 천강(辰)이 일진에 임

하거나 일진의 전에서 만나면 이미 도착하였고, 일진의 뒤에서 만나면 아직 도착하지 않았다.

☐ 『괄낭부(括囊賦)』: 오행의 목에 구진과 백호가 타면 반드시 동량(棟梁)이 삼형에 꺾인다.

丙辰일 제3국

공망 : 子·丑
낮 : 왼쪽 천장, 밤 : 오른쪽 천장

	癸	辛
勾 丑 朱	朱 亥 貴	貴 酉 陰
卯	丑 ○	亥
乙	○	甲 ○
空 卯 勾	勾 丑 朱	青 寅 合 合 子 蛇
丙 巳	卯	辰	寅

乙卯巳 空 勾	丙辰午 白 青	丁巳未 常 空	戊午申 玄 白
甲寅辰 青 合			己未酉 陰 常
○丑卯 勾 朱			庚申戌 后 玄
○子寅 合 蛇	癸亥丑 朱 貴	壬戌子 蛇 后	辛酉亥 貴 陰

- □ **과체** : 중심(重審), 과수(寡宿), 퇴간전(退間傳), 극음(極陰/丑亥酉) // 삼기(三奇), 복덕(福德), 복공(腹空), 귀등천문(貴登天門/낮), 교차육해(交叉六害), 귀인공망(貴人空亡/밤), 답각공망(踏脚空亡), 허일대용(虛一待用).

- □ **핵심** : 양쪽이 만나 이익과 손해가 있다. 주야 귀인이 서로 가한다. 亥수를 의지하지 않아야 한다.

- □ **분석** : ❶ 寅卯辰巳를 두 과에서 모두 만난다. 다만 卯와 辰은 서로 육해하고 寅과 巳는 서로 삼형을 하니 이익과 손해가 존재한다.
  ❷ 초전이 비록 공망이지만 酉가 亥에 가해서 주야 귀인이 서로 가하니 모든 일에서 두 귀인에게 부탁하면 도움을 받는다. 다만 밤 귀인이 공망된 지반에 앉아 있으니 그에게서 큰 이익을 바라면 안 된다.

- □ **정단** : ❶ 과수가 발용이 되었으니 모든 일을 기대할 수 없고 길흉도 없으며, 삼전이 '극음(極陰)'이므로 물러나면 더욱 어두운 상이다.
  ❷ 지상의 寅이 일지 辰을 극하고 일간 丙을 생하니, 사람은 번성하

고 집은 쇠미하다. 오직 연명이 子이면 양 귀인 酉와 亥가 그 상신 戌을 공협하니 관직을 단정하면 가장 길하고 이롭다.

○ **날씨** : 격명이 '극음(極陰)'이고 간상에 구진과 천공이 타니 흐리고 구름이 끼는 상이다.
　→ 삼전의 丑亥酉가 모두 음의 십이지이고 또한 밤의 십이지이며 다시 간상이 모두 토의 천장이니 구름은 끼지만 비는 오지 않는다.

○ **가정** : 청룡과 육합이 가택을 극하니 반드시 길경사가 생긴다.
　→ 일지는 가택이다. 지상의 寅이 일지 辰을 극하니 가정에 불행한 일이 발생한다. 낮에는 청룡이 타고 있으니 가계난이고, 밤에는 육합이 타고 있으니 자녀로 인한 흉사이다.

○ **혼인** : 여자가 남자의 집에서 유익하다. 다만 화목하지 못할 우려가 있다.
　→ 일간은 남자, 일지는 여자이다. 일지 辰이 일간 丙으로부터 생을 받으니 여자가 남자로부터 사랑을 받는 상이니 여자에게 유익하다. 다만 기궁 巳가 지상의 寅과 육해하고 일지 辰이 간상의 卯와 육해하니 남녀가 서로 화목하지 않다. ● 궁합 : 나쁘다. ● 일지는 상대이다. 낮에는 지상에 청룡이 타고 있으니 미녀이고, 밤에는 지상에 육합이 타고 있으니 애교가 있는 여자이다.

○ **임신·출산** : 여자를 임신한다. 출산은 흉하다.
　→ 하는 여자, 상은 남자이다. 하가 상을 극하여 발용이 되었으니 여자를 임신한다. 일간은 태아, 일지는 임신부이다. 간지가 교차육해하니 출산이 흉하고, 태아를 뜻하는 태신 子가 공망되었으니 태아가 손상되는 것을 예방해야 한다.

○ **구관** : 양 귀인이 서로 가하지만 한 귀인에게서만 도움을 받을 수 있다. 반드시 처재로 인해 귀(貴)를 누린다.

→ 공무원이 고위직공무원에게서 도움을 받는지는 귀인을 보아야 한다. 낮에는 귀인승신이 일간의 재성인 酉이니 도움을 받고, 밤에는 귀인승신 亥가 일간을 극하니 귀인으로부터 해를 입는다. 특히 낮에는 귀인이 천문에 오르니 공무원은 승진한다.

○ **구재** : 처음에는 어렵지만 나중에는 큰 이익이 있다.

※『육임직지』원문에서는 "재성이 이미 공망되었으니 구하더라도 무익하다."고 하였다.

→ 비록 초·중전이 공함되어 손실이 많지만 말전이 재성인 辛酉이고 특히 암재인 辛이 일간 丙과 간합하니 나중에는 큰 이익이 있다.

○ **질병** : 간경락의 질환이거나 혹은 신수가 훼손된 병이다. 약을 먹지 않더라도 저절로 낫는다.

→ 낮에 정단하면 백호승신 辰이 오행의 수를 극하니 신장에 병이 든다. 과전에 백호는 없고 귀살은 공망되었으니 저절로 병이 낫는다. ● 만약 자손의 병을 정단하면 자손효 丑이 공망되었으니 생명이 위험하다.

○ **출행** : 수로와 육로의 길흉이 반반이다.

→ 현대에서는 일간은 여행객, 일지는 여행지이다. 간지의 상신인 卯와 寅이 모두 일간의 생기이니 여행이 길하다.

○ **귀가** : 역마가 일지에 임하니 곧 도착한다.

→ 역마는 자동차, 일지는 집이다. 역마인 寅이 일지에 임하니 곧 도착한다.

○ **도난** : 밤에는 정남쪽의 말이 달리는 길에 있다. 낮에는 흉악한 사람이다.

→ 도둑은 현무의 음신에 있다. 밤에 정단하면 현무의 음신이 午이니 정남방의 도로에 있다. 낮에 정단하면 현무의 음신이 辰이니 동남방에 있고 辰이 괴강이니 흉악한 사람이다.

⇧ **쟁송** : 재심해야 유리하다.

→ 중심과는 상급의 법원에 상고해서 재심해야 유리하고 또한 피고에게 유리하다.
○ **전쟁** : 군사를 잃는 것을 예방해야 한다.
→ 일간은 아군이다. 간상의 卯가 패신이니 패전해서 군사를 잃는 것을 예방해야 한다.

□ 『**필법부(畢法賦)**』 : 〈제45법〉 주야귀인이 서로 가하면 양 귀인에게서 구하면 된다.
→ 주야귀인 酉와 亥가 말전에서 서로 가한다. 귀인에게 요청하면 반드시 양 귀인이 참견하여 성취한다. 그러나 서민이 귀인을 알현하는 정단에서는 반드시 귀인을 만나지 못한다.
〈제76법〉 서로 시기하여 모두에게 화가 미친다.
→ ○ 혼인 참조.
□ 『**과경(課經)**』 : 丙일의 태신이 子이니 정월에 임신을 정단하면 처가 임신한다. 정월에 혈지와 혈기가 모두 丑에 있고 양신인 丑이 태신인 子를 극하니 출산을 정단하면 출산이 신속하지만 임신을 정단하면 손상된다. 만약 축월에 정단하면 혈지와 혈기가 子이고 태신이니 출산을 정단하면 출산이 신속하고 임신을 정단하면 태아가 손상된다. 만약 혈기가 공망되면 출산과 임신 정단 모두 두려울 것이 없다.
□ 『**비요(秘要)**』 : 이 과는 모든 일이 사일(巳日)에 발현된다.
→ '허일대용법'을 적용하면 삼전에서 빠진 글자 巳가 메워지는 사년(巳年)이나 사월(巳月)이나 사일(巳日)에 발현된다.

丙辰일   제 4 국

공망 : 子·丑 ○
낮 : 왼쪽 천장, 밤 : 오른쪽 천장

癸	庚	丁
朱 亥 貴	后 申 玄	常 巳 空
寅	亥	申
甲	癸 ○	壬
青 寅 合 朱 亥 貴	勾 丑 朱 蛇 戌 后	
丙 巳	寅	辰	丑 ○

甲青寅巳	乙合卯午	丙勾辰未	丁白巳申 青常 空
勾丑朱辰 ○			玄戌午酉 白
合子蛇卯 ○			陰己未戌 常
癸朱亥寅 貴	壬蛇戌丑 后 ○	辛貴酉子 陰 ○	庚后申亥 玄

- □ **과체** : 요극(遙剋), 호시(蒿矢), 원태(元胎), 삼기(三奇) // 병태(病胎), 침해(侵害), 복덕(福德), 주작폐구(朱雀閉口), 귀인공망(貴人空亡/낮).
- □ **핵심** : 파쇄(破碎)가 가정에 임했으니 재물과 혼인이 깨진다. 밤에는 귀인에게 부탁하면 귀인이 망설이며 말을 하지 않는다.
- □ **분석** : ❶ 丙의 처재효는 申이고 일지의 파쇄(破碎)는 丑이다. 밤에는 申에 현무가 타니 장가로 인해 돈이 지출된다.

  ❷ 밤 귀인 亥가 발용이 되었지만 폐구(閉口)가 되었으니 귀인에게 부탁하면 반드시 귀인이 망설이면서 말을 하지 않으니 나의 이치는 맞지만 뜻은 펴기 어렵다.
- □ **정단** : ❶ 과전에서 삼기(三奇)인 亥를 만나고 간상의 장생 寅에 낮에는 청룡이 타니 서서히 발복하지만 발용이 요극과의 호시(蒿矢)이니 얻는 복이 가볍다.

  ❷ 중전의 재성이 일간의 귀살에 앉아 있으니 재물의 이익이 적다. 말전의 巳는 일덕과 일록이다. 봄과 여름에 정단하면 길하기만 하고 불리한 것은 없다.

→ 말전의 巳는 봄에는 상기, 여름에는 왕기이니 길상하다.

_____

○ **날씨** : 亥에 귀인이 타서 발용이 되었고 수모(水母)는 다시 亥를 생하며 청룡이 일간에 임하니 큰 비가 오고 난 뒤에 갠다.
  → 발용은 현재이고 일간은 하늘, 亥와 申과 청룡은 비를 부르는 신이다. 亥가 발용이 되었으니 비가 오고, 중전의 申이 亥를 생하니 다시 비가 오며, 용이 승천하니 큰 비가 온다. 말전이 오행의 화이니 나중에는 갠다.
○ **가정** : 깨진 재물의 창고가 택상에 임하고 여기에 주작과 구진이 타고 있으니 반드시 구설과 쟁송으로 인해 재물이 많이 나간다.
  → 일간은 사람이다. 간상의 장생 寅에 낮에는 청룡이 타니 재운이 좋아져서 서서히 발복하고, 밤에는 육합이 타니 교역으로 인해 서서히 발복한다. ● 낮에는 초전의 주작승신 亥가 일간을 극하여 오니 구설수와 탄핵이 닥치는 것을 예방해야 한다. ● 일지의 음양이 자손효이고 다시 공망되었으니 가정에 손재수가 있다.
○ **혼인** : 남자를 정단하면 길하고, 여자를 정단하면 흉하다.
  → 일간은 남자, 일지는 여자이다. 간상이 장생이니 남자를 정단하면 길하고, 지상이 공망되었으니 여자를 정단하면 흉하다. ● 지상의 丑이 일간 丙을 탈설(脫泄)하니 여자로 인해 손실이 발생하는 것을 예방해야 한다. ● 궁합 : 지상이 공망되었으니 나쁘다. ● 일지는 상대이다. 낮에는 지상에 구진이 타고 있으니 쟁투를 좋아하는 사람이고, 밤에는 지상에 주작이 타고 있으니 말이 많은 사람이다.
○ **임신·출산** : 두 음이 하나의 양을 감싸고 있으니 임신하면 남자가 된다. 임신부는 파(破)를 하고 자식은 생을 받으니 출산을 정단하면 매우 길하다.
  → 삼전은 태아가 생육되는 과정이다. 삼전의 두 음(亥,巳)이 하나의

양(申)을 감싸고 있으니 남자이다. 일간은 태아, 일지는 임신부이다. 출산을 정단하여 일지가 공망된 것은 출산한 뒤의 임신부의 배가 비어 있는 상이니 순산한다. 초전이 폐구 되었으니 선천성 언어장애가 우려된다.

○ **구관** : 귀인이 발용이 되었고 덕신이 말전에 거주하니 명성을 정단하면 매우 이롭다.

→ 천을귀인과 일덕귀인은 모두 공무원이다. 이들이 초전과 말전에 있으니 구관에 매우 이롭다. 다만 낮에 고시를 정단하면 일간 丙이 주작승신 亥로부터 극을 받으니 낙방한다.

○ **구재** : 음사(陰私)나 부녀자의 재물을 취득하면 된다.

→ 재성은 재물이다. 낮에 정단하면 재성인 申에 천후가 타고 있으니 여자나 여자용품으로 재물을 취하면 되고, 밤에 정단하면 재성 申에 현무가 타고 있으니 재물을 취득하지 못한다. ● 비록 초전이 귀살이지만 말전이 일덕과 일록이니 경영이 순조롭다.

○ **질병** : 비위의 증상이다. 사람은 생(生)을 받고 병은 파(破)를 당하니, 약을 먹지 않더라도 저절로 낫는다.

→ 지상은 병증이다. 오행의 토인 丑이 공망되었으니 위장병이다. 과전에 백호가 없고 귀살 亥는 말전의 巳로부터 충(沖)을 당했으니 저절로 낫는다.

○ **출행** : 육로는 매우 길하고 수로는 손실이 생긴다.

→ 현대에서는 일간은 여행객, 일지는 여행지이다. 지상의 丑이 일간의 탈기(脫氣)이고 다시 공망되었으니 안전한 여행지가 아니고 또한 손실이 생긴다.

○ **귀가** : 장차 집에 도착한다.

→ 자동차를 뜻하는 역마 寅이 일간에 임했으니 장차 집에 도착한다.

⚐ **쟁송** : 내가 유리하다.

→ 일간은 나, 일지는 상대이다. 일간은 튼실하고 일지는 공허하니 내가 유리하고, 또한 간상이 지상을 극하니 내가 유리하다. ● 관재 : 초전이 폐구되었으니 나의 진심이 판사에게 받아들여지지 않고 다시 일간을 극하니 불리하다. 그러나 간상의 장생 寅이 귀살을 인도해서 일간을 생하니 나중에는 관재가 가벼워진다.
○ 전쟁 : 밤에는 매우 길하다. 천리의 땅을 개척하는 상이다.
→ 밤에는 초전에 길장이 타고 있으니 매우 길하다. 삼전이 체생하는 상이니 천리의 땅을 개척하는 상이다.

□ 『필법부(畢法賦)』 : 〈제38법〉 폐구격은 두 가지로 나눠서 추리한다.
→ 갑인순의 순수(旬首) 寅 위에 순미(旬尾)인 癸亥가 가했으니 폐구(閉口)이다.
〈제92법〉 청룡이 생기에 타면 길한 작용이 서서히 나타난다.
→ 청룡이 일간의 생기인 寅에 타고 있다.
□ 『과경(課經)』 : 亥가 寅에 가한 것은 순미가 순수에 가한 것이니 '폐구격'이다. 만약 초전과 말전의 상하가 육합하면 기가 중간에서 막힌다. 질병을 정단하면 목이 쉬거나 혹은 이질에 걸리거나 혹은 목구멍에 종기가 나거나 혹은 담궐이 발생한다. 태아를 정단하면 반드시 말을 하지 못하는 아이가 된다. 분실을 정단하면 비록 누군가가 도둑이 훔쳐가는 것을 보았더라도 말을 하지 않는다. 그리고 타인에게 말을 하면 모든 사람이 입을 열지 않는다.
□ 『찬요(纂要)』 : 청룡이 간상의 장생에 타고 있다. 인내하고 가만히 있으면 자연히 형통하니 망동하면 안 된다.
□ 『지장부(指將賦)』 : 癸는 폐구(閉口)이고 丁은 동(動)이다. 폐(廢)는 죽음을 주관하고 동(動)은 생을 주관한다.

丙辰일 제 5국

공망 : 子·丑 ○
낮 : 왼쪽 천장, 밤 : 오른쪽 천장

	庚	丙
合子蛇	后申玄	白辰青
辰	子 ○	申
○	辛	庚
勾丑朱	貴酉陰 合子蛇	后申玄
丙巳	丑 ○	辰	子 ○

○勾丑朱巳	甲寅青午合	乙卯空未	丙辰白申青
○合子辰蛇癸朱亥貴卯			丁常巳空酉戌玄午白
壬蛇戌寅	辛后貴酉陰丑	庚后申玄子 ○	己陰未常亥

- □ **과체** : 중심(重審), 윤하(潤下), 여덕(勵德/밤), 과수(寡宿) // 화미(和美), 복덕(福德), 가귀(家鬼), 오양(五陽), 사과개공(四課皆空), 복공(腹空), 관귀효현괘.

- □ **핵심** : 과전이 헤어날 수 없다. 흉과 재액이 사라진다. 안팎으로 결탁되어 있다. 낮에는 많이 음란하다.

- □ **분석** : ❶ 귀살이 화를 유발하지만 귀살이 공망되었으니 화가 사라지고, 과전이 모두 공함되었으니 수렁에서 헤어날 수는 없지만 흉한 재액은 사라진다.

  ❷ 삼전의 수국이 일간을 극하고, 택상의 子가 발용이 되어 辰申과 합을 해서 귀살이 되었으니 집안의 가족이 바깥의 사람과 결탁하여 화가 생긴다.

  ❸ 지상의 두 과에 육합과 천후와 현무가 있으니 낮에는 음란을 면하기 어렵다.

  → 육합의 오행은 卯, 천후의 오행은 子, 현무의 오행은 음수인 癸亥이니, 이들은 모두 음란과 관계된 천장이다.

| 갑인순 | 병진일 | 5국 |

□ **정단 :** ❶ 삼전이 子申辰이니 윤하(潤下)이다. 윤하는 수리(水利)와 연관되어 있거나 혹은 친척과 연관되어 있으며 행동을 멈추지 않는 상이다.
❷ 모든 귀살이 일간을 침해(侵害)하니 반드시 많은 사람이 해치려고 한다. 다행히 丑토가 적을 감당할 수 있으니 화가 되지 않는다.
❸ 발용의 관귀효가 공망되었으니 관직을 정단하면 불길하다.

○ **날씨 :** 삼전이 모두 수이고 천장 또한 수이니 많은 비가 온다.
→ 삼전이 비록 윤하이지만 갑인순의 공망이 되었으니 적은 비가 온다. 다만 공망이 메워지는 다음 순에는 많은 비가 온다.

○ **가정 :** 자월(子月)에 정단하면 근심된다. 재성에 현무가 타고 있으니 밤에 정단하면 재물이 소모된다.
→ 자월이나 자월장이나 자년에 정단하면 공망된 子가 메워져서 귀살국을 형성하니 우환이 발생한다. 특히 밤에는 子에 등사가 타고 있으니 놀라는 액이 발생한다. ● 재성인 申에 밤에는 현무가 타고 있으니 밤에 정단하면 손재수가 생기고, 낮에는 천후가 타니 처를 잃는 것을 조심해야 한다.

○ **혼인 :** 간지상의 천반이 합을 한다. 다만 여자는 좋지 않다.
→ 일간은 남자, 일지는 여자이다. 간지의 상신인 丑과 子가 상합하니 혼인이 좋아 보이지만, 간지의 상신이 공망되었으니 혼인을 이루지 못한다. 또한 지상의 子가 일간을 극하여오니 나에게 해를 입히는 여자이다. ● 궁합 : 나쁘다.

○ **임신·출산 :** 임신하면 여자를 키운다. 간지의 상신이 상합하니 출산기에 반드시 화가 생긴다.
→ 하가 상을 극하여 발용이 되었으니 여자이다. 일간은 태아, 일지는 임신부이다. 간지의 상신이 상합한다. 태아가 엄마의 자궁을 떠

나지 않는 상이어서 출산이 늦어지니 화가 생긴다.
- **구관** : 귀인과 일록이 나타나지 않았고 관성은 공망되었으니 덜 이롭다.
  → 귀인은 공무원, 일록은 관록, 관성은 관직이다. 귀인과 일록이 과전에 나타나지 않았고 관성인 子는 공망되었으니 덜 이롭다.
- **구재** : 오히려 잃는다.
  → 재성은 재물이다. 재성이 공망되었고 간상이 일간을 탈기하니 수입이 없고 오히려 재물을 잃는다.
- **질병** : 신장방광의 병이다. 병이 공망되었으니 즉시 낫는다.
  → 지상은 병증이다. 지상이 子이니 신장과 방광의 병이다. 그러나 지상이 공망되었으니 병이 즉시 낫는다.
- **출행** : 불길하다.
  → 일간은 여행객, 일지는 여행지이다. 비록 공망은 되었지만 삼전이 귀살국이고 다시 간지가 모두 공망되었으니 안전하지 않은 출행이다.
- **귀가** : 아직 출발하지 않았다.
  → 천강(辰)은 동신, 사맹은 초기이다. 천강이 사맹의 하나인 申에 가했으니 아직 출발하지 않았다.
- **도난** : 낮에 정단하면 동북방의 큰 숲에 도둑이 숨어 있다.
  → 도둑은 현무의 음신에 숨어 있다. 낮에 정단하면 현무의 음신이 寅이니 동북방의 숲속에 있고, 밤에 정단하면 현무의 음신이 辰이니 동남방의 물가에 있다.
- ↑ **쟁송** : 합의가 가능하다. 다시 심리하는 것이 이롭다.
  → 간상과 지상이 상합하니 공망이 풀리는 시기에 합의가 가능하다. 거듭 심사숙고해야 된다는 뜻이 있는 중심과이니 상급의 법원에서 다시 심리해야 유리하다.
- **전쟁** : 밤에 정단하면 질겁하고, 낮에 정단하면 조금 길하지만 고생

만 하고 전공이 없다.

→ 밤에 정단하면 초전에 등사가 타고 있으니 질겁하고, 낮에 정단하면 삼전이 공망되었으니 전공이 없다.

□ 『필법부(畢法賦)』 : 〈제74법〉 거듭하여 공망되면 모든 일을 추구하지 않아야 한다.

→ 삼전의 초전과 중전이 거듭하여 공망이 되었다.

〈제83법〉 삼합과 육합을 하면 만사 기쁘다.

→ 간상의 丑과 지상의 子가 육합한다. 따라서 만사 기쁘다.

〈제86법〉 내전(內戰)을 만나면 도모하는 일에서 장차 재앙이 생긴다.

□ 『과경(課經)』 : 삼전이 모두 귀살이니 겁재(劫財)를 극하여 제거할 수 있다. 만약 두 곳이 공망되고 하나의 재성만 남았다면 재물이 안전하고 깨지지 않으니, "모든 귀살이 재성으로 변한다."고 한다.

→ 이 과전에서는 재성이 공망되었으니 득재하지 못한다.

□ 『집의(集義)』 : 삼전이 수국이고 간상의 丑과 지상의 子가 합을 하니 〈경〉에서 말하기를, 소위 "삼육이 보이면 기쁘고 설령 악(惡)이 있더라도 화가 되지 않는다."고 하였다. 하물며 간상의 丑토가 수를 극하니 모든 도모하는 일은 성사된다. 그리고 子가 辰에 가한 곳에 등사가 타면 부인이 곡(哭)을 하며 운다.

→ 자식을 뜻하는 등사가 子에 타서 내전되어 자식이 죽는 상이니, 자식이 죽은 뒤에 그의 어미가 슬피 곡을 하며 운다.

丙辰일 제 6국

공망 : 子·丑
낮 : 왼쪽 천장, 밤 : 오른쪽 천장

□ **과체** : 지일(知一), 사절(四絶) // 복덕(福德), 맥월(驀越), 태수극절(胎受剋絶), 불행전(不行傳), 삼전체생(三傳遞生), 귀인입옥(貴人入獄/밤), 자가사(子加巳).

□ **핵심** : 중전과 말전이 모두 공허하니 오직 초전의 午만 쓸 수 있다. 움직이면 양인을 만난다. 밤 귀인이 집으로 돌아온다.

□ **분석** : ❶ 丑과 申이 공함되었으니 허무하다. 오직 초전의 午화만 쓸 수 있다.

❷ 午가 귀살 亥에 거주하니 지키지 못한다. 만약 맹목적으로 도모하면 초전에서 양인을 만나니 움직이거나 또는 가만히 있는 것 모두 안 된다.

❸ 亥가 辰에 임하여 귀인이 감옥에 갇혔으니 귀인에게 도움을 받지 못하고, 지상에 이것이 임하니 집으로 돌아온다고 하였으며, 결국 귀인에게 부탁하더라도 이익이 없다.

□ **정단** : ❶ 초전의 午가 절지에 가했으니 사절(四絶)이다. 이 '사절이 중전에서 묘지로 드니 옛것을 매듭짓는 일에 이롭다. 옛것을 버리고

새로운 것을 도모하지 말아야 한다.
❷ 삼전의 두 곳이 공함되었으니 헛소리에 불과하다.
❸ 부동산을 뜻하는 丑이 午에 가한 곳에 주작과 구진이 타니 전택으로 인해 다투고, 亥에 가한 午에 백호가 타니 화재가 발생하며, 辰에 가한 亥에 낮에는 주작이 타니 어린이로 인해 곡을 하고 눈물을 흘린다.
❹ 재효인 申이 묘지인 丑에 앉으니 무기(無氣)해서 재물이 소모되고 잃는다.

○ **날씨**: 수모(水母)는 이미 공망되었고 午화가 발용이 되었으니 맑고 비가 오지 않는다.
　➔ 수모인 申은 수원(水源), 오행의 화는 맑은 날씨를 뜻한다. 수모는 공망되고 초전이 午화이니 맑다.
○ **가정**: 관귀효가 가택에 임하니 반드시 소송과 교도소에 관련된 일이 발생한다.
　➔ 일지는 가택이다. 지상의 癸亥가 관귀효이고 여기에 낮에는 주작이 타고 있으니 관재가 발생하고, 밤에는 귀인이 타고 있으니 역시 관재가 발생한다.
○ **혼인**: 간상에 공망이 임하니 여자가 정단하면 불길하다.
　➔ 일간은 남자이다. 간상이 공망되었으니 남자가 장가갈 형편이 안 되거나 혹은 의사가 없으니 여자가 정단하면 불길하다. ● 궁합: 간지의 상신인 子와 亥가 비화(比和)하니 좋아 보이지만 지금은 공망되었으니 나쁘다. ● 일지는 상대이다. 낮에는 주작이 타고 있으니 말이 많은 여자이고, 밤에는 귀인이 타고 있으니 귀한 여자이다. ● 배우자를 구할 경우, 지일과이니 가까운 사람이나 장소에서 구하면 된다.

○ **임신·출산** : 두 양이 하나의 음을 감싸고 리괘는 중녀이다. 태신이 공망되었으니 출산을 정단하면 불길하다.

→ 삼전은 태아가 생육되는 과정이다. 삼전의 두 양(午,申)이 하나의 음(丑)을 감싸고 있으니 여자이다. 출산을 정단하면 태신 子가 공망되었으니 태아가 상하는 것을 예방해야 한다.

○ **구관** : 귀인이 감옥에 앉아 있으니 공명을 정단하면 불길하다.

→ 귀인은 공무원이다. 귀인이 辰이나 戌에 앉아 있으면 귀인이 감옥에 갇혔다는 뜻의 '귀인입옥(貴人入獄)'이다. 만약 상급의 공무원에게 승진이나 발탁을 부탁하면, 그 귀인에게 어려운 사정이 있어서 나의 부탁을 들어주지 않으니 구관에 불길하다. 또한 관직을 뜻하는 관귀효 子는 공망되었고 亥는 폐구되었으니 다시 구관에 불길하다.

○ **구재** : 재효가 이미 공망되었으니 득재하지 못한다.

→ 재성은 재물이다. 재성인 申이 말전에서 공망되었으니 결국 득재하지 못한다.

○ **질병** : 신장에 병이 들었다. 칠월에 정단하면 불길하다.

→ 오행의 亥子는 신장이다. 간상의 子가 공망되었으니 신장이 허약하다. 만약 자월에 정단하면 子가 칠월의 사기이니 사망할 우려가 있다. 또한 子가 巳에 가하여 발용이 되었으니 위험하다. ● 귀살에 천을귀인이 타고 있어서 하늘 신과 땅 신의 해코지가 있으니 신에게 빌어야 한다.

○ **출행** : 수로와 육로 모두 불길하다.

→ 현대에서는 일간은 여행객, 일지는 여행지이다. 간지의 상신이 모두 귀살이니 출행이 안전하지 않다.

○ **귀가** : 아직 길에 있다.

→ 천강(辰)은 동신, 사중은 중도이다. 천강이 사중의 하나인 酉에 가했으니 중도이다.

↑ **쟁송** : 합의가 이롭다. 내가 불리하다.
  → 지일과는 가까운 사람과의 쟁송이므로 합의가 이롭다. 일간은 나, 일지는 상대이다. 일간이 공망되었으니 내가 불리하다.
O **도난** : 밤에 정단하면 구진이 극을 받으니 잡지 못한다.
  → 구진은 경찰, 현무는 도둑이다. 밤에 정단하면 구진승신 卯가 현무승신 申으로부터 극을 받으니 도둑을 잡지 못한다. 낮에 정단하면 구진승신 丑이 공망되었고 다시 현무승신 午가 구진승신을 생하니 도둑을 잡지 못한다.
O **전쟁** : 초전은 절지에 앉았고 중전과 말전이 모두 공망되었으니 전황이 공허하다.
  → 삼전은 전황이다. 삼전이 무용지물이니 전투에서 전과가 없다.

□ 『**필법부(畢法賦)**』: 〈제48법〉 귀살에 천을귀인이 타면 곧 하늘 신과 땅 신의 해가 있다. 질병 정단을 하면 반드시 하늘 신과 땅 신의 해코지가 있다. 만약 가택 위에 임하면 반드시 가정 내 사당의 신상에게 엄숙하지 못해서 병환이 온 것이다. 따라서 공을 닦고 덕을 베풀어서 가택신을 편안하게 위로하면 일반인에게 거의 모든 재앙이 사라진다.
〈제82법〉 삼전이 나아가지 못하는 불행전(不行傳)은 초전을 봐야 한다.
  → 중전과 말전이 공망되었으니 불행전이다.
□ 『**과경(課經)**』: 밤에 정단하면 귀살 亥가 일지에 가하여 '천을신기(天乙神祇)'이다. 반드시 가택의 신상이 엄숙하지 못해서 온 병이니, 공덕을 닦고 가택신을 위로해야 화가 사라진다.
□ 『**중황경(中黃經)**』: 午가 丑으로 드니 저주가 많다.
  → 午는 구설, 丑은 귀인의 본가이다. 午가 丑으로 드니 저주가 많다.

- 『**조담비결(照膽秘訣)**』: 戌이 卯에 가해서 지반과 육합하니, 사람이 오면 복이 오고 번창하게 된다.
- 『**옥성가(玉成歌)**』: 일간의 귀살이 지진의 두 과에 임하면 반드시 공무원이 집에 도착한다. 다시 말하기를 구진과 주작이 동시에 삼전에 들면 쟁송이 발생한다.

丙辰일 제 7 국

공망 : 子·丑
낮 : 왼쪽 천장, 밤 : 오른쪽 천장

丁	癸	丁
常 巳 空	朱 亥 貴	常 巳 空
亥	巳	亥

癸	丁	壬	丙
朱 亥 貴	常 巳 空	蛇 戌 蛇	白 辰 白
丙 巳	亥	辰	戌

癸亥巳 朱貴	○子午 合后	○丑未 勾陰	甲寅申 青玄
壬戌辰 蛇蛇			乙卯酉 空常
辛酉卯 貴朱			丙辰戌 白白
庚申寅 后合	己未丑 陰勾○	戊午子 玄青○	丁巳亥 常空

- **과체** : 반음(返吟), 참관(斬關), 여덕(勵德/낮), 원태(元胎), 절태(絶胎), 무의(無依), 덕경(德慶), 덕입천문(德入天門), 삼기(三奇), 복덕(福德), 회환(回還), 명암이귀(明暗二鬼), 결절(結絶), 천을신기(天乙神祇/밤), 작귀(雀鬼/낮), 양사협묘(兩蛇夾墓), 주작폐구(朱雀閉口/낮).

- **핵심** : 사방이 丁이다. 귀인을 만나 성사한다. 낮에 정단하면 움직이지 못한다. 귀살 겸 묘신이니 흥(興)하기 어렵다.

- **분석** : ❶ 巳는 일덕과 일록이고 둔간의 丁이 초전과 말전에 있으니 사방이 丁이다.

  ❷ 밤에 정단하면 귀인승신 亥가 일간에 임한다. 귀인이 곧 관직자이니 귀인을 만나는 일이 성사된다. 그러나 만약 낮에 정단하면 움직이지 못한다.

  ❸ 일간의 귀살인 亥가 일간을 극하고, 지상에서는 두 뱀이 묘지 戌을 타니 '양사협묘(兩蛇夾墓)'이다. 이와 같으니 丙이 어찌 흥(興)할 수 있겠는가? 서민이 정단하면 모두 불리하다.

- **정단** : ❶ 비록 발용이 丁이지만 반음과이니 움직이면 편안하지 못하

다.

❷ 간상의 亥가 둔반에서 癸를 얻어 '명암이귀(明暗二鬼)'이니 거듭 일간이 상한다. 낮에는 주작이 타니 공무원은 탄핵을 예방해야 하고, 서민은 재난을 면하지 못한다.

→ 밤에 정단하면 귀인이 명암이귀에 타니 관청과 귀인으로부터의 해를 당할 염려가 있다.

──────────────────────

O **날씨** : 천지가 상통하고 일상이 일간을 극하니 맑고 비 오는 것이 일정하지 않다.

→ 초전의 巳는 맑음, 亥는 비이다. 삼전이 巳亥로 이어지니 날이 일정하지 않다.

O **가정** : 등사와 백호가 집안에 가득하니 놀라며 두려운 우환이 반복되어 나타난다.

→ 등사는 놀람, 백호는 두려움, 일지는 가택이다. 지상이 일간의 묘신인 戌이니 집에 우환이 있다. 낮에 정단하면 등사가 타고 있으니 사고나 질병 등으로 인해 놀라는 일, 밤에 정단하면 백호가 타고 있으니 사고나 질병으로 사망하는 우환이 발생하는 것을 예방해야 한다. ● 간상이 일간의 귀살이니 사람에게 우환이 닥친다. 낮에는 주작이 타고 있으니 탄핵이나 구설수, 밤에는 귀인이 타고 있으니 관재가 발생하는 것을 예방해야 한다.

O **혼인** : 반음과는 혼인에 이롭지 않다.

→ 천반은 남자, 지반은 여자의 상이다. 과전의 모든 천반과 지반이 상충하여 남녀가 충돌하는 상이니 남녀의 인연이 끊기거나 파혼하거나 이혼한다. ● 궁합 : 나쁘다. ● 일지는 상대이다. 지상이 묘신이니 불길한 배우자감이다. 주야 모두 흉장이 타니 더욱 흉하다.

O **임신·출산** : 여자이다. 키우기 어렵다.

→ 지반은 여자, 천반은 남자의 상이다. 지반이 천반을 극하여 발용이 되었으니 여자이다. 일간은 태아이다. 일간 丙이 간상의 亥로부터 극을 받았으니 키우기 어렵다.

○ **구관** : 일덕과 일록이 왕래하고 관귀가 일간에 임하니 공명에만 이롭다.

→ 일덕은 공무원, 일록은 공무원이 받는 급여이다. 일덕인 巳는 초·말전에 있고 관성인 亥는 간상과 중전에 임하니 공무원이 정단하면 이롭다. 다만 이러한 길신이 모두 절지와 충지에 앉아 있으니 만임하지 못한다.

○ **구재** : 재효가 나타나지 않았으니 구하더라도 무익하다.

→ 재효는 재물이다. 연명이 寅卯인 사람이 정단하면 그 상신이 재효인 申酉이니 재물을 얻는다.

○ **질병** : 비위에 병이 들었고 신수(腎水)가 크게 훼손되었으니 '명문(命門)'을 보해야 병이 낫는다.

→ 백호는 병인이다. 백호승신 辰이 오행의 수를 극하니 신수가 크게 훼손되었다. 신장으로 통하는 2번 요추 아래의 명문혈을 다스리면 병이 낫는다. ● 밤에는 천을귀인이 일간을 극하여 '천을신기(天乙神祇)'이니 신에게 빌어야 병이 낫는다.

○ **출행** : 중도에 돌아온다.

→ 巳와 亥에는 쌍(双)의 뜻이 있다. 삼전이 모두 巳亥이니 출행 도중에 되돌아온다.

○ **귀가** : 즉시 도착한다.

→ 삼전이 모두 역마의 성격이 있는 巳亥이니 즉시 돌아온다.

○ **도난** : 밤에 정단하면 서남방에 있고, 낮에 정단하면 북방에 있다. 모두 외음(外淫)이 있다.

→ 도둑은 현무의 음신에 있다. 밤에 정단하면 현무의 음신이 申이니 서남방에 있고, 申에 육합이 타고 있으니 외음이 있다. 낮에 정단

하면 현무의 음신이 子이니 정북에 있고 子에 육합이 타고 있으니 외음이 있다.

🌂 **쟁송** : 내가 불리하다.
　→ 일간은 나, 일지는 상대이다. 지상의 戌이 간상의 亥를 극하니 내가 불리하고, 간상의 亥가 일간의 귀살이니 다시 내가 불리하다.
　● 반음과이니 판결이 뒤집히는 것을 예방해야 한다.

○ **전쟁** : 작전이 많이 변경된다. 공연히 놀라는 일을 예방해야 한다.
　→ 삼전의 천반과 지반이 뒤죽박죽의 상이니 작전이 많이 변경되고, 초전과 말전에 천공이 타고 있으니 실없이 놀라는 일을 예방해야 한다.

○ **분묘** : 되돌아 가서 조상을 보살피면 길하다.
　→ 일지는 묘지이다. 일지의 음양이 상충하여 묘지가 불안하니 되돌아가서 조상의 묘지를 보살피면 길하다.

□ 『**필법부(畢法賦)**』 : 〈제48법〉 귀살에 천을귀인이 타면 곧 하늘 귀신과 땅 귀신의 해가 있다.
　→ 밤에는 간상의 귀살에 귀인이 타고 있다.
〈제68법〉 귀살을 제압하는 자리가 곧 양의가 있는 방위이다.
　→ 丙의 의약신 辰 아래의 서북방이 양의가 있는 방위이다.

□ 『**찬요(纂要)**』 : 亥가 일간의 귀살이지만 지상의 戌土가 亥를 극하니 戌을 의지할 수 있고, 戌土가 양의(良醫)이니 본가의 사람이 치료할 수 있으며 또한 가택신의 도움을 받아야 한다. 질병 이외의 모든 정단에서는 비록 위험과 재난이 있지만 재환 중에 반드시 타인의 도움을 받아 재환이 풀리니 이것이 진정한 구제신이다.

□ 『**찬의(纂義)**』 : 戌이 일지에 가했으니 가택을 정단하면 서북방에 깨진 항아리가 있다.

→ 戌은 천공이며 비어 있는 물건이니 戌은 곧 항아리이다.

丙辰일 제8국

공망 : 子·丑 ○
낮 : 왼쪽 천장, 밤 : 오른쪽 천장

	甲	己	○
	青寅玄	陰未勾	合子后
	酉	寅	未
	壬	乙	辛	甲
	蛇戌蛇	空卯常	貴酉朱	青寅玄
	丙巳	戌	辰	酉

壬戌 蛇巳	癸亥 蛇午	○ 子 合未	○ 丑 勾申
辛酉 貴辰			甲寅 青酉
庚申 后卯			乙卯 空戌
己未 陰寅	戊午 勾丑○	丁巳 常子○	丙辰 白亥

- **과체** : 중심(重審), 참관(斬關), 육의(六儀) // 복덕(福德), 인귀생신(引鬼生身), 양사협묘(兩蛇夾墓), 삼전체극(三傳遞剋), 손잉(損孕), 앙구(怏咎), 묘신부일(墓神覆日), 삼전내전(三傳內戰), 육편판(六片板)/연명 : 卯).

- **핵심** : 처재는 비록 좋지만 그것을 집착하면 자신이 해를 입는다. 여러 사람의 말이 이구동성이다. 역마가 타니 수치를 당한다.

- **분석** : ❶ 지상 酉의 둔간 辛은 일간의 처재이다. 만약 이것을 집착하면 오히려 辰에 의해 도난과 탈기를 당하니 반드시 자신에게 해가 미친다.

  ❷ 삼전의 寅이 未를 극하고 未가 子를 극하며 子가 丙을 극하니, 반드시 많은 사람으로부터 공격을 당한다.

  ❸ 초전의 寅이 비록 역마이지만 위로는 未로부터 묘지를 당하고 아래로는 酉로부터 극을 당하니, 아래를 보니 원수이고 위를 보니 묘지이니 수치를 당한다.

- **정단** : ❶ 순수(旬首)가 발용이 되었으니 육의(六儀)이고 지의(支儀)인

寅이 酉에 가해서 육의와 지의가 병존하니, 모든 정단에서 길경해서 형살조차 두렵지 않다.

❷ 간지의 상신인 戌酉가 서로 육해하니 반드시 주객이 불화하고, 화개(華蓋)가 일간을 덮었으니 모든 일이 암매하다.

→ 일간을 덮은 戌은 일간의 묘신이지만 일지의 화개는 아니다. 일지의 화개는 辰이다.

○ **날씨** : 묘신이 일간을 덮고 청룡이 사당에 드니 흐리고 구름이 끼는 상이다.

→ 청룡이 寅에 타면 청룡이 사당에 들어 청룡이 죽은 상이다. 청룡이 비를 뿌리지 않으니 흐리기만 하고 비는 오지 않는다.

○ **가정** : 재신이 가택에 임해서 가택과 육합하니 가업이 반드시 풍성하고 집을 수리하면 지출이 많다.

→ 일지는 가택, 재성은 재물이다. 지상에 재성이 임하여 일지와 상합하니 집에 재물이 넉넉하다. ● 일간은 집에 거주하는 사람이다. 간상이 주야 모두 양사협묘(兩蛇夾墓)이니 병이 있는 사람은 암(癌)이고, 죄를 지은 사람은 교도소에 수감된다.

○ **혼인** : 일지와 일간이 육해하니 불리하다.

→ 일간은 나, 일지는 배우자감이다. 간상의 戌과 지상의 酉가 육해하여 서로 해치는 뜻이 있으니 혼인이 불길하다. ● 궁합 : 나쁘다. ● 일지는 상대이다. 지상이 재성이니 재력이 있는 사람이다. 낮에는 귀인이 타고 있으니 귀한 사람이고, 밤에는 주작이 타고 있으니 말이 많은 사람이다. ● 중심과이니 드센 여자이다. 만약 가을에 정단하면 초전 지반의 酉가 왕성하니 더욱 드센 여자이다.

○ **임신·출산** : 두 양이 하나의 음을 감싸니 여자를 임신한다. 난산이다.

→ 삼전은 태아가 생육되는 과정이다. 삼전의 두 양(寅,子)이 하나의

음(未)을 감싸니 여자, 하가 상을 극하여 발용이 되었으니 여자이다. 묘신이 일간을 덮고 다시 간지의 상신이 육해하니 난산이다.

○ **구관** : 반드시 공망된 말전의 관성이 메워지는 때를 기다리면 구해진다.

→ 관성은 공무원이다. 공망된 子가 메워지는 자년이나 자월이나 자월장(대한~우수)을 기다렸다가 관직을 구하면 된다. ● 삼전이 일간을 체극하여 오니 공무원은 면책이나 탄핵을 예방해야 한다. 고시생은 낙방하고, 공무원은 승진하지 못한다.

○ **구재** : 귀인의 문서로 재물을 얻는다.

→ 재성은 재물이다. 낮에 정단하면 귀인이 재성인 酉에 타고 있으니 관청을 통해 득재하고, 밤에 정단하면 주작이 재성인 酉에 타고 있으니 문서·학문·강의·상담 등을 통해 재물을 얻는다.

○ **질병** : 암이다. 오월에 정단하면 불길하다.

→ 간상의 戌은 일간의 묘신이고 여기에 낮에는 등사가 타고 지반이 등사와 동일한 오행인 巳여서 양사협묘이니 암이다. 오월에 정단하면 戌이 오월의 사기이니 사망할 우려가 있다. 연명이 卯인 사람이 진월에 정단하면 정단하면 '육편판'이고 申이 진월의 사기이니 필사한다.

○ **출행** : 출발하지 못한다.

→ 일간은 여행객이다. 간상이 일간의 묘신인 戌이니 출발할 수 없다. 戌을 충하는 진년이나 진월이나 진일에 출발할 수 있다.

○ **귀가** : 이미 출발했지만 중도에서 장애가 생긴다.

→ 삼전이 일간을 체극하여 오니 귀가 도중에 장애가 발생한다.

○ **도난** : 밤에는 서남방에 있고, 낮에는 서북방에 있다.

→ 도둑은 현무의 음신에 숨어 있다. 낮에 정단하면 현무의 음신이 亥이니 서북방에 있고, 밤에 정단하면 현무의 음신이 未이니 서남방에 있다.

↑ **쟁송** : 패소한다.
→ 일간은 나이다. 일간이 삼전으로부터 체극되니 내가 패소한다. 그리고 간상이 양사협묘(兩蛇夾墓)이니 패소하여 교도소에 수감된다.

○ **전쟁** : 낮에는 조금 길하다.
→ 일간은 아군이다. 간상이 양사협묘이니 대흉하다. 낮에는 초전에 길장이 타고 있으니 밤에 비해 조금 길하다.

□ **『필법부(畢法賦)』** : 〈제53법〉 양 쪽의 등사가 묘신을 끼면 흉을 면하기 어렵다. 질병을 정단하면 반드시 배 속에 적괴(癌)가 있고, 이로 인하여 질병을 치료하지 못한다.
→ 아래의 □ 『과경(課經)』 참조.
〈제37법〉 말전에서 초전을 생하는 것에는 세 가지 이론이 있다.
→ 이 과전에서는 말전이 초전을 도와서 일간을 생한다.

□ **『과경(課經)』** : 戌이 일간에 가했고 이곳에 주야 모두 등사가 타고 지반의 巳도 등사의 오행이니 두 마리의 뱀이 묘신을 끼고 있다는 뜻의 '양사협묘'이니 질병을 정단하면 생명을 구하기 어렵다. 만약 연명상신이 戌이면 천라가 스스로를 옭아맨다는 뜻의 '천라자과(天羅自裹)'이니 흉한 재앙이 더욱 심하다. 만약 亥가 연명이면 천강(辰)에 범이 타서 범이 등사를 충하니 조금이나마 생명을 연장할 수 있다.

□ **『심인부(心印賦)』** : 寅이 酉에 가하여 발용이 되었고, 중전과 말전에 未와 子가 있으니 먼 곳으로부터 행인과 문서가 온다.

丙辰일 제 9국

공망 : 子·丑
낮 : 왼쪽 천장, 밤 : 오른쪽 천장

	辛	○	丁
	貴 酉 朱	常 丑 陰	勾 巳 空
	巳	酉	丑 ○
辛	○	庚	○
貴 酉 朱	常 丑 陰	蛇 申 合	玄 子 后
丙 巳	酉	辰	申

辛 貴 酉 巳	壬 后 戌 午	癸 蛇 亥 未	○ 玄 子 申
蛇 庚 申 合 辰			○ 常 丑 陰 酉
朱 己 未 勾 卯			白 甲 寅 玄 戌
合 戊 午 青 寅	勾 丁 巳 空 丑 ○	青 丙 辰 白 子	空 乙 卯 常 亥

- □ **과체** : 중심(重審), 종혁(從革) // 형상(刑傷), 덕경(德慶), 공망, 화미(和美), 전국(全局), 합중범살(合中犯殺), 천장생재(天將生財/낮), 복덕(福德), 오음(五陰), 불행전(不行傳), 태신좌장생(胎神坐長生), 복공(腹空), 아괴성(亞魁星), 양귀수극(兩貴受剋), 막귀임간(幕貴臨干/밤), 록공(祿空), 처재효현괘.
- □ **핵심** : 교관(交關)에 이롭다. 밤 귀인에게는 의지하면 안 된다. 낮의 천장이 재물을 돕는다. 여러 금이 수를 생한다.
- □ **분석** : ❶ 기궁 巳와 지상의 申은 상합하고 일지 辰과 간상의 酉는 상합한다. 申酉가 모두 일간의 재물이니 교섭에 이롭다.
  ❷ 未에 임한 밤 귀인 亥가 未로부터 극을 당하니 귀인에게 의지할 수 없다. 삼전의 낮 천장 순토가 금국을 생해서 재기(財氣)가 매우 왕성하지만 금이 수를 생하니 귀살로 변한다.
- □ **정단** : ❶ 격명이 종혁(從革)이고 삼전이 모두 재성이니 관직에는 이롭지만 부모에게는 이롭지 않으며, 구재에는 좋지만 소송에는 좋지 않다.

갑인순 | 병진일 | 9국   171

❷ 재성인 간상 酉의 둔간 辛이 일간 丙과 간합해서 일간을 극하니 자신의 뜻대로 되지 않는다.
→ 일간의 둔반의 辛은 일간을 극하지 않는다.
❸ 밤에는 염막귀인이 일간에 임하니 고시에서 높은 성적으로 합격한다.

○ **날씨** : 수모가 묘지에 이르고 천강이 양을 가리키니 비가 오지 않는다.
→ 수모는 수원(水源), 천강(辰)이 양의 십이지에 가하면 날이 맑다. 수모인 申이 申의 묘고인 辰에 임했으니 비가 오지 않고, 천강이 양의 십이지인 子를 가리키니 비가 오지 않는다.
○ **가정** : 처재효가 묘지에 드니 처의 병을 예방해야 한다.
→ 처재효는 처, 일지는 가택이다. 처재효 申이 수국의 묘지인 辰에 임했으니 처의 병을 예방해야 한다. ● 삼전이 모두 재성이니 부모에게는 이롭지 않다.
○ **혼인** : 왕성한 재성이 관성을 생하니 반드시 화해한다.
→ 재성은 여자, 관성은 남자이다. 왕성한 재성이 관성을 생하니 남자에게는 이롭지만 남자의 부모에게는 이롭지 않은 여자이다. ● 궁합 : 기궁 巳는 지상의 申과 상합하고 일지 辰은 간상의 酉와 상합하니 좋고, 간지의 상신이 비화(比和)하니 다시 좋다. ● 일지는 상대이다. 낮에는 등사가 타고 있으니 간교한 사람이고, 밤에는 육합이 타고 있으니 애교가 있는 사람이다.
○ **임신·출산** : 여자를 임신한다. 난산이다.
→ 하가 상을 극하여 발용이 되었으니 여자이고, 다시 삼전의 금국이 음을 뜻하니 여자이다. 출산을 정당하면 과전이 삼합하여 태아가 자궁을 떠나지 않는 상이니 난산이고, 다시 태신 子가 공망되었

으니 태아가 손상된다.
○ **구관** : 삼전이 관성을 생하니 구하지 않더라도 저절로 온다.
→ 재성은 관성을 생하는 오행, 관성은 공무원이다. 초전의 재성이 관성을 생하지만 관성이 공망되었으니 불발한다.
○ **구재** : 귀인과 부녀자의 재물을 취득해야 한다.
→ 재성은 재물이다. 간상의 재성 酉에 낮에는 귀인이 타고 있으니 관청의 재물을 득하면 되고, 밤에는 주작이 타고 있으니 문학, 예술, 학문, 강의, 상담 등으로 득재하면 된다. ● 기궁 巳와 지상의 申은 상합하고 일지 辰과 간상의 酉가 상합한다. 申酉가 모두 재물이니 장사와 교역에서 이롭다.
○ **질병** : 낮에는 비장병이고 밤에는 신장병이다. 음식이 정체되고 구토하는 것을 예방해야 한다.
→ 재성은 음식이다. 삼전이 재국이니 음식 과다 섭취에서 기인한 위장병이다. 백호는 병인이다. 낮에는 백호승신의 오행이 寅목이니 위장병이고, 밤에는 백호승신의 오행이 辰토이니 신장병이다. 또한 삼전의 재성이 지나치게 왕성하니 음식이 식도나 위장에 정체되어 있거나 구토하는 것을 방지해야 한다. ● 진월의 낮에 정단하면 처효인 지상의 申이 진월의 사기이고 병(病)이니 처로 인해 탄식할 일이 생긴다.
○ **출행** : 몸을 움직이지 못한다.
→ 일간은 여행객, 일지는 가정이다. 간지가 교차상합하니 집을 떠나지 못한다.
○ **귀가** : 소식이 온다. 아직 길에 있다.
→ 소식을 뜻하는 주작이 일간에 임하니 소식이 오고, 천강(辰)이 사중의 하나인 子에 가했으니 길에 있다.
○ **도난** : 밤에는 남방에 있고, 낮에는 동방에 있다.
→ 밤에 정단하면 현무의 음신이 午이니 정남에 있고, 낮에 정단하

면 현무의 음신이 辰이니 서남방에 있다.
- ↑ **쟁송**: 합의하지 않으면 쟁송이 오래간다.
  - → 간지가 교차상합하고 과전이 삼합하니 합의가 가능하다. ●**관재**: 삼전이 모두 재성이니 관재에서 해롭다. ● **승패**: 일간은 나, 일지는 상대이다. 일지를 탈기한 삼전의 금국이 일간의 재성이니 내가 유리하다.
- ○ **전쟁**: 유시무종이다.
  - → 초전은 튼실하지만 중전과 말전이 공망되었으니 시작은 있지만 결과는 없다.
- ○ **분묘**: 큰돈은 벌지만 사람이 상한다.
  - → 과전에 재성이 많으니 돈은 벌지만, 재성이 귀살을 생하여 일간을 극하니 사람이 상한다.

- □ 『**필법부(畢法賦)**』: 〈제49법〉 양 귀인이 극을 받으면 귀인에게 아뢰는 일에서 뜻을 성취하기 어렵다.
  - → 낮 귀인 酉금은 지반의 巳화로부터 극을 받고, 밤 귀인 亥수는 지반의 未토로부터 극을 받는다.

  〈제84법〉 합 속에 살을 범하면 꿀 속에 비상이 있다.
  - → 삼전이 삼합하지만 초전의 酉와 간상의 酉가 자형을 하여 살을 범한다.
- □ 『**과경(課經)**』: 1. 子가 申에 가했으니 태신이 장생에 앉아 있다. 임신을 정단하면 매우 좋고, 출산을 정단하면 매우 나쁘다.
  - → 태신이 지반으로부터 생을 받으면 임신은 길하고 출산은 흉하다. 그러나 이 과전에서는 태신 子가 공망되었으므로 임신과 출산 모두 나쁘다.

  2. 염막귀인 酉가 일상에 임했으니 시험에 매우 이롭다. 만약 연명

에 酉가 가하면 반드시 높은 점수를 얻는데, 그 이유는 酉가 종괴이기 때문이다.

☐ 『**찬요(纂要)**』: 삼전이 재성이고 낮의 천장오행은 토이다. 천장오행이 재성을 생하니 반드시 구재에서 뜻을 이룬다.

→ 이 과전에서 재성은 왕성하고 일간은 쇠약하므로, 일간이 왕성해지는 봄과 여름에만 뜻을 이룬다.

☐ 『**지장부(指將賦)**』: 酉丑巳는 칼을 맞는다는 뜻의 '헌인(獻刃)'이다. 원근과 무관하게 상한다.

| 갑인순 | 병진일 | 10국 |

丙辰일 제 10 국

공망 : 子·丑 ○
낮 : 왼쪽 천장, 밤 : 오른쪽 천장

	庚		癸		甲	
蛇	申	合陰	亥	貴白	寅	玄
	巳		申		亥	

	庚		癸		己		壬	
蛇	申	合陰	亥	貴朱	未	勾后	戌	蛇
	丙巳		申		辰		未	

- **과체** : 중심(重審), 원태(元胎) // 병태(病胎), 삼기(三奇), 육의(六儀), 형통(亨通), 체생(遞生), 복덕(福德), 인귀생신(引鬼生身), 절신가생(絶神加生/중전), 백호입상여, 교차탈기(交叉脫氣), 사화백(蛇化白).
- **핵심** : 재성과 귀인과 장생이 삼전에 펼쳐졌으니 계속하여 추천을 받는다. 낮에는 머뭇거려진다.
- **분석** : ❶ 초전의 申은 일간의 재성이고, 중전의 亥는 일간의 귀인이며, 말전의 寅은 丙의 장생이다.
  ❷ 초전의 申금은 亥수를 생하고 중전의 亥수는 寅목을 생하며 말전의 寅목은 일간 丙화를 생해서, 먼 곳에서 차례로 일간을 생하여 오니 여러 사람의 추천을 받는다.
  ❸ 낮에는 초전이 등사이고 말전이 백호이니 재난이 생긴다.
  → 특히 질병과 관재정단에서 흉하다.
- **정단** : ❶ 초전이 일지를 탈기해서 일간을 체생(遞生)하니 사람은 많고 집은 좁다.
  ❷ 재신이 일간에 임하여 일간과 상합하니 손에 재물이 풍족하다.

○ **날씨** : 삼전이 일간을 생하니 맑은 햇살이 널리 비친다.
  → 삼전이 일간을 체생하니 날이 맑다.
○ **가정** : 사람은 많고 집은 좁다.
  → 일간은 사람, 일지는 가택이다. 초전의 申금이 일지 辰을 탈기해서 삼전이 일간 丙을 차례로 생하여 오니 사람은 많고 집은 좁다.
  ● 일간 丙은 지상의 未로 탈기되고 일지 辰은 간상의 申으로 탈기되니 가정 내외에 손실이 발생하는 것을 예방해야 한다.
  ● 일지음양이 일간의 탈기이니 가정에 손실이 많다. 지상의 未에 낮에는 주작이 타니 문서로 인한 손실이고, 밤에는 구진이 타니 쟁투로 인한 손실이다.
○ **혼인** : 여자는 남자에게서 이익을 본다. 남자는 내조하는 처를 얻는다.
  → 일간은 남자, 일지는 여자이다. 일지 辰이 일간 丙의 생을 받으니 여자는 남편덕을 보고, 삼전의 申금이 일지 辰을 탈기해서 일간 丙을 차례로 생하여 오니 처덕을 본다. ● 궁합 : 비록 간지가 교차탈기(交叉脫氣)를 하지만 일지가 일간을 차례로 생하여오니 좋은 편이다.
○ **임신·출산** : 여자이다. 순산한다.
  → 삼전은 태아가 생육되는 과정이다. 삼전의 두 양(申,寅)이 하나의 음(亥)을 감싸니 여자이고, 하가 상을 극하여 발용이 되었으니 다시 여자이다. 삼전이 일간을 체생하니 순산한다.
○ **구관** : 재성이 관성을 생한다.
  → 재성은 관성을 생하는 오행, 관성은 공무원이다. 초전의 재성이 중전의 관성을 생하고 관성이 인성을 생하며 인성이 일간을 생하니 구관에 이롭다. 더군다나 삼전이 일간을 체생하니 더욱 이로운데,

중전의 亥가 삼기(三奇)이고 말전의 寅이 육의(六儀)이니 구관에 더욱 이롭다.

○ **구재** : 득재한 뒤에 놀라는 것을 예방해야 한다.
  → 재성은 재물이다. 초전의 재성이 중전의 귀살을 생하니 놀라는 일을 예방해야 한다. 재신 申이 일간에 임하여 일간 巳와 상합하니 재물이 풍족하고, 사업을 점단하면 삼전이 일간을 체생하니 대길하다.

○ **질병** : 비위의 병이다. 음식을 절제해야 한다.
  → 간상과 초전에 재성이 많아서 음식으로 인해 발병했으니 음식을 절제해야 한다. 삼전이 일간을 체생하니 병이 저절로 낫는다. ● 申은 백호, 巳는 상여이다. 초전에서 申이 巳에 가했으니, 오래된 병인 경우에는 상(喪)을 조심해야 한다.

↑ **출행** : 손실이 발생한다. 여행이 안전하다.
  → 일간은 여행객, 일지는 여행지이다. 간지가 교차탈기되니 손실이 많지만 삼전이 일간을 체생하니 안전한 여행이 된다.

○ **귀가** : 즉시 온다.
  → 삼전이 일간을 체생하니 즉시 온다.

↑ **쟁송** : 서로 손실이 많다.
  → 간지가 교차탈기(交叉脫氣)되니 서로에게 손실이 많다. ● 승패 : 초전의 申이 일지 辰을 탈기해서 중·말전을 거쳐서 일간 丙을 체생하니, 상대는 불리하고 나는 유리하다.

○ **전쟁** : 밤에는 길하고 낮에는 흉하다.
  → 밤에는 간상과 초전에 길장이 타니 길하고, 낮에는 흉장이 타니 흉하다.

□ 『**필법부(畢法賦)**』 : 〈제31법〉 삼전이 차례로 일간을 생해 오면 타인의

추천을 받는다.

→ 초전 申 … 중전 亥 … 말전 寅 … 일간 丙을 차례로 생한다.

□ 『육임지남(六壬指南)』: 丙辰일에 월장 酉를 점시 午에 가한 뒤에 관운을 정단한다. 삼전이 재성과 관성이고 역마와 천성(天城)·천리(天吏)이며 삼전이 일간을 체생하니 대길한 조짐이다. 이 사람은 무거운 죄로 감옥에 갇혔다. 그러나 생이 완전하니 다행이며 희망이 있다. 월덕이 발용이 되었고 중전은 일간의 절신이며 말전이 생이니 절처봉생(絶處逢生)이다. 지상의 황은(皇恩)이 戌로 변하니 국경으로 가지만 나중에는 반드시 입신출세한다. 나중에 과연 사면을 받았고 '사공(司空)'에 올랐다.

→ 사월의 월덕이 庚이니 사월에 정단했고, 사월의 황은대사는 丑이다.

※ 이우산, 『육임실전』 2, 대유학당, 2014, 128쪽~131쪽 참조.

□ 『고감(古鑒)』: 戊申년에 卯를 子에 가한 뒤에 자신을 정단한다. 금은 수를 생하고, 亥는 寅을 생하며, 寅은 亥의 생을 받는다. 가택음신에서 辛을 얻어 신년(辛年)의 10월에 충을 하니 이때 사람이 움직인다. 동방의 200리는 寅의 지역이고 서북방은 亥의 지역이며 다시 원 위치로 들어가니 69세이다. 가택음신의 戌에 辛이 있고 辛亥가 巳를 충하는데 亥가 10월의 월건이니 이때 움직인다. ● 다만 처음에는 등사의 해를 입고 나중에는 백호에 의해 뜻이 꺾이니 왕복하면서 먼 곳으로 가지 못하고 결국 고향으로 돌아오는데, 초전의 등사가 정마를 타지 않았으니 오기 어렵다. ● 수명은 69세이다. 월장은 몸이고 시(時)는 수명이다. 卯월장 子시에서 월장 卯는 6이고 점시 子는 9이니 수명이 69세이다. 모두 적중했다.

丙辰일　제 11 국

공망 : 子·丑 ○
낮 : 왼쪽 천장, 밤 : 오른쪽 천장

庚	壬		○
蛇申合	后戌蛇	玄子后	
午	申		戌
己	辛	戊	庚
朱未勾	貴酉朱	合午青	蛇申合
丙巳	未	辰	午

己朱未巳	勾蛇申午	辛合貴酉未	壬朱后戌申 蛇
合戊午青辰			陰癸貴亥酉
勾丁巳空卯			○玄子后戌
青丙辰寅	白乙空卯常丑○	白甲玄寅常子○	常丑陰亥

- **과체** : 중심(重審), 여덕(勵德/밤), 진간전(進間傳), 섭삼연(涉三淵 / 申戌子), 천옥(天獄) ∥ 앙구(昳咎), 간지상합(干支相合), 복덕(福德), 맥월(驀越), 오양(五陽), 강색귀호(罡塞鬼戶), 교동(狡童/밤), 초전협극(낮).

- **핵심** : 초전은 재성이고 말전은 관성이니 관직자는 기쁘다. 壬戌이 중전에 임하고 현무가 子에 타니 훔치고 속인다.

- **분석** : ❶ 초전의 申은 일간의 재성이고 말전의 子는 일간의 관성이니, 관직자가 정단하면 좋아하지 않을 사람이 없다. 다만 중전의 戌이 묘신이고 그 위의 둔반에 壬수를 득했으니 먼 곳에서 일간을 극한다.

　❷ 말전의 子는 귀살이고 이곳에 낮에는 현무가 탄다. 삼전의 재성이 관귀로 변해서 일간을 훔치고 기만하는 것이 실로 많다. 비 관직자가 정단하면 재물을 들고 귀인에게 가서 부탁해야 하며, 신에게 재물을 바치고 빌어야 한다.

- **정단** : ❶ 섭삼연(涉三淵)은 전진에 불리하지만 간지의 상신이 상합하니 주객이 정겹다. 일지음신 申은 일간 巳와 상합하고 일간음신 酉는

일지 辰과 상합하니 주객이 서로 그리워하면서 몰래 막역하다.
❷ 오직 辰에 가한 午에서 주작(午)이 구진(辰)에 드니, 소송을 정단하면 송재가 작지 않아서 풀리기가 극히 어렵다.
❸ 말전의 귀살 子가 두렵다. 다행히 간상의 未土가 대적할 수 있으니 앉아서 지켜봐야 한다.
❹ 모든 길흉사는 진일(辰日)에 발현된다.
→ 허일대용법을 적용하면 申子辰의 윤하격에서 빠져 있는 辰이 채워지는 일월년에 발현된다.

○ **날씨** : 수모가 극을 받고 천강이 양을 가리킨다. 밤에는 맑고 낮에는 비가 온다.
  → 수모인 申은 수원이다. 申이 지반의 午로부터 극을 받았고 천강(辰)이 양의 십이지인 寅을 가리키니 맑다. 낮에는 중전과 말전에 수의 천장인 천후와 현무가 타고 있으니 비가 온다.
○ **가정** : 청룡과 육합이 가택을 생하니 좋은 기운이 집안에 가득한 상이다.
  → 육합은 화합과 혼인, 청룡은 재물, 일지는 가정이다. 낮에는 지상의 午에 육합이 타서 일지를 생하니 가정에 자식이 생기거나 화합사가 생기고, 밤에는 지상의 午에 청룡이 타서 일지를 생하니 가정에 재물이 생긴다. 또한 일지음신이 재성인 申이니 가정에 재물이 들어온다. ● 간지의 상신인 未午가 상합하니 가정이 화목하다.
○ **혼인** : 간지의 상신이 상합하니 혼인한 뒤에 백년해로한다.
  → 일간은 나, 일지는 배우자감이다. 간지의 상신인 未午가 상합하니 혼인이 성사되고 백년해로한다. 다만 삼전이 섭삼연(涉三淵)이니 혼인생활이 순탄하지 않고, 남자를 뜻하는 관성이 말전에서 공망되어 혼인말기에 여자가 남편을 잃는 상이니 흉하다. ● **궁합** : 간지의

상신이 상합하니 좋다.
○ **임신·출산** : 임신하면 여자가 된다. 임신부와 태아가 상합하니 임신은 길하고 출산은 흉하다.

→ 지반은 여자, 천반은 남자이다. 지반이 천반을 극하여 발용이 되었으니 여자이다. ● 일간은 태아, 일지는 임신부이다. 간지의 상신이 상합하는 것은 태아가 어머니의 자궁을 떠나지 않는 상이니 임신은 길하고 출산은 흉하다. 그리고 일간의 태신인 말전의 子가 공망되었고 다시 지반으로부터 극살(剋殺)을 당했으니 임신을 정단하면 낙태를 예방해야 한다.

○ **구관** : 왕성한 재성이 관성을 생하니 손에 넣을 수 있다.

→ 재성은 관성을 생하는 오행이다. 재성인 申이 관성인 子를 생하니 관직을 손에 넣을 수 있다. 다만 공망된 子가 메워지는 자년이나 자월이나 자월장(대한~우수) 기간에 가능하다. ● 삼전이 '섭삼연(涉三淵)'이니 관로에서 장애가 많다.

○ **구재** : 신속하게 취해야 한다. 지체하면 재물이 변동된다.

→ 겁재는 경쟁자, 재성은 재물이다. 지상에 경쟁자인 午가 노려보고 있으니 초전의 재물을 신속하게 취해야 한다. ● 개업을 할 경우, 중심과이니 심사숙고해야 하고, 삼전이 '섭삼연(涉三淵)'이니 경영에서 장애가 많다. ● 초전의 재성 申이 지반으로부터 극을 당했으니 큰 재물이 아니다. 단 가을에 정단하면 申이 왕성하므로 큰 재물이다.

○ **질병** : 심장경락의 질병 혹은 눈병이다. 바로 낫지는 않는다.

→ 지상은 병증이다. 지상이 午이니 심장경락이나 눈병이다. 삼전이 섭삼연(涉三淵)이니 바로 낫지는 않는다. ● 의약신이 未이니 가루약이나 환약이 좋고, 의약신이 巳에 가했으니 사방 곧 동남방에서 양의와 양약을 구해서 치료하면 된다.

○ **출행** : 육로에서는 구설수를 예방해야 한다. 수로는 길하다.

➜ 현대에서는 일간은 여행객, 일지는 여행지이다. 간상과 지상이 상합하니 안전한 여행이다.

○ **귀가** : 도중에 장애가 있다.

➜ 삼전의 섭삼연(涉三淵)이 연못 위의 얼음을 밟는 상이고 또한 말전이 공망되었으니 도중에 장애가 있다.

○ **도난** : 밤에는 동방의 백정 출신이 도둑이고, 낮에는 산적이 도둑이다. 잡기 어렵다.

➜ 도둑은 현무의 음신에 숨어 있다. 밤에는 현무의 음신이 辰이니 동남방에 도둑이 있고 백정 출신이 도둑이며, 낮에는 현무의 음신이 寅이니 동북방에 도둑이 있고 산적이 도둑이다.

↑ **쟁송** : 화해가 가능하다.

➜ 간상의 未와 지상의 午가 상합하니 화해가 가능하고, 중심과이니 상급의 법원에서 다시 심리해야 유리하다. ● 초전은 나, 말전은 상대이다. 초전은 튼실하고 말전은 공허하니 내가 유리하다. ● 관재 : 말전의 귀살이 공망되었으니 관재가 약해지거나 사라진다. 다만 죄의 경중에 따라 가감해서 판단해야 한다. 삼전이 섭삼연(涉三淵)이니 쟁송과 관재에서 장애가 많다.

○ **전쟁** : 주(主)에게는 유리하고, 객(客)에게는 불리하다.

➜ 주역의 곤괘에 해당하는 중심과는 수성하는 군대에는 유리하고 공격하는 군대에는 불리하다.

□ 『**필법부(畢法賦)**』: 〈제52법〉 천강(辰)이 귀신문(寅)을 막으면 임의로 도모할 수 있다. 재난을 피하는 일, 음모, 사적인 기도, 문상, 문병, 약 짓기, 부적 쓰기에 좋다. 만약 甲·戊·庚일이면 더욱 좋다.

➜ 甲·戊·庚일에는 신장·살몰·귀등천문(神藏·殺沒·貴登天門)에 해당하니 더욱 길하다.

□ 『**과경(課經)**』: 辰이 寅에 가하면 천강이 귀신문을 틀어막는 뜻이 있는 '강색귀호(罡塞鬼戶)'이다. 삼전의 유무와 무관하게 무리지은 귀신이 사람을 엿보지 못한다. 음모나 사적으로 기도하거나 약을 짓거나 부적을 쓰는 데에 형통하지 않음이 없다.

□ 『**지장부(指掌賦)**』: 申戌子는 연못 위의 얼음을 밟는 상의 '섭삼연(涉三淵)(涉三淵)'이다. 산림에 은거한다.

→ 관직자의 안부를 정단하면 퇴임하는 상이니 관로가 어둡다.

□ 『**집의(集義)**』: 申이 午에 가해서 발용이 되면 화로와 관련이 있는 일이다.

丙辰일 제 12 국

공망 : 子·丑 ○
낮 : 왼쪽 천장, 밤 : 오른쪽 천장

癸		戊	戊
陰亥貴	合午青	合午青	
戌		巳	巳
戌	己	丁	戊
合午青	朱未勾	勾巳空	合午青
丙巳	午	辰	巳

戊午巳	己未午	庚申未	辛酉申
合 青	朱 蛇	勾 合	貴 朱
丁巳辰 勾 空			壬戌酉 后 蛇
丙辰卯 青 白			癸亥戌 陰 貴
乙卯寅 空 常	甲寅丑 白 玄○	○丑子 常 陰○	○子亥 玄 后

- □ **과체** : 별책(別冊), 삼기(三奇), 불비(不備) // 무음(蕪淫), 덕경(德慶), 역허(歷虛), 권섭부정(權攝不正), 천라지망(天羅地網).
- □ **핵심** : 밤에는 귀인과 왕성한 청룡을 만난다. 낮에는 귀살과 양인을 만나니 반드시 흉하다.
- □ **분석** : ❶ 밤에는 초전의 亥에 귀인이 타고, 일간의 제왕인 중·말전과 간상의 午에는 청룡이 타니 체용이 모두 길하다.

　❷ 낮에 정단하면 귀인이 태음으로 바뀌어서 귀살이 되고, 청룡이 육합으로 바뀌고 양인(羊刃)이니 움직이면 반드시 흉하다.
- □ **정단** : ❶ 별책과(別責課)와 무음(蕪淫)이다. 음양 사과가 불비(不備)여서 가족과 헤어져서 뿌리를 떠나니 실마리를 찾아야 하며, 일상의 모든 일에서 길을 빌려서 다녀야 한다.

　❷ 일간이 일지에 임해서 일지를 생하니, 스스로 존대하지 못해서 타인에게 몸을 낮추는 상이니, 자신의 위치를 고수하면 여유가 있지만 움직이면 이익이 없다.

갑인순 | 병진일 | 12국

○ **날씨** : 청룡이 승천하고 초전의 亥수가 일간을 극하니 비가 온다.
→ 일간은 하늘이다. 간상의 청룡이 승천하니 비가 오고, 초전의 亥수가 일간을 극하니 비가 온다.

○ **가정** : 일록이 일지를 생하니 창고에 곡식이 가득하다.
→ 일록은 식록, 일지는 가택이다. 일록이 일지에 임하여 일지를 생하니 창고에 곡식이 가득하다. ● 지상에 정마가 타니 이사수가 있다. ● 과명이 별책(別責)이고 사과가 불비(不備)여서 무음(蕪淫)이니 가정에서 음란이 발생하는 것을 예방해야 한다.

○ **혼인** : 간상이 왕신이고 일지에 일덕과 일록이 있으니 좋은 배필이라고 할 수 있다.
→ 일간은 나, 일지는 배우자감이다. 간상이 왕신이니 남자의 운세가 왕성하다. 지상이 일덕이니 덕이 있는 여자이고, 지상이 일록이니 식록이 풍족한 여자이니 좋은 배필이다. ● 다만 별책과이고 사과가 불비(不備)여서 '무음(蕪淫)'이므로 음란이 발생하는 상이니 나쁜 점이 있다.
● 궁합 : 간지의 상신인 午巳가 비화(比和)하니 좋다. ● 일지는 상대이다. 낮에는 지상에 구진이 타고 있으니 싸움을 일삼는 사람이고, 밤에는 지상에 천공이 타고 있으니 허언을 일삼는 사람이다. ● 일간이 지상으로 갔으니 남자가 처가로 장가드는 상이다.

○ **임신·출산** : 사과에서 양이 많으니 임신하면 남자가 된다.
→ 사과가 두 양과 하나의 음이어서 양기가 강하니 남자이다. ● 사과가 불비(不備)이니 미숙아가 우려된다. 태아를 뜻하는 기궁이 엄마를 뜻하는 지상으로 간 것은 태아가 엄마의 자궁을 떠나기를 싫어하는 상이니, 출산이 지연되는 것을 예방해야 한다.

○ **구관** : 밤에는 관성에 귀인이 타서 발용이 되었으니 공명을 정단하면 좋다.
→ 관성은 공무원이다. 비록 관성이 발용이 되었고 여기에 귀인이

타고 있지만 관성이 폐구되었으니 좋지 않다. 낮 정단 또한 좋지 않다.

○ **구재** : 청룡승신이 왕성하고 이것이 일간에 임했으니 분수에 맞는 재물을 지키는 것이 이롭다.

→ 청룡은 재물, 왕신은 양인이다. 청룡승신이 양인(羊刃)과 겁재(劫財)이니 재물을 추구하면 몸이 상하고, 과전에 형제효가 지나치게 많으니 개업하면 반드시 사업을 망친다. 다만 밤에 정단하면 재물 류신인 청룡이 간상과 중전과 말전의 생기에 타서 일간을 생하니 대재를 획득한다.

○ **질병** : 심장경락에 병이 들었거나 혹은 치통이다.

→ 지상은 병증이다. 지상이 巳이니 심장경락의 병이거나 치통이다. 귀살인 亥수가 지반의 戌토로부터 극을 당하여 무력하니 병이 곧 낫는다. ● 의약신인 未가 午에 가했으니 정남에서 의사와 약을 구하면 된다.

○ **출행** : 천라지망(天羅地網)이 일간에 임하니 반드시 속박을 당한다.

→ 일간은 여행객, 일지는 여행지이다. 간상의 午는 일간 丙의 전일위, 지상의 巳는 일지 辰의 전일위인 '천라지망(天羅地網)'이니 여행객과 여행지에서 구속을 당한다.

○ **귀가** : 일간이 일지에 임하니 즉시 도착한다.

→ 일간은 출행인, 일지는 집이다. 기궁이 지상에 가했으니 즉시 도착한다.

○ **도난** : 낮에 정단하면 동북방에서 잡을 수 있다.

→ 도둑은 현무의 음신에 숨어 있다. 낮에 정단하면 현무의 음신이 丑이니 동북방에서 잡을 수 있고, 밤에 정단하면 현무의 음신이 卯이니 정동에서 잡을 수 있다.

↑ **쟁송** : 합의가 가능하다.

→ 일간은 나, 일지는 상대이다. 간지의 상신인 午巳가 서로 비화(比

和)하니 합의가 가능하지만 불비(不備)이니 변호사를 고용하여 도움을 받는 것이 이롭다. ● 승패 : 일간 巳가 지상으로 가서 일지 辰으로 탈기되니 내가 불리하다.
○ **전쟁** : 밤에는 길하다. 유(柔)해야 승전한다.
➔ 밤에는 간상에 길장인 청룡이 타고 있으니 길하다. 별책과이니 외국과 외교를 해서 유연하게 전쟁을 해야 승전한다.

☐ 『**필법부(畢法賦)**』: 〈제55법〉 천라지망(天羅地網)을 만나면 모망사가 보잘 것이 없게 된다.
➔ 매일의 제12국은 천라지망이다. 아래의 『과경』 참조.
☐ 『**과경(課經)**』: 간상에 일간의 전일진이 타고 지상에 일지의 전일진이 타니, 하늘그물과 땅그물의 뜻을 지닌 천라지망이다. 일지와 일간에 제왕이 타고 있으니 자신을 지키면 좋지만, 만약 움직이면 그물이 몸을 휘감는다. 만약 관직자가 정단하여 천라(天羅)를 만나면 부친상을 당하고 지망(地網)을 만나면 모친상을 당한다.
☐ 『**괄낭부(括囊賦)**』: 일간이 일지에 임하면 두 성씨가 동거한다.
➔ 남자가 처가로 장가들어 두 성씨가 동거한다.
☐ 『**육임정결(六壬占訣)**』: 일간이 일지에 임해서 일지를 생하면 '역허격(歷虛格)'이다. 이것은 내가 남의 가문으로 가서 온 힘을 쏟았으니 소위 '역허'이다. 모든 정단에서 타인에게는 유리하고 자신에게는 불리하다. 또한 (대장간) 화로의 상이다.

정사일

丁巳日의 길신(구보)과 흉살(팔살)			
일덕	亥	형	
일록	午	충	
역마	亥	파	
장생	寅	해	
제왕	午	귀살	亥子
순기	亥	묘신	戌
육의(六儀)	甲寅	패신 / 도화	卯 / 午
귀인	주	亥	공망	子丑
	야	酉	탈(脫)	辰戌丑未
합(合)		사(死)	酉
태(胎)	子	절(絶)	亥

대육임직지

갑인순 | 정사일 | 1국

丁巳일 제 1 국

공망 : 子·丑 ○
낮 : 왼쪽 천장, 밤 : 오른쪽 천장

	丁	庚	甲
	空 巳 勾	玄 申 蛇	合 寅 白
	巳	申	寅
	己	己	丁	丁
	常 未 朱	常 未 朱	空 巳 勾	空 巳 勾
	丁 未	未	巳	巳

丁空巳	戊勾午合午	己常未朱未	庚玄申蛇
青丙辰青辰			辛陰酉貴酉
勾乙卯空卯			壬后戌后戌
合甲寅寅	白朱丑丑○	蛇常子子○	癸貴亥陰亥

정사일 1국

□ **과체** : 복음(伏吟), 자신(自信), 원태(元胎), 여덕(勵德) // 간지동류(干支同類), 형상(刑傷), 육의(六儀), 복덕(福德), 간지공일록(干支拱日祿), 맥월(驀越), 오음(五陰).

□ **핵심** : 일간과 일지가 일록을 공협(拱夾)하고, 현무가 타고 있는 재성이 그 뒤를 쫓는다. 밤에는 백호가 寅에 타고, 두 丁이 나타났으니 행동이 신속하다.

□ **분석** : ❶ 丁의 일록은 午이다. 일간(기궁) 未와 일지 巳가 午를 가운데에 두고 공협(拱夾)하니 식록사 정단에 이롭다.

❷ 초전 巳의 둔간은 丁이고, 중전의 申은 일간의 재성이다. 낮에는 현무가 재성인 申에 타고 정마에 쫓기니 움직이면 반드시 재물을 잃는다.

❸ 말전의 寅은 일간의 생기이다. 밤에는 이곳에 백호가 타니 백호의 성정이 맹렬하다.

❹ 지상에 있던 丁巳가 발용이 되어 두 丁이 동시에 움직이니 어찌 속히 움직이지 않겠는가?

□ **정단** : ❶ 복음과의 상은 본래 고요하다. 그러나 발용의 둔반이 丁이니 오히려 움직인다.
　❷ 삼전이 서로 형(刑)을 하고 서로 극(剋)을 하니 부모를 정단하면 반드시 좋은 뜻을 얻지 못한다.
　→ 부모를 뜻하는 장생에 밤에는 백호가 타서 초·중전과 삼형이니 부모의 건강을 해칠 우려가 있다.
　❸ 일간이 그 상신을 생하니 허비가 엄청나고, 정마가 가택에 앉아 있으니 집이 편안하지 않다.
　❹ 처재효에 현무와 등사가 타니 진월에 정단하면 반드시 질병이 우려된다. 그러나 관직을 정단하면 길하다.
　→ 진월에는 申이 사기이니 처가 사망할 우려가 있다.

───────────────

○ **날씨** : 주작이 창공을 나니 맑다.
　→ 주작의 오행이 丙午화이고 주작이 巳화에 타고 있으니 맑다.
○ **가정** : 택상이 모두 丁이니 가정이 반드시 요동친다.
　→ 일지는 가정, 정마는 동신(動神)이다. 낮에는 천공이 정마에 타고 있으니 허무한 일이 속히 발생하고, 밤에는 구진이 정마에 타고 있으니 관재가 속히 발생한다. 더욱이 이러한 기운이 발용이 되어 삼전에서 삼형을 형성하니 우환이 심해지는 것을 예방해야 한다.
○ **혼인** : 이롭지 않은 점이 있다.
　→ 일간은 나, 일지는 배우자감이다. 비록 지상의 巳와 간상의 未가 상생하지만 삼전이 삼형이니 이롭지 않은 점이 있다. ● **궁합** : 삼전이 삼형이니 나쁘다. ● 일지는 상대이다. 낮에는 지상에 천공이 타고 있으니 허언을 일삼는 사람, 밤에는 지상에 구진이 타고 있으니 쟁투를 일삼는 사람이다.
○ **임신·출산** : 여자를 임신한다. 난산이다.

➜ 일간은 태아이다. 일간의 상하가 모두 음이니 여자이다. 복음과의 삼전이 삼형(三刑)이니 인공분만을 할 우려가 있다.
○ **구관** : 일록을 공협(拱夾)하니 지극히 길하다.
➜ 일록은 관록이다. 일간 未와 일지 巳가 일록 午를 공협하니 구관에 지극히 길하다. 성취되는 시기는 오년(午年)이나 오월(午月)이다.
○ **구재** : '암재(暗財)'를 얻어야 한다.
➜ 둔반의 재성을 둔재(遁財) 혹은 암재라고 한다. 중전의 둔반과 천반이 庚申이니 명재와 암재를 모두 득할 수 있다. 다만 삼전이 삼형이니 위험을 감수해야 한다.
○ **출행** : 사고를 예방해야 한다.
➜ 삼전은 여정이다. 삼전이 사고를 뜻하는 삼형이니 여행 중 사고를 예방해야 한다.
○ **귀가** : 바로 도착한다.
➜ 초전과 지상이 정마이니 바로 도착한다.
○ **도난** : 남자도둑을 잡으려면 동남방으로 가면 되고, 여자도둑을 잡으려면 서남방으로 가면 된다. 도둑은 경계선을 넘지 않았다.
➜ 낮에 정단해서 여자도둑이 서남방에 있는 이유는 현무가 申에 타기 때문이고, 남자도둑이 동남방에 있는 이유는 현무승신 申에서 역으로 4위를 가면 巳이기 때문이다. 주역의 간괘에 해당하는 복음과는 도둑이 지역을 넘지 않았다.
↑ **쟁송** : 합의가 가능하다.
➜ 간지의 상신이 상생하니 합의가 가능하다. 만약 합의하지 않으면 삼전이 삼형(三刑)이니 형을 선고받을 우려가 있다. ● **승패** : 일간은 나, 일지는 상대이다. 간상이 지상의 생을 받으니 내가 유리하다.
○ **전쟁** : 속임수를 예방해야 한다.
➜ 일지는 적군이다. 낮에 정단하면 지상에 천공이 타고 있으니 속

임수를 예방해야 한다.

□ 『**필법부(畢法賦)**』: 〈제89법〉 자임(自任)과 자신(自信)에 정마가 타면 모름지기 행동을 한다.

→ 복음과는 본래 부동(不動)의 과이다. 그러나 과전에 정마나 역마나 나타나면 움직이게 된다. 지상과 초전에 정마가 나타났으니 움직이게 된다.

□ 『**단험(斷驗)**』: 壬申년에 출생하여 금년의 나이가 37세인 사람이 戊戌년 유월에 월장 未를 점시 未에 가한 뒤에 전정을 정단한다. 丁巳일의 학당(學堂)이 寅이고 행년이 寅이니 반드시 시험에 합격한다. 중전의 처궁 위에 현무가 타니 기이하고, 申이 원숭이니 처가 원숭이로부터 미혹을 당한다.

4년 후에 처갓집으로 이사를 가게 된다. 그 이유는 정마가 하나에 그치지 않고 둘이나 있기 때문이다. 巳는 거주하는 가택이고 두 巳가 나란히 있으니 말년에 시험에 합격하여 관주의 '사례(司禮)'로 부임한다. 말전의 학당 寅목이 간상의 태상을 극하니 임종시에 앞에 자식이 없는데, 그 이유는 삼전에 자식효가 없기 때문이다. 나중에 모두 적중했다.

※ 학당

일간 신살	甲	乙	丙	丁	戊	己	庚	辛	壬	癸
학당	己亥	己亥	丙寅	丙寅	戊午	戊午	辛巳	辛巳	甲申	甲申
	목일 己亥/		화일 丙寅/		토일 戊午/		금일 辛巳/		수일 甲申/	

丁巳일 제 2 국

공망 : 子·丑
낮 : 왼쪽 천장, 밤 : 오른쪽 천장

	乙		甲		○	
勾	卯	空	合 寅	白	朱 丑	常
	辰		卯		寅	
	戊		丁		丙	乙
白	午 合	空	巳 勾	青 辰 青	勾 卯	空
	丁 未		午		巳	辰

丙 辰 巳	青	丁 巳 午	空	戊 午 未	白	己 未 申	常 朱
勾	乙 卯 辰	空				玄	庚 申 酉 蛇
合	甲 寅 卯	白				陰	辛 酉 戌 貴
朱	○ 丑 寅	常	蛇	○ 子 丑	玄	貴	癸 亥 子 陰	后	壬 戌 亥 后

- □ **과체** : 원수(元首), 퇴여(退茹), 참관(斬關) // 간지동류(干支同類), 연방(聯芳/卯寅丑), 침해(侵害), 육의(六儀), 왕록임신(旺祿臨身), 록현탈(祿玄脫/낮), 복덕(福德), 맥월(驀越).
- □ **핵심** : 왕록과 장생에 백호가 나란히 탄다. 심신이 고생만 하고 조금의 성과도 없다.
- □ **분석** : ❶ 간상의 午는 일간의 왕록이고 중전의 寅은 일간의 장생이다. 낮에는 백호가 왕록에 타고, 밤에는 백호가 장생에 탄다.

  ❷ 말전의 丑은 갑인순의 공망과 일간의 탈기(脫氣)이니 놀라는 액과 손실이 있다. 만약 일을 꾀하면 심신이 공허할 뿐 진척이 하나도 없는 상이다.
- □ **정단** : ❶ 삼전이 퇴여(退茹)이지만 말전이 갑인순의 공망이니 전진해서 취해야 하고 후퇴는 불리하다. 다만 왕록이 일간에 임하니 근신하여 고수해야 하며 망동하면 재난이 생길 우려가 있다.

  ❷ 말전의 丑이 비록 공망과 일간의 탈기이지만 다행히 생하는 지반에 있으니 모든 일이 성사되고 좋다가도 부족하게 된다.

→ 말전의 丑이 다시 공망되었으니 이루지 못한다는 해석이 옳다. 따라서 백사를 추구하면 결국 실패하고 이루지 못한다.

○ **날씨** : 화는 위이고 수는 아래이다. 삼전이 일간을 생하니 바람이 불고 비가 오지 않는다.

→ 천간은 하늘, 지지는 땅이다. 간상이 午화이니 맑고, 삼전이 목국이니 바람은 불지만 비는 오지 않는다.

○ **가정** : 주야 모두 택상에 청룡이 타서 일간과 일지를 탈기하니 반드시 희경사로 인해 재물이 나간다.

→ 청룡은 재물, 자손효는 손실이다. 주야 모두 자손효인 지상의 辰에 청룡이 타고 있으니 경제적인 손실이 많다. ● 일간은 집에 거주하는 사람이다. 낮에는 백호가 일록에 타고 있으니 직업에서 손실이 많다. ● 밤에는 백호가 장생에 타고 있으니 부모의 병환이 우려된다.

○ **혼인** : 여자가 정단하면 길한 남자이다.

→ 일간은 남자, 일지는 여자이다. 여자가 정단하면 간상의 午가 일록이어서 남자에게 직업이 있고 다시 지상의 辰이 일간 丁의 생을 받으니 길한 남자이다. ● 궁합 : 간상의 午가 지상의 辰을 생하니 좋은 편이다. ● 일지는 상대이다. 주야 모두 길장인 청룡이 타고 있으니 좋다.

○ **임신·출산** : 남자를 임신한다. 쉽게 출산한다. 일간과 일지가 자형(自刑)이니 작은 재난을 면하기 어렵다.

→ 일간은 태아, 삼전은 태아가 생육되는 과정이다. 일간의 음양에서 두 음(丁,巳)이 하나의 양(午)을 감싸고 있으니 남자를 임신하고, 삼전에서도 두 음(卯,丑)이 하나의 양(寅)을 감싸니 남자이다. 간지의 상신인 午와 辰이 상생하니 쉽게 출산하지만 일지의 음양인 辰과

卯가 육해하니 태아와 임신부의 몸이 상할 우려가 있다.
- **구관** : 일록은 있고 관성은 없으니 완전히 길한 것은 아니다.
  → 일록은 관록, 관성은 공무원이다. 비록 일록인 午가 일간에 임하지만 관성인 亥와 子가 과전에 없으니 완전히 길한 것은 아니다.
- **구재** : 재성이 나타나지 않았으니 취득하지 못한다.
  → 재성은 재물이다. 재성인 申酉가 과전에 나타나지 않았으니 개업하면 돈을 벌지 못한다. 오히려 사업장을 뜻하는 지상의 辰에 청룡이 타서 일간을 탈기하니 손실이 생긴다.
- **질병** : 비장과 위장이 상했다. 오월에 정단하면 낫는다.
  → 삼전 목국의 극을 받는 오행의 장부인 비위가 상했다. 다행히 삼전이 퇴여이니 병세가 점차 약해지고 삼전의 목국이 일간을 생하니 병이 낫는다.
- **유실** : 신속히 찾으면 얻는다.
  → 자손효는 유실물, 일지는 집이다. 지상이 자손효여서 아직 집안에 있으니 서두르면 찾을 수 있다.
- **출행** : 주야 모두 수로는 가능하다. 다만 지출이 많은 것이 걱정되니 집에 있는 것만 못하다.
  → 현대에서는 일간은 여행객, 일지는 여행지이다. 주야 모두 지상의 辰에 청룡이 타서 일간을 탈기(脫氣)하니 여행지에서 손실이 많다. 낮에는 간상에 백호가 타고 있으니 발병의 우려가 있다.
- **귀가** : 아직 출발하지 않았다.
  → 천강(辰)은 동신, 사맹은 초기이다. 천강이 사맹의 하나인 巳에 가했으니 아직 출발하지 않았다.
- **쟁송** : 합의가 가능하다.
  → 일간과 일지가 비화(比和)하고 간상의 午와 지상의 辰이 상생하니 합의가 가능하다. ● 관재 : 낮에는 백호가 양인에 타니 형을 선고받을 우려가 있다.

- **도난** : 낮에는 서남방의 음식점에 있고, 밤에는 서북방의 음귀인의 집에 있다.
  → 도둑은 현무의 음신에 숨어 있다. 낮에는 현무의 음신이 未이니 서남방에 숨어 있고, 밤에는 현무의 음신이 亥이니 서북방의 은퇴한 귀인의 집에 숨어 있다.
- **전쟁** : 밤에는 조금 길하고, 낮에는 불리하다.
  → 일간은 아군이다. 밤에는 간상에 길장이 타고 있으니 길하고, 낮에는 간상에 백호가 타고 있으니 불리하다.

- 『**필법부(畢法賦)**』: 〈제7법〉 왕록이 일간에 임하면 망령된 행동을 해서는 안 된다.
  → 직장인은 전직이나 이직이 나쁘고, 공무원은 진급을 희망하여 망동하지 말고 가만히 있어야 한다.
- 『**과경(課經)**』: 일록 겸 왕신이 간상에 임하니 앉아서 고수해야 한다. 만약 이것을 버리고 움직이면, 초전이 구진과 천공이고, 중전의 寅 목 장생에 백호가 타며, 말전은 탈기와 공망이다. 왕래해서 가 보지만 이곳에 있는 것만 못한 상이다.
  → 간상의 午는 일록 겸 제왕이며 다시 양인이다. 이것을 고수하면 저절로 흥하지만 움직이면 몸을 상한다.
- 『**신정경(神定經)**』: 밤에는 공조(寅)에 백호가 타서 문(卯)에 있으니 새끼고양이가 화를 일으켜서 가정을 교란시킨다.
- 『**괄낭부(括囊賦)**』: 목에 구진과 백호가 타니 반드시 마룻대가 삼형에 꺾인다.
  → 卯에는 구진이 타고 寅에는 백호가 탄다.
- 『**옥성가(玉成歌)**』: 밤에 정단하면 천공이 발용에 타니 의지할 곳이 없다.

→ 천공은 공망이다. 밤에는 초전이 공망되었으니 고진과수이다. 따라서 의지할 곳이 없다.

丁巳일 제 3 국

공망 : 子·丑 ○
낮 : 왼쪽 천장, 밤 : 오른쪽 천장

	○	癸	辛
朱丑勾	貴亥朱	陰酉貴	
卯	丑 ○	亥	
丁	乙	乙	○
空巳常	勾卯空	勾卯空	朱丑貴
丁未	巳	巳	卯

乙勾卯巳	丙空辰午	丁空巳未	戊白午申
甲合寅辰			己常未酉陰
○朱丑卯			庚玄申戌后
蛇子寅	癸合亥丑	壬后戌子	辛陰酉亥貴

- □ **과체** : 중심(重審), 불비(不備), 퇴간전(退間傳), 극음(極陰/丑亥酉), 과수(寡宿), 췌서(贅婿) // 간지동류(干支同類), 멸덕(滅德), 삼기(三奇), 복덕(福德), 무음(蕪淫), 맥월(驀越), 육음(六陰), 나거취재(懶去取財), 답각공망(踏脚空亡), 귀인상가(貴人相加), 천을신기(天乙神祇/낮), 허일대용(虛一待用).

- □ **핵심** : 정마가 나타났다. 사람이 집을 연연해한다. 亥가 일간을 해친다. 양 귀인이 서로 마주본다.

- □ **분석** : ❶ 간상의 巳는 갑인순의 丁이고 중전의 亥는 일간의 역마이다. 이들이 과전에 모두 보이지만 움직이기 어렵다.

  ❷ 일지가 간상에 가하니 사람과 집이 서로 연연해한다.

  ❸ 발용은 공망과 탈기(脫氣)이고 귀인승신 亥는 공함되어 위와 아래가 모두 극을 당했으니 완전 무기력하다.

  ❹ 말전에서 주야의 귀인이 서로 가하지만 육음이 이어지니 사적인 일에는 이롭고 공적인 일에는 불리하다. 비록 움직이려는 뜻은 있지만 그 뜻이 왕성하게 되지 못한다.

□ **정단 : ❶** 격명이 '극음(極陰)'이니 모든 정단에서 어둡고, 다시 격명이 간전(間傳)이니 어렵게 전진한다.
  ❷ '췌서(贅婿)'이니 자유롭지 못하고 과수(寡宿)이니 튼실하지 못하다.
  → 간상에 온 巳가 일간의 처재효는 아니지만 췌서로 논했다.
  ❸ 삼전의 두 곳이 공망이고 오직 말전의 酉만 남았다. 밤에 정단하면 재물과 귀인을 정단하는 일에서만 무난하다.

○ **날씨 :** 과전이 육음이니 매우 흐린 상이다.
  → 과전이 卯, 巳, 未, 酉, 亥, 丑이니 육음이다. 매우 흐린 상이다.
○ **가정 :** 패신(敗神)이 가택에 임하니 점차 쇠퇴해진다.
  → 패신에는 패가망신의 뜻이 있고, 일지는 가택이다. 지상이 패신이니 패가망신할 우려가 있다. ● 사과가 불비(不備)와 무음(蕪淫)이고 다시 삼전이 극음(極陰)이니 가정에 주색과 음란이 발생하는 것을 예방해야 한다. ● 낮에 정단하면 귀인이 귀살인 亥에 타서 일간을 극하니 '귀수(鬼祟)'가 있다.
○ **혼인 :** 격명이 췌서(贅婿)이니 여자가 남자를 취하면 길하다.
  → 일간은 남자, 일지는 여자이다. 일지가 간상으로 온 것은 여자가 남자에게 시집가는 상이고, 일지와 일간이 비화(比和)하니 궁합이 좋은 편이며 혼인이 성사된다. ● 사과가 불완전하고 무음(蕪淫)이니 혼사가 불길하고, 삼전의 극음(極陰)에는 음란의 뜻이 있으니 다시 불길하다. ● 초전의 천반이 공망되어 남편감을 잃는 상의 과수이니 혼사를 이루지 못한다.
○ **임신·출산 :** 음이 극에 이르면 양이 생기니 남자를 임신한다. 난산이다.
  → 과전이 육음이니 음극양의 이치에 의해 남자가 된다. 태신인 子

가 공망되었으니 난산이 우려된다.
○ **구관** : 귀인이 공망에 앉고 절지(絕地)에 임하니 불길하다.
→ 귀인은 공무원이다. 귀인승신 亥가 공망된 지반 丑에 임하고 다시 공망되었으니 매우 불길하다.
○ **구재** : 음귀인(陰貴人)의 재물을 취득해야 한다.
→ 낮에 정단하면 말전의 酉는 염막귀인이다. 따라서 낮에 정단하면 그로부터 재물을 구하면 된다. 밤에 정단하면 귀인승신이 곧 재성이니 관청을 통해 재물을 구하면 된다.
○ **질병** : 음란과 주색에 의한 병이다.
※ 『육임직지』 원문에서는 "간담에 병이 들었거나 혹은 대소장의 질환이다."라고 하였다.
→ 삼전의 丑亥酉는 극음(極陰)이다. 삼전이 극음이니 주색과 음란으로 인한 병이다. 낫기 어렵지만 다행히 삼전이 공망되어 극음이 불성하니 나을 수 있다.
○ **출행** : 사람과 집이 연연해하니 출행하지 못한다.
→ 일간은 여행객, 일지는 가정이다. 일지가 간상으로 온 것은 사람이 집을 떠나기 싫은 상이니 출행하지 못한다.
○ **귀가** : 아직 도착하지 않는다.
→ 천강(辰)이 사중의 하나인 午에 가했으니 아직 도착하지 않는다.
○ **도난** : 잡기 어렵다.
→ 과전에 현무가 나타나지 않았으니 잡기 어렵다.
○ **쟁송** : 재심(再審)이 유리하다.
→ 중심과는 상급의 법원에서 재심하는 것이 이롭다. ● 승패 : 일간은 나, 일지는 상대이다. 간상이 지상의 생을 받으니 내가 유리하다. ● 관재 : 과전이 육음(六陰)이고 다시 삼전이 극음(剋陰)이니 매우 흉하다.
○ **전쟁** : 밤에 정단하면 두렵다. 군인을 위로하더라도 무익하다.

→ 과전이 육음이니 흉하고, 사과가 불비(不備)이니 다시 흉하다.

□ 『필법부(畢法賦)』: 〈제45법〉 주야귀인이 서로 가하면 양 귀인에게서 구하면 된다. 공무원이 상급의 귀인에게 요청하여 일을 구하는 정단에서는 반드시 양 귀인이 참견하여 뜻을 성취한다. 그러나 서민이 귀인을 알현하는 정단에서는 반드시 귀인을 만나지 못한다.
→ 밤 귀인 酉가 낮 귀인 亥에 가하니 양 귀인이 서로 가한다.

□ 『고감(古鑒)』: 丁巳년에 출생한 사람이 戊申년 未월에 월장 未를 점시 酉에 가한 뒤에 가택을 정단한다. 丁화가 왕성한 곳에서 스스로 역으로 사절지로 가고, 택상의 卯와 말전의 酉는 그 수가 6이니, 6년째 되는 해에 산업이 패망하고 식구가 준다. 집 앞에 키가 큰 썩은 나무가 서 있으니 그것을 빨리 베어 없애지 않으면 나쁜 일이 생긴다. 그 이유는 卯는 乙목인데 그 위에 공망이 타고 있으니 썩은 나무이다.

그리고 집 뒤에 있는 돈사의 돼지가 왕성한 기운으로 사람을 극하니 4년에는 실패하며 파괴되고 6년에는 완전히 패망한다. 이것은 丑은 집 뒤의 돈사이고 亥는 돼지이니 이러한 해석을 한다. 酉는 여종이고 일간의 사신이니 금년 10월에 여종이 변소 안에서 죽는다. 그 이유는 亥가 일간의 절신이고 또한 더러운 곳이기 때문이다. 모두 적중하였다.

丁巳일 제 4 국

공망 : 子·丑
낮 : 왼쪽 천장, 밤 : 오른쪽 천장

癸	庚	丁
貴亥朱	玄申后	空巳常
寅	亥	申

丙	○	甲	癸
青辰白	朱丑勾	合寅青	貴亥朱
丁未	辰	巳	寅

甲寅巳 合 青	乙卯午 勾 空	丙辰未 青 白	丁巳申 空 常
○丑辰 朱 勾			戊午酉 白 玄
○子卯 蛇 合			己未戌 常 陰
癸亥寅 貴 朱	壬戌丑○ 后 蛇	辛酉子○ 陰 貴	庚申亥 玄 后

- □ **과체** : 요극(遙剋), 호시(蒿矢), 원태(元胎), 폐구(閉口) // 간지동류(干支同類), 병태(病胎), 충파(沖破), 침해(侵害), 일덕(日德), 삼기(三奇), 복덕(福德), 가귀(家鬼), 주작폐구(朱雀閉口), 맥월(驀越), 참관(斬關).
- □ **핵심** : 낮에는 진참관(眞斬關)이니 도망친 사람이 돌아오지 않는다. 호시(蒿矢)가 말을 타고 일간을 쏜다. 화살촉이 사람을 해친다.
- □ **분석** : ❶ 천강(辰)이 일간에 임하고 일간은 丁이다. 낮에는 청룡의 오행인 甲寅목이 辰을 극하니 '진참관'이고, 巳의 둔간이 丁이고 亥는 역마이니 도망친 사람은 반드시 먼 곳으로 갔다.
  → 간상의 辰은 천라(天羅)이다. 辰에 타고 있는 육합의 오행인 을묘목이 그물을 찢으니 진참관이다.
  ❷ 호시(蒿矢)가 亥를 얻고 亥가 역마이며 중전에서 申을 만나니 화살에 화살촉이 있다. 화살에 화살촉이 있으니 어찌 사람이 상하는 것을 면하겠는가?
- □ **정단** : ❶ 亥는 순미(旬尾)이고 寅은 순수(旬首)이다. 순미가 순수에 가해서 발용이 되어 폐구(閉口)가 되었으니 비밀을 지키는 상이다.

❷ 청룡은 일간에 있고 육합은 일지에 있으며 현무는 중전에 있다. 정마가 움직이니 도망친 사람은 동서남북 좋지 않은 곳이 없다. 외출하면 길하고 집에 있으면 흉하다.

○ **날씨** : 낮 귀인이 亥에 임해서 일간을 극하고 청룡은 승천하니 비에 젖는 상이다.
→ 귀인이 수의 오행인 亥에 타니 비가 오고 청룡이 하늘을 뜻하는 辰에 타니 많은 비가 온다.

○ **가정** : 청룡과 육합이 가택에 임해서 일지를 생하니 집에 반드시 희경사가 있다.
→ 일지는 가택이다. 낮에는 육합승신 寅이 일지를 생하니 가족이 느는 희경사가 있고, 밤에는 청룡승신 寅이 일지를 생하니 집에 재물이 쌓이는 기쁨이 있다. ● 일간 丁이 간상의 辰으로 탈기되니 사람에게 손실이 많다. 낮에 정단하면 청룡이 타니 경제적인 손실이고, 밤에 정단하면 백호가 타니 의료비가 든다.

○ **혼인** : 낮에는 남자가 길하고, 밤에는 여자가 길하다.
→ 일간은 남자, 일지는 여자이다. 낮에는 간상에 길장인 청룡이 타고 있으니 남자가 길하고, 밤에는 지상에 길장인 청룡이 타고 있으니 여자가 길하다. ● 궁합 : 지상의 寅이 간상의 辰을 극상(剋傷)하니 나쁘다. ● 일지는 상대이다. 일지음신의 亥가 일간을 극하니 나에게 호의적이지 않은 여자의 집안이다.

○ **임신·출산** : 남자이다. 출산이 순조롭지 않다.
→ 일간은 태아이다. 간상에 그물을 뜻하는 천라가 태아를 감싸니 출산이 순조롭지 못하다.

○ **구관** : 귀인이 발용이 되었고 간지가 일록을 공협하니 관직을 정단하면 매우 길하다.

→ 귀인은 공무원, 일록은 관록이다. 낮에 정단하면 초전의 亥에 귀인이 타고 있으니 길하고, 다시 초전이 관성이니 더욱 길한데, 일간인 (丁)未와 일지인 巳가 일록 午를 공협(拱夾)하니 매우 길하다. 오년이나 오월에 뜻을 이룬다. 다만 초전의 관성이 간상의 辰으로부터 상하고 다시 말전의 巳로부터 충을 당했으니 취득한 뒤에 잃는 것을 예방해야 한다.

○ **구재** : 음사(陰私)의 재물을 얻는다.
→ 재성은 재물이다. 낮에 정단하면 현무가 재성인 申에 타고 있으니 바른 재물이 아니고, 밤에 정단하면 천후가 재성인 申에 타고 있으니 부녀자를 통해 재물을 얻는다.

○ **질병** : 낮에는 폐병, 밤에는 신장병이다. 속히 낫지는 않는다.
→ 밤에 정단하면 백호승신 辰이 수를 극하니 신장병이다. 삼전이 점차 병들어가는 상의 '병태(病胎)'이니 속히 낫지는 않는다.

○ **출행** : 수로와 육로 모두 가능하다.
→ 현대에서는 일간은 여행객, 일지는 여행지이다. 지상이 일간의 생기이니 안전한 여행지이다. 밤에 정단하면 간상에 백호가 타고 있으니 여행 중 병이 생기는 것을 예방해야 한다.

○ **귀가** : 즉시 도착한다.
→ 천강(辰)이 사계의 하나인 未에 가했으니 즉시 도착한다.

○ **도난** : 낮에는 동남방의 빈 부엌에 있고, 밤에는 정동에 있는 빈 사당에 있다.
→ 巳는 부엌, 卯는 사당, 도둑은 현무의 음신에 숨어 있다. 낮에는 현무의 음신이 巳이니 동남방의 빈 아궁이에 있고, 밤에는 현무의 음신이 卯이니 정동의 빈 사당에 있다.

↑ **쟁송** : 상대가 이롭다.
→ 일간은 나, 일지는 상대이다. 지상의 寅이 간상의 辰을 극하니 상대가 이롭다. ● **관재** : 요극과이고 다시 간상의 복덕신이 귀살을 제

압하니 관재가 점차 가벼워진다.
- **전쟁** : 적군이 이롭다.
  → 일간은 아군, 일지는 적군이다. 지상의 寅이 간상의 辰을 극하니 적군이 이롭다.

- 『**필법부(畢法賦)**』: 〈제38법〉 폐구(閉口)는 두 가지로 나눠서 추리한다.
  → 순수인 寅 위에 순미인 癸亥가 임하니 폐구이다.
- 『**육임지남(六壬指南)**』: ① 태세와 월건에서 일간을 생하므로 지금 바로 반드시 승진하고 발탁된다. ② 일지는 재임하는 곳이다. 산을 뜻하는 간괘(艮卦)인 寅과 물을 뜻하는 亥수가 상합하니 산이 둥글고 물이 휘감아 도는 지역이다. ③ 호시(蒿矢)에 금이 보이니 활에 화살이 있다. 또한 귀인과 덕신과 역마가 삼전에 들고, 재성과 관성 그리고 천성(申)과 천리(寅)를 모두 만나므로 부임이 신속하다. ④ 단지 꺼리는 것은 일간의 음양에서 관성을 제극하는 것이다. 진씨·왕씨와 전씨에 의한 빌미를 예방해야 한다. ⑤ 癸亥일에 남경을 돌면서 감독하는 '영사도'에 발령을 받았다. 그러나 오래 가지 않아서 전씨 성을 쓰는 대사마로 인해 참장으로 (국무를) 마쳤다.
  → 관성을 극하는 간상의 辰이 뜻하는 성씨는 陳(진), 王(왕), 全(전)이다. 본문에서는 全으로 인해 해를 입었다.
  ※ 이우산, 『육임실전』 2(대육임지남), 대유학당, 2014, 75~76쪽 참조.

丁巳일 제5국

공망 : 子·丑 ○
낮 : 왼쪽 천장, 밤 : 오른쪽 천장

癸	己	乙
貴亥朱	常未陰	勾卯空
卯	亥	未
乙	癸	○	辛
勾卯空	貴亥朱	朱丑勾	陰酉貴
丁未	卯	巳	丑○

○朱丑巳	甲勾合寅午	乙勾卯空未青	丙辰申白
蛇子辰合			空丁巳酉常
癸貴亥朱卯			白戌午戌玄
后壬蛇寅	辛陰酉貴丑○	庚玄申后子○	己常未陰亥

- □ **과체** : 요극(遙剋), 호시(蒿矢), 곡직(曲直), 여덕(勵德/낮) // 간지동류(干支同類), 앙구(昻咎), 체극(遞剋), 덕경(德慶), 전국(全局), 화미(和美), 삼기(三奇), 복덕(福德), 인귀생신(引鬼生身), 육음(六陰), 부모효현괘, 손잉(損孕).

- □ **핵심** : 삼전의 천장이 일간을 탈기(脫氣)하고 삼전의 오행은 일간을 생한다. 쑥대로 만든 화살이 사람을 놀라게 한다. 말전에서 시작하여 초전에 이르기까지 먼 곳에서 일간을 해친다.

- □ **분석** : ❶ 삼전의 모든 천장오행 토는 일간 丁을 탈기하고, 삼전의 모든 십이지오행 목은 일간 丁을 생조하니, 반은 기쁘고 반은 슬프다.
  ❷ 호시(蒿矢)가 역마에 타니 사람을 놀라게 한다.
  ❸ 삼전의 아래에서부터 일간을 체극(遞剋)한다. 卯가 未를 극하고 未가 亥를 극하며 亥가 丁을 극하여 쇠를 녹이니, 새의 깃털이 쌓여 수레바퀴의 축을 손상시키는 것을 알아야 한다.

- □ **정단** : ❶ 곡직(曲直)이니 먼저는 바르고 나중은 굽는다. 그리고 육음(六陰)이 이어지니 모든 일에서 혼미해서 비록 음사(陰私)에는 이롭

지만 공적인 일에는 불리하다.
❷ 귀인과 주작이 절지(絶地)에 타니 관송을 끝맺는 일에서 이롭다.
→ 귀인과 주작이 타고 있는 亥가 卯에 가했다. 사지(死地)에 임했지만 절지에 비유했다.
❸ 간상의 卯가 일간을 생하니 밖에서 돕는 사람이 있다.
❹ 삼전이 모두 일간의 생(生)이니 안에서 도모하는 일은 이루어진다. 봄에 정단하면 삼전이 왕기(旺氣)이니 길하고 이롭지 않은 것이 없다.

○ **날씨** : 귀인이 亥에 타서 발용이 되었으니 아침에 흐리고 비가 오지만, 목이 변화한 것이 亥이니 바람이 일면서 맑아진다.
→ 亥의 오행이 수이니 비가 오지만 삼전이 목국이니 바람이 불면서 갠다.
○ **가정** : 주작이 가택에 앉아서 일간의 기운을 훔치니 구설로 인한 파재(破財)를 예방해야 한다.
→ 주작은 구설과 문서, 일지는 가택이다. 지상의 丑이 일간을 탈기하고 다시 공망되었으니 손재수가 발생한다. 낮에는 주작이 타고 있으니 구설수로 인한 손재수이고, 밤에는 구진이 타고 있으니 쟁투나 부동산으로 인한 손재수이다. 지상의 丑이 '전(田)' 곧 부동산을 뜻하니 부동산일 가능성이 높다.
○ **혼인** : 지상이 공망되었으니 혼인정단에서 불길하다.
→ 일간은 나, 일지는 배우자감이다. 지상이 공망된 것은 상대에게 혼인할 의사가 없거나 형편이 안 된다는 뜻이니 혼인이 불길하다.
● 요극과이고 지상이 공망되었으니 기대에 미치지 못하는 사람이다. 그리고 주야 모두 지상에 흉장인 주작과 구진이 타고 있으니 말이 많거나 혹은 쟁투를 일삼는 사람이다. ● **궁합** : 간상의 卯가 지

상의 丑을 극하니 나쁘다.
- **임신·출산** : 장남이다. 아직 출산하지 않는다.
    → 일간은 태아이다. 간상의 卯가 진괘에 해당하니 장남이다. 과전이 삼합하니 아직 출산하지 않는다. ● 임신부의 연명이 辰인 사람은 그 위의 태신 子수가 지반의 辰토로부터 극을 받았으니 유산을 예방해야 한다.
- **구관** : 귀인과 관성이 발용이 되었고 문서가 왕상하니 지극히 길한 상이다.
    → 귀인은 공무원, 관성은 관직이다. 낮에 정단하면 귀인이 관성인 亥에 타고 있으니 길한데, 다시 삼전이 문서를 뜻하는 인성국이니 매우 길하다.
- **구재** : 보통의 재기(財氣)이다.
    → 재성은 재물이다. 일지음신이 辛酉이니 재운이 보통이다.
- **질병** : 복부와 비장에 병이 들었다. 즉시 낫는다.
    → 삼전의 목국이 매우 강하니 이것의 극을 받는 토의 장부 비위에 병이 든다. 다행히 목국이 일간을 생하니 즉시 낫는다.
- **출행** : 수로는 불길하다. 구설을 예방해야 한다.
    → 현대에서는 일간은 여행객, 일지는 여행지이다. 지상의 丑이 공망되었으니 안전한 여행지가 아니다.
- **귀가** : 아직은 도착하지 않는다.
    → 삼전이 삼합이다. 목적지에서 화합사가 있다는 뜻이니 아직은 도착하지 않는다.
- **도난** : 잡기 어렵다.
    ※ 『육임직지』에서는 "낮에는 잡을 수 있고, 밤에는 잡기 어렵다."고 하였다.
    → 구진은 경찰, 현무는 도둑이다. 낮에는 구진승신 卯가 현무승신 申으로부터 극을 받으니 잡을 수 없고, 밤에는 구진승신 丑이 현무

승신 午로부터 생을 받으니 잡을 수 없다.
- ↑ **쟁송** : 내가 유리하다.
    - → 일간은 나, 일지는 상대이다. 일간은 튼실하고 일지는 공허하니, 나는 유리하고 상대는 불리하다. ● **관재** : 주작이 폐구되어 나의 진실이 판사에게 받아들여지지 않으니 불리하고, 주작승신 亥가 일간 丁을 극하여 오니 형(刑)을 받을 우려가 있다. 다행이 삼전의 목국이 일간을 생하니 큰 화는 면한다.
- ○ **전쟁** : 봄에는 매우 이롭고 가을에는 불길하다.
    - → 봄에는 일간이 삼전의 목국으로부터 생을 받으니 매우 이롭고, 가을에는 그렇지 않으니 불길하다.

- □ 『**필법부(畢法賦)**』: 〈제32법〉 삼전이 차례로 나를 극하면 대중이 나를 기만한다.
    - → 말전 卯 ⋯ 중전 未 ⋯ 초전 亥 ⋯ 일간 丁을 차례로 극한다.
- □ 『**과경(課經)**』: 亥가 卯에 가하고 삼전이 일간을 체극(遞剋)하니 공무원은 근신해야 한다. 상부에 상소를 올리면 탄핵을 당할 수 있다.
    - → 말전 卯 ⋯ 중전 未 ⋯ 초전 亥 ⋯ 일간 丁을 차례로 극하니 체극이다.
- □ 『**지장부**』: 亥未卯는 수레가 넘어진다는 뜻의 '전륜(轉輪)'이다. 일이 어긋나서 실패한 뒤에 스스로 돌아온다.
    - → 삼전이 목국이니 나무로 만든 수레로 해석하였고, 삼전이 역곡직이니 전륜으로 해석하였다.
- □ 『**옥성가(玉成歌)**』: 귀인이 巳亥에 타면 반복이 많다.
    - → 巳와 亥에는 쌍의 뜻이 있다. 낮에는 귀인이 亥에 타고 있으니 귀인이 하는 일이 반복된다.
- □ 『**찬의(纂義)**』: 삼전이 일간을 생하여 오니 모든 일이 성사된다. 모든

사람의 도움을 받아 복이 저절로 온다.
➔ 삼전의 목국이 일간 丁을 생한다.
☐ 『**중황경(中黃經)**』: 역마인 巳亥가 보이면 기로에 있다.
➔ 역마인 亥가 초전에 보인다.

갑인순 | 정사일 | 6국

丁巳일 제 6국

공망 : 子·丑
낮 : 왼쪽 천장, 밤 : 오른쪽 천장

	辛		丙		癸	
陰	酉	貴 青	辰	白 貴	亥	朱
	寅		酉		辰	
	甲		辛		○		己
合	寅	青 陰	酉	貴 蛇	子	合 常	未	陰
	丁 未		寅		巳		子 ○

蛇	○子巳	合 朱	○丑午	勾 合	甲寅未	青 勾	乙卯申	空
貴	癸亥辰	朱				青	丙辰酉	白
后	壬戌卯	蛇				空	丁巳戌	常
陰	辛酉寅	貴 玄	庚申丑	后 常	己未子	陰 白	戊午亥	玄

□ **과체** : 섭해(涉害), 유도액(幼度厄), 사절(四絶) // 간지동류(干支同類), 교차육해(交叉六害), 형상(刑傷), 멸덕(滅德), 삼기(三奇), 복덕(福德), 용가생기(龍加生氣), 귀인입옥(貴人入獄/낮), 천을신기(天乙神祇/낮), 절사(絶嗣), 화귀살등사주작극택격(가을/낮).

□ **핵심** : 밤 귀인은 寅이 나쁘다. 亥의 힘이 지극히 약하다. 가을의 낮에는 화재가 발생한다. 삼전이 자형(自刑)이다.

□ **분석** : ❶ 寅은 丁의 장생이다. 이것이 초전의 酉로부터 극을 받으니 밤 귀인으로부터 상한다.

❷ 낮 귀인 亥는 丁의 관귀효로서 寅을 생할 수 있지만 辰에 임하여 감옥에 드니 완전히 무기력하다.

❸ 지상의 子에 낮에는 등사가 타서 가택과 일간을 극한다. 가을에는 子가 '화귀(火鬼)'이니 화재로 인해 놀라는 것을 예방해야 한다.

❹ 삼전이 모두 자형(自刑)이어서 긍지는 높지만 뜻을 잃는다. 만약 겸양하면 언제까지나 명예를 잃지 않는다.

□ **정단** : ❶ 사과 세 곳의 천반이 지반을 극하는 유도액(幼度厄)은 높은

이가 낮은이를 깔보니 낮은이가 불안하다. 그리고 밤 귀인 酉가 장생 寅을 극하니 존장의 질병과 소송이 두렵다.

❷ 일진이 교차육해(交叉六害)를 하니 주객이 서로 시기한다.

→ 주로 혼인, 매매, 동업, 공동투자, 임신, 출산, 회담 등에서 활용된다.

❸ 일간은 튼실하고 일지는 공허하니 타인과 화합하지 못하고, 또한 사람은 왕성하고 집은 쇠한 상이다.

──────────────────────────

○ **날씨** : 필수(畢宿)가 발용이 되었고 천강(辰)이 음을 가리키며 청룡이 일간에 임하니 비가 온다.

→ 필수인 酉는 비를 부르는 신, 천강(辰)은 대각성, 청룡은 감우의 천장이다. 필수가 발용이 되었고, 다시 천강이 음지인 酉를 가리키며, 청룡이 하늘을 뜻하는 일간에 임하니 비가 온다.

○ **가정** : 등사가 가택을 극하니 반드시 두렵다.

→ 등사는 경공, 일지는 가택이다. 낮에 정단하면 등사가 子에 타서 일지 巳를 극하니 집에 놀라는 일이 발생한다. ● 일간은 집에 거주하는 사람, 청룡은 발복의 천장이다. 서민이 밤에 정단하면 청룡이 생기인 寅에 타서 일간을 생하니 발복하고, 공무원이 정단하면 승진수가 있다. 낮에는 육합이 생기에 타서 일간을 생하니 식구가 늘거나 화합사가 있다. ● 만약 가을의 낮에 정단하면 가을의 화귀(火鬼)인 子에 등사가 타서 일지를 극하여서 집에 화재가 발생하니 화재보험을 들어야 한다.

○ **혼인** : 밤에 여자가 남자를 정단하면 길한 남자이다.

→ 일간은 남자이다. 간상의 寅이 길신이니 좋고 이곳에 밤에는 길장인 청룡이 타고 있으니 더욱 길한 남자이다. ● 궁합 : 지상의 子가 간상의 寅을 생하니 좋아 보이지만 지상이 공망되었고 간지가

교차육해(交叉六害)를 하니 나쁘다. ● 일지는 상대이다. 낮에는 지상에 등사가 타고 있으니 흉한 여자이고, 밤에는 육합이 타고 있으니 애교가 있는 여자이다.

○ **임신·출산** : 남자이다. 속히 출산한다. 임신을 정단하면 귀태(鬼胎)가 우려된다.

→ 일간은 태아, 삼전은 태아가 생육되는 과정이다. 일간음양에서 두 음(丁,酉)이 하나의 양(寅)을 감싸니 남자, 삼전에서 두 음(酉,亥)이 하나의 양(辰)을 감싸니 다시 남자이다. ● 후계를 정단할 경우, 사과가 절사(絶嗣)이니 입양을 고려해야 한다.

○ **구관** : 밤에 정단하면 청룡이 일간에 임하고 귀인이 발용이 되었으니 관직을 정단하면 최길하다.

→ 청룡은 고위직공무원 혹은 문관, 관성은 관직이다. 밤에 정단하면 청룡이 일간에 임하고 귀인승신 酉가 발용이 되었으니 관직에 최길하다.

○ **구재** : 가을에 정단하면 왕성하니, 귀인의 재물을 취득할 수 있다.

→ 초전의 酉는 재물이다. 가을에 정단하면 酉가 왕기여서 매우 큰 재물이니 최길하다. 밤에는 이 재성에 귀인이 타고 있으니 관청이나 귀인을 통해 득재하면 된다.

○ **질병** : 밤에 정단하면 백호가 辰에 타고 있으니 신장경락이 허약하다. 질병이 공망되었으니 즉시 낫는다.

→ 백호의 극을 받은 장부에 병이 든다. 밤에 정단하면 백호승신 辰이 수를 극하니 신장에 병이 든다. ● 지상은 질병이다. 지상이 공망되었으니 병이 쉽게 낫는다.

○ **출행** : 육로는 매우 길하고 수로는 길하지 않다.

→ 현대에서는 일간은 여행객, 일지는 여행지이다. 일지가 공망되었으니 안전한 여행지가 아니다.

○ **귀가** : 길에 있다.

※ 『육임직지』 원문에서는 "아직 출발하지 않았다."고 하였다.
  ➜ 천강(辰)이 사중의 하나인 酉에 가했으니 길에 있다.
○ 도난 : 밤에는 경찰이 범인을 풀어주는 것을 예방해야 한다.
  ➜ 경찰은 구진, 현무는 도둑이다. 밤에 정단하면 구진승신 丑과 현무승신 午가 상생하니 경찰이 도둑을 풀어주는 것을 예방해야 한다. 낮에 정단하면 구진승신 卯가 현무승신 申으로부터 극을 당하니 도둑을 잡지 못한다.
⬆ 쟁송 : 내가 유리하다.
  ➜ 일간은 나, 일지는 상대이다. 일간은 튼실하고 일지는 공허하니, 나는 유리하고 상대는 불리하다.
○ 전쟁 : 중지해야 한다.
  ➜ 섭해과여서 전쟁이 오랫동안 지속되면 피차 손상이 심하니 중지해야 한다.

□ 『필법부(畢法賦)』 : 〈제92법〉 청룡이 생기에 타면 길한 작용이 늦게 나타난다.
  ➜ 밤에 정단하면 청룡이 간상의 寅에 타서 일간을 생한다.
□ 『태을경(太乙經)』 : 이월의 丁巳일에 하괴(戌)가 卯에 가했고 신후(子)가 巳에 가했다. 巳는 화, 신후는 수이다. 수가 화를 극하고 丁巳가 다시 와서 도우니 부인이 죽는다.
□ 『옥성가(玉成歌)』 : 주야 귀인이 삼전에 동시에 보이고 일덕이 움직이니 고위직공무원이 된다.
□ 『조담비결(照膽秘訣)』 : 삼전에 양 귀인과 천덕귀인이 있어서 군자가 귀인을 만나니 남북으로 부임한다.
  ➜ 자월에 정단하면 중전 辰은 천덕귀인, 초전 酉는 밤 귀인, 말전 亥는 낮 귀인이다.

| 갑인순 | 정사일 | 7국 |

丁巳일 제7국

공망 : 子·丑
낮 : 왼쪽 천장, 밤 : 오른쪽 천장

	丁		癸		丁	
空	巳	常	貴 亥 朱	空	巳	常
	亥		巳		亥	
	○		己		癸		丁
陰 丑 勾	勾 未 陰	貴 亥 朱	空 巳 常
丁 未	丑 ○	巳	亥

癸亥 貴巳 朱	○ 子 午 合	○ 丑 未 陰 勾	甲寅 申 玄 青
壬戌 辰 蛇 蛇			乙卯 酉 常 空
辛酉 卯 朱 貴			丙辰 戌 白 白
庚申 寅 合	己未 丑 ○ 勾 陰	戊午 子 青 玄	丁巳 亥 空 常

□ **과체** : 반음(返吟), 원태(元胎), 여덕(勵德/밤) // 간지동류(干支同類), 무의(無依), 절태(絶胎), 덕경(德慶), 삼기(三奇), 복덕(福德), 회환(回還), 맥월(驀越), 축미상가(斗魁相加), 탈상봉공(脫上逢空), 탈상봉탈(脫上逢脫/낮), 천을신기(天乙神祇/낮).

□ **핵심** : 탈공(脫空)이니 포기해야 한다. 정마가 달려온다. 밤에는 문서가 움직인다. 낮에는 귀인으로 인해 움직인다.

□ **분석** : ❶ 일간의 탈기인 丑이 공망되었으니 포기해야 한다. 巳의 둔간인 丁과 역마인 亥가 삼전에서 달려오니 그 움직임을 감당하기 어렵다.

❷ 중전의 亥에 밤에는 주작이 타고 낮에는 귀인이 타니 징발하는 문서 혹은 귀인에게 꾀하는 일로 인해 움직인다.

□ **정단** : ❶ 반음과는 동요하는 과이다. 다시 정마가 타니 갑자기 왕래하며 시시각각 불안하다.

❷ 낮에는 귀인과 덕신인 亥가 택상에 앉아서 일지와 일간을 극한다. 비 관직자는 질병과 소송의 우환이 있고 관직자는 길하다. 그리

고 밤에는 亥에 주작이 타서 가택을 극하니 화재로 인해 놀라는 것을 예방해야 한다.

○ **날씨** : 천지가 상통하니 반복되고 일정하지 않다. 맑거나 혹은 비가 온다. 삽시간에 변한다.
→ 亥는 천문(天門), 巳는 지호(地戶)이다. 초전의 상하가 巳亥이니 천지가 상통하며 날씨가 일정하지 않다.

○ **가정** : 밤에는 주작이 가택에 임해서 가택을 극하니 소송과 재앙을 면하기 어렵다.
→ 일지는 가택, 주작은 구설과 관재이다. 밤에 정단하면 지상에서 주작이 귀살에 타서 간지를 극하니 가정에 구설수와 관재가 발생하는 것을 예방해야 한다. 낮에 정단하면 지상에서 귀인이 귀살에 타서 간지를 극하니 가정에 관재 혹은 '귀수(鬼祟)'의 작용으로 인해 가정에 우환이 발생하는 것을 예방해야 한다. ● 일간은 사람이다. 일간이 공망되었으니 사람이 공허해진다.

○ **혼인** : 여자는 비록 귀인이지만 간상이 공망과 탈기(脫氣)이니 불길하다.
→ 일간은 남자, 일지는 여자이다. 낮에 정단하면 지상에 귀인이 타고 있으니 미인이다. 그러나 일간이 공망되었으니 남자는 혼인할 형편이 안 되거나 혹은 혼인할 의사가 없다. ● 궁합 : 반음과이니 나쁘고, 일간이 공망되었으니 나쁘며, 간상의 丑이 지상의 亥를 극하니 다시 나쁘다. ● 일지는 상대이다. 밤에는 지상에 주작이 타고 있으니 말이 많은 여자이다.

○ **임신·출산** : 쌍둥이 여아가 될 우려가 있다. 어머니는 튼실하고 자식은 공허하니 출산을 정단하면 불길하다.
→ 일간은 태아이다. 일간의 상하가 모두 음이니 여자이고, 초전의

巳가 쌍(双)을 뜻하니 쌍둥이일 가능성이 있다.
- **구관** : 낮에는 지상에 귀인이 임했고 일간과 일지가 일록을 공협(拱夾)하니 매우 길한 상이다. 다만 임기를 채우지 못한다.
  → 귀인은 공무원, 일록은 관록이다. 낮에 정단하면 귀인이 지상에 타고 다시 일간 未와 일지 巳가 일록 午를 공협하니 봉록이 오르고 승진한다. ● 고시 : 비록 일간에서 丑未가 서로 가했지만 공망되었으니 떨어진다.
- **구재** : 뒤집힌다. 무익하다.
  → 재성은 재물이다. 단 과전에 재성이 나타나지 않았으니 무익하다. 그리고 천반과 지반이 상충하니 사업이 뒤집힌다.
- **질병** : 신장과 머리의 병이다. 반복되는 것을 예방해야 한다.
  → 백호승신 辰의 극을 받은 신장과 방광에 관련된 질병이 발생한다. 반음과이니 병세가 반복되는 것을 예방해야 한다. 그리고 귀살에 천을귀인이 타니 반드시 하늘 신과 땅 신의 해코지에서 기인한 병이니 신에게 빌어야 한다.
- **출행** : 수로는 길하다. 구설을 예방해야 한다.
  → 밤에 정단하면 지상에 주작이 타고 있으니 여행지에서 구설수가 발생하는 것을 예방해야 한다.
- **귀가** : 바로 도착한다.
  → 일지는 가정, 역마는 자동차이다. 지상의 亥가 역마이니 차를 타고 바로 도착한다.
- **도난** : 하나는 서방에 있고 하나는 북방에 있다. 간음과 도난사이다.
  → 도둑은 현무의 음신에 숨어 있다. 낮에 정단하면 현무의 음신이 申이니 서남방에 있고, 밤에 정단하면 현무의 음신이 子이니 정북에 있다.
- **쟁송** : 재심해야 이롭다.
  → 중심과(重審課)이니 상급의 법원에서 재심(再審)해야 이롭다. ●

승패 : 일간은 공허하고 일지는 튼실하니 내가 불리하다.
- **○ 전쟁** : 다른 뛰어난 계책을 세우는 것이 길하다.
  → 삼전이 맹신(孟神)이다. 맹신에는 쇄신(刷新)의 뜻이 있으므로, 다른 계책을 세우는 것이 길하다.

- □ 『필법부(畢法賦)』 : 〈제48법〉 귀살에 천을귀인이 타면 곧 하늘 귀신과 땅 귀신의 해가 있다. 질병 정단을 하면 반드시 하늘 신과 땅 신의 해코지가 있다. 만약 가택 위에 임하면 반드시 가정 내 사당의 신상에게 엄숙하지 못해서 병환이 온 것이다.
  → **○ 질병** 참조.

  〈제15법〉 (일간) 위에서 탈기하고 다시 탈기하면 헛된 속임을 예방해야 된다.
  → 간상의 丑이 일간 丁을 탈기하고 낮에는 태음승신 辛酉금이 丑을 다시 탈기한다.

- □ 『과경(課經)』 : 일간이 상신을 생하고 상신인 丑토는 다시 천장의 태음의 오행을 생하니 '탈상탈(脫上脫)'이다. 모든 정단에서 탈기(脫氣)와 소모와 허위로 인해 부실한 상이다. 다시 말하기를 귀살에 천을귀인이 타서 택상에 임하니 반드시 집에 모시는 신에게 엄숙하지 않아서 병이 왔다. 공덕을 닦아서 가택신을 위로해야 화가 없다.

- □ 『옥성가(玉成歌)』 : 巳亥에 귀인이 타면 반복이 많다. 다시 말하기를 주작이 일지와 일간을 극하면 집안에 재해가 생긴다.
  → 주로 구설수와 관재가 생긴다.

- □ 『삼재부(三才賦)』 : 巳亥 역마를 만나면 길에서 내달린다.

| 갑인순 | 정사일 | 8국 | 221 |

```
丁巳일    제 8 국
```

공망 : 子·丑
낮 : 왼쪽 천장, 밤 : 오른쪽 천장

	丁	壬	乙
空 巳	常	蛇 戌 蛇	常 卯 空
子		巳	戌
	丁	壬	乙
后 子 合	空 巳 常	蛇 戌 蛇	常 卯 空
丁 未	子	巳	戌

壬戌巳 蛇	癸亥午 貴	子未 朱 后 合	丑申 陰 勾
辛酉辰 朱 貴			甲寅酉 玄 青
庚申卯 合 后			乙卯戌 常 空
己未寅 勾 陰	戊午丑 青 玄	丁巳子 空 常	丙辰亥 白 白

- □ **과체** : 중심(重審), 주인(鑄印), 참관(斬關) // 간지동류(干支同類), 고진(孤辰), 침해(侵害), 회환(回還), 간지공귀인(干支拱貴人), 양사협묘(兩蛇夾墓), 손잉(損孕), 명암이귀(明暗二鬼), 육편판(六片板/연명 卯).

- □ **핵심** : 공망된 귀살이 일간에 가했고 튼실한 묘신이 가정에 임했다. 움직이고 싶지만 움직이지 못한다. 고수하면 실없이 놀란다.

- □ **분석** : ❶ 공망된 귀살이 일간에 임하고 튼실한 묘신이 일지에 임하니 사람은 놀라고 집은 어둡다.

  ❷ 초전의 巳가 정마를 타니 들떠서 움직이고 중전에서 묘신을 만나니 물러나서 괜히 놀란다.

- □ **정단** : ❶ 삼전이 巳戌卯이니 주인(鑄印)이다. 관직자에게는 이롭지만 초전이 공함되었으니 대장간의 화로에서 연장을 만들다가 실패하는 뜻의 '노야불성(爐冶不成)'이라고 하여, 처음에는 어렵고 나중에는 쉬운 상이다. 귀살인 子가 비록 흉하지만 未에 의지해서 적을 물리치니 호랑이의 위세를 빌린 여우의 상이다.

  ❷ 회환(回還)은 삼전이 사과를 떠나지 않는 것이다. 성사(成事)에는

길하고 해산사에는 흉하다.

○ **날씨** : 수신이 이미 공망되었고 巳화가 발용이 되었으니 비가 오지 않는다.

→ 수신인 子는 이미 공망되었고 초전이 巳화이니 비가 오지 않고 맑다.

○ **가정** : 등사가 묘신에 타서 가택에 임하니 집이 편안하지 않다.

→ 등사는 경공, 묘신은 암매, 일지는 가택을 뜻한다. 등사가 묘신인 戌에 타서 일지에 임하니 집에 암 환자가 발생하거나 혹은 어두운 일이 발생한다. 만약 오월에 정단하면 戌이 오월의 사기이니 상(喪)을 예방해야 한다.

○ **혼인** : 간상에서 공망을 만나니 혼인을 정단하면 길하지 않다.

→ 일간은 남자, 일지는 여자이다. 간상이 공망되어 남자가 혼인할 형편이 안 되거나 혹은 의사가 없으니 혼인이 길하지 않다. ● 궁합 : 지상의 戌이 간상의 子를 극하니 나쁘다. ● 일지는 상대이다. 지상이 일간의 묘신이니 미래가 어두운 여자이고 다시 주야 모두 등사가 타고 있으니 더욱 어두운 여자이다.

○ **임신·출산** : 남자이다. 임신부는 튼실하고 자식은 공망되었으니 출산을 정단하면 매우 흉하다.

→ 일간은 태아, 삼전은 태아가 생육되는 과정이다. 일간의 음양에서 두 음(丁,巳)이 하나의 양(子)을 감싸니 남자이고, 다시 삼전의 두 음(巳,卯)이 하나의 양(戌)을 감싸니 남자이다. 일간이 공망되어 유산되는 상이니 매우 흉하다. ● 말전에서 손을 뜻하는 卯가 발을 뜻하는 戌에 가했으니 역산(逆産)을 예방해야 한다.

○ **구관** : 뜻을 이루지 못한다.

→ 관성인 간상의 子가 공망되었고 다시 초전이 공함되어 주인(鑄

印)이 불성하니 뜻을 이루지 못한다.

※『육임직지』원문에서는 "승헌주인(乘軒鑄印)이다. 임술월일에 득관한다."고 하였다.

○ **구재** : 무익하다.

→ 재성은 재물이다. 과전에 申酉가 없으니 구재를 하더라도 무익하다.

○ **질병** : 비위가 수를 극한 증상이다. 사람이 공망되었으니 불길하다.

→ 지상의 戌토가 오행의 수를 극했으니 신장과 방광병이다. ● 일간은 사람, 일지는 질병이다. 일지는 튼실하고 일간은 공망되었으니 불길하고, 일지가 양사협묘이니 암이 우려된다. ● 卯는 손, 戌은 발이다. 말전의 상하가 卯와 戌이니 중풍이 우려된다.

○ **출행** : 장애와 지체를 예방해야 한다. 출발하지 못한다.

→ 일간은 여행객, 일지는 여행지이다. 일간이 공망되어 장애가 있으니 출발하지 못한다.

○ **귀가** : 묘신인 戌이 입택하니 바로 도착한다. 만약 바로 도착하지 않으면 흉하다.

→ 맹중계에서의 '계(季)'에는 끝의 뜻이 있다. 가정을 뜻하는 지상이 사계의 하나인 戌이니 바로 도착한다. 만약 바로 도착하지 않으면 초전이 공망되었으니 귀가 종착지에서 장애가 있다.

○ **도난** : 낮에는 서남방에 있고 잡기 어렵다. 밤에는 서북방에 있고 구설수가 있다.

→ 도둑은 현무의 음신에 숨어 있다. 낮에 정단하면 현무의 음신이 未이니 서남방에 있고, 밤에 정단하면 현무의 음신이 亥이니 서북방에 있고 亥에 주작이 타니 도둑에게 구설수가 있다.

↑ **쟁송** : 내가 불리하다.

→ 일간은 나, 일지는 상대이다. 일간은 공망되었고 일지는 튼실하니, 나는 불리하고 상대는 유리하다.

o **전쟁** : 속임수를 예방해야 한다. 갑자기 믿어서는 안 된다.
  → 묘신에는 속임의 뜻이 있다. 지상이 묘신이니 적의 속임과 말을 믿어서는 안 된다.
o **분묘** : 혈(穴)이 비록 좋지만 후손을 상하게 할 우려가 있다.
  → 등사에는 혈의 뜻이 있다. 지상에 등사가 타고 있어서 혈은 좋지만, 묘지에 뱀이 들어있으니 후손을 상하게 할 우려가 있다.

□ 『**필법부(畢法賦)**』 : 〈제53법〉 양 쪽의 등사가 묘신을 끼면 흉을 면하기 어렵다. 질병을 정단하면 반드시 배 속에 적괴(癌)가 있다.
  〈제68법〉 귀살을 제압하는 자리가 곧 양의가 있는 방위이다.
  → 귀살을 제압하는 오행이 토이니 토의 아래인 寅巳申亥가 양의가 있는 방위이다.
□ 『**과경(課經)**』 : 질병 정단 외에 모든 귀신을 제압하면 많은 재난 속에서 타인의 도움을 받아 재난이 구제된다. 만약 그 구신(자손효)이 일간에 임하거나 혹은 연명에 임하면 억울한 일을 밝힐 수 있고 저절로 화가 풀린다. 만약 구신에 귀인이 타면 반드시 윗사람의 도움을 얻어 허물은 제거되고 과오는 풀리며, 구금되어 있는 사람은 반드시 사면된다.
□ 『**집의(集義)**』 : 巳에 천공이 타고 子에 가해서 순의 공망이 되어 부실이 많으니 사람에게 부탁하면 안 된다.
  → 초전이 공망되었으니 위탁사를 비롯한 모든 일을 성취할 수 없다.

丁巳일 제 9국

공망 : 子·丑
낮 : 왼쪽 천장, 밤 : 오른쪽 천장

	辛	○	丁
	朱 酉 貴	陰 丑 常	空 巳 勾
	巳	酉	丑 ○
	癸	乙	辛	○
	貴 亥 陰	常 卯 空	朱 酉 貴	陰 丑 常
	丁 未	亥	巳	酉

辛朱酉巳 貴	壬蛇戌午	癸貴亥未 陰	○后子申 玄
合庚申辰 蛇			陰丑酉 常
勾己未卯 朱			玄甲寅戌 白
青戊午寅	合丁巳丑 空	勾白丙辰子 青	常乙卯亥 空

- **과체** : 중심(重審), 종혁(從革) // 간지동류(干支同類), 합중범살(合中犯殺), 앙구(怏咎), 초전협극(初傳夾剋), 멸덕(滅德), 전국(全局), 삼전재효태왕(三傳財爻太旺), 복덕(福德), 육음(六陰), 불행전(不行傳), 최관부(催官符), 양귀수극(兩貴受剋), 천을신기(天乙神祇/낮), 막귀임간(幕貴臨干/밤), 귀덕임신(貴德臨身/낮).

- **핵심** : 양 귀인이 모두 출현했다. 밤의 천장이 재성을 돕지만 재물을 탐하면 흠이 된다. 재성이 귀살을 생하니 재앙이다.

- **분석** : ❶ 낮 귀인이 일간에 임하고 밤 귀인이 일지에 임하니 양 귀인이 모두 있다.

  ❷ 밤에 정단하면 토에 속한 모든 천장오행이 삼전의 재성을 도우니 재성이 왕성하다. 다만 이 재물을 탐하면 반드시 재물이 간상의 亥를 생해서 오히려 일간을 극하니 재앙을 면할 수 없다.

- **정단** : ❶ 삼전의 酉丑巳는 재국이다. 파쇄(破碎)인 酉가 발용이 되었지만 반드시 자금을 투자해서 구재하면 부자가 된다. 혹은 재물을 들고 가서 귀인에게 관직을 부탁하거나 곡식을 바치면 관직을 얻는

일에서 길하다.

❷ 다만 여종과 소녀를 뜻하는 지상의 酉에 낮에는 구설수를 뜻하는 주작이 타니 집의 여종이나 소녀로 인한 구설수를 예방해야 한다.

○ **날씨** : 낮 귀인이 亥에 타서 일간을 극하고 삼전이 수를 생하니 비가 온다.

→ 일간은 하늘, 오행의 수는 비이다. 간상이 亥수이니 비가 오고 삼전의 금국이 간상의 亥수를 생하니 많은 비가 온다.

○ **가정** : 귀인과 왕래하면 길해서 관직이 높아진다. 신에게 기도해서 보호를 받아야 한다.

→ 일간은 사람, 일지는 가택이다. 천을귀인이 일간에 임했으니 귀인과 교제해서 친하면 관직에 이롭고, 귀인이 일간을 극하면 '천을신기(天乙神祇)'라고 하여 신에게 기도하면 신의 보호를 받는다.

○ **혼인** : 양 귀인이 혼인한다. 남자 집에 이익이 되는 여자이다.

→ 일간은 남자, 일지는 여자이다. 간상과 지상에 귀인이 타니 남녀 모두 귀인이다. ● 지상의 酉가 일간의 재성이니 남자에게 경제적으로 이익이 되는 여자이다. ● 궁합 : 지상의 酉가 간상의 亥를 생하니 좋다. ● 일지는 상대이다. 낮에는 지상에 주작이 타니 험담하는 여자이고, 낮에는 지상에 귀인이 타니 고귀한 여자이다.

○ **임신·출산** : 음이 극에 이르렀으니 남자이다. 태신이 장생에 앉아 있으니 난산이다.

→ 과전이 육음이다. 음이 극에 이르면 양이 되니 남자가 된다.

● 태신은 태아이다. 태신인 子가 공망되었고, 태신이 장생인 申에 임하여 태아가 자라는 상이니 출산을 정단하면 난산이다.

→ 일간이 폐구되었으니 선천성 언어장애가 우려된다.

○ **구관** : 낮 귀인이 일간에 임하고 일지와 일간이 일록을 공협하니 관직자는 승진하고 시험은 뜻대로 된다.

→ 밤에 정단하면 염막귀인 亥가 일간에 임하니 관직자가 정단하면 퇴임하거나 좌천되고, 고시생이 정단하면 합격한다. ● 연명이 午이면 양 귀인이 일록인 午를 공협하니 반드시 양 귀인에 의해 뜻을 성취한다. 시험을 정단하면 반드시 합격한다.

○ **구재** : 귀인이나 문서로 재물을 얻는다.

→ 재성은 재물, 천을귀인은 관청, 주작은 문서·학문·언어·회화 등이다. 밤에 정단하면 귀인이 재성 酉에 타고 있으니 관청에 관련된 일로 득재하면 되고, 낮에 정단하면 주작이 재성 酉에 타고 있으니 문서·학문·언어·회화 등으로 득재하면 된다.

○ **질병** : 비장과 신장 두 경락에 병이 들었다. 먼저는 흉하고 나중은 길하다.

→ 낮에 정단하면 오행의 수가 백호승신 辰토로부터 극을 받으니 신장에 병이 들고, 밤에 정단하면 오행의 토가 백호승신 寅목으로부터 극을 받으니 비위에 병이 든다. 간상의 귀살 亥를 그 음신 卯가 극하여 제압하니 나중에는 길하다.

○ **출행** : 문을 나서면 재물을 획득한다.

→ 일간은 여행객, 일지는 여행지이다. 지상이 재성이니 여행지에서 재물을 획득하거나 혹은 총각은 신부감을 얻는다.

○ **귀가** : 여행지에서 즐기고 있다.

→ 지상이 재성인 酉이니 재물과 여자를 즐기고 있다.

○ **도난** : 낮에 정단하면 남방에 있고, 밤에 정단하면 동방에 있다. 모두 즐거운 일이 있다.

→ 도둑은 현무의 음신에 있다. 낮에 정단하면 현무의 음신이 午이니 정남에 있고 여기에 육합이 타니 도둑에게 화합사가 있다. 밤에 정단하면 현무의 음신이 辰이니 동남방에 있고 여기에 청룡이 타니

재물의 기쁨이 있다.
- ↑ **쟁송** : 간상의 亥가 일덕귀인이니 쟁송이 풀린다.
  - → 간상의 亥가 일덕귀인이고 특히 낮에는 귀인이 타고 있으니 쟁송이 풀린다. ● 중심과는 상급의 법원에서 재심해야 한다.
- ○ **전쟁** : 들리는 소문이 부실하니 변동을 예방해야 한다.
  - → 주작의 음신이 공망되었으니 들리는 소문은 헛소문이다.

- □ 『**필법부(畢法賦)**』: 〈제44법〉 과전이 모두 귀인이면 도리어 의지할 곳이 없다.
  - → 간상 亥, 제2과 지반 亥, 지상의 酉, 제4과 지반 酉, 초전의 천반 酉, 중전의 지반 酉가 귀인이니 모두 일곱 귀인이다.

  〈제27법〉 삼전의 재신이 귀살로 변하면 재물을 구하면 안 된다.
  - → 삼전의 재국이 간상의 亥를 생해서 귀살이 왕성해지니 구재를 하면 안 된다.

  〈제84법〉 합 속에 살을 범하면 꿀 속에 비상이 있다.
  - → 비록 삼전이 삼합을 하지만 초전의 酉와 지상의 酉가 자형(自刑)을 하니 꿀 속에 비상이 있다.
- □ 『**신정경(神定經)**』: 삼합이 살을 범하면 마치 웃음 속에 칼을 숨기고 있는 것과 같다. 좋은 것 중에 악이 끼어 있다.
- □ 『**집의(集義)**』: 지상이 간상의 귀살을 생하니 높은 이를 알현하는 일에 불리하다. 정단하는 사람의 연명이 午이면 양 귀인이 일록인 午를 공협하니 반드시 양 귀인에 의해 뜻을 성취한다. 시험을 정단하면 반드시 합격한다.
- □ 『**삼거일람(三車一覽)**』: 사과삼전이 모두 귀인이니 귀인이 사방에 널려 있다는 뜻의 '편지귀인(遍地貴人)'이다. 귀인이 많으면 귀하지 않아서 모든 정단에서 한 곳으로 귀결되지 않고 의지할 곳이 없다. 만

약 밤 귀인이면 '돌목살(咄目煞)'이라고 하여 귀인이 눈을 부릅뜨고 노려보아 오히려 죄가 되니, 귀인에게 부탁하는 일은 크게 불리하고, 소송을 정단하면 더욱 흉하다.

丁巳일 제 10 국

공망 : 子·丑
낮 : 왼쪽 천장, 밤 : 오른쪽 천장

庚 合 申 蛇	癸 貴 亥 陰	甲 玄 寅 白
巳	申	亥
壬	○ 庚	癸
蛇 戌 后 陰 丑 常	合 申 蛇 貴 亥 陰	
丁 未 戌	巳	申

庚合申巳	辛蛇酉午	壬蛇戌未	癸貴亥申
己勾未辰朱			○子玄后酉
戊青午卯合			○丑陰戌常
丁空巳寅	丙勾辰丑○	乙常卯子○	甲白寅亥玄

□ **과체** : 중심(重審), 원태(元胎), 참관(斬關) // 간지동류(干支同類), 생태(生胎), 형상(刑傷), 덕경(德慶), 삼기(三奇), 육의(六儀), 형통(亨通), 체생(遞生), 복덕(福德), 백호入상여, 묘신부일(墓神覆日), 절신가생(絶神加生/중전), 천을신기(天乙神祇/낮).

□ **핵심** : 의혹과 근심을 제거하면 재물을 구할 수 있다. 생업을 구하면 문(文)과 무(武) 모두 좋다.

□ **분석** : ❶ 戌은 화의 묘신이다. 이것이 일간에 엎드려 있어서 의혹과 근심이 많으니 이것을 없애는 것이 좋다.

❷ 申은 일간의 재성이다. 택상에 임한 뒤에 발용이 되었으니 이 재물을 가장 취할 만하다. 만약 간상의 묘신을 버리고 초전의 재물을 취하면 이것이 차례로 일간을 생하여오니 반드시 이익이 생긴다.

❸ 문(文)도 좋고 무(武)도 좋다. 그 이유는 寅은 천리(天吏)로서 문(文)이고, 申은 천성(天城)으로서 무(武)이기 때문이다.

□ **정단** : ❶ 寅은 순수(旬首), 亥는 순미(旬尾)이다. 寅이 亥에 가해서 중·말전에 나타나고 두 전(傳)에 순수와 순미가 모두 보이니 시종 좋고,

삼전이 일간을 체생(遞生)하니 반드시 윗사람의 추천을 받는다.

❷ 원태격(元胎格)은 노인과 어린이의 질병을 정단하면 흉하고, 옛것을 버리고 새것을 생하는 '타시살(駝屍煞)'이니 가장 불리하다.

○ **날씨** : 묘신이 일간을 덮었으니 태양이 가려지고 수모가 발용이 되었으니, 처음에는 비가 오고 나중에는 바람이 분다.

→ 암매의 신인 묘신이 하늘을 가렸으니 처음에는 흐리고, 수모인 申이 중전의 亥수를 생하니 나중에는 비가 오며, 말전이 寅목이니 나중에는 바람이 분다.

○ **가정** : 택상의 재신이 병(病)이고 다시 극을 받았으니 처에게 우환이 생기는 것을 예방해야 한다.

→ 일지는 가정, 처재효는 처이다. 택상의 申이 처이고 이것이 십이운성의 병이니 처에게 병이 생기는 것을 예방해야 한다. ● 일간은 집에 거주하는 사람이다. 간상의 戌이 묘신이니 사람이 하는 모든 일이 어둡다. 특히 낮에는 흉장인 등사가 타고 있으니 더욱 흉하다.

○ **혼인** : 일상에 묘신이 타니 불길한 남자이다.

→ 일간은 남자이다. 일간의 묘신인 戌이 일간에 임했으니 미래가 어두운 남자이다. 특히 낮에 정단하면 묘신에 등사가 타고 있으니 더욱 불길하다. ● 일지는 여자이다. 지상의 둔반과 천반이 모두 재성이니 재복이 있는 여자이다. 낮에는 육합이 타니 애교가 있는 여자이고, 밤에는 등사가 타니 가교한 여자이다. ● 궁합 : 간상의 戌이 지상의 申을 생하니 좋은 상이다.

○ **임신·출산** : 두 양이 하나의 음을 감싸니 임신해서 여자를 생육한다. '천반지결(天絆地結)'이니 출산을 정단하면 나쁘다.

→ 삼전에서 두 양인 申과 寅이 하나의 음인 亥를 감싸니 여자를 임신한다. 亥는 하늘로서 장생인 申에 앉아 생을 받으니 천반이고, 巳

는 땅으로서 寅에 앉아 생을 받으니 '지결'이다. 따라서 출산을 정단하면 나쁘다.

○ **구관** : 관성·귀인·일덕·역마가 삼전에 들었으니 가을과 겨울에 정단하면 대길하다.

→ 관성은 관직, 귀인과 일덕은 공무원, 역마는 승진의 신이다. 관성과 귀인과 일덕과 역마가 중전에 들었으니 관직에 길하다. 특히 가을과 겨울에 정단하면 亥가 왕성하니 대길하다.

→ 삼전이 일간을 체생하니 높은 직위로 추천을 받는다.

○ **구재** : 집에 있는 재물을 지켜야 한다.

→ 지상의 申은 재물이다. 이것이 택상에 머무니 이 재물을 고수해야 한다. 또한 초전의 재성이 중전을 생하고, 중전이 말전을 생하며, 말전이 일간을 생하니 사업에 대길하다.

○ **질병** : 비장과 신장 경락에 병이 들었다. 흉은 많고 길은 적다.

→ 백호의 극을 받은 오행의 장부에 병이 든다. 낮에 정단하면 오행의 수가 백호승신 辰토로부터 극을 받았으니 신장과 방광에 병이 들고, 밤에 정단하면 오행의 토가 백호승신 寅목으로부터 극을 받았으니 비위에 병이 든다. ● 환자를 뜻하는 일간에 묘신과 등사가 임하니 흉하다. 다만 연명이 丑이면 연명상신 辰이 묘신 戌을 깨트리니 흉화위길하다. ● 申은 백호, 巳는 상여이다. 초전에서 申이 巳에 가했으니 상(喪)을 예방해야 한다.

○ **출행** : 묘신이 일간에 임하니 움직이지 못한다.

→ 일간은 여행객이다. 일간에 임한 묘신 戌을 충하는 辰일이나 辰월에 출행이 가능하다.

○ **귀가** : 사일 혹은 자일이나 진일에 온다.

※『육임직지』원문에서는 미일(未日)이나 술일(戌日)에 도착한다고 하였다.

→ 근행한 사람은 초전 申과의 육합일에 오니 사일(巳日)에 오고, 원

행한 사람은 초전과의 삼합일에 오니 자일(子日)이나 진일(辰日)에 온다.

○ **도난** : 낮에는 서남방, 밤에는 정동에 있다.

　　※ 『육임직지』 원문에서는 "동남에 있다."고 했다.

　→ 도둑은 현무의 음신에 있다. 낮에 정단하면 현무의 음신이 巳이니 서남방에 있고, 밤에 정단하면 현무의 음신이 卯이니 정동에 있다.

↑ **쟁송** : 재심이 이롭다.

　→ 중심과는 상급법원에서 재심하는 것이 이롭다. ● **승패** : 일간은 나, 일지는 상대이다. 일간이 묘지에 묻혔으니 내가 불리하다.

○ **전쟁** : 나중에 대응하는 것이 이롭다.

　→ 하가 상을 극하여 발용이 된 중심과는 나중에 대응하는 것이 이롭다.

□ 『**필법부(畢法賦)**』: 〈제31법〉 삼전이 차례로 일간을 생해 오면 타인의 추천을 받는다. 반드시 여러 번 타인에 의해 높은 직위로 추천을 받는다.

　→ 초전 申 ⋯ 중전 亥 ⋯ 말전 寅 ⋯ 일간 丁을 차례로 생한다.

〈제86법〉 내전되면 도모하는 일에서 장차 재앙이 생긴다.

　→ 밤에 정단하면 초전의 천반 申이 지반의 巳로부터 내전되고 다시 등사의 오행인 巳화로부터 극을 당하니 협극된다.

〈제59법〉 화개가 일간을 덮으면 사람이 혼미해진다.

　→ 간상의 戌은 일지의 화개가 아니다. 그러나 일간의 묘신이니 모든 일이 혼미하다.

□ 『**과경(課經)**』: 육합이 내전되어 발용이 되었으니 일이 성사되지만, 나중에 타인에 의해 교란을 당한다.

➜ 아래의 □ 『집의(集義)』 참조.

□ 『집의(集義)』 : 육합이 내전되었으니 자식에게 재앙이 생기거나 혹은 중매인이 혼사를 트집 잡는다.

➜ 육합은 자식 혹은 중매인이다. 육합의 오행인 乙卯목이 천반의 申으로부터 극을 받았으니 자식에게 탈이 나거나 혹은 중매인이 혼사를 트집 잡는다.

□ 『옥녀총신결(玉女通神訣)』 : 순도(順道)는 발용이 부모이고 말전이 자식이지만, 만약 예의를 잃으면 자식에서 부모로 전해진다. 순(順)은 조화를 거스르지 않는다는 참된 비결어이다. 다시 말하기를 발용이 사(死)이고 말전이 생(生)이면 길이 모인다.

➜ 이 과전의 초전은 십이운성의 병이고 말전은 장생이다.

| 갑인순 | 정사일 | 11국 |

丁巳일 제 11국

공망 : 子·丑 ○
낮 : 왼쪽 천장, 밤 : 오른쪽 천장

辛	癸	○	
朱酉貴	貴亥陰	陰丑常	
未	酉	亥	
辛	癸	己	辛
朱酉貴	貴亥陰	勾未朱	朱酉貴
丁未	酉	巳	未

己勾未巳	庚合申午	辛朱酉未	壬蛇戌申
青戊午辰			癸貴亥酉 陰
空丁巳卯			○后子戌 玄
白丙辰寅	乙常卯丑○	甲玄寅子○	陰○丑亥 常

□ **과체** : 중심(重審), 여덕(勵德/낮), 불비(不備), 진간전(進間傳) // 간지동류(干支同類), 응음(凝陰/酉亥丑), 형상(刑傷), 삼기(三奇), 왕래수생(往來受生), 복덕(福德), 맥월(驀越), 육음(六陰), 무음(蕪淫), 강색귀호(罡塞鬼戶), 아괴성(亞魁星), 막귀임간(幕貴臨干/낮), 귀인상가(貴人相加), 천을신기(天乙神祇/낮).

□ **핵심** : 밤 귀인은 진노하고 재물과 혼인은 깨지고 망한다. 낮 귀인이 폐구되었으니 귀인의 힘은 약하고 말은 가볍다.

□ **분석** : ❶ 일간에 임한 밤 귀인 酉가 지반으로부터 극을 받았으니 반드시 귀인이 진노한다.
　❷ 일간의 처재효가 파쇄(破碎) 되었으니 재물과 혼인이 깨진다.
　→ 일지 巳의 파쇄는 간상의 酉이다.
　❸ 순미(旬尾)인 낮 귀인 亥가 폐구(閉口)되고 다시 패지(敗地)에 임했으니, 귀인의 힘이 약하고 말이 가벼우니 그에게 부탁할 수 없다.

□ **정단** : ❶ 과전이 오음(五陰)이니 모든 일이 어둡다. 양 귀인이 서로 가하고 사방에 귀인이 많으니 '편지귀인(遍地貴人)'이다. 귀인이 많으

니 오히려 귀하지 않다.

❷ 삼전의 재성이 귀살로 변하니 재물로 인해 화가 닥치는 것을 예방해야 한다.

❸ 말전의 丑이 초전의 재성 酉를 돕지만 丑이 공망되었으니 무력하다. 오직 축년과 축월에 정단하면 재물과 귀인 모두 좋다.

○ **날씨** : 과전이 모두 음이고 필수(畢宿)가 일간에 임하니 비는 많이 오고 맑음은 적다.

→ 육음은 비, 필수(酉)는 비를 부르는 신이다. 과전이 모두 음이고 다시 필수가 일간에 임하며 또다시 중전이 癸亥수이니 비오는 날은 많고 맑은 날은 적다.

○ **가정** : 관청의 시비를 예방해야 하고 모든 일은 아랫사람에게서 발생한다.

→ 일지는 가택이다. 택상에 주작과 구진이 타고 있으니 관재나 구설수를 예방해야 한다. 중심과이니 모든 일은 부인이나 자식으로 인해 발생한다.

○ **혼인** : 데릴사위가 된다.

→ 일간은 남자, 일지는 여자이다. 기궁이 지상으로 갔으니 데릴사위가 된다. ● 중심과이니 온순하지 않은 여자이고, 과전이 육음이고 다시 사과가 불비(不備)이니 정숙하지 않은 여자이다. ● 궁합 : 지상으로 간 기궁 未가 일지 巳와 상생하니 좋은 편이다.

○ **임신·출산** : 음이 극에 이르면 양이 생기니 남자이다. 임신은 흉하고 출산은 길하다.

→ 과전이 육음이니 남자이다. ● 일간은 태아, 일지는 임신부이다. 기궁이 지상으로 간 것은 태아가 어머니와 결합하는 상이니, 임신은 좋고 출산은 나쁘다.

○ **구관** : 가을과 겨울에 정단하면 길하다. 고시에 더욱 이롭다.
→ 酉와 亥는 모두 천을귀인으로서 공무원이다. 이들이 일간과 초·중전에 나타났으니 이롭고, 가을과 겨울에는 이들이 왕상하니 고시나 승진에 더욱 이롭다. ● 그리고 아괴성인 酉가 고시생을 뜻하는 일간에 임하고 특히 낮에 정단하면 간상에 염막귀인이 임하니 고시에 합격한다. 특히 연명이 申이면 그 상신이 괴강성인 戌이니 반드시 높은 성적으로 합격한다.

○ **구재** : 재효가 일간에 임한 뒤에 발용이 되었으니 구하지 않더라도 저절로 재물을 얻는다. 깨지고 소모된다.
→ 酉는 재물이다. 재효가 간상과 초전에 임했으니 재물을 구하지 않더라도 취득하지만, 사일(巳日)의 파쇄(破碎)이니 득재한 뒤에 파재한다.

○ **질병** : 비장이 상했다. 병세가 처음에는 중하고 나중에는 가볍다.
→ 밤에 정단하면 백호승신 寅이 토를 극하니 비장이 상했다. 말전이 공망되었으니 나중에는 병이 가벼워진다. ● 천을신기 : 밤에는 귀인이 귀살 亥에 타서 일간을 극하니 귀신의 해침이 있다. 신에게 기도해야 한다.

○ **출행** : 불리하다.
→ 일간은 여행객, 일지는 여행지이다. 간상이 파쇄(破碎)이니 불리하고, 지상에 흉장인 구진과 주작이 타니 불리하다.

○ **귀가** : 소식이 온다.
→ 낮에 정단하면 주작이 간상에 타고 있으니 소식이 온다.

○ **도난** : 동남과 동북에 도둑이 모여 있다. 잡을 때에 몸이 손상되는 것을 예방해야 한다.
→ 도둑은 현무의 음신에 숨어 있다. 낮에 정단하면 현무의 음신이 辰이니 동남방에 있고, 현무승신 寅이 구진승신 未를 극하니 경찰이 도둑으로부터 몸을 상하는 것을 예방해야 한다. 밤에 정단하면 현

무의 음신이 寅이니 동북방에 있고, 현무승신 子가 구진승신 巳를 극하니 경찰이 도둑으로부터 몸을 상하는 것을 예방해야 한다.
- ↑ **쟁송** : 재심해야 한다.
  - ➜ 중심과이니 상급의 법원에서 재심(再審)해야 한다. ● 승패 : 일간은 나, 일지는 상대이다. 지상으로 간 기궁이 일지로부터 생을 받고 다시 간상이 지상의 생을 받으니 내가 유리하다.
- O **전쟁** : 파쇄(破碎)가 일간에 임했으니 불리하다.
  - ➜ 사일(巳日)의 파쇄는 酉이고 파쇄는 전멸의 상이니 아군에게 불리하다.

- □ 『**필법부(畢法賦)**』 : 〈제44법〉 과전이 모두 귀인이면 도리어 의지할 곳이 없다.
  - ➜ 丁일의 주야 귀인 酉와 亥가 과전에 가득하다.

  〈제45법〉 주야귀인이 서로 가하면 양 귀인에게서 구하면 된다. 공무원이 귀인에게 요청하여 일을 구하는 정단에서는 반드시 양 귀인이 참견하여 성취한다. 그러나 일반인이 귀인을 알현하는 정단에서는 반드시 귀인을 만나지 못한다.
- □ 『**비요(秘要)**』 : 구재는 삼일이 기한이다. 모든 정단에서 당일에 결정된다.
- □ 『**찬요(纂要)**』 : 정단하는 사람의 연명이 申이면 반드시 높은 성적으로 합격하며, 귀인을 만나 부탁하는 일에서 좋다.
  - ➜ 연명이 申이면 연명상신 戌이 괴강(魁罡)이니 높은 성적으로 합격한다.
- □ 『**찬의(纂義)**』 : 머리는 있지만 꼬리는 없다. 모든 일은 멈춰야 한다. 소인은 흉을 초래하고 군자는 길하다.
  - ➜ 초전은 머리, 말전은 꼬리이다. 초전은 튼실하고 말전은 공허하

니 머리는 있고 꼬리는 없다. 모든 일에서 시작은 있고 결실은 없는 상이다.

- 『과경(課經)』: 양 귀인이 서로 가하니 모든 일은 반드시 양 귀인이 간섭하여 성취한다. 공무원이 정단하면 귀인이 귀인에게 부탁하니 가로막히지 않고 격리되지 않는다.
- 『정온(精蘊)』: 파쇄(破碎)가 발용이 되었으니 구재가 뜻대로 되지 않고 반드시 파재한다.

  → 초전의 酉는 사일(巳日)의 파쇄이다. 재성이 파쇄되면 파손된 재물이니 취할 수 없다. 맹일(寅申巳亥)의 파쇄는 酉, 중일(子午卯酉)의 파쇄는 巳, 계일(辰戌丑未)의 파쇄는 丑이다.

| 丁巳일 | 제 12 국 |

공망 : 子·丑 ○
낮 : 왼쪽 천장, 밤 : 오른쪽 천장

庚 合 申 蛇	辛 朱 酉 貴	壬 蛇 戌 后
未	申	酉
庚 合 申 蛇	辛 朱 酉 貴	戌 青 午 合	己 勾 未 朱
丁 未	申	巳	午

戊 青 午 巳	己 合 未 午	庚 蛇 申 未	辛 朱 酉 申 貴
空 丁 巳 辰 勾			蛇 壬 戌 酉 后
白 丙 辰 卯 青			貴 癸 亥 戌 陰
常 乙 卯 寅	空 甲 寅 丑 玄	白 陰 丑 子 ○ 常	后 ○ 子 亥 玄

□ **과체** : 중심(重審), 진여(進茹) // 간지동류(干支同類), 주인(鑄刃/ 申酉戌), 형상(刑傷), 권섭부정(權攝不正), 복덕(福德), 천라지망(天羅地網), 전재태왕(傳財太旺), 병체난담하(病體難擔荷), 교차육합(交叉六合), 귀인입옥(貴人入獄/낮).

□ **핵심** : 교차상합을 한다. 급히 구재해야 한다. 질병과 소송은 탐욕에서 비롯된 것이다. 낮 귀인을 가까이 하면 안 된다.

□ **분석** : ❶ 일지 巳와 간상의 申, 지상의 午와 기궁 未가 교차상합(交叉相合)하니 어찌 화합하지 않겠는가?

❷ 申이 일간의 재성이니 서둘러서 재물을 취해야 한다. 만약 조금이라도 지체하면 酉가 사지(死地)의 재물이며, 戌에서는 묘지를 당하니 구재가 힘이 든다. 삼전이 모두 재성이니 반드시 욕심내서 재물을 취하면 화가 생기고, 질병과 소송을 정단하면 모두 나쁘다.

❸ 낮 귀인 亥가 戌에 임해서 귀인이 입옥(入獄) 되었으니 귀인에게 청탁하면 귀인이 진노한다.

□ **정단** : ❶ 삼전이 진여(進茹)이다. 삼전이 동류의 서방 금국을 이루어

서 재물이 지나치게 왕성하니 오히려 재물이 훼손된다.

❷ 왕신 겸 일록이 일지에 임하고 여기에 길장인 청룡과 육합이 타니 혼인정단에서 매우 이롭고 길하며 또한 투자금을 모아서 경영하는 일에서 이롭다. 봄과 여름에 정단해서 재국이 휴수할 때에 이익을 얻는다.

➔ 이미 재성이 왕성하니 일간이 왕성한 시기에 이익이 있다.

○ **날씨** : 청룡이 탈기에 타서 수모(水母)를 극하니 비가 올 수 없다.
  ➔ 청룡은 감우의 천장, 수모는 비를 생하는 신이다. 청룡승신 午가 수모인 申을 극하니 비가 오지 않는다.
○ **가정** : 반드시 희경사가 있다.
  ➔ 일지는 가택이다. 지상의 午가 일록이니 집에 의식이 풍족하다. 낮에는 청룡이 타고 있으니 재물이 풍족하고, 밤에는 육합이 타고 있으니 자식이 생기는 희경사가 있다. ● 삼전이 순수한 처재이니 부모를 극하여 해친다.
○ **혼인** : 교차상합(交叉相合)을 한다. 남자가 여자를 정단하면 더욱 길하다.
  ➔ 일간은 나, 일지는 여자이다. 일지 巳와 간상의 申, 지상의 午와 기궁 未가 교차상합하니 혼인이 성사된다. 그리고 지상의 午가 일록이니 식록이 풍족한 여자이고, 주야 모두 길장이 타고 있으니 길한 여자이다. ● 궁합 : 매우 좋다.
○ **임신·출산** : 여자를 임신한다. 속히 출산한다.
  ➔ 삼전은 태아가 생육되는 과정이다. 삼전의 두 양(申,戌)이 하나의 음(酉)을 감싸니 여자를 임신한다. 삼전이 진여(進茹)이니 속히 출산한다.
○ **구관** : 귀인이 묘로 드니 관직을 정단하면 덜 이롭다.

→ 귀인은 공무원이다. 낮에 정단하면 귀인승신 亥가 일간의 묘지인 戌에 임하니 관직에 이롭지 않다. ● 일록인 午가 지상으로 갔으니 퇴임할 우려가 있거나 혹은 좌천되거나 혹은 지방으로 파견가거나 혹은 감봉된다. ● 간지가 천라지망(天羅地網)이니 경거망동하면 안 되며 또한 부모상을 예방해야 한다.

○ **구재** : 재백은 많지만 재물을 취하는 것을 절제해야 한다.

→ 삼전의 재물은 지극히 왕성하고 일간은 지극히 약하니 구재하여 이익이 없다. 다만 일간 丁화가 왕상해지는 여름과 봄에 정단하면 삼전의 재물을 취할 수 있다. ● 만약 타인과 합작해서 사업을 하면 재물을 취득할 수 있다. 그 이유는 일지인 巳가 일간과 비화하고 다시 그 상신 午가 일간과 비화하여 일간음양과 삼전의 재물을 감당할 수 있기 때문이다. 더군다나 지상의 午와 일간의 기궁인 未가 상합하니 합작에 더욱 좋다.

○ **질병** : 기쁜 일로 인해 병을 얻었다. 치료를 지체하면 낫기 어렵다.

→ 간상은 병의 원인이다. 낮에 정단하면 간상에 육합이 있으니 지나친 방사로 인해 온 병이고, 삼전이 모두 재성이니 음식을 지나치게 섭취해서 온 병이다. 삼전이 십이운성의 병과 사와 묘로 이어지니 치료를 지체하면 낫기 어렵다.

○ **출행** : 가면 안 된다.

→ 일간은 여행객, 일지는 가정이다. 간지가 교차상합하여 집을 떠나기 싫어하니 갈 수 없다. 만약 출행하면 삼전이 십이운성의 병과 사와 묘로 이어지니 출행이 안전하지 않다.

○ **귀가** : 지체된다.

※『육임직지』원문에서는 "즉시 도착한다."고 하였다.

→ 삼전은 귀가노선, 일지는 집이다. 삼전이 출행하는 상의 진여이니 지체된다.

○ **도난** : 동북방의 상가(喪家)에 있다.

➜ 도둑은 현무의 음신에 있다. 낮에 정단하면 현무의 음신이 卯이니 정동에 있고, 卯에 태상이 타니 상가에 있다. 밤에 정단하면 현무의 음신이 丑이니 동북방에 있고, 丑에 태음이 타니 첩과 함께 있다.

↑ **쟁송** : 내가 불리하다.

➜ 일간은 나, 일지는 상대이다. 지상의 午가 간상의 申을 극하니, 상대는 유리하고 나는 불리하다. 중심과는 나중이 유리하니 상급의 법원에서 재심해야 한다.

○ **전쟁** : 근신하면서 지켜야 한다. 맞붙어 싸우면 안 된다.

➜ 일간은 아군, 일지는 적군이다. 지상의 午가 간상의 申을 극해서 적군이 아군에 비해 우세하니 싸우면 안 된다.

□ **『필법부(畢法賦)』** : 〈제55법〉 천라지망(天羅地網)을 만나면 모망사가 보잘 것이 없게 된다.

➜ 매일의 제12국은 이 법에 해당한다.

〈제21법〉 교차상합하면 왕래에 이롭다.

➜ 일지 巳와 간상의 申, 지상의 午와 기궁 未가 교차상합하니 혼인, 매매, 동업, 회담에 이롭다.

□ **『찬의(纂義)』** : 주객이 비록 화목하지만 헛되이 스스로 그물을 치고 재물이 묘지로 드니 놀람과 공포가 매우 많다.

□ **『회통(會通)』** : 삼전의 재물이 귀살로 변화하니 질병을 정단하면 반드시 상한 음식으로 인해 병을 얻었다. 만약 연명상에서 재물을 제극하는 오행을 만나면 구함이 있다. 만약 제극하는 글자가 없을 경우에는 병을 구하지 못하며, 특히 가을과 겨울에 정단하면 구하지 못한다.

➜ 가을과 겨울에는 재성이 생을 받아 병세가 강해지니 더욱 나쁘다.

□ 『**지장부(指掌賦)**』: 일간이 삼전을 극하면 구재에 좋고, 삼전에 처재가 보이면 이익이 많으며, 삼전이 순수한 처재이면 부모를 극하여 해친다.

→ '순수한 처재'는 재성이 국을 이룬 것을 말한다.

□ 『**과경(課經)**』: 간지에 왕기가 탔으니 천라지망(天羅地網)이다. 그쳐서 자신을 지키는 것이 이롭고 움직이고 도모하면 불리하다.

무오일

戊午日의 길신(구보)과 흉살(팔살)

일덕	巳	형	
일록	巳	충	
역마	申	파	
장생	寅	해	
제왕	午	귀살	寅卯
순기	亥	묘신	戌
육의(六儀)	甲寅	패신 / 도화	卯 / 卯
귀인	주	丑	공망	子丑
	야	未	탈(脫)	申酉
합(合)		사(死)	酉
태(胎)	子	절(絶)	亥

| 갑인순 | 무오일 | 1국 |

戊午일 제1국

공망 : 子·丑
낮 : 왼쪽 천장, 밤 : 오른쪽 천장

	丁	庚	甲
勾 巳 朱	白 申 后	蛇 寅 靑
	巳	申	寅
	丁	丁	戊	戊
勾 巳 朱	勾 巳 朱	靑 午 蛇	靑 午 蛇
戊 巳	巳	午	午

丁 勾 巳 巳	戊 朱 午 午 靑	己 空 未 未 貴	庚 白 申 申 后
丙 合 辰 辰 合			辛 常 酉 酉 陰
乙 朱 卯 卯 合			壬 玄 戌 戌 玄
甲 蛇 寅 寅 靑	貴 丑 丑 ○	后 子 子 ○	癸 陰 亥 亥 常

- **과체** : 복음(伏吟), 자임(自任), 원태(元胎) // 간지동류(干支同類), 앙구(怏咎), 체극(遞剋), 주객형상(主客刑傷), 귀인공망(貴人空亡), 덕경(德慶), 육의(六儀), 복덕(福德), 양면도격(兩面刀格), 인귀생신(引鬼生身), 왕록임신(旺祿臨身), 일희일비(一喜一悲), 말조초혜(末助初惠).

- **핵심** : 말전이 초전을 도와서 일간을 생하면서 동시에 삼전이 계속해서 일간을 침범한다. 초전은 정마이고 중전은 역마이니 겉은 보살 같지만 속은 악귀와 같다.

- **분석** : ❶ 말전의 寅목이 초전의 巳화를 도와 일간 戊토를 생하고 다시 일덕과 일록이 일간에 임하니 과상이 길하다. 다만 삼전이 일간을 체극(遞剋)하니 침입과 능멸을 면하기 어렵다.

❷ 초전은 정마와 일록이고, 중전은 역마 申이며 동시에 일지의 재성이어서 재물과 일록이 움직이니 관직자에게 좋다.

❸ 다만 자신만만하여 그 기세를 믿고 타인을 능멸하면 안 된다. 말전의 寅이 巳를 도와 일간을 생하기도 하지만 나중에는 삼전이 일간을 체극하기 때문이다. 따라서 겉은 보살 같지만 속은 악귀이니 이

얼마나 흉한가?

□ **정단** : ❶ 복음(伏吟)은 본래 고요하다. 삼전에서 정마를 만나 기세있게 움직이는 상이다.

❷ 일지의 파쇄(破碎)가 일간에 임하고 일간의 양인(羊刃)이 일지에 있으며 지상이 일간의 생기이지만 모두 두렵다.

❸ 구진이 관인(官印)을 받쳐 들고 백호가 사당에 들며 등사에 뿔이 났으니 구관(求官)과 귀인을 만나는 일에 이롭다. 반드시 귀인의 은혜가 많아 어려움이 풀린다.

→ 낮에 정단하면 초전에 있는 구진이 관인을 뜻하는 巳에 타니 '구진이 관인을 받쳐 든다'고 하였다. 그리고 말전의 寅에 낮에는 등사가 타고 밤에는 청룡이 탄다. 등사가 쌍각(雙角)이 있는 청룡이 되는 상이니 '등사에 뿔이 난다'고 하였다. 이와 같으므로 구관을 정단하면 길하다.

○ **날씨** : 주작이 일간을 생하고 청룡이 일간을 극하니 맑고 비가 오지 않는다.

→ 화의 천장인 주작이 丁巳화에 타고 있으니 맑고 청룡이 寅에 타고 있으니 비가 오지 않는다.

○ **가정** : 낮에는 청룡이 제왕에 타니 기쁘고, 밤에는 등사가 양인을 타니 경공을 피하기 어렵다

→ 일지는 가택이다. 낮에 정단하면 청룡이 일간의 제왕인 午에 타서 일간을 생하니 집이 부유해지고, 밤에 정단하면 등사가 일간의 양인인 午에 타니 놀라며 두려운 일을 피하기 어렵다. ● 일간은 이 집에 거주하는 사람이다. 낮에는 간상의 일록에 구진이 타니 직업상의 쟁투를 예방해야 하고, 밤에는 간상의 일록에 주작이 타니 직업상의 구설수를 예방해야 한다.

○ **혼인** : 낮에 정단하면 성사된다.
→ 일간은 나, 일지는 배우자감이다. 낮에는 일간의 생기인 지상의 午에 청룡이 타서 일간을 생하여오니 혼인이 성사된다. 그러나 밤에 정단하면 지상에 등사가 타고 있으니 좋지 않은 사람이다. ● 궁합 : 비록 간지의 상신은 비화(比和) 하지만 삼전이 삼형(三刑)하여 남녀가 싸우는 상이니 나쁘다. 만약 혼인하면 평생 싸운다.

○ **임신·출산** : 자식은 양에 속한다. 산기는 요원하다.
→ 일간은 태아이다. 일간의 음양에서 두 음(巳,巳)이 하나의 양(戊)을 감싸니 남자이다. ● 복음과는 천반과 지반이 붙어있으니 선천성 언어장애를 예방해야 하고 또한 출산이 늦어진다.

○ **구관** : 길흉이 서로 반반이다.
→ 일록은 관록, 일덕은 공무원, 역마는 승진의 신, 관성은 관직이다. 비록 초전의 巳가 일록과 덕경(德慶), 중전의 申은 역마, 말전의 寅이 관성이지만 삼전이 일간을 체극하니 길흉이 반반이다. 공무원은 탄핵이나 면책을 예방해야 한다.

○ **구재** : 자신의 재물을 지켜야 한다. 밖의 재물을 얻기 어렵다.
→ 재성과 청룡은 재물이다. 지상에서 청룡이 일간의 부모효인 午에 타고 있으니 가게에서 재물과 수익을 유지하면 된다. 다만 삼전에 재성이 없으니 밖의 재물을 얻기 어렵다.

○ **질병** : 간경락과 심장경락에 병이 들었다. 구병(久病)은 흉하니 기도해야 한다.
→ 낮에 정단하면 오행의 목이 백호승신 申금으로부터 극을 받으니 간경락에 병이 든다. ● 천반과 지반이 동일하여 간괘에 해당하는 복음과이니 병이 오래가고 또한 삼전이 일간을 체극하여 오니 병이 쉽게 낫지 않는다.

○ **출행** : 낮에는 수로와 육로 모두 가능하다. 밤에는 불리하다.
→ 현대에서는 일간은 여행객, 일지는 여행지이다. 주야 모두 지상

의 부모효가 일간을 생하여오니 출행이 안전하지만, 밤에 정단하면 지상에 등사가 타고 있으니 여행지에서 놀라는 일을 예방해야 한다.

○ **귀가** : 즉시 도착한다.

→ 복음과는 근행한 사람은 즉시 도착하고, 원행한 사람은 귀가를 기약하기 어렵다.

○ **도난** : 본가 혹은 친척집에 있다. 종(奴僕)이 도둑이다. 아직 대문을 나가지 않았다.

→ 복음과는 도둑과 장물이 도둑을 맞은 집 혹은 친척집의 대문 안에 있다. ● 현무가 戌에 타니 남종이 도둑이다.

☂ **쟁송** : 합의가 가능하다. 오래간다.

→ 간지의 상신이 비화(比和)하니 합의가 가능하다. 만약 합의하지 않으면 주역의 간괘 복음과이니 쟁송이 오래간다. ● 승패 : 삼전이 일간을 체극하니 내가 불리하다.

○ **전쟁** : 이익이 보이지 않는다.

→ 일간은 아군이다. 삼전이 일간을 체극하여 오니 해를 입고 이익이 보이지 않는다.

○ **분묘** : 간곤용향(艮坤龍向)이다. 일간을 생하니 대길하다.

→ 낮에 정단하면 귀인이 丑에 타고 있으니 간좌곤향이고, 밤에 정단하면 귀인이 未에 타고 있으니 곤좌간향이다. 일간은 후손, 일지는 분묘이다. 지상의 午가 일간을 생하니 후손에게 대길하다.

□ 『**필법부(畢法賦)**』 : 〈제89법〉 자임(自任)과 자신(自信)에 정마가 타면 모름지기 행동을 한다.

→ 자임과 자신은 곧 복음과를 뜻한다. 복음과는 움직이지 않는 상이다. 그러나 복음과의 초전과 중전에 정마와 역마가 보이니 움직

여서 행동하게 된다.

⟨제32법⟩ 삼전이 차례로 나를 극하면 대중이 나를 기만한다.

→ 초전 巳 … 중전 申 … 말전 寅 … 일간 戊를 차례로 극한다.

□ 『육임지남(六壬指南)』: 辛未년에 월장 酉를 점시 酉에 가한 뒤에 사환(仕宦)을 정단한다. ① 조정에 몸담고 있는 관리가 정단하여서 이 과를 득하면, 상소(탄핵)를 미리 예방하여 피해야 하며, 임금의 교지로 고향으로 돌아가게 된다.

② 말하기를 어떻게 그것을 알 수 있는가? 그것은 삼전의 12신이 서로 극을 하고, 복음과에 정마가 보이며, 다시 태양이 빛나지 않으니 어찌 오랫동안 조정에 머물 수 있겠는가? 좋아 보이는 것은 주작과 일덕과 일록이 일간을 생하므로 좋은 교지를 받아서 고향으로 돌아가게 된다.

③ 나중에 알게 된 것은 사명의 휘(諱)가 상공(象坤)인 전상공이 정단을 한 것인데, 과연 다른 사람이 임금에게 청하여서 고향으로 돌아갔다.

※ 이우산, 『육임실전』 2(대육임지남), 대유학당, 2014, 202~203쪽 참조.

戊午일 제 2 국

공망 : 子·丑 ○
낮 : 왼쪽 천장, 밤 : 오른쪽 천장

乙	甲	○
朱 卯 勾	蛇 寅 靑	貴 丑 空
辰	卯	寅
丙	乙	丁　　丙
合 辰 合　朱 卯 勾	勾 巳 朱　合 辰 合
戊 巳	辰	午　　巳

丙合辰巳	丁勾巳午	戊青午未	己空未申貴
乙朱卯辰			庚白申酉后
甲蛇寅卯			辛常酉戌陰
○貴丑寅	○空子丑后	癸陰亥子○白常	壬玄戌亥玄

□ **과체** : 원수(元首), 퇴여(退茹), 불비(不備), 참관(斬關) // 간지동류(干支同類), 연방(聯芳/卯寅丑), 귀인공망(貴人空亡/낮), 침해(侵害), 권섭부정(權攝不正), 무음(蕪淫), 복공(腹空), 덕경(德慶), 육의(六儀), 살몰(殺沒), 괴도천문(魁渡天門/연명 亥), 명암이귀(明暗二鬼).

□ **핵심** : 사람의 신상이 어둡다. 정마가 집을 누른다. 귀살이 묘지 위에 앉아서 병자를 부른다.

□ **분석** : ❶ 일간이 묘지에 묻혔으니 어둡고, 정마가 일지에 임했으니 집이 요동한다.
  → 수토동궁설을 적용하면 간상의 辰은 일간의 묘지이다.
  ❷ 卯는 일간의 귀살이다. 卯가 묘지 속에 숨어서 병자를 부르니 질병을 정단하면 필사한다.
  → 수토동궁설을 적용하면 초전 지반의 辰은 일간의 묘신이고, 초전 천반의 卯는 일간의 귀살이다.
  ❸ 삼전이 모두 귀살이니 관직자는 이롭고 비 관직자는 두렵다.

□ **정단** : ❶ 삼전이 퇴여(退茹)이고 말전이 공망되었으니 후퇴하면 공

망에 들어가고 전진하면 묘지를 만나니 진퇴양난의 상이다.
❷ 삼전의 모든 귀살이 일간을 해치지만 장애물을 부수고 묘지를 깨트리니 우환 속에서 어둠이 걷힌다.
❸ 용신이 깨지니 속히 성사되기 어렵고, 일록 巳가 일지에 임하니 자신의 뜻대로 되지 않는다. 봄과 겨울에는 귀살이 왕상하니 일이 쉽게 해결되고, 가을과 여름에는 목기가 휴수하여 궁색한 귀신에게 시달리니 재앙이 매우 심하다.

○ **날씨** : 묘신이 일간을 휘덮어 하늘을 가렸으니 날이 흐린 상이다.
→ 묘신은 흐림, 일간은 하늘이다. 묘신이 하늘을 덮었으니 날이 흐리다.
○ **가정** : 덕신이 가택에 임했으니 반드시 집이 풍요롭다. 巳의 둔간이 丁이니 동요를 면하기 어렵다.
→ 일지는 가택, 일록은 식록이다. 지상에 일록인 巳가 임했으니 가정에 재산이 많다. 다만 지상에 정마가 타니 이동수가 있다. 지상에 낮에는 구진이 타니 관재, 밤에는 주작이 타니 구설수가 발생하는 것을 예방해야 한다.
○ **혼인** : 여자는 길하고 남자는 흉하다.
→ 일간은 남자, 일지는 여자이다. 지상에 일록과 일덕이 임하니 식록이 풍족하며 덕성을 갖춘 여자이고, 간상에 일간의 묘신이 임하니 미래가 어두운 남자이다. 여기서의 묘신은 수토동궁설을 적용했다. ● 궁합 : 원수과이니 좋고, 지상의 巳가 간상의 辰을 생하니 더욱 좋다. ● 사과가 불비여서 음란하니 길하지 않다. ● 일지는 상대이다. 지상에 낮에는 구진이 타니 쟁투를 일삼는 여자, 밤에는 주작이 타니 언쟁을 일삼는 여자이다.
○ **임신·출산** : 남자이다. 순산한다. 키우지 못할 우려가 있다.

→ 일간은 태아, 삼전은 태아가 생육되는 과정이다. 일간의 상하가 모두 양이니 남자, 삼전의 두 음(卯,丑)이 하나의 양(寅)을 감싸니 남자이다. 태신인 子가 공망되었으니 태아와 아기를 키우지 못한다.

O **구관** : 봄에 정단하면 대길하다.

→ 관성은 관직이다. 관성인 삼전의 목국이 봄에 만발하니 봄에 정단하면 대길하다. ● 권섭부정(權攝不正) : 일록이 지상으로 갔으니 강등 혹은 면책을 당하거나 혹은 지방으로 발령이 나거나 혹은 직위를 옮긴다.

O **구재** : 식록이 좋다. 밖의 재물을 취득하기 어렵다.

→ 일록은 재물, 일지는 영업장이다. 일록이 영업장에 있으니 영업장에서의 식록이 좋다. 삼전에 처재효와 청룡이 없으니 밖의 재물을 취득하기 어렵다. 따라서 창업하면 안 된다.

O **질병** : 심장에 병이 들었다. 저절로 낫는다.

※ 『육임직지』 원문에서는 "매우 흉하다."고 하였다.

→ 밤에 정단하면 백호승신 子가 화를 극하니 심장병이다. 백호승신이 공망되어 나쁜 작용을 하지 못하니 저절로 낫는다. ● 귀살은 병재이다. 삼전의 목국이 토를 극하니 위장병이다. ● 의약신 申酉가 임한 정서와 서북방에서 치료하면 된다.

O **출행** : 출발하면 안 된다.

→ 일간은 여행객, 일지는 여행지, 삼전은 여정이다. 간상에 묘신이 임하고, 지상에 구진과 주작이 타고 있으니 여행지에서 쟁투와 구설수가 생기며, 삼전이 귀살국이어서 재앙이 닥치니 출발하면 안 된다.

O **귀가** : 근행은 술일(戌日), 원행은 해일(亥日)이나 미일(未日)에 도착한다.

※ 『육임직지』 원문에서는 "무일(戊日)에 온다."고 하였다.

→ 근행은 초전과의 육합일에 오니 술일에 오고, 원행은 초전과의

삼합일에 오니 해일이나 미일에 온다.
○ **유실** : 식구가 훔쳐갔다.
  → 지상이 정마이니 가족이 훔쳤다.
○ **도난** : 정서방의 상복을 입은 여자의 집에 있다.
  → 도둑은 현무의 음신에 숨어 있다. 주야 정단 모두 현무의 음신이 酉이니 서방에 있다. ● 酉와 태음은 첩, 태상은 상복이다. 낮에 정단하면 현무의 음신에 태상이 타니 상가에 있고, 밤에 정단하면 현무의 음신에 태음이 타니 첩의 집에 있다.
○ **쟁송** : 내가 불리하다.
  → 묘신에는 암매의 뜻이 있다. 수토동궁설을 적용하면 간상의 辰이 일간의 묘신이니 내가 불리하다.
○ **전쟁** : 적군의 침범을 예방해야 한다. 밤에는 더욱 흉하다.
  → 일간은 아군, 일지는 적군이다. 지상에 정마에 타고 있어서 적군이 침입해오는 상이니 적군의 침입을 예방해야 한다.

□ 『**필법부(畢法賦)**』 : 〈제59법〉 화개(華蓋)가 일간을 덮으면 사람이 어둡다.
  → 간상의 辰은 일지의 화개가 아니다. 일지의 화개는 戌이다.
  〈제8법〉 일록이 일지에 임하면 임시직으로서 바른 직위가 아니다.
  → 戊의 일록인 巳가 일지에 임한다. 일간은 높고 일지는 낮다. 일록이 일지에 임하니 하위직과 임시직이다.
  〈제9법〉 옛 터전을 버리고 난을 피해 도망가서 산다.
  → 간상의 辰은 일간의 묘신이고 삼전은 모두 귀살이니 난을 피해서 지상으로 가서 살아야 한다.
□ 『**과경(課經)**』 : 戌은 천괴(天魁)이고 亥는 천문(天門)이다. 괴도천문은 도모하는 일에서 장애가 생긴다.

- 『**집의(集義)**』: 卯에 탄 주작이 辰에 임하여 발용이 되었으니 구설과 문서의 일이다.
  - ➜ 주작은 구설과 문서, 卯는 귀살이다. 주작이 귀살에 타서 일간을 극하니 구설수 혹은 면책, 탄핵이 발생한다.
- 『**조담비결(照膽秘訣)**』: 일간의 음신이 일간을 극하고 묘지가 일간을 덮쳤으니 어둡고 눌리며 막히는 일이 많다.
- 『**심인부(心印賦)**』: 일진상에 묘신이 가하면 병자는 병이 낫지 않고 재앙으로 인해 탄식한다.
  - ➜ 수토동궁설을 적용하면 간상의 辰은 일간의 묘신이다.

갑인순 | 무오일 | 3국

戊午일 　제 3 국

공망 : 子·丑
낮 : 왼쪽 천장, 밤 : 오른쪽 천장

	癸	辛
貴 丑 空	陰 亥 常	常 酉 陰
卯	丑 ○	亥
乙	○	丙	甲
朱 卯 勾	貴 丑 空	合 辰 合	蛇 寅 靑
戊 巳	卯	午	辰

乙卯 朱巳	丙辰 合午	丁巳 勾未	戊午 青申 蛇
甲寅 蛇辰 青			己未 空酉 貴
○丑 貴卯 空			庚申 白戌 后
后子 寅	癸亥 陰丑 常	壬戌 玄子 玄	辛酉 常亥 陰

□ **과체** : 중심(重審), 참관(斬關), 퇴간전(退間傳), 여덕(勵德), 과수(寡宿)
// 극음(極陰/丑亥酉), 귀인공망(貴人空亡/낮), 침해(侵害), 구추(九醜), 오음(五陰), 삼기(三奇/중전), 복덕(福德/말전), 답각공망(踏脚空亡).

□ **핵심** : 몸은 상하고 집은 매장된다. 발용과 삼전은 공망되고, 말전에서 일간의 탈기(脫氣)와 패기(敗氣)를 만났으니 이익이 적다.

□ **분석** : 戊에 卯가 임하니 사람이 상하고, 午에 辰이 타니 집이 묘지에 묻힌다. 초·중전은 공함되고 말전에서는 탈기(脫氣)와 패기(敗氣)인 酉를 만난다. 간지가 위와 같고 삼전 또한 이러하니 어찌 작은 이익이라도 있겠는가?

□ **정단** : ❶ 삼전이 丑亥酉이니 '극음(極陰)'이고 초·중전이 공망되었으니 모든 정단에서 유명무실하다.

❷ 일간과 일지의 상신인 卯와 辰이 서로 육해(六害)하니 나와 상대가 소통되지 않고, 일지 午가 지상의 辰으로 탈기되고 일간 戊가 간상의 卯로부터 극을 당하니 위아래 모두 몹시 피곤하다.

❸ 만약 연명이 辰이면 그 위에 寅이 타니 귀신을 부르는 뜻의 '호귀

(呼鬼)'라고 하여 질병을 정단하면 대흉하다. 만약 연명이 戌이면 그 위에 申금이 타서 寅목을 제극하니 해가 되지 않는다.

○ **날씨** : 어두운 상이다.
  → 초전이 사묘(四墓)의 하나인 丑이니 어둡다.
○ **가정** : 묘신이 가택을 덮었으니 가정이 기쁘지 않다.
  → 일지는 가택이다. 일간의 묘신인 辰이 가택을 덮었으니 가정이 어둡고 밝지 못하다. ● 일간은 이 집에 거주하는 사람이다. 간상이 일간의 귀살이니 사람에게 우환이 닥친다. 낮에는 주작이 타니 구설수나 탄핵이 발생하고, 밤에는 구진이 타니 쟁투나 쟁송이 발생한다. 삼전이 '극음(極陰)'이다. 극음은 밤에 해당하니 광명을 보지 못하고, 주색으로 인해 질병이 발생하는 가상이다.
○ **혼인** : 간상에는 패신이 타고 지상에는 묘(墓)가 탄다. 혼인을 정단하면 불길하다.
  → 일간은 남자이고 일지는 여자, 십이운성의 패신은 패가망신이고 묘(墓)는 어둠이다. 간상에 패신이 타니 남자는 패가망신의 상이고, 지상에 묘신이 타니 여자는 어두운 상이며, 삼전이 어두운 밤의 극음이니 혼인이 불길하다. ● 구추격이니 혼인이 흉하며 추녀이다. ● 궁합 : 간지의 상신이 서로 해치니 나쁘다. ● 일지는 상대이다. 주야 모두 지상에 육합이 타니 애교가 있는 여자이다.
○ **임신·출산** : 일간은 패기(敗氣)이고 일지는 묘(墓)이니 어머니와 태아 모두 안전하지 않다,
  → 일간은 태아, 일지는 임신부이다. 간상의 卯가 패신이니 유산될 우려가 있고, 지상의 辰이 묘신이니 임신부의 건강이 매우 나쁘다.
○ **구관** : 귀인이 공망되었으니 불리하다.
  → 귀인은 공무원이다. 낮에 정단하면 천을귀인 丑이 초전에서 공망

되었으니 불리하다. ● 삼전이 밤으로 가고 다시 초·중전이 공망되었으며 또다시 말전이 상관살이니 관로가 어둡다.

○ **구재** : 재효가 공함되었다. 겨울에 정단하면 득재할 수 있다.
➔ 재성인 亥가 공함되었다. 겨울에는 재성인 亥가 왕성하니 득재할 수 있다. 혹은 재성이 임한 공망된 丑이 메워지는 축년이나 축월이나 축월장(동지~대한) 기간에 정단하면 득재할 수 있다.

○ **질병** : 비위의 질환이다. 申子辰월에 정단하면 더욱 흉하다.
➔ 귀살은 병인이다. 귀살의 극을 받는 비장과 위장 질환이다. 수가 왕성한 겨울에 정단하면 귀살을 생하여 귀살이 더욱 왕성해지니 더욱 흉하다. ● 삼전이 극음(剋陰)이니 주색으로 인해 발생한 병이다.

○ **출행** : 막힌다. 불길하다.
➔ 일간은 여행객, 일지는 여행지, 삼전은 여정이다. 초전과 중전이 공함되었으니 막히고 불길하다.

○ **귀가** : 즉시 도착한다. 사일(巳日)에 도착한다.
➔ 일지는 집, 사계는 사물의 끝이다. 초전과 지상이 사계이니 즉시 도착한다. 근행은 초전 丑과의 육합일에 오니 子일에 오고, 원행한 사람은 초전 丑과의 삼합일에 오니 巳일이나 酉일에 온다.

○ **쟁송** : 양쪽 모두 패소하고 상한다.
➔ 일간은 간상의 卯로부터 극을 당하고 일지는 묘신으로부터 매장당하니 양쪽 모두 패소하고 상한다. ● 승패 : 간상의 卯목이 지상의 辰토를 극하니 내가 유리한 편이다.

○ **도난** : 곤방(坤方)에 있다. 악한 부인(婦人)이다.
➔ 도둑은 현무의 음신에 숨어 있다. 현무의 음신이 申이니 서남방에 숨어 있다. 낮에 정단하면 현무의 음신인 申에 백호가 타고 있으니 악한 사람의 집에 숨어 있고, 밤에 정단하면 현무의 음신인 申에 천후가 타고 있으니 부인의 집에 숨어 있다.

○ **전쟁** : 많은 군사를 잃는 것을 예방해야 한다.

→ 초전과 중전이 공망되고 말전이 실탈(失脫)의 신이니 많은 군사를 잃는 것을 예방해야 한다.

- 『필법부(畢法賦)』: 〈제76법〉 서로 시기하여 화가 미친다.
  → 간상의 卯와 지상의 辰이 서로 해친다. 주로 혼인, 동업, 거래, 매매, 계약 등에서 나쁘다.
- 『과경(課經)』: 戊午일 간상의 卯에 낮에는 주작이 타서 일간을 극하니 공무원은 탄핵을 예방해야 하고 또한 상부의 관청에 자신의 의견을 올리면 안 된다.
- 『집의(集義)』: 삼전의 丑亥酉는 '극음(極陰)'이고 또한 도발사(倒拔蛇)이니, 모든 일에서 재난이나 변화가 생겨서 매우 힘이 든다. 지금은 중·말전이 공망되었으니 극음의 지역에 들어가지 않아서 비록 불측의 재난이 없더라도 몰래 재물이 나간다. 여기서의 '도발사'는 퇴간전을 뜻한다.
- 『찬의(纂義)』: 들은 일이 적합하지 않으니 비밀을 살펴봐야 한다. 흉을 봐도 흉이 되지 않고 길을 봐도 길이 되지 않는다.

戊午일 제 4 국

공망 : 子·丑 ○
낮 : 왼쪽 천장, 밤 : 오른쪽 천장

甲	癸		庚
蛇寅青	陰亥常		白申后
巳	寅		亥

甲	癸	乙	○
蛇寅青	陰亥常	朱卯勾	后子白
戊巳	寅	午	卯

甲蛇寅巳	乙朱卯午	丙合辰未	丁勾巳申朱
貴丑空辰 ○			青戊午酉蛇
后子卯白 ○			空己未戌貴
陰癸亥寅常	壬玄戌丑玄 ○	辛常酉子陰 ○	白庚申亥后

- □ **과체** : 원수(元首), 원태(元胎), 육의(六儀) // 간지동류(干支同類), 병태(病胎), 귀인입옥(貴人入獄), 가귀(家鬼), 재폐구(財閉口), 삼기(三奇), 복덕(福德).
- □ **핵심** : 위험이 있다. 중·말전이 구원한다. 말전이 차례차례 초전의 寅을 생한다. 재물로 인해 질책을 당한다.
- □ **분석** : ❶ 간상의 귀살 寅이 발용이 되어 일간을 해치니 위험에 처해져 있다.

❷ 중·말전의 도움을 받기 위해서는 申금이 먼저 亥수를 생해야 한다. 그러나 말전의 申이 중전의 亥를 거쳐서 寅목을 차례로 생해 와서 오히려 일간을 해친다.

❸ 중전의 亥가 일간의 재성이니 재물을 탐내면 반드시 질책을 당한다. 정단하는 사람은 깊은 교훈으로 삼아야 한다.
- □ **정단** : ❶ 원태(元胎)이고 삼전이 체생(遞生)하니 관직자는 반드시 윗사람의 추천을 받는다.

❷ 지상에는 일간의 패신 겸 일지의 생인 卯가 타고, 간상에는 극인

寅이 타며, 일지와 일간의 천반에 귀살이 임했으며, 다시 암귀인 甲乙을 둔반에서 만나 네 귀살이 일간을 해치니 질병과 소송에 그치지 않는다. 다행히 말전이 귀살을 충분히 제압할 수 있다.
❸ 다만 갑자기 성사된 뒤에 갑자기 패망하여 화와 복이 맞물려서 돌고 도니 양면의 칼에 비유할 수 있다.

○ **날씨** : 청룡이 사당에 들고 말전이 청룡을 극하니 비가 오지 않는다.
　➔ 청룡의 오행은 甲寅목이다. 청룡이 寅에 타면 죽어서 사당에 든다고 하여 비가 오지 않고, 말전의 申이 초전의 청룡승신을 극하니 다시 비가 오지 않는다.
○ **가정** : 귀살이 가택에 임했으니 사상(死喪)을 면하기 어렵다.
　➔ 일지는 가택이다. 귀살인 乙卯가 가택에 임했으니 가족에게 우환이 닥친다. 만약 해월(亥月)에 정단하면 卯가 사기이니 사상을 당할 우려가 있다. 卯가 일간과 형제효를 극하니 나와 내 형제에게 불행이 닥칠 우려가 높다. ● 지상의 명암이귀(明暗二鬼) 乙卯에 낮에는 주작이 타니 구설수나 탄핵이 우려되고 밤에는 구진이 타니 쟁송이 우려된다.
○ **혼인** : 여자가 정단하면 남자가 길하다.
　➔ 일간은 남자, 일지는 여자이다. 간상의 寅이 일간의 장생이니 길한 남자이다. 남자가 여자를 정단하면 지상이 일간의 귀살이고 다시 패기(敗氣)이니 길하지 않은 여자이다. ● 지상에 낮에는 주작이 타니 말이 많은 여자이고, 밤에는 구진이 타니 쟁투를 일삼는 여자이다. ● 궁합 : 원수과이니 좋고, 간지의 상신이 비화(比和)하니 다시 좋다.
○ **임신·출산** : 여자를 임신한다. 난산이다. 모녀가 상하는 것을 예방해야 한다.

→ 삼전의 두 양(寅,申)이 하나의 음(亥)을 감싸니 여자를 임신한다. 삼전이 병든 태아의 상인 '병태'이니 난산이고, 어머니와 태아 모두 상하는 것을 예방해야 한다.

○ **구관** : 청룡이 관성에 타서 일간에 임하니 확실히 길상이다. 다만 나를 추천한 사람이 불화를 일으켜서 나에게 화가 생기는 것을 예방해야 한다.

→ 청룡이 관성에 타면 문관직이다. 말전의 申이 중전의 亥를 생하고 중전이 초전과 간상의 청룡승신 寅을 생하므로 문관을 취득하는 상이지만, 아쉽게도 말전의 庚申이 초전 및 간상의 甲寅을 충극하니 화가 생기는 것을 예방해야 한다.

○ **구재** : 비록 재효가 나타났지만 재물을 취하면 화를 일으킨다.

→ 중전의 亥가 재물이지만 초전의 귀살을 생하여 일간을 극하여오니 재물이 화를 불러일으킨다.

○ **질병** : 가슴과 옆구리에 풍이 많다. 오랜 시간이 지난 뒤에 낫는다.

→ 지상은 병증이다. 지상이 卯이니 가슴과 옆구리가 아프다. ● 낮에는 백호승신 申이 목을 극하니 간에 병이 있다. 말전에 있는 의약신 申이 귀살 寅卯를 제압하니 나중에 병이 낫는다. 의약신 申이 亥에 임하니 亥가 뜻하는 서북방에서 명의와 명약을 구해서 치료하면 된다.

○ **출행** : 수일 지연한 뒤에 갈 수 있다.

→ 삼전이 물러나는 상의 퇴여(退茹)이니, 수일 지연한 뒤에 갈 수 있다.

○ **귀가** : 역마가 말전에 임하니 장차 온다.

→ 역마는 자동차, 말전은 가 있는 곳이다. 역마가 말전에 있어서 이제야 차를 타고 출발했으니 나중에 집에 도착한다.

○ **도난** : 서남방의 빈 우물가에 있다. 귀인이 사는 집이 있다.

→ 도둑은 현무의 음신에 숨어 있다. 주야 모두 현무의 음신이 未이

니 서남방에 있다. 낮에는 현무의 음신 未에 천공이 타니 우물 옆에 있고, 밤에는 현무의 음신 未에 귀인이 타니 귀인의 집에 있다.

⬆ **쟁송** : 내가 불리하다.

→ 일간은 나, 일지는 상대이다. 간상은 일간의 귀살이고 지상은 일지의 생기이니, 나는 불리하고 상대는 유리하다.

○ **전쟁** : 낮에 정단하면 놀라고, 밤에 정단하면 대승한다.

→ 일간은 아군이다. 낮에는 간상에 등사가 타니 놀라고, 밤에는 청룡이 타니 대승한다.

○ **분묘** : 패기가 혈(穴)에 있으니 혈을 다듬더라도 불길하다.

→ 일지는 묘지와 혈이다. 지상이 일간의 패기인 卯이니 묘지를 다듬더라도 불길하다.

□ 『**필법부(畢法賦)**』 : 〈제34법〉 고진감래와 즐거움 속의 비애.

→ 아래의 □ 『과경』 참조.

〈제38법〉 폐구(閉口)는 두 가지로 나눠서 추리한다.

→ 이 과전에서는 지반이 순수이고 천반이 순미이다.

□ 『**과경(課經)**』 : 戊午일에 말전의 申이 중전의 亥를 생하고 중전의 亥가 초전의 寅을 생해서 일간 戊를 극하니 일간 戊가 寅에게서 고통을 당하지만 말전의 申이 초전의 귀살 寅을 충극하고 다시 戊의 장생이니 고진감래에 비유된다. 모든 일에서 먼저 고생을 하고 나중에 편안하다.

→ 관직정단은 길하고, 관직 이외의 정단은 흉하다.

戊午일 제 5 국

공망 : 子·丑
낮 : 왼쪽 천장, 밤 : 오른쪽 천장

壬	戊	甲
合戌合	白午后	后寅白
寅	戊	午

○	辛	甲	壬
貴丑空	勾酉朱	后寅白	合戌合
戊巳	丑○	午	寅

○貴丑巳	甲空后寅午	乙陰卯未	丙玄辰申玄
○蛇子辰 青			丁常巳酉陰
朱癸亥卯 勾			戊白午戌后
壬合戌寅合	辛勾酉丑朱	庚青申子蛇	己空未亥貴

- **과체** : 중심(重審), 염상(炎上), 교동(狡童), 구추(九醜) // 간지동류(干支同類), 귀인공망(貴人空亡/낮), 막귀임간(幕貴臨干/밤), 앙구(怏咎), 초전협극(初傳夾剋), 오양(五陽), 최관사자(催官使者/밤), 복공(腹空), 인성국(印星局), 화미(和美), 전국(全局), 합중범살(合中犯殺), 육의(六儀), 맥월(驀越), 신장·살몰·귀등천문(神藏·殺沒·貴登天門/밤), 부모효현괘, 교차육해(交叉六害).
- **핵심** : 삼전의 화가 일간을 생한다. 밤에는 寅이 두렵다. 수신하고 공손해야 한다. 기쁨 속에 화가 있다.
- **분석** : ❶ 삼전의 모든 화가 일간을 생하니 길하다. 밤에 정단하면 寅의 둔간이 甲이고 이곳에 백호가 타서 가택에 오니 두렵다. 따라서 수신하고 공손해야 길하다.

  ❷ 만약 삼합의 생을 믿고 오만방자하면 말전 寅과 기궁 巳, 간상 丑과 중전 午가 각각 육해하여 합 속에 살을 범하니 기쁨 속에 화가 생기는 것을 면하기 어렵다.
- **정단** : ❶ 삼전이 戌午寅이니 염상(炎上)이다.

❷ 일간과 일지가 교차해서 육해하니 서로의 감정이 맞지 않아서 공허는 많고 실속은 적은 상이다. 또한 지상은 튼실하고 간상은 공허하니 후퇴를 생각해야 한다.

❸ 밤에 정단하면 공망의 위가 다시 공망이니 모든 일에서 사기를 예방해야 한다.

❹ 초전의 묘신이 장생으로 전해지고 삼전이 인수를 형성하며 다시 귀인이 천문에 오르고 귀신은 숨으며 살기(殺氣)는 죽으니 관직을 정단하면 반드시 형통하다. 다만 午에 백호가 타서 묘지 戌로 드니 부모에게 재앙이 닥치는 것을 면하기 어렵다.

○ **날씨** : 화국이 일간을 생하니 맑은 날의 햇살이 만리를 간다.
　➔ 삼전이 화국이니 맑다. 여름에 정단하면 무덥고 맑다.

○ **가정** : 백호가 귀살에 타서 가택에 임했으니 질병과 소송을 면하기 어렵다.
　➔ 백호는 질병, 귀살은 재앙, 일지는 가택이다. 밤에 정단하면 백호가 귀살 寅에 타서 일지에 임하니 병자가 발생한다. 만약 술월에 정단하면 寅이 술월의 사기이니 사망할 위험이 있다. 낮에 정단하면 천후가 귀살 寅에 타고 있으니 부녀자로 인해 재앙이 닥치는 것을 예방해야 한다. ● 일간 기궁 巳는 지상의 寅과 육해하고 일지 午는 간상의 丑과 육해하니 가족이 화목하지 않다.

○ **혼인** : 남자의 집에 유익한 여자이다. 혼례를 올린 뒤에 처를 취하면 된다.
　➔ 일지는 여자이다. 지상의 寅이 일간의 장생이니 남자에게 유익한 여자이다. ● 비록 과전이 상합하지만 일간이 공망되었으니 혼인이 불성할 우려가 있다. 그러나 일간의 음양과 일지의 음양과 삼전이 각각 상합하니 혼례를 올린 뒤에 취처(娶妻)를 하면 된다. ● 일지음

신 戌이 발용이 되어 인성국(戌午寅)을 형성해서 일간 戌를 생하니 대체로 혼담이 순조롭게 진행되지만 아쉽게도 중전의 午와 간상의 丑이 육해하니 불미스러운 점이 발생하는 것을 미연에 예방해야 한다. ● 궁합 : 기궁 巳는 지상의 寅과 육해하고 일지 午는 간상의 丑과 육해하니 나쁘고, 일지 午가 일간 戌를 생하지만 지상의 寅이 간상의 丑을 극하니 다시 나쁘다. ● 삼전이 일녀(泆女)이니 여자가 연애혼인을 한다.

○ **임신·출산** : 임신을 정단하면 손상되고, 출산을 정단하면 복공(腹空)이니 즉시 낳는다.

→ 일간은 태아, 일지는 임신부이다. 간지가 교차육해하니 태아가 상한다. 丑은 임신부의 배이다. 丑이 공망되었으니 출산을 정단하면 즉시 낳는다.

○ **구관** : 밤에 정단하면 寅목이 '최관(催官)'이니 속히 부임한다.

→ 백호가 관성에 타면 관직을 재촉한다는 뜻의 '최관'이니 속히 부임한다. 공직에 있는 사람은 간상의 귀인이 공망되었고 특히 밤에는 염막귀인이 일간에 임하니 퇴임할 우려가 있다.

○ **구재** : 조금 얻는다.

→ 초전 둔반의 壬이 둔재이니 미약한 재물을 얻는다.

○ **질병** : 목이 토를 극하니 비위에 증상이 나타난다. 간을 맑게 해야 하고 자식의 병을 정단하면 불길하다.

→ 밤에 정단하면 백호승신 寅목이 오행의 토를 극하고, 다시 간상의 丑토가 공망되었으니 비위에 병이 든다. 자손효가 삼전 인성국의 극을 받으니 자식의 질병을 정단하면 낫기 어렵다. ● 과전이 상합하니 병이 오래 간다.

○ **유실** : 현무가 나타나지 않았고 酉가 일간을 탈기하니 여종과 첩이 감췄다.

→ 도둑을 뜻하는 현무가 나타나지 않았으니 도난이 아니다. 중심

과이니 아랫사람으로 인해 발생한 유실로서 酉가 첩이나 여종을 뜻하니 이들이 감췄다.
- ○ **출행** : 육로가 길하다.
  → 현대에서는 일간은 여행객, 일지는 여행지이다. 일간이 공망되었으니 출행할 수 없다. 밤에는 지상에 백호가 타니 여행지에서 병이 생기고 백호가 귀살에 타니 큰 병이다.
- ○ **귀가** : 아직 출발하지 않았다.
  → 천강(辰)은 동신, 사맹은 초기이다. 천강이 사맹의 하나인 申에 가했으니 아직 출발하지 않았다.
- ○ **도난** : 정북방에 도둑이 있다.
  → 도둑은 현무의 음신에 숨어 있다. 주야 모두 현무의 음신이 子이니 정북방에 있다.
- ○ **쟁송** : 내가 불리하다.
  → 일간은 나, 일지는 상대이다. 일간은 공허하고 일지는 튼실하니 내가 불리하다. 다만 공망이 메워지면 삼전의 화국이 일간을 생하므로 내가 유리하다.
- ○ **전쟁** : 적의 계략을 예방해야 한다.
  → 일간은 아군이다. 간상이 공망되었으니 적의 계략으로 인해 패전을 예방해야 한다.

□ 『**필법부(畢法賦)**』 : 〈제69법〉 백호가 둔간귀살에 타면 재앙이 깊다. 재앙이 매우 깊어서 사라지기 어렵다. 설령 공망되더라도 여전히 구할 수 없다.

〈제84법〉 합 속에 살을 범하면 꿀 속에 비상이 있다.

→ 삼전이 삼합한다. 초전의 戌이 간상의 丑을 삼형하고, 중전의 午가 간상의 丑을 육해한다. 따라서 합 속에 상을 범한다.

- □ 『**과경(課經)**』: 삼합이 살을 범하면 좋은 분위기에서 오히려 서로 기만하고, 일이 성사되다가 오히려 어려움이 생긴다.
- □ 『**옥문경(玉門經)**』: 丑이나 未가 亥에 임하면 '귀등천문'이다. 도모하는 모든 일은 이롭고 모든 악살은 사라진다. 사맹월(寅巳申亥)에 정단하면 작용이 더욱 확실하고, 사유(四維)인 子午卯酉가 월장이면 매우 길하다.
- □ 『**찬의(纂義)**』: 戌에 육합이 타서 寅에 임하니, 간사(奸邪)하고 불명하며 노비는 도망치고 두세 성씨가 동거한다.

  → 戌은 남자 종, 육합은 음란과 도망의 뜻이 있다. 따라서 戌에 육합이 타니 남자 종에게 음란이 발생하고 도망친다.

戊午일 제 6국

공망 : 子·丑 ○
낮 : 왼쪽 천장, 밤 : 오른쪽 천장

	○	己	甲
	蛇子青	空未貴	后寅白
	巳	子 ○	未
○	己	○	庚
蛇子青	空未貴	貴丑空	青申蛇
戊巳	子 ○	午	丑 ○

蛇子巳	○丑午	甲寅未	乙卯申
青	貴 空	后 白	陰 常
癸亥辰 朱 勾			丙辰酉 玄 玄
壬戌卯 合 合			丁巳戌 常 陰
辛酉寅 勾 朱	庚申丑 青 蛇	己未子 空 貴	戊午亥 白 后

- **과체** : 중심(重審), 구추(九醜), 사절(四絶) // 간지동류(干支同類), 과수(寡宿), 귀인공망(貴人空亡), 침해(侵害), 재공(財空), 손잉(損孕), 태수극절(胎受剋絶), 사과개공(四課皆空), 복공(腹空), 육의(六儀), 인종지신(引從支神), 자가사(子加巳), 백의식시(白蟻食尸/밤).

- **핵심** : 사과의 형체가 없고 발자취가 없다. 밤에는 백호가 말전에 거주한다. 목의 힘이 매우 약하다.

- **분석** : ❶ 子丑은 공망이고 申未는 낙공이어서 사과 모두 무형이니 발자취가 남겠는가?

  ❷ 말전의 寅에 밤에는 백호가 타서 일간을 극하니 흉악이 극심하다. 그러나 구부려서 아래를 보면 묘지이고 위를 쳐다보면 극이어서 그 힘이 이미 가벼우니 어찌 두렵겠는가?

- **정단** : ❶ '사절(四絶)'은 옛일을 매듭짓는 일에서 이롭다. 모든 도모하는 일은 시기를 기다린 뒤에 움직여야 하고 듣는 것이 보는 것보다 못하다는 것을 알아야 한다.

  → 子가 子의 절신인 巳에 가했으니 사절이다. 子가 처재효이니, 처

와 재물을 정단했다면 절단(絶斷)난다.
❷ 간상의 子는 태신 겸 재성이고 삼전이 차례로 일간을 극하니 자신의 뜻대로 되지 않는다.
❸ 택상의 낮 귀인이 일지를 육해(六害)하고 일지를 탈기(脫氣)하니, 비록 공망은 되었지만 지출이 걱정된다. 외면은 겉치레만 있을 뿐이다.

○ **날씨** : 하늘이 모두 공망이니 청량한 상이다.
　➜ 하늘을 뜻하는 일간과 초·중전이 공망되었으니 맑다.
○ **가정** : 부귀는 허명만 있을 뿐이고 실제로는 빈궁에 지쳐있다.
　➜ 일지는 가택이다. 지상에 천을귀인과 염막귀인이 타니 겉으로는 부귀가 있는 상이지만 이것이 공망되었으니 실제로는 곤궁하다. 일간은 사람이다. 간상과 초전의 재성 子가 공망되었으니 손에 재물이 없다. 따라서 가정 내외 모두 곤궁하다.
○ **혼인** : 견우와 직녀가 비록 상합하지만 혼인하지 못한다.
　➜ 일간은 남자, 일지는 여자이다. 직녀인 간상의 子와 견우인 지상의 丑이 상합하지만 간지의 상신이 공망되었으니 혼인하지 못하고, 다시 여자를 뜻하는 처재효 子가 공망되었으니 혼인하지 못한다. 궁합 : 간상이 공망되었으니 좋지 않다.
○ **임신·출산** : 모자 모두 공망되었다. 모(母)에는 이롭고 자(子)에는 불리하다.
　➜ 일간은 태아, 일지는 임신부이다. 사과가 모두 공망되었으니 임신과 출산 모두 흉하다.
○ **구관** : '최관(催官)'이 무력하다. 실제하지 않는다.
　➜ 사과가 모두 공망되었고 다시 발용이 공망되었으며 또다시 백호 승신 寅이 묘지인 未에 가해 무력하니 구관에 흉하다.

○ **구재** : 빈손으로 구재해야 한다.
　➜ 일간은 사업주, 재성은 재물이다. 일간이 공망되어 무자본으로 개업하지만 재성인 子가 간상과 초전에서 공망되었으니 개업한 뒤에 돈을 벌지 못한다.
○ **질병** : 비위의 증상이다. 구병(久病)은 대흉하고 신병(新病)은 대길하다.
　➜ 밤에 정단하면 오행의 토가 백호승신 寅목으로부터 극을 받으니 비위에 증상이 나타난다. 일간과 초전이 공망되어 사람이 죽는 상이니 구병은 대흉하다. 더군다나 子가 巳에 가하여 발용이 되었으니 생명이 위험하다. ● 처의 질병을 정단하면 처재효 子가 공망되었을 뿐만 아니라 처재효가 절지인 巳에 가했으니 사망하고, 다시 초전의 천반이 공망되어 '고진과수'이니 반드시 사망한다.
○ **유실** : 과전이 모두 공망되었으니 물건이 없다.
　➜ 재성이 공망되었으니 유실물을 찾지 못한다.
○ **출행** : 빈말만 하고 실천하지 않는다. 부평초처럼 정처가 없다
　➜ 일간은 여행객, 일지는 여행지이다. 사과와 초전이 모두 공망되었으니 빈말만 하고 실천하지 않는다. 또한 부평초처럼 전국을 쏘다닌다.
○ **귀가** : '사절격(四絶格)'은 즉시 도착한다.
　➜ 사절격은 여행을 끝맺는 상이니 즉시 도착한다.
○ **도난** : 서북의 수향(水鄕)에 있다. 문밖에 돼지가 있다.
　➜ 도둑은 현무의 음신에 있다. 주야 모두 현무의 음신이 亥이니 서북에 있고, 亥가 돼지를 뜻하니 근처에 돼지우리가 있다.
↑**쟁송** : 내가 불리하다.
　➜ 말전의 寅이 일간은 극하고 일지는 생하니, 나는 불리하고 상대는 유리하다. 또한 지상의 丑이 간상의 子를 극하니, 나는 불리하고 상대는 유리하다.

○ **전쟁** : 길하더라도 길하지 않고 흉하더라도 흉하지 않다.
→ 일간은 아군, 일지는 적군이다. 간지가 모두 공망되었으니 길하지도 않고 흉하지도 않다.

○ **분묘** : 땅은 있고 기운은 없다.
→ 丑은 땅이고 공망은 무기이다. 지상의 丑이 공망되었으니 묘지는 있지만 기가 없는 땅이다.

□ 『**필법부(畢法賦)**』: 〈제50법〉 두 귀인이 모두 공망되면 헛된 기쁨이 된다.
→ 낮 귀인 丑은 천반공망, 밤 귀인 未는 지반공망이다.
〈제69법〉 백호가 둔간귀살에 타면 재앙이 얕지 않다.
→ 주로 질병과 관재정단에서 재앙이 크다.
〈제74법〉 거듭하여 공망되면 일을 추구하지 않아야 한다.

□ 『**괄낭부(括囊賦)**』: 子午가 공망되어 '과수'이니 고독하다.
→ 초전의 子가 공망되었으니 '과수'이다.

□ 『**집의(集義)**』: 寅에 백호가 타서 未에 가하면 악귀와 조상의 신주를 모신 사당 귀수의 해를 입는다.
→ 밤에는 백호가 寅에 타니 未에 가한다.

□ 『**심인부(心印賦)**』: 子가 와서 巳에 가하면 '극양(極陽)'이다. 戊癸가 합을 하면 크게 길하고 번창한다. 다만 등사와 백호가 타면 복이 없다.
→ 낮에는 간상의 子에 등사가 탄다. 巳는 戊의 기궁이다. 子가 巳에 가하면 戊와 癸가 상합하니 번창한다.

□ 『**지장부(指掌賦)**』: 육해하는 기운이 서로 가한 경우에 먼 곳으로 가면 강가 호수에서 우환이 생긴다.
→ 중전에서 육해인 未와 子가 서로 가한다.

戊午일 제 7 국

공망 : 子·丑
낮 : 왼쪽 천장, 밤 : 오른쪽 천장

戊	○	戊
白午后	蛇子青	白午后
子○	午	子○
癸	丁	○	戊
朱亥 勾巳陰	蛇子青	白午后
戊巳	亥	午	子○

癸亥 朱巳	○ 勾子 午	○ 貴丑 未 空	甲寅 申 乙卯 酉 白
壬戌 辰 合			陰 常
辛酉 卯 勾 朱			丙辰 戌 玄 玄
庚申 寅 青 蛇	己未 丑○ 空 貴	戊午 子 白 后	丁巳 亥 常 陰

- **과체** : 반음(返吟), 삼교(三交) // 간지동류(干支同類), 고진(孤辰), 무의(無依), 앙구(怏咎), 초전협극(初傳夾剋), 삼전개공(三傳皆空), 재공(財空), 재폐구(財閉口), 주작폐구(朱雀閉口), 구진폐구(勾陳閉口), 회환(回還), 장도액(長度厄), 맥월(驀越), 덕경(德慶), 오양(五陽), 귀인상가(貴人相加), 화귀살등사주작극택격(가을/낮).

- **핵심** : 삼전이 모두 공망되었으니 모든 일에서 종적이 없다. 좋은 것은 좋지 않고, 흉한 것은 흉하지 않다.

- **분석** : 子는 공망이고 午는 낙공이니 반복해서 어긋나고, 삼전이 모두 공망되었으니 모든 일에서 흔적이 없으며, 설령 좋더라도 좋지 않고 흉을 만나더라도 흉이 되지 않으니 마치 바람으로 그림자를 잡는 상이다.

- **정단** : ❶ 반음과이니 이동이 있을 것 같지만 오히려 이동하기 어렵다.

  ❷ 일간에는 튼실한 재성이 타고 일지에는 공망된 귀살이 타니, 자신은 이롭고 상대는 불리하다.

❸ 부모효인 수에 백호가 타니 부모에게 우환이 있다.
❹ 가을에 정단하면 子가 '화귀(火鬼)'이고 낮에는 등사가 타서 가택을 극하니 화재로 인해 놀라는 일을 예방해야 한다.

○ **날씨** : 천지가 상통한다. 맑고 흐림이 자주 바뀐다.
→ 천반은 천(天)이고 지반은 지(地), 수는 맑음이고 子는 비이다. 초전 천반의 수가 중전의 지반이 되고, 초전 지반의 子가 중전의 천반이 되어 천지가 상통하니 맑고 흐림이 자주 바뀐다.
○ **가정** : 집안이 공허하니 사람과 재물이 왕성하지 못하다.
→ 일지는 가택이다. 지상의 재성이 공망되어 집안에 재물이 없으니 집안이 공허하다. 낮에는 등사가 타니 놀라는 일을 예방해야 하고, 밤에는 청룡이 타니 재물이 사라지는 것을 예방해야 한다. ● 천반과 지반이 충을 하여 부모와 자식, 남편과 아내가 친하지 않은 것을 예방해야 한다. ● 가을의 낮에 정단하면 子가 가을의 화귀(火鬼)이고 화의 오행인 등사가 타니 화재를 예방해야 한다.
○ **혼인** : 지상이 공망되었으니 여자를 정단하면 불길하다.
→ 일간은 남자, 일지는 여자이다. 지상이 공망되었으니 불길하고 처재효가 공망되었으니 다시 불길하다. ● 일지가 공망되었으니 혼인하지 못한다. 만약 혼인하면 과전의 모든 천반과 지반이 상충하니 나중에 이혼한다. ● 궁합 : 지상이 공망되었으니 좋지 않다. ● 일지는 상대이다. 낮에는 지상에 등사가 타니 간교한 성정, 밤에는 청룡이 타니 미인이다.
○ **임신·출산** : 하가 강하고 상이 약하니 여자를 임신한다. 어머니는 공허하고 태아는 튼실하니 출산을 정단하면 가장 좋다.
→ 하 곧 지반은 여자, 상 곧 천반은 남자의 상이다. 하가 상을 극하여 발용이 되었으니 여자를 임신한다. ● 일간은 태아, 일지는 임신

부이다. 출산을 정단하면 일간이 튼실하니 건강한 태아이고, 일지가 공망되었으니 출산한 뒤에 자궁이 비어 있는 상이니 출산이 길하다.

○ **구관** : 양 귀인이 모두 공망되었으니 직위와 명예를 정단하면 불리하다. 만약 공망이 메워지면 공명을 취할 수 있다.

→ 귀인은 공무원이다. 낮 귀인 丑은 천반공망, 밤 귀인 未는 지반이 공망되었으니 관직을 정단하면 불리하다. 축년이나 축월이나 축월장(동지~대한) 기간에 정단하면 공망이 메워진다. ● 반음과이니 공무원은 만임하기 어렵다.

○ **구재** : 분수를 지켜야 한다. 함부로 구하면 무익하다.

→ 지상과 중전의 재성 子가 공망되었으니 분수를 지키고 재물을 구하지 않아야 한다. 다만 재성인 癸亥가 간상으로 굴러들어왔으니 재물을 받아도 좋다.

○ **질병** : 폐경에 화(火)가 있다. 약을 쓰지 않아도 낫는다.

→ 낮에 정단하면 백호승신 午화가 금을 극하여 폐와 대장에 탈이 났지만 백호승신이 공망되었으니 저절로 낫는다. ● 질병정단에서는 재성이 음식으로 쓰인다. 재성이 폐구되었으니 밥을 먹지 못하는 상이니 위험하다.

○ **유실** : 가운데 대청에서 찾으면 된다.

→ 午는 대청이다. 초전이 午이니 대청에서 찾으면 된다.

○ **출행** : 움직이지 못한다.

→ 일간은 여행객이다. 간상의 재성이 폐구(閉口)되어 여비가 없으니 움직이지 못한다.

○ **귀가** : 길에 있다. 갑인순을 벗어나면 도착한다.

→ 午는 말(馬)과 자동차이다. 갑인순에는 공망된 午가 풀리니 다음 순에 귀가한다.

○ **도난** : 북서간에 있다. 본가에서 도망친 남종이 장물을 감췄다.

➜ 도둑은 현무의 음신에 있다. 주야 모두 현무의 음신이 戌이니 북서간에 있고 그 사람은 남종이다.
○ **쟁송** : 내가 유리하다.
※ 『육임직지』 원문에서는 "상대에게 반성하는 마음이 있으니 즉시 풀린다."고 하였다.
➜ 일간은 나, 일지는 상대이다. 일간은 튼실하고 일지는 공허하니 내가 유리하다.
○ **전쟁** : 길과 흉이 모두 풀린다.
➜ 삼전은 전투과정이다. 삼전이 모두 공망되었으니 길도 풀리고 흉도 풀린다.

□ 『**필법부(畢法賦)**』 : 〈제50법〉 두 귀인이 모두 공망되면 헛된 기쁨이 된다.
➜ 서민이 관청의 공무원을 만나거나 혹은 하급공무원이 상급공무원을 만날 때에 주로 쓰인다.
〈제90법〉 오고 감이 모두 공망이니 어찌 움직일 수 있겠는가?
➜ 삼전은 모든 일의 과정이다. 삼전이 공망되었으니 어떠한 일도 추진할 수 없다.
〈제74법〉 거듭하여 공망되면 모든 일을 추구하지 않아야 한다.
➜ 삼전이 모두 공망되었다. 따라서 일을 추구하지 않아야 한다.
□ 『**과경(課經)**』 : 이 반음과는 절대로 이동할 수 없다. 삼전이 모두 공망되었으니 비록 이동의 뜻이 있더라도 실제로는 이동할 수 없다. 또한 3월에 정단하면 생기인 寅이 일간을 극하니 병이 있더라도 다행 중의 불행이고, 만약 사기가 일간을 생하면 불행 중의 다행이다.
□ 『**비요(秘要)**』 : 재성이 폐구되었으니 질병정단에서 불길하다.
➜ 질병정단에서는 재성이 음식으로 쓰인다. 재성 폐구는 밥을 먹

지 못하니 생명이 위독하다.

戊午일 제8국

공망 : 子·丑
낮 : 왼쪽 천장, 밤 : 오른쪽 천장

丙	辛	甲
玄 辰 玄	勾 酉 朱	后 寅 白
亥	辰	酉
壬	乙	癸	丙
合 戌 合	陰 卯 常	朱 亥 勾	玄 辰 玄
戌	巳	戌	午	亥

壬合戌巳	癸朱亥午	○蛇子未	○青貴丑申 空
辛勾酉辰朱			甲后寅酉白
庚青申卯蛇			乙陰卯戌常
己空未寅貴	戊白午丑○	丁常巳子陰○	丙玄辰亥玄

- **과체** : 지일(知一), 유도액(幼度厄), 참관(斬關) // 간지동류(干支同類), 귀인수극(貴人受剋/밤), 맥월(驀越), 재폐구(財閉口), 주작폐구(朱雀閉口), 구진폐구(勾陳閉口), 묘신부일(墓神覆日), 육의(六儀), 복덕(福德), 살몰(殺沒).

- **핵심** : 삼전이 묘신과 탈설과 귀살이니 두렵고 나쁘다. 집에 단정하게 앉아 놀고먹으면서 돈만 쓴다.

- **분석** : ❶ 발용의 辰은 묘신이고, 중전의 酉는 탈기(脫氣)이며, 말전의 寅은 일간의 귀살이어서 삼전이 모두 나쁘니 어찌 좋겠는가?
  ❷ 재효가 일지에 임하니 집에 단정하게 앉아있다. 일지의 묘신이 간상에 있어서 재물과 식록을 나누니 지출을 면하지 못한다.
  ❸ 총평하면 가만히 있어야 하고 움직이지 않아야 하는 상이다.

- **정단** : ❶ 유도액(幼度厄)은 낮고 어린 사람에게 나쁘고 겁재 辰에 현무가 타니 도난과 유실을 면하지 못한다.
  ❷ 주작과 구진이 酉에 타니 여종과 첩이 다투고, 귀살 寅에 백호가 타니 질병과 소송이 발생한다.

❸ 과명이 지일(知一)이니 의구심이 들고, 격명이 참관(斬關)이니 편안하게 거주하는 상이 아니다.

❹ 간상의 戌이 현무가 탄 묘신 辰을 충(沖)을 한다. 만약 묘신이 태양(월장)이나 월건이면 흉이 길로 변화한다.

○ **날씨** : 발용이 일간의 묘신이니 아침에는 흐리지만, 말전이 묘신을 극하니 저녁에는 갠다.

→ 초전은 아침이고 말전은 저녁, 묘신은 어둡고 흐린 날씨를 뜻한다. 따라서 초전이 묘신이니 아침에는 흐리지만, 말전의 寅이 초전의 辰을 극하니 저녁에는 갠다.

○ **가정** : 택상에 재성이 타니 가산은 풍족하지만 관송을 예방해야 한다.

→ 일지는 가택, 재성은 재물이다. 일지에 재성인 癸亥가 임하니 집에 재산은 많지만 이 재성이 귀살을 생하니 집에 관송이 발생하는 것을 예방해야 한다. ● 일간은 집에 거주하는 사람이다. 일간에 묘신이 임하니 사람이 하는 모든 일이 어둡다.

○ **혼인** : 평범하다.

→ 일간은 남자, 일지는 여자이다. 지상의 癸亥가 재성이니 재물이 많은 여자이다. ● 궁합 : 간상의 戌土가 지상의 亥수를 극하니 나쁜 편이다. ● 일지는 상대이다. 낮에는 지상에 주작이 타니 말이 많은 여자이고, 밤에는 지상에 구진이 타니 쟁투를 즐기는 여자이다. ● 일간은 남자이다. 간상의 戌이 일간의 묘신이니 운이 막혀 있고 미래가 어두운 남자이다. 만약 혼담을 서두르지 않으면 간상과 초전에 겁재가 많으니 배우자감을 놓칠 우려가 있다.

○ **임신·출산** : 여자이다. 난산이다.

→ 삼전은 태아의 생육과정이다. 삼전의 두 양(辰,寅)이 하나의 음

(酉)을 감싸니 여자이다. 출산을 정단하면 간상의 戌과 초전의 辰이 그물을 뜻하는 천라지망(天羅地網)이니 난산이다.

○ **구관** : 비록 '최관(催官)'이지만 장애가 있다.

→ 백호가 관성에 타면 임명장을 속히 받는다는 뜻의 '최관'이니 구관에 좋아 보이지만 백호승신 寅목이 지반의 酉금과 백호승신 庚申금으로부터 협극을 당해 손상되었으니 구관에 장애가 발생한다. ● 고시 : 간상이 묘신이니 떨어지고 주작이 폐구되었으니 다시 떨어진다. ● 승진 : 간상의 戌이 묘신이니 안 된다.

○ **구재** : 자신의 것을 지켜야 한다. 밖에서 구하면 안 된다.

→ 재성은 재물, 일지는 가게나 기업이다. 일지에 재성인 癸亥가 임하니 자신의 재물을 지켜야 한다. 밖을 뜻하는 삼전에 재성이 없으니 밖에서 재물을 구하면 안 된다. 오직 연명이 午인 사람은 그 상신이 재성인 癸亥이니 가능하다.

○ **질병** : 비위에 병이 들었다. 치료하면 낫는다.

→ 밤에 정단하면 백호승신 寅이 토를 극하니 비위에 병이 들었다. ● 간상이 묘신이니 병이 깊다. 그러나 일지음신 辰이 이것을 충을 해서 묘신을 깨트리니 병이 낫는다. ● 의약신 酉가 임한 동남방에서 양의와 양약을 구하면 된다.

○ **유실** : 천괴(戌)가 충을 하니 나중에 반드시 잡는다. 정서방에 있는 여종과 첩의 집에서 잡는다.

→ 戌이 현무승신 辰을 충하니 범인을 잡는다. 酉는 여종과 첩이다. 탈기신이 酉이니 여종과 첩이 가져 갔고 정서방에 있는 여종과 첩의 집에서 잡는다.

○ **출행** : 수로와 육로 모두 매우 길하지 않다.

→ 현대에서는 일간은 여행객, 일지는 여행지이다. 간상의 戌이 묘신이니 출행할 수 없고, 지상이 자형이니 안전한 여행지가 아니다. 지상에 낮에는 주작이 타고 밤에는 구진이 타니 구설수와 쟁투를

방지해야 한다.
- ○ **귀가** : 마음은 돌아오고 싶지만 아직은 돌아오지 못한다.
  → 삼전은 귀가 노선이다. 말전의 寅은 귀살, 중전의 酉는 탈기, 초전의 辰은 일간의 묘신이다. 따라서 귀가에 장애가 많으니 아직은 돌아오지 못한다.
- ↑ **쟁송** : 주객 모두 패소할 우려가 있다.
  → 일간은 나, 일지는 상대이다. 일간에는 묘신 戌이 임하고 지상에는 일지의 귀살 癸亥가 임하니 나와 상대 모두 패소할 우려가 있다. 주작과 구진이 폐구되었으니 나의 주장이 판사에게 수용되지 않을 우려가 있으니 내가 불리하고, 말전이 일간은 극하고 일지는 생하니 내가 패소할 우려가 있다.
- ○ **전쟁** : 주야 모두 길하지 않고 이롭지 않다.
  → 일간은 아군이다. 일간이 묘지인 戌에 묻혔으니 주야 모두 전쟁이 길하지 않다.

- □ 『**필법부(畢法賦)**』 : 〈제69법〉 백호가 둔간귀살에 타면 재앙이 크다.
  → 밤에 정단하면 말전의 甲寅에 백호가 탄다. 주로 관재와 질병에 재앙이 크다.

  〈제65법〉 일간의 묘신이 관신(關神)을 아우르면 사람과 가택이 황폐해지는 허물이 있다. 일간의 묘신이 네 계절의 관신을 만들어서 발용이 되면 이 격이다. 마땅히 간지·발용을 구분하여, 만약 일간의 양과에서 발용이 되면 사람이 쇠패해지고 지진의 양 과에서 발용이 되면 가운이 닫힌다. 관신은 봄에는 丑, 여름에는 辰, 가을에는 未, 겨울에는 戌이다.
  → 여름에 정단하면 초전의 辰은 묘신과 관신이다. 일지음신이 발용이 되었으니 가정운이 막힌다.

- 『**과경(課經)**』: 일간의 묘신이 계절의 관신(關神)이고 발용이 되면 '일묘가 관신을 병행한다'고 하여 사람과 집이 모두 쇠패해진다. 지진의 두 과에서 발용이 되었으니 집이 쇠패해진다.
- 『**집의(集義)**』: 천강(辰)에 현무가 타서 亥에 가하면 도망친 사람이 반드시 본가로 돌아온다. 현무의 본가가 亥이고 다시 천강(辰)이 덮었으니 반드시 돌아온다.

戊午일 제 9 국

공망 : 子·丑 ○
낮 : 왼쪽 천장, 밤 : 오른쪽 천장

甲	戊	壬
后 寅 白	白 午 后	合 戌 合
戌	寅	午
辛	○	壬	甲
勾 酉 朱	貴 丑 空	合 戌 合	后 寅 白
戌 巳	酉	午	戌

辛酉巳 勾朱	壬戌午 合合	癸亥未 朱勾	○子申 蛇青
庚申辰 青蛇			○丑酉 貴空
己未卯 空貴			甲寅戌 后白
戊午寅 白后	丁巳丑 常陰○	丙辰子 玄玄○	乙卯亥 陰常

- □ **과체** : 원수(元首), 육의(六儀), 염상(炎上), 참관(斬關), 여덕(勵德) //
  간지동류(干支同類), 귀인공망(貴人空亡/낮), 앙구(昂咎), 삼전외전(三傳外戰/밤), 침해(侵害), 맥월(驀越), 복공(腹空), 화미(和美), 전국(全局), 복덕(福德), 가귀(家鬼), 인귀생신(引鬼生身), 최관사자(催官使者/밤), 아괴성(亞魁星), 부모효현괘, 일녀(洗女).

- □ **핵심** : 밤에는 백호가 귀살 寅에 타니 두렵다. 이것을 酉가 제압하지 못한다. 삼전이 화신(火神)이다.

- □ **분석** : 寅은 일간의 명귀(明鬼)이고 그 둔반은 둔귀(遁鬼)이다. 밤에는 이곳에 백호가 타서 발용이 되었다. 따라서 재앙이 속히 닥치니 두렵다. 비록 간상의 酉金이 이 귀살을 제압하지만 삼전의 모든 화국에 酉가 타는 것을 피할 수 없어서 불길을 피할 수 없으니 어찌 우환을 막을 수 있겠는가? 이러한 이유로 인해 귀살을 제압하지 못한다.
  → 귀살인 寅을 간상의 酉金이 제압하고 또한 초전의 寅이 인성국인 寅午戌을 만들어서 일간을 생하여 도우니 흉이 변하여 길이 된다.

- □ **정단** : ❶ 염상(炎上)이고 삼전의 화국이 일간을 생하니 어려움 속에

서 도움을 받는 상이다. 다만 간지의 상신인 酉와 戌은 육해(六害)하고, 일간의 묘신인 戌은 일지 午를 탈기하며, 패기(敗氣)인 酉는 일간을 탈기하니 기쁨 속에 화가 있다.

❷ 삼전이 일지를 탈기하고 일간을 생하니 집은 쇠약하고 사람은 왕성하다. 酉를 삼전의 불길이 태우니 자식이 곤란하다.

→ 삼전의 화국이 일지 午와 비화되고 일간 戊를 생한다.

❸ 삼전에서 주야 모두 천후와 육합이 타니 부녀자가 근신하지 않을 우려가 있다.

→ 부녀자의 간음이 우려된다.

❹ 기쁜 것은 초전의 백호귀살이 일간의 생으로 변화하니 모든 일에서 흉이 길로 변화한다.

○ **날씨** : 삼전이 화국이지만 필수(畢宿)가 일간에 임하며 수운이 위에 있으니 갑인순을 벗어나면 비가 온다.

→ 오행의 화는 맑음, 필수인 酉는 비를 부르는 신이다. 비록 삼전이 염상이어서 이번 순에는 비가 오지 않지만 간상의 酉가 비를 부르니 다음 순에는 비가 온다.

○ **가정** : 택상이 겁재(劫財)이고 이것이 일지와 삼합을 해서 일지를 탈기(脫氣)하니 반드시 형제로 인한 지출이 발생한다.

→ 일지는 가택, 형제효는 형제이며 동시에 겁재의 작용을 한다. 지상의 형제효 戌이 일지 午를 탈기하니 형제로 인해 재물이 나가는 가상이고, 지상의 戌이 일간의 묘신이니 가운이 침체되는 가상이며, 삼전이 인성국이니 자식에게 불리한 가상이다. 간지상의 酉와 戌이 '상잔(相殘)'의 뜻이 있는 육해하니 가족이 화목하지 않은 가상이다.

● 일간은 사람이다. 일간 戊土가 간상의 酉로 탈기되니 손재수가 있다. 낮에는 구진이 타니 쟁투로 인한 손재수를 예방해야 하고, 밤에

는 주작이 타니 구설수로 인한 손재수를 예방해야 한다. ● 천후와 육합은 음란의 천장이다. 삼전의 앞에 천후가 있고 뒤에 육합이 있는 음일격의 '일녀'는 부녀자의 음란을 예방해야 한다.

○ **가정** : 택상이 겁재(劫財)이고 일지와는 합을 하며 일지를 탈기(脫氣)하니 반드시 형제로 인해 지출된다.

→ 일지는 가택, 형제효는 형제이며 동시에 겁재의 작용을 한다. 지상의 형제효 戌이 일지 午를 탈기하니 형제로 인해 재물이 나간다. ● 삼전이 인성국이니 자식에게 불리한 가상이다. ● 간지의 상신인 酉와 戌이 육해하니 가족이 화목하지 않다. ● 일간은 집에 거주하는 사람이다. 일간 戌가 간상의 酉로 탈기되니 손재수가 있다. 낮에는 쟁투로 인한 손재수이고, 밤에는 구설수로 인한 손재수이다. ● 삼전의 앞에는 천후가 있고 뒤에는 육합이 있으니 부녀자의 음란을 예방해야 한다.

○ **혼인** : 일지와 일간이 육해하니 장애가 생긴다.

→ 일간은 남자, 일지는 여자이다. 간지의 상신이 서로 육해하니 혼담에 장애가 발생하고 궁합은 나쁘다. ● 일지는 상대이다. 지상이 괴강인 戌이니 드센 여자이다. 그리고 지상이 일간의 묘신인 戌이니 운세가 막힌 사람이다. 다만 춘분에서 곡우사이, 혹은 토왕절에 상담할 경우에는 묘신을 벗어나고 일지의 음양이 삼합해서 일간을 생해오니 남편을 내조하는 여자이다. ● 삼전의 앞에 천후가 있고 뒤에 육합이 있어서 '일녀(泆女)'이니 연애혼인을 한다.

○ **임신·출산** : 임신은 길하고 출산은 흉하다.

※ 『육임직지』 원문에서는 "태신에 백호가 타니 낮에 정단하면 이롭지 않다."고 하였다.

→ 일간음양과 일지음양과 삼전이 삼합하니 임신은 길하고 출산은 흉하다. ● 만약 임신을 희망할 경우에는 일간의 태신인 子가 생기가 되는 인월(寅月)에 임신이 가능하다. ● 태아는 남자이다. 원수과

이니 남자, 삼전이 화국이니 남자, 일간의 음양에서 두 음인 酉와 丑이 하나의 양인 戌를 감싸니 반드시 남자이다.

○ **구관** : '최관(催官)'이 발용이 되었다. 봄에는 대길하다.

➔ 백호가 관성에 타면 속히 부임하는 뜻이 있는 '최관'이다. 밤에는 초전이 길한데, 봄과 여름에 정단하면 삼전의 화국이 왕성한 기세로 일간을 생하니 더욱 길하다. ● 귀인이나 상급의 공무원을 만나 청탁을 할 경우, 낮 귀인 丑은 공함이 되었고, 밤 귀인 未는 卯에 임하여 귀인이 사문(私門)에 서 있으니 주야 정단 모두 뜻을 이루지 못한다.

○ **구재** : 구하지 않더라도 재물이 저절로 온다.

➔ 국록을 받는 관직자는 초전의 관성이 인성국으로 변하여 일간을 생하여 오니 재물을 구하지 않더라도 재물이 저절로 온다. 다만 자영업자는 이와 무관한데 과전에 재성은 없고 겁재(劫財)가 셋 있으니 구재에 나쁘다.

○ **질병** : 밤에 정단하면 비위에 병이 있고, 낮에 정단하면 폐병이다. 의사의 도움을 받지 못한다.

➔ 백호의 극을 받은 장부에 병이 든다. 낮에 정단하면 백호승신 午의 극을 받는 폐대장에 병이 든다. 밤에 정단하면 백호승신 甲寅의 극을 받는 비위에 병이 들고, 둔귀인 甲에 백호가 타서 일간을 극살(剋殺)하니 의사의 도움을 받지 못한다. ● 의약신 酉가 임한 사방 곧 동남방에서 양의와 양약을 구하면 되고, 의약신 酉가 오행의 금이니 침이나 수술로 치료해야 병이 낫는다. ● 과전의 세 곳이 삼합하니 병이 오래가지만 결국 병이 낫는다.

○ **유실** : 하인의 무덤 속에서 찾으면 된다.

➔ 戌은 하인이고 일간의 묘지이니 하인의 무덤 속에 있다.

○ **출행** : 간지가 육해하니 출발하지 못한다.

➔ 일간은 여행객, 일지는 여행지이다. 간상의 酉와 지상의 戌이 육

해하여 안전한 여행이 아니므로 출발하지 못한다.
- ○ **귀가** : 일지의 묘신이 지상에 있으니 즉시 도착한다.
  - → 맹중계 중의 계(季)는 사물의 끝이다. 지상이 사계의 하나인 戌이니 즉시 도착하고 다시 묘신인 戌이니 또한 즉시 도착한다.
- ○ **도난** : 곤방(坤方)의 도로 위에 있다.
  - ※ 『육임직지』 원문에서는 "곤방(坤方)의 길 위의 상가(喪家)에 있다."고 하였다.
  - → 도둑은 현무의 음신에 숨어 있다. 주야 모두 현무의 음신이 申이니 곤방에 있고, 申이 길을 뜻하니 도로 위에 도둑이 있다.
- ⬆ **쟁송** : 내가 유리하다.
  - → 일간은 나, 일지는 상대이다. 삼전의 화국이 일간은 생하고 일지와는 비화하니 나에게 좀 더 유리하다. 또한 지상의 戌이 12운성의 묘신이니 상대가 패소한다.
- ○ **전쟁** : 낮에 정단하면 길하고, 밤에 정단하면 흉하다.
  - → 초전은 출군 혹은 전투의 초기이다. 초전에 낮에는 길장인 천후가 타니 길하고 밤에는 흉장인 등사가 타니 흉하다.

- □ 『**필법부(畢法賦)**』 : 〈제69법〉 백호가 둔간귀살에 타면 재앙이 크다.
  〈제69법〉은 아래의 『과경』 참조.
  〈제76법〉 서로 시기하여 모두에게 화가 미친다.
  - → 〈제76법〉은 가정과 혼인 참조.
- □ 『**과경(課經)**』 : 백호가 순의 둔간에 타서 일귀(日鬼)가 되면 '호승둔귀(虎乘遁鬼)'라고 하여 모든 정단에서 두렵다. 비록 공망이 되더라도 흉을 구하지 못한다.
  - → 낮에 정단하면 백호가 갑인순의 둔간인 甲에 타서 일간의 귀살이니 모든 정단에서 두렵다. 이 과전에서는 백호가 둔간인 甲과 천

반의 寅에 타서 동시에 일간을 극하니 대흉하다. 특히 관재와 질병을 정단하면 더욱 나쁘다.
□ 『**주후경(**肘**後經)**』 : 초전이 말전을 극하면 흉이 매우 심하다.
→ 초전의 寅목이 말전의 戌토를 극한다. 일의 초전은 시작, 말전은 마침이다. 말전이 초전으로부터 극을 당하면 가을에 익은 과일이 손상되는 상이니 흉이 매우 심하다.
□ 『**조담비결(**照膽秘訣**)**』 : 천후의 음신이 백호이니 한 달 안에 아내를 잃는 것을 면하기 어렵다.
→ 천후는 아내, 그 음신은 처의 미래의 상황이다. 이 이론은 '삼전법'에 해당한다.

戊午일 제 10 국

공망 : 子·丑 ○
낮 : 왼쪽 천장, 밤 : 오른쪽 천장

	辛	○	乙
勾 酉 朱	蛇 子 青	陰 卯 常
	午	酉	子 ○
	庚	癸	辛 ○
青 申 蛇	朱 亥 勾	酉 朱	蛇 子 青
	戊 巳	申	午	酉

庚青申巳	辛蛇勾午	壬勾酉朱	癸合戌合未	朱亥勾申
空己未貴辰				蛇子○青酉
白戌午后卯				貴丑○戌空
常丁巳寅	丙玄辰玄丑○	乙陰卯常子○	甲后寅白亥

- **과체** : 중심(重審), 삼교(三交) // 간지동류(干支同類), 귀인입옥(貴人入獄), 앙구(昂㕦), 초전협극(初傳夾剋), 재공(財空), 불행전(不行傳), 복덕(福德), 절신가생(絶神加生).

- **핵심** : 귀인이 괴강에 앉아 있고 중전과 말전은 공망되었으니 초전의 酉만 남았다. 탈설과 패신이니 비상(非常)이다.

- **분석** : 낮 귀인 丑은 천괴(戌)에 임하고 밤 귀인 未는 천강(辰)에 임한다. 두 귀인이 감옥에 앉아 있으니 귀인에게 부탁하면 안 된다. 중전의 子는 갑인순의 공망이고 말전의 卯는 공함이니 오직 초전의 酉만 남았지만 이것이 일간 戊의 탈기(脫氣)이고 패지(敗地)의 지반에 앉아 있으니 삼전에서 취할 만한 것이 하나도 없다.

- **정단** : ❶ 삼교(三交)는 음사(陰私)에 이롭다.
  → 주로 가정에 간음이 발생한다.
  ❷ 戊토가 酉금을 생하고 酉금이 먼 곳의 말전을 차례로 생하여 오히려 일간을 해치니 은혜 속에 원망이 있는 상이다.
  ❸ 申은 장생으로서 일간에 가했고, 낮에는 이곳에 청룡이 탄다. 9

월에 정단하면 생기가 申이니, 모든 일에서 신이 보호하여 생하는 의지가 점차 창성한다.
→ 수토동궁설을 적용하면 간상의 申은 일간의 장생이다.

○ **날씨** : 수모(水母)에 청룡이 타고 필수(畢宿)가 발용이 되었으니 비가 오고 맑지 않다.
→ 수모는 수원, 청룡은 감우의 천장, 필수는 비를 생하는 신이다. 청룡이 申에 타고 酉가 발용이 되었으니 비가 온다.
○ **가정** : 패기(敗氣)가 가택에 임하니 가정이 깨진다. 사람이 쇠해진다.
→ 일지는 가택이다. 일간의 패신인 지상의 酉가 가택에 임하니 가정이 깨진다. 지상에 낮에는 구진이 타니 쟁투나 쟁송으로 인한 손실이고, 밤에는 주작이 타니 구설수로 인한 손실이나 문서 유실이다. ● 일간은 사람이다. 일간이 간상으로 탈기되니 사람에게 손실이 많다. ● 삼전은 가운(家運)이다. 초전은 패신이고 중전과 말전은 공함되었으니 가운이 공허해진다.
○ **혼인** : 이루지 못한다. 좋지 않다.
→ 일간은 나, 일지는 배우자감이다. 밤에는 초전이 협극(夾剋)되었으니 혼담에 장애가 발생하고, 중전과 말전이 공망되었으니 혼인을 이루지 못한다. ● 패신에는 패가망신, 삼교(三交)에는 간음의 뜻이 있다. 지상이 일간의 패신이니 패가망신수가 있는 여자이고 다시 삼교격이니 간음하는 여자이다. ● 궁합 : 나쁘다. ● 일지는 상대이다. 지상의 酉가 일간을 탈기하니 남자에게 손실을 입히는 여자다. ● 중심과이니 온순하지 않은 여자이다.
○ **임신·출산** : 남자를 임신한다. 출산이 길하다. 태아를 정단하면 손상을 예방해야 한다.
→ 일간은 태아, 삼전은 태아가 생육되는 과정이다. 일간의 상하가

모두 양이니 남자, 삼전의 두 음(酉,卯)이 하나의 양(子)을 감싸니 남자이다. 태아를 뜻하는 태신인 子가 공망되었으니 유산을 예방해야 한다.

○ **구관** : 자손이 관성을 극하니 명예를 정단하면 이롭지 않다.
→ 자손효는 상관살, 관성은 관직이다. 자손효 酉가 관성 卯를 극해서 손상시키니 관직에 불리하고, 다시 삼교(三交)이니 관직에 불리하다.

○ **구재** : 재효가 공함되었으니 수입이 지출을 감당하지 못한다.
→ 재성인 중전의 子가 공망되었으니 수입은 없고, 간지의 상신인 申酉가 일간을 탈기하니 지출은 많다.

○ **질병** : 폐경락에 병이 들었다. 태기(胎氣)가 생을 극하니 구병은 흉하다.
→ 지상은 병증이다. 지상이 酉이니 폐경락의 병이다. 처재효가 생기인 巳午를 극하니 구병은 흉하다. 그리고 삼교격에 흉장이 타니 병이 쉽게 낫지 않는 상이지만 중·말전이 공함되었으니 나중에 낫는다.

○ **유실** : 집안의 동철(銅鐵) 속의 빈 그릇 안에 있다.
→ 자손효는 유실, 卯는 그릇이다. 초전이 자손효인 유금(酉金)이고 말전이 묘목(卯木)이니 동철 속의 빈 그릇 안에 있다.

○ **출행** : 단교과(斷橋課)는 중간에 장애가 생기는 것을 예방해야 한다.
→ 삼전은 여정이다. 중·말전이 공망되어 다리가 끊긴 상이니 중간에 장애가 생기는 것을 예방해야 한다.

○ **귀가** : 자손을 정단하면 바로 도착한다.
→ 초전과 지상의 酉가 자손효이니 자손의 귀가를 정단하면 바로 도착한다.

○ **도난** : 서남방 40리의 빈 우물 옆에 있다.
→ 도둑은 현무의 음신에 숨어 있다. 주야 모두 현무의 음신이 未이

니 서남방에 도둑이 있고, 未가 우물을 뜻하니 우물 옆에 있다. 현무양신 辰이 선천수 5이고 현무음신 未가 선천수 8이니 이 둘을 곱하면 40이다. 따라서 40리이다.

↑ **쟁송** : 형(刑)을 산다.
　→ 과전이 삼교격이니 형을 산다. 중심과이니 상급의 법원에서 재심(再審)하면 유리하다.
○ **전쟁** : 구진이 패지(敗地)에 타니 이익이 보이지 않는다.
　→ 구진은 아군이다. 낮에 정단하면 구진승신 酉가 酉의 패지인 午에 타니 이익이 보이지 않는다.

___

□ 『**필법부(畢法賦)**』 : 〈제92법〉 청룡이 생기에 타면 길한 작용이 늦게 나타난다.
　→ 수토동궁설을 적용하면 간상의 申은 생기이고 이곳에 낮에는 청룡이 탄다.
　〈제82법〉 삼전이 나아가지 못하는 불행전(不行傳)은 초전만 살펴야 한다.
　→ 아래의 □ 『과경』 참조.
□ 『**과경(課經)**』 : 불행전은 중·말전이 공망되었으니 초전으로만 길흉을 정단한다. 만약 중·말전의 재성과 관성이 이미 공망되었다면 남은 하나는 패기(敗氣)이다. 반드시 좋은 일은 없고 나쁜 일만 있다.
　→ 초전의 酉는 일간의 패기이니 백사 실패의 상이다.
□ 『**지장부**』 : 일간이 그 상신을 생하면 허비가 매우 많다.
　→ 일간 戊가 그 상신 申을 생한다.
□ 『**노문경(魯門經)**』 : 봄의 戊午일에 월장 酉를 점시 午에 가한 뒤에 월장이 사중에 가한 뒤에 발용이 되었고 그물을 뜻하는 辰이 귀인을 뜻하는 丑未를 묶었으니 '이번격(二煩格)'이다.

➔ 이 과전에서는 辰이 丑을 묶었으니 이번격에 해당한다.
□ 『**집의(集義)**』: 酉가 일간에 가하고 구진이 타면 래의는 혼사이다. 얽혀서 이루지 못한다.
➔ 이 과전에서는 酉가 일지에 가하고 낮에는 구진이 탄다.

| 갑인순 | 무오일 | 11국 |

戊午日 제 11 국

공망 : 子·丑
낮 : 왼쪽 천장, 밤 : 오른쪽 천장

庚	壬		○
白申	玄戌	后子	白
午	申		戌
己	辛	庚	壬
空未貴	常酉陰	白申后	玄戌玄
戌巳	未	午	申

己未空	庚申	辛酉	壬戌
貴	白午	常未	玄申玄
戊午辰 青	蛇	陰	癸亥酉 常
丁巳卯 勾 朱			○子戌 后 白
丙辰寅 合	乙卯丑 合 朱 勾 蛇	甲寅子 青 貴	○丑亥 空

□ **과체** : 중심(重審), 섭삼연(涉三淵/申戌子), 진간전(進間傳) // 간지동류(干支同類), 나거취재(懶去取財), 강색귀호(罡塞鬼戶), 막귀임간(幕貴臨干/낮), 재공(財空), 복덕(福德), 교차탈합(交叉脫合), 신장·살몰귀등천문(貴登天門/낮).

□ **핵심** : 간지가 교차상합을 한다. 장생을 취할 수 있다. 재물을 취하는 것을 꺼린다. 싹은 좋지만 열매는 나쁘다.

□ **분석** : ❶ 일상의 未는 지진 午와 상합하고 지상의 申은 일간(기궁) 巳와 상합하여 교차상합하니 교섭이 맺어진다.

❷ 지상의 申이 발용이 되었으니 장생을 취할 수 있다. 그러나 申에 백호가 타고 午에 임했으니 두렵다.

→ 장생에 백호가 타니 장생을 취하기 어렵고, 장생의 지반이 장생을 극해서 파손된 장생이니 역시 취하기 어렵다.

❸ 말전 子가 갑인순의 공망이고 극지(剋地)에 앉아 있으니 싹은 좋지만 열매는 나쁘다.

□ **정단** : 섭삼연(涉三淵)은 밝은 곳에서 어두운 곳으로 들고 사이를 띄

어서 전해서 나아가니(間傳), 모든 일이 어려워서 크게 구하고 작게 얻으며, 시작은 있지만 결과는 없다. 갑인순을 벗어나면 결과를 얻을 수 있다.

○ **날씨** : 발용의 수모(水母)가 극을 받고 간상에는 천공이 타니 낮에 정단하면 비가 오지 않는다.

→ 수모(申)는 수원(水源), 천공은 빈 하늘을 뜻한다. 수모인 초전의 申이 지반의 午화로부터 극을 받았으니 비가 오지 않고, 다시 하늘을 뜻하는 간상에 천공이 타니 하늘에서 비가 오지 않는다.

○ **가정** : 지상의 음신에 주야 모두 현무가 타니, 집에 도둑이 드는 것을 예방해야 한다.

→ 일지는 가택, 현무는 도둑이다. 일지음신 戌에 주야 모두 현무가 타니 집에 도둑이 드는 것을 예방해야 한다. ● 지상의 申은 일간의 자손효이다. 여기에 낮에 정단하면 백호가 타니 자식 혹은 부모에게 병이 드는 것을 예방해야 한다. 그리고 밤에는 실탈의 신이며 역마인 申에 천후가 타니 부녀자가 가출하는 것을 예방해야 한다. ● 일지음신 戌에 주야 모두 현무가 타니 도둑과 사기를 예방해야 한다.

○ **혼인** : 사나운 여자이다. 남편에게는 이익이 되고 자식에게는 이롭다.

→ 일지는 여자이다. 지상에 낮에는 백호가 타니 사나운 여자이다. 다행히 지상의 申이 일간의 장생이니 남자에게 이익이 되고 자식에게 이롭다. 일상의 未토는 지진의 午화와 상합하고 지상의 申금은 일간의 巳화와 상합하여 교차상합하니 혼인이 맺어진다. 다만 간지가 교차탈기하니 혼사에서 손실이 많다. ● 처를 뜻하는 子가 말전에서 공망되었으니 혼인한 뒤에 상처하는 것을 예방해야 한다. ●

궁합 : 매우 좋다.
- **임신·출산** : 일간과 일지가 교차상합하니, 태아는 길하고 출산은 흉하다.
    → 일간은 태아, 일지는 임신부이다. 일간과 일지가 상합하는 것은 태아가 임신부의 자궁에 있는 상이니 임신은 좋고 출산은 나쁘다.
- **구관** : 낮에는 '귀등천문'이고 밤에는 귀인이 일간에 임하니 대길하다.
    → 귀인은 공무원이다. 귀인이 亥에 가하면 귀인이 조정에 드는 상이니 고시생은 합격하고 공무원은 승진한다. 밤에 정단하면 귀인이 일간에 임하니 고시에 합격하지만, 염막귀인이 일간에 임하여 관직을 쉬는 상이니 공직에 있는 사람이 정단하면 불길하다. ● 관로 : 지상과 초전은 박관살(剝官殺)이고 중전은 묘신이며 말전은 공망되었으니 어둡다.
- **구재** : 뜻대로 되기 어렵다.
    → 재성은 재물이다. 말전의 재성이 공망되었으니 구재가 뜻대로 되기 어렵고, 간상과 지음에 겁재인 未와 戌이 있으니 더욱 어렵다.
- **질병** : 낮에 정단하면 간병이고, 밤에 정단하면 심장질환이다. 머지않아 저절로 낫는다.
    → 백호로부터 극을 받은 오행의 장부에 질병이 발생한다. 낮에 정단하면 백호승신 申의 극을 받는 간에 병이 들고, 밤에 정단하면 백호승신 子의 극을 받은 심장에 질환이 발생한다. ● 삼전이 섭삼연(涉三淵)이니 액이 있지만 말전이 공망되었으니 머지않아 곧 낫는다.
- **출행** : 장애가 있다.
    → 일간은 여행객, 일지는 여행지이다. 삼전이 섭삼연(涉三淵)이고 말전이 공망되었으니 출행에 장애가 있다.
- **귀가** : 아직은 도착하지 않는다.

➜ 삼전이 섭삼연(涉三淵)이고 말전이 공망되어 귀가에 장애가 있으니 아직은 도착하지 않는다.

○ **도난** : 북방 물가의 움막에 살고 있는 여인이 범인이다.

➜ 도둑은 현무의 음신에 숨어 있다. 주야 모두 현무의 음신이 子이니 정북방에 있는 물가에 도둑이 숨어 있다. 낮에는 현무음신에 천후가 타니 여인이 범인이고, 밤에는 백호가 타니 장의사가 범인이다.

○ **쟁송** : 합의가 가능하다. 재심(再審)이 이롭다.

➜ 일간은 나, 일지는 상대이다. 간지가 상합하니 합의가 가능하다. 거듭 심사하는 뜻이 있는 '중심과'이니 상급의 법원에서 재심하면 이롭다. ● 관재 : 과전에 귀살은 없고 복덕신은 있으니 관재가 가벼워진다.

○ **전쟁** : 객(客)에게는 이롭고 주(主)에게는 불리하다.

➜ 객은 공격하는 군대, 주는 수성하는 군대이다. 중심과이니 객에게는 이롭고 주에게는 불리하다.

○ **분묘** : 장생이 일지에 임하고 묘신에 육합이 타니 이기(理氣)가 모인다.

➜ 일지는 묘지이다. 일간의 장생인 申이 일지에 임하니 길지이다. 수토동궁설을 적용하면 일간의 묘신인 辰에 육합이 타니 기운이 모인다.

□ 『**필법부(畢法賦)**』: 〈제21법〉 교차상합하면 왕래에 이롭다.

➜ 교차상합은 주로 주객의 이해득실과 관련된 일 곧 혼인, 동업, 매매, 계약, 타 회사와의 교섭, 국제회담 등에서 주객이 화합하는 뜻이 있다.

〈제52법〉 천강(辰)이 귀신문(寅)을 막으면 임의로 도모할 수 있다.

→ 삼전에 있고 없고를 막론하고 이 모두를 '강색귀호(罡塞鬼戶)'라고 하여 무리귀살이 노리지 못한다. 오히려 재난을 피하는 일, 음모, 사적인 기도, 문상, 문병, 약 짓기, 부적 쓰기에 좋다. 만약 甲·戊·庚일이면 더욱 좋다.

□ 『과경(課經)』: 辰은 천강(天罡)이고 寅은 귀호(鬼戶)이다. 辰이 寅에 가하면 천강이 귀신의 출입문을 막는다는 뜻의 '강색귀호(罡塞鬼戶)'이다. 삼전의 유무를 떠나 무리지은 귀신이 엿볼 수 없다.

→ 위의 『필법부』 〈제52법〉 참조.

□ 『집의(集義)』: 申이 午에 가해서 발용이 되면 주로 노화(爐火)와 관련된 일이다. 만약 천후가 申에 타면 수가 화를 제압할 수 있으니 노화와 관련된 모든 일을 이루지 못한다.

→ 노화는 난로, 보일러, 대장간의 용광로 등을 가리킨다.

□ 『신정경(神定經)』: 공망된 재성이 일간의 묘지에 앉아 있으니, 모든 일에서 반드시 손실을 입는다.

→ 공망된 재성 子의 아래는 일간의 묘신인 戌이다.

□ 『회통(會通)』: 申이 午에 가하는 것은 곧 백호가 주작에 드는 것이고, 午가 辰에 가하는 것은 곧 주작이 구진에 드는 것이다. 모두 송사를 뜻한다.

→ 백호의 오행은 庚申, 주작의 오행은 丙午, 구진의 오행은 戊辰이다. 따라서 申이 午에 가하면 백호가 주작에 드는 뜻, 午가 辰에 가하면 주작이 구진에 드는 뜻이 성립된다.

戊午일　제 12 국

공망 : 子·丑
낮 : 왼쪽 천장, 밤 : 오른쪽 천장

	甲	戊	戊
	蛇寅青	青午蛇	青午蛇
	丑 ○	巳	巳
	戊	己	己	庚
	青午蛇	空未貴	空未貴	白申后
	戊巳	午	午	未

戊午 青巳	己未 蛇貴	庚申 空未	辛酉 白后 陰
丁巳 勾辰	朱		壬戌 玄酉 玄
丙辰 合卯	合		癸亥 陰戌 常
乙卯 朱寅	甲寅 勾丑	蛇青 丑子 貴空 ○	后子 白亥 ○

- □ **과체** : 별책(別責), 불비(不備), 육의(六儀) // 간지동류(干支同類), 고진(孤辰), 무음(蕪淫), 왕래수생(往來受生/自在), 간지상합(干支相合), 천라지망(天羅地網), 귀인공망(貴人空亡/낮).

- □ **핵심** : 상대가 와서 나를 생하니 이것을 고수하면 뜻대로 된다. 만약 움직여서 다른 것을 도모하면 귀살과 양인이다.

- □ **분석** : 일지가 간상으로 와서 일간을 생하는 것은 타인이 나에게 와서 은혜를 베푸는 셈이다. 이 생왕을 고수하면 자연히 뜻대로 되지만, 만약 경거망동하면 초전의 귀살 寅과 중전의 양인 午를 만나니 그 화가 얕지 않다.

- □ **정단** : ❶ 별책과는 하나의 일이 아니고, 일지와 일간에 그물을 뜻하는 천라지망(天羅地網)이 타니 오직 자신의 것을 고수하면 이롭고 움직여서 도모하면 이롭지 않다.

  ❷ 일지가 일간에 임해서 일간을 생하는 것을 '자재(自在)'라고 하여, 〈경〉에서 소위 "회척(恢拓)의 뜻이 있다."고 하였다.

○ **날씨** : 수가 아래에 있고 화는 위에 있으며 또한 발용에서 청룡이 사당에 드니 비가 올 수 없다.

　→ 청룡은 감우(甘雨)의 신이다. 청룡이 寅에 타면 청룡이 사당에 든다고 하여 비가 오지는 않는 상이고, 하물며 청룡이 공망되었으니 비가 올 수 없다.

○ **가정** : 사람은 왕성하고 집은 쇠퇴하다.

　→ 일간은 사람, 일지는 가택이다. 간상의 午는 일간의 제왕이다. 낮에는 청룡이 타니 사람이 왕성하다. 특히 일지 午가 간상으로 와서 일간을 생하니 사람이 잘 되는 가상이다. 그러나 지상의 未는 일간의 겁재이니 손재수가 발생하는 집이고 특히 낮에는 천공이 타니 공허하고 적막한 집이다. ● 사과가 불비(不備)이며 과명이 별책(別責)이니 부부의 음란을 예방해야 한다.

○ **혼인** : 불비이며 별책과이니 불길하다.

　→ 사과의 제2과와 제3과가 동일한 글자이니 불비이며 다시 별책과여서 남녀가 음란하니 불길한 혼인이다. 일지 午가 간상으로 와서 일간을 생하니 여자가 남자에게 시집 간 뒤에 남자를 내조하는 사람이다. 특히 낮에는 길장인 청룡이 타니 더욱 좋다. ● 궁합 : 남녀가 음란하니 나쁘다.

○ **임신·출산** : 여자를 임신한다. 순산한다.

　→ 사과가 하나의 음과 두 양이니 여자를 임신한다. 삼전이 진여이니 순산한다. ● 사과가 불비(不備)이니 미숙아를 예방해야 한다. ● 출산을 정단하면 일지 午가 일간 戊를 생하니 순산한다.

○ **구관** : 낮에는 청룡이 일간에 임했고, 밤에는 귀인이 가택에 들었으며, 관성이 크게 왕성하니 구관의 뜻을 얻는다.

　→ 청룡은 문관, 귀인은 공무원, 관성은 관직이다. 낮에 정단하면 청룡이 나에게 오고, 밤에 정단하면 천을귀인이 집으로 오며, 관성인 寅이 발용이 되었으니 구관의 뜻을 얻는다. 만약 丑년이나 丑월

이나 丑월장(소설~동지) 기간에 정단하면 공망된 관성이 살아나니 관직에 대길하다.

○ **구재** : 낮에 정단하면 희망할 수 있다.
　→ 청룡은 재물이다. 낮에 정단하면 청룡이 부모효인 午에 타서 간상과 중전과 말전에 타서 일간을 생하니 재물을 얻는다.

○ **질병** : 비위의 병이다. 쉽게 낫는다.
　→ 지상은 병증이다. 지상이 未이니 위장병이다. 간상과 중·말전의 午가 일간의 생기이니 쉽게 낫는다.

○ **출행** : 안전하고 길하다.
　→ 일간은 여행객, 일지는 여행지이다. 일지인 午가 일간을 생하니 안전하고 길하다.

○ **귀가** : 즉시 도착한다.
　→ 말전과 중전이 일지와 연결되니 즉시 도착한다.

○ **도난** : 강과 바다의 도둑이다.
　→ 도둑은 현무의 음신에 숨어 있다. 현무의 음신이 亥이니 서북방의 강이나 호수나 바다에 있다.

↑ **쟁송** : 합의가 가능하다. 변호사를 고용해야 한다.
　→ 일간은 나, 일지는 상대이다. 간지의 상신인 午未가 상합하니 합의가 가능하다. 사과가 불비(不備)이니 변호사의 도움을 받아야 한다. ● 승패 : 일지 및 중·말전의 午가 일간을 생하여오니 내가 유리하다.

○ **전쟁** : 처음에는 근심되고 나중에는 기쁘다.
　→ 삼전은 전투과정이다. 초전이 공망되었으니 처음에는 근심이 있지만 중전과 말전이 일간을 생하여오니 나중에는 기쁘다.

□ 『**필법부(畢法賦)**』 : 〈제55법〉 천라지망(天羅地網)을 만나면 모망사가

보잘 것이 없게 된다.

➜ 매일의 제12국은 이 법에 해당한다.

□ 『고감(古鑒)』: 辛未년에 출생한 사람이 10월에 월장 卯를 점시 寅에 가한 뒤에 관직을 정단한다. 이 사람은 지금 옳은 직위가 없으며, 반드시 상사의 처벌로 인해 다른 일로 직업을 바꾼다. 초전의 寅목은 일간의 귀살로서 이 귀살이 午화를 생하며, 午는 10월의 천귀(天鬼)로서 택상의 未와 상합하니 가족 중 죽을 사람이 있다. 이 달에 과연 세 사람이나 죽었고, 이로 인해 나중에 관직이 파면됐다.

□ 『단험(斷驗)』: 戊申년의 2월에 월장 亥를 점시 戌에 가한 뒤에 질병을 정단한다. 천귀인 午화가 귀살 寅의 생을 받으니 반드시 동악과 성황당을 범한 것으로 인해 역병에 걸린다. 봄에는 寅목이 매우 왕성하고 귀살이 지극히 강하니 역병에 걸리는 사람이 하나가 아니다. 그의 집에서 일곱 명이 병에 걸린 뒤에 세 명이 죽는다. 서둘러서 신에게 이것을 고하고 빌어야만 나머지의 사람이 병석에서 일어나는데, 그 이유는 간상과 중·말전에 천귀가 셋이나 있기 때문이니, 이것이 세 명이 병석에서 일어나지 못하는 이유이다.

➜ 집에 병자가 생기는 이유는 지상의 未가 2월의 사기이기 때문이다. 일곱 명이 병든 것은 초전의 寅이 7이기 때문이고, 세 사람이 죽은 것은 寅이 하도수의 3이기 때문이다.

※ 천귀

신살＼월건	寅	卯	辰	巳	午	未	申	酉	戌	亥	子	丑
천귀(天鬼)	酉	午	卯	子	酉	午	卯	子	酉	午	卯	子

기미일

己未日의 길신(구보)과 흉살(팔살)

일덕	寅	형	
일록	午	충	
역마	巳	파	
장생	寅	해	
제왕	午	귀살	寅卯
순기	亥	묘신	戌
육의(六儀)	甲寅	패신 / 도화	卯 / 子
귀인	주 子	공망	子丑
	야 申	탈(脫)	申酉
합(合)		사(死)	酉
태(胎)	子	절(絶)	亥

갑인순 | 기미일 | 1국

己未일 제 1 국

공망 : 子·丑 ○
낮 : 왼쪽 천장, 밤 : 오른쪽 천장

己	○		壬
白 未 蛇	蛇 丑 白		陰 戌 陰
未	丑 ○		戌
己	己	己	己
白 未 蛇	白 未 蛇	白 未 蛇	白 未 蛇
己 未	未	未	未

丁 青 巳 巳	戊 合 午 空 午 朱	己 白 未 蛇 未	庚 常 申 貴 申
丙 勾 辰 辰 勾			辛 玄 酉 后 酉
乙 合 卯 卯 青			壬 陰 戌 陰 戌
甲 朱 寅 寅 空	○ 蛇 丑 白 丑 貴	○ 子 常 子	癸 后 亥 玄 亥

□ **과체** : 복음(伏吟), 자신(自信), 가색(稼穡) // 간지동류(干支同類), 유자(遊子/3·9월), 나거취재(懶去取財), 전국(全局), 형상(刑傷), 독족(獨足), 복공(腹空).

□ **핵심** : 일지와 일간이 서로 만난다. 중전과 말전이 삼형을 하고 공망되었으니 특이한 것은 없고 '독족(獨足)'이다. 낮 백호가 다섯이나 있다.

□ **분석** : ❶ 일간의 기궁은 未이고 未는 곧 己이다. 未가 己에 가했으니 일간과 일지가 상봉한다.

　❷ 과전에 토의 오행만 있으니 '독족(獨足)'이다.

　❸ 낮에는 다섯 백호이니, 질병과 소송을 면하기 어렵고 모망을 기대하면 안 되며 이루지 못한다.

□ **정단** : ❶ '독족(獨足)'이어서 모든 일을 실행하기 어렵다. 중전이 공망되어 다리가 부러지고 허리가 부러졌다는 뜻의 '단교절요(斷橋折腰)'이니 반드시 장애가 생긴다. 상인은 수로행이 이롭거나 혹은 작은 차에 짐을 실어야 한다.

❷ 일간과 일지가 동일한 자리이고 삼전이 이리저리 상형(相刑)하니 모든 일에서 화사한 기운이 없다.

―――――――――――――――――――

○ **날씨** : 흐리다.

※『육임직지』원문에서는 "천지가 부동하고 일지와 일간이 나란히 있으니, 맑은 날씨를 원하면 맑고 비를 원하면 비가 온다."고 하였다.

→ 과전이 모두 가색이니 흐리다.

○ **가정** : 등사와 백호가 가득 있으니 사람과 집에 우환이 생겨서 지극히 흉한 상이다.

→ 일간은 사람, 일지는 집이다. 등사와 백호는 사람에게 질병과 사고를 유발시키는 작용을 한다. 이들이 과전에 가득 있으니 가정 내외에 우환이 그치지 않는다. 더군다나 과전이 삼형이니 더욱 흉하다. 특히 과전이 토국의 형제국이니 처운과 재운이 매우 약하다. ● 일지는 집이다. 주야 모두 지상에 흉장이 타니 안전하지 않다. 낮에는 백호가 타니 질병을 예방해야 하고, 밤에는 등사가 타니 경공사를 예방해야 한다.

○ **혼인** : 양가의 지체가 엇비슷하다. 반드시 옛 친척이지만 길한 상이 아니다.

→ 일간은 남자, 일지는 여자이다. 일간과 일지가 동일하니 양가의 지체가 엇비슷하거나 혹은 옛 친척이지만 삼전이 형을 하니 길하지 않은 혼인이다. 그리고 과전에 형제효만 있으니 처를 맞이하기 어렵다. ● 궁합 : 독족이고 삼전이 삼형이니 나쁘다. ● 일지는 상대이다. 지상에 흉장이 타니 좋지 않은 사람이다.

○ **임신·출산** : 여자를 임신한다. 배가 비었으니 순산한다.

→ 일간은 태아이다. 일간의 상하가 모두 음이니 여자이다. 배를 뜻

하는 丑이 공망되었으니 출산을 정단하면 순산한다.
○ **구관** : 연명이 寅卯子午인 사람은 길하다.

→ 연명이 寅卯이면 그 상신이 관성인 寅卯이니 길하고, 연명이 午인 사람이 밤에 정단하면 午에 주작이 타서 일간을 생하니 길하다. 나머지의 연명은 대흉하다.

○ **구재** : 겁재가 많으니 이익이 없다.

→ 재성은 재물, 겁재는 재물을 흩는 작용을 한다. 과전에 재성은 없고 겁재만 많으니 무익하다.

○ **질병** : 신수(腎水)가 말랐다. 묘월과 유월에 정단하면 흉하다.

→ 과전의 모든 토가 수를 극하니 신수가 말랐다. 묘월(卯月)에 정단하면 사과의 네 未와 초전의 未가 묘월의 사기이니 생명이 위험하고, 유월(酉月)에 정단하면 중전의 丑이 유월의 사기이니 생명이 위험하다. ● 과전이 모두 토이니 위장이 굳은 병이다. ● 과전이 형제국이니 처의 질병을 정단하면 처가 위독하다.

○ **유실** : 집안에 있다.

→ 복음과는 유실물이 집안에 있다.

○ **출행** : 나쁘다.

→ 일간은 여행객, 일지는 여행지이다. 과전이 모두 토이니 '독족(獨足)'이다. 출행에 장애가 있으니 나쁘다.

○ **귀가** : 귀가 도중에 장애가 생긴다.

→ 중전이 공망되었으니 귀가 도중에 장애가 생긴다.

○ **도난** : 서북방의 기생집에 엎드려 있다.

→ 도둑은 현무의 음신에 숨어 있다. 밤에 정단하면 현무의 음신이 亥이니 서북방에 숨어 있고, 음사(陰私)와 음탕의 천장인 천후가 亥에 타니 창기(娼妓)의 집에 있으며, 복음과이니 기생의 집에서 움직이지 않고 있다. 그리고 낮에 정단하면 현무의 음신이 酉이니 정서방에 있고 酉에 음사(陰私)와 음탕의 천장인 태음이 타니 역시 창기

(娼妓)의 집에 있으며, 복음과이니 기생의 집에서 움직이지 않고 있다.

↑ **쟁송** : 서로 비슷하다.
  → 일간과 일지가 동일한 글자이니 서로 비슷하고 승패가 나지 않는다.

O **전쟁** : 주객이 비슷하다. 이익이 보이지 않는다.
  → 일간과 일지가 동일한 글자이니 아군과 적군의 전력이 비슷하다. 그리고 과전에 재성이 없으니 이익이 없다.

□ 『**필법부(畢法賦)**』 : (제82법) 삼전이 나아가지 못하는 불행전(不行傳)은 초전을 살펴야 한다.
  → 중전이 공망되었으니 초전으로 길흉을 결정해야 한다.

□ 『**과경(課經)**』 : 복음은 형(刑)을 취해서 전해진다. 지금 중전이 공망되어 말전으로 가지 못하니 진퇴 모두 어렵다. 만약 다른 일을 정단하면 반드시 먼저 타인의 허락을 받은 뒤에 실행하지 못한다. 만약 연명이 巳이면 정마가 가하니 동작이 아주 급하고, 연명상신에 괴강(戌辰)이 타면 반드시 움직이는 상이다.
  → 정마와 辰과 戌은 모두 역마의 성향이 있는 동신(動神)이다.

□ 『**비요(秘要)**』 : 등사와 백호가 가택에 드니 놀라지 않으면 잃는다.
  → O 가정 참조.

己未일 제 2 국

공망 : 子·丑
낮 : 왼쪽 천장, 밤 : 오른쪽 천장

乙	戊	戊
合 卯 青	空 午 朱	空 午 朱
辰	未	未
戊	丁	戊	丁
空 午 朱 青 巳 合	空 午 朱 青 巳 合
己 未 午	未 午

丙辰巳	丁巳午	戊午未	己未申
勾	勾青	合空	朱白 蛇
乙卯辰甲寅卯 合朱	青 空		庚申酉辛酉戌 常貴 玄后
○蛇丑寅 白	○貴子丑 常	癸亥子后玄	壬戌亥陰陰

- □ **과체** : 팔전(八專), 유박불수(帷薄不修格) // 간지동류(干支同類), 삼교(三交), 침해(侵害), 왕록임신(旺祿臨身), 권섭부정(權攝不正), 구생(俱生), 호생(互生), 호태(互胎), 사승살(四勝殺), 귀인공망(貴人空亡/낮), 여덕(勵德/밤).

- □ **핵심** : 군직을 생업으로 삼아야 복을 누린다. 낮에는 천공을 꺼린다. 질병을 정단하면 반드시 곡을 한다.

- □ **분석** : ❶ 午가 주역의 리괘에 속하니 왕이 출정하는 상이다. 왕록이 일간과 일지에 임하니 군에 입대해서 식록을 받아야 복을 누린다. 다만 낮에는 일록 午에 천공이 타니 왕록을 다르게 해석해야 한다.
❷ 만약 병자를 낮에 정단하면 일록이 공망되었으니 반드시 음식을 먹지 못하고 사망한다.

- □ **정단** : ❶ 팔전과는 손위와 위아래가 한 방에 있고 사람과 집이 불분명하니 예의를 벗어나는 일이 많은 과이다.
❷ 중·말전과 간지의 상신이 거듭하여 일간을 생한다. 만약 관직자가 밤에 정단하면 생기가 왕성하니 관직이 드러나고 형통해서 반드

시 요직에 앉는다. 다만 비 관직자는 문서와 구설을 예방해야 한다.

———————————————————

○ **날씨** : 일진상에 천공과 주작이 타니 주야 모두 맑고 화창하다.
  ➜ 천공은 빈 하늘, 주작은 화의 천장이다. 천공과 주작이 일진상과 삼전에 많으니 맑고 화창하다.
○ **가정** : 집이 유복하다. 낮에는 속임을 예방해야 한다.
  ➜ 일록은 식록이다. 간지상에 일록이 임하고 다시 중·말전에 일록이 있으니 부자이다. 다만 낮에 정단하면 일록에 천공이 타니 속임을 예방해야 한다. 밤에는 주작이 네 곳의 생기에 타서 일간을 생하니 합격과 승진과 문서의 기쁨이 있다. ● 일간은 위, 일지는 아래이다. 간지가 교차상합하니 손위와 손아래가 화목하다.
○ **혼인** : 유박불수(帷薄不修格)는 혼인에서 가장 나쁘다.
  ➜ 일간과 일지가 동일한 십이지이고 사과의 상하에 극이 없는 팔전과는 가정에서 근친상간이 발생하는 상이니 혼인에서 가장 나쁘다. 다만 간지가 교차상합하니 궁합이 좋고 혼인이 맺어진다. 특히 밤에는 午에 주작이 타니 더욱 좋다.
○ **임신·출산** : 천괴(戌)가 亥에 임하니 출산이 늦어진다.
  ※ 『육임직지』 원문에서는 "태신의 음신이 음이니 여자를 임신한다."고 하였다.
  ➜ 삼전은 태아가 생육되는 과정이다. 삼전의 두 양(午,午)이 하나의 음(卯)을 감싸니 여자를 임신한다. 일간과 일지가 교차상합하니 임신은 길하고 출산은 흉하다.
○ **구관** : 밤에 정단하면 문관이 매우 왕성하니 한 해에 아홉 번 승진한다.
  ➜ 주작은 문서, 인성은 관인(官印)이다. 밤에 정단하면 주작승신 午가 일간을 생하니 자주 승진하고 관운이 융성한다. ● 고시 : 천공승

신과 주작승신이 일간을 생하니 합격한다. 만약 봄과 여름에 점단하면 午가 왕상하니 더욱 좋다. ● 직장 : 왕신 겸 록신이 일간에 임하니 직장을 옮기면 안 된다.

○ **구재** : 문서가 매우 왕성하니 구하지 않더라도 저절로 온다.
  → 주작은 문서이다. 각종 수주(受注) 문서를 얻는 상이니 저절로 재물이 온다.

○ **질병** : 심장경락의 병환이거나 혹은 입으로 말을 하지 못하는 질환이다. 낫기 어렵다.
  → 지상은 병증이다. 지상이 午이니 심장경락의 병환이다. 낮에 점단하면 간상의 일록이 공망되었으니 절식사 한다. 의약신 申酉가 酉와 戌에 임하니 정서나 서북방에서 양의와 양약을 구해서 치료하면 된다. ● 연명이 亥인 사람이 점단하면 기운이 크게 막혀 있거나, 또는 음식이 뭉쳐서 막혀있거나, 또는 신을 잘 모시지 못해서 생긴 재앙이다. 약을 복용하여 내려 보내는 것이 좋다.

○ **유실** : 거실에 있으니 거실에서 찾을 수 있다.
  → 지상의 午가 거실이니 거실에서 찾으면 된다.

○ **출행** : 사람과 집이 그리워하니 움직이지 못한다.
  → 일간은 여행객, 일지는 집이다. 간지가 교차상합하여 사람이 집을 그리워하니 움직이지 못한다.

○ **귀가** : 뜻을 얻은 뒤에 귀가한다.
  → 사과와 삼전이 길하니 뜻을 얻은 뒤에 귀가한다.

○ **도난** : 서북방에 있다.
  → 도둑은 현무의 음신에 있다. 낮에는 현무의 음신이 申이니 서남방에 있고, 밤에는 현무의 음신이 戌이니 서북방에 있다.

↑ **쟁송** : 주객이 같으니 결론이 나지 않는다.
  → 일간과 일지가 동일한 오행이니 결론이 나지 않는다. 음일의 팔전과이니 손아래의 사람과 여자에게 유리하다.

○ **전쟁** : 주객이 같으니 군세가 같다.

→ 일간과 일지가 동일오행이니 아군과 적군의 전력이 같다.

□ 『**필법부(畢法賦)**』 : 〈제51법〉 하괴가 천문을 건너면 관문이 막힌다. 戌은 천괴이고 亥는 천문이다. 무릇 戌이 亥에 가하여 발용이 되면 모망사는 모두 막히고 불통한다.

→ 연명이 亥인 사람은 이 법에 해당한다.

□ 『**과경(課經)**』 : 戌은 천괴(天魁)이고 亥는 천문(天門)이다. 戌이 亥에 가하면 천괴가 천문을 건넌다는 뜻의 '괴도천문(魁度天門)'이라고 하여 모든 일에서 장애가 있다.

□ 『**찬요(纂要)**』 : 일간의 록신이 다시 일간의 왕신이다. 왕신 겸 록신이 일간에 임하니, 이것을 포기하고 다른 것을 도모하면 절대로 안 된다. 초전의 귀살 卯가 두렵지만 의거할 것이 없고, 중·말전이 간상으로 돌아가니 소위 이곳저곳을 가느니 차라리 이곳에 있는 것만 못하다.

→ 간지상의 午는 일간의 왕신이며 록신이다.

□ 『**회함(匯函)**』 : 午에 주작이 타면 '진주작(眞朱雀)'이라고 하여 문서가 반드시 조정에 이른다.

→ 조정을 현대에서는 상급의 관청으로 해석할 수 있다. 고시를 정단하면 합격하고 승진을 정단하면 승진한다.

| 갑인순 | 기미일 | 3국 |

己未일 제 3 국

공망 : 子·丑 ○
낮 : 왼쪽 천장, 밤 : 오른쪽 천장

○	丁	丁
蛇 丑 白	青 巳 合	青 巳 合
卯	未	未
丁	乙	丁	乙
青 巳 合	合 卯 青	青 巳 合	合 卯 青
己 未	巳	未	巳

乙卯巳 合青	丙辰午 勾青	丁巳未 勾青	戊午申 合空 朱
甲寅辰 朱空			己未酉 空蛇 白
○丑卯 蛇白			庚申戌 蛇貴 常
○子寅 貴常	癸亥丑 常后 玄	壬戌子 后陰 玄	辛酉亥 陰后

- **과체** : 팔전(八專), 유박불수(帷薄不修格), 과수 // 간지동류(干支同類), 일희일비(一喜一悲), 구생(俱生), 호생(互生), 우로균점(雨露均霑), 육음(六陰), 복공(腹空), 귀인입옥(貴人入獄/밤).
- **핵심** : 파쇄(破碎)가 공망되었다. 소모가 많아서 빈궁하다. 정마가 많으니 일평생 유랑한다.
- **분석** : ❶ 발용의 丑이 파쇄(破碎)되고 다시 공망되었다. 낮의 등사와 밤의 백호가 파쇄되어 소모가 많으니 반드시 빈 곳에 이르러야 그친다.

  ❷ 간지와 중·말전의 巳화가 네 번 겹치고 둔간이 丁이며 다시 역마이다. 낮에는 청룡이 타니 움직이는 것을 그치지 않고 종적이 정해진 것이 없으니 어찌 일평생 유랑을 면하겠는가?
- **정단** : ❶ 과명이 팔전(八專)이다. 겁재(劫財)가 발용이 되었으니 모든 일에서 소모를 면하기 어렵다.

  ❷ 격명이 엷은 휘장 아래에서 행실이 닦이지 않았다는 뜻의 '유박불수(帷薄不修)'이니 자신의 몸을 지키고 가정을 엄숙하게 해야 무사

하다.
❸ 발용이 공망되었으니 승려와 수도자에게는 좋다.
❹ 절기(絕氣)가 일간에 임하면 옛일을 매듭짓는 일에서 길하다. 특히 사월과 유월에 정단하면 길하다.
→ 수토동궁설을 적용하면 간상의 巳가 일간 己의 절신이지만 또한 부모효이기도 하다. 사월에 정단하면 간지상의 巳는 未월의 생기이며, 여기에 길장인 청룡과 육합이 타니 매우 길해서 만사 뜻대로 된다고 해석한다.

──────────────

○ **날씨** : 발용이 토신이고 중전과 말전에 청룡이 타서 일간을 생하니 비가 오지 않는다.
→ 초전의 丑토는 비구름을 쫓는 작용을 하고, 강우의 천장인 청룡이 오행의 巳화에 타니 비가 오지 않는다.
○ **가정** : 택상에 청룡과 육합이 타서 일지를 생하니 가정에 반드시 희경사가 있다.
→ 일간은 사람이고 일지는 가택, 청룡은 재물이고 육합은 혼인과 자식이다. 낮에 정단하면 청룡이 巳에 타서 일지를 생하니 가정에 재물의 기쁨이 있고, 밤에 정단하면 육합이 巳에 타서 일지를 생하니 가정에 혼인이나 자식이 느는 기쁨이 있다. ● 간지가 교차상합하니 가족이 화목하다. 다만 밤에 정단하면 음란의 천장인 육합이 삼전에 있어서 '유발불수(帷薄不修格)'이니 가정에서 근친상간이 발생하는 것을 예방해야 한다.
○ **혼인** : 가세가 비슷하다. 반드시 신속히 혼인해야 한다.
→ 일간은 남자, 일지는 여자이다. 간지와 그 상신이 동일하여 양가의 가세가 비슷하고 다시 간지가 교차상생하니 혼인하면 된다. ● 궁합 : 간지가 교차상생하니 매우 좋다.

○ **임신·출산** : 남자를 임신한다. 출산을 낮에 정단하면 길하고, 밤에 정단하면 늦어진다.

→ 음이 극에 이르면 양이 되니 남자를 임신한다. 출산을 정단하면 '복공격(腹空格)'이다. 낮에 등사가 타는 것은 출산하면서 출혈이 있는 상이니 길하고, 밤에 백호가 타는 것은 몸에 병이 생기는 상이니 흉하다.

○ **구관** : 청룡과 역마가 매우 많으니 좋은 직책을 얻는다.

→ 역마는 승진의 신이다. 간지상과 중·말전에 역마가 많아서 여러 번 승진하는 상이니 좋은 직책을 연거푸 얻는다. 특히 낮에는 청룡이 타니 더욱 길하다. 또한 사과의 천반이 지반을 모두 생하여 '우로균점(雨露均霑)'이니 공무원은 승진하고 고시생은 합격한다.

○ **구재** : 청룡이 일간을 생하니 왕래하고 행동해서 재물을 취득하면 된다.

→ 간지상과 중·말전의 巳는 역마와 정마이다. 낮에 정단하면 이곳에 재물을 뜻하는 청룡이 타서 일간을 생하니 왕래하여 재물을 얻는다.

○ **질병** : 신장경락에 병이 들었고 치아질환이다. 아직은 낫지 않는다.

→ 주야 모두 백호가 토에 타서 수를 극하니 신장경락에 병이 들었다. 밤에 정단하면 백호승신 丑이 공망되었으니 저절로 병이 낫는다. ● 지상은 병증이다. 지상이 巳이니 치아질환이다. ● 형제의 질병을 정단하면 丑이 공망되었으니 생명이 위험하다. ● 의약신 申酉가 戌亥에 임하니 서북방에서 양의와 양약을 구하면 된다.

○ **유실** : 여종이 훔쳤다.

→ 팔전과의 음일이니 여종이 훔쳤다. 혹은 손아래 사람이 훔쳤다.

○ **출행** : 주야 모두 수로와 육로가 길하다.

→ 현대에서는 일간은 여행객, 일지는 여행지이다. 간지가 교차상생하니 출행이 안전하다.

○ **귀가** : 역마가 간지에 있으니 집에 도착한다.
  → 일간은 기다리는 사람, 일지는 집이다. 일지의 역마인 巳가 간지에 임하니 집에 도착한다.
↑ **쟁송** : 합의가 가능하다.
  → 간지가 교차상생하니 합의가 가능하다. ● 간지가 동일하니 승패가 나지 않는다. 과체가 음일의 팔전(八專)이니 손아래 사람에게 유리하다.
○ **전쟁** : 주야 모두 매우 길하지 않다.
  → 과전에 역마와 정마가 많아서 출군하는 상이니 주야 모두 길하지 않다.

□ 『**필법부(畢法賦)**』 : 〈제79법〉 일간과 일지가 절신이면 모든 모망사는 끊긴다.
  → '수토동궁설'을 적용하면 간상의 巳는 일간의 절신이다. 이 설을 현대에서는 거의 적용하지 않는다.
  〈제92법〉 청룡이 생기에 타면 길한 작용이 늦게 나타난다.
  → 낮에 정단하면 청룡이 일간의 생기인 巳에 탄다.
□ 『**과경(課經)**』 : 청룡이 일간을 생하는 신에 타고 다시 월건의 생기에 타면 당장에는 뛰어나지 않지만 서서히 발복한다. 이 예는 군자가 뭇사람에게 은혜를 베푸는 것에 비유되며, 구태여 말을 하지 않더라도 발복을 기다리면 되고, 추운 겨울과 같은 세월을 인내하면 된다.
  → 『필법부』〈제92법〉 참조.
□ 『**지장부**』 : 발용이 공망되고 다시 일지와 일간으로 전해지니 옛것을 새롭게 하더라도 결국 닫히게 된다.
  → 모든 일의 시작을 뜻하는 초전이 공망되면 모든 일을 시작할 수 없다.

□ 『**삼재부(三才賦)**』: 巳亥가 역마이니 수레가 길에서 달린다.
　➜ 일지와 무관하게 巳와 亥는 역마로 활용된다.

□ 『**옥성가(玉成家歌)**』: 부모가 일간에 임하니 자손이 우려된다.
　➜ 이 과전에서는 지나치게 많은 부모효 巳가 자손효를 극하니 자손에게 나쁘다. 특히 자손의 질병을 점단하면 낫기 어렵다.

己未일 제 4 국

공망 : 子·丑
낮 : 왼쪽 천장, 밤 : 오른쪽 천장

癸 亥 后 合	丙 辰 勾 常	丙 辰 勾 常
寅	未	未
丙 勾 辰 常	○ 蛇 丑 青	丙 ○ 勾 辰 常 蛇 丑 青
己 未	辰	未 辰

甲寅巳 朱空	乙卯午 合白	丙辰未 勾常	丁巳申 青玄
蛇 ○丑辰 青			空 戌午酉 陰
貴 ○子卯 勾			白 己未戌 后
后 癸亥寅 合	陰 壬戌丑 朱○	玄 辛酉子 蛇○	常 庚申亥 貴

- □ **과체** : 팔전(八專), 참관(斬關), 여덕(勵德/낮) // 간지동류(干支同類), 나거취재(懶去取財), 재폐구(財閉口), 복공(腹空), 구묘(俱墓), 간지승묘(干支乘墓), 신장·귀등천문(神藏·貴登天門), 삼기(三奇).

- □ **핵심** : 재신이 폐구(閉口) 되었으니 재물을 손에 쥘 수 없다. 네 묘신에 구진이 타니 혼미하다.

- □ **분석** : ❶ 순미가 순수에 가한 뒤에 발용이 되었으니 폐구이다. 재성인 亥가 폐구되었고 다시 순미인 亥가 寅에 앉아 있으니 어찌 재물을 손에 쥘 수 있겠는가?

  ❷ 네 辰이 묘신이니 혼미하다. 구진과 태상이 토에 가하고 그 위에 쌓이니 혼미한 상태를 견디기 어렵다.

- □ **정단** : 간상의 辰과 지상의 辰이 모두 자형(自刑)이니 주객이 불화하고 불통한데, 간지에 묘신이 타니 사람은 어둡고 집은 암매하다. 따라서 만사에서 형통하지 않다. 만약 연명이 丑이면 연명상의 戌이이 辰을 충(沖)하여 그물과 묘신을 깨트리니 흉이 구해진다. 만약 연명이 辰이면 '천라자과(天羅自裹)'이니 흉사를 벗어나기 어렵다.

○ **날씨** : 간상에 묘신이 타니 태양이 가려지고 수가 다시 묘지로 드니 짙게 흐리고 비가 오지 않는다.
  ➔ 일간은 하늘, 묘신은 흐림, 수는 비이다. 간상에 묘신이 타고 다시 초전의 亥가 중전에서 묘신 辰으로 드니 흐리고 비가 오지 않는다.

○ **가정** : 사람은 혼미하고 집은 암매하다. 모든 일에서 이롭지 않다.
  ➔ 일간은 사람, 일지는 가택이다. 혼미의 뜻이 있는 묘신이 간지에 임해서 가정 내외가 혼미하고 어두우니 매사 이롭지 않다. 일지의 음양이 모두 겁재이니 가정에 손재수가 있을까 두렵다.

○ **혼인** : 우둔한 두 사람이 만난다.
  ➔ 일간은 남자, 일지는 여자이다. 간지의 상신이 모두 묘신이니 남녀 모두 미래가 어두운 사람이고 우둔한 사람이다. 과전에서 토가 태왕하니 처운이 나쁘고 다시 처효가 폐구되었으니 더욱 처운이 나쁘다. ● **궁합** : 나쁘다.

○ **임신·출산** : 여자를 임신한다. 출산이 흉하다.
  ➔ 삼전은 태아가 생육되는 과정이다. 삼전의 두 양(辰,辰)이 하나의 음(亥)을 감싸니 여자를 임신한다. 간지의 상신이 모두 묘신이니 출산이 흉하다.

○ **구관** : 불길하다.
  ➔ 관직을 뜻하는 관성 寅卯와 식록을 뜻하는 午가 과전에 나타나지 않았으니 관직이 불길한데, 간지상에 묘신 辰이 나타나니 더욱 불길하다. 게다가 과전이 겁재국이니 관운이 매우 나쁘다.

○ **구재** : 몰래 여자의 재물을 취득하면 된다. 우환이 생길 우려가 있다.
  ➔ 재성은 재물이다. 비록 초전의 癸亥가 일간의 재성이지만 여섯 곳의 겁재(劫財)가 이 재물을 다투니 재물을 취득하지 못한다.

○ **질병** : 정(精)이 새거나 중풍이거나 목이 붓고 아픈 증상이다. 자월에 정단하면 흉하다.
→ 지상은 병증이다. 지상이 辰이니 정이 새고 여기에 구진이 타니 인후가 붓고 아픈 증상이다. 처의 질병을 정단하면 처효인 亥가 여섯 곳의 토로부터 극을 당했으니 위험하다.

○ **유실** : 본 사람이 말을 하려고 하지 않는다. 주야 모두 도둑을 잡기 어렵다.
→ 초전이 폐구되었으니 본 사람이 말을 하려고 하지 않는다. 낮에 정단하면 현무승신 酉가 공함되었으니 잡기 어렵고, 밤에 정단하면 구진승신 子가 공망되어 경찰에게 도둑을 잡을 능력이 없으니 역시 잡을 수 없다.

○ **출행** : 수로와 육로 모두 매우 이롭지 않다.
→ 현대에서는 일간은 여행객, 일지는 여행지이다. 간지의 상신이 모두 묘신이니 출행이 안전하지 않다.

○ **귀가** : 천강(辰)이 간지에 가하니 바로 도착한다.
→ 천강(辰)이 간지에 가해서 '참관'이니 바로 도착한다.

○ **쟁송** : 승패가 나지 않는다.
→ 일간은 나, 일지는 상대이다. 간지가 동일하고 간지의 상신이 동일하니 승패가 나지 않는다. ● **관재** : 묘신에는 수감의 뜻이 있다. 간지의 상신과 중·말전이 묘신인 辰이니 교도소에 수감되는 것을 예방해야 한다.

○ **전쟁** : 경거망동하면 안 되고 유지하면 정녕 형통하다.
→ 간상이 묘신이어서 어두우니 움직이면 안 된다.

○ **분묘** : '건룡(乾龍)'은 발재(發財)가 가능하다.
→ 밤 귀인이 亥에 임하니 건좌손향(乾坐巽向)이 길해서 작은 부자는 가능하다.

□ 『필법부(畢法賦)』: 〈제88법〉 간지에 묘신이 타면 모두 혼미해진다. 사람은 마치 운무 속을 걸어가는 것과 같고, 가택은 피폐해져서 저절로 먼지와 어둠에 더럽혀진다.
  ➔ 간상의 辰은 일간의 묘신, 지상의 辰은 일지의 묘신이다.
  〈제75법〉 모든 정단에서 서로 형(刑)을 하는 뜻을 면하지 못한다. 모든 교섭사에서 반드시 다른 마음이 있다. 이 과전에서는 간지의 상신이 자형이다. 주로 혼인, 매매, 교역, 계약, 동업, 국제회담 등에서 양측 모두에게 이롭지 않다.
  〈제38법〉 폐구격은 두 가지로 나눠서 추리한다.
  ➔ 이 과전에서는 지반이 순수이고 천반이 순미이다.

□ 『찬요(纂要)』: 간지가 모두 그 상신에 의해 묘지에 묻히니, 마치 사람이 구름과 안개 속을 걷는 것과 같다. 내가 상대를 혼미하게 하려고 하면 오히려 먼저 상대로부터 속임을 당한다.
  ➔ 일간 己는 그 상신 辰으로부터 묻히고, 일지 未는 그 상신 辰으로부터 묻힌다.

□ 『태을경(太乙經)』: 사람을 만나는 정단을 하여 천강(辰)이 일진에 임하고 천강(辰)과 대길(丑)이 午未에 가한 경우에 사람을 부르면 반드시 온다.
  ➔ 여기에서의 辰은 동신으로 쓰였다. 즉 辰이 간지에 가했으니 내가 부른 그 사람이 온다.

□ 『옥화략(玉華略)』: 수가 사계(辰戌丑未)를 만나는 것은 홀아버지의 형(刑)이다.
  ➔ 자형의 하나인 초전의 亥가 역시 자형의 하나인 辰을 중전과 말전에서 만났다.

己未일 제 5 국

공망 : 子·丑
낮 : 왼쪽 천장, 밤 : 오른쪽 천장

乙	癸	己
合 卯 白	后 亥 合	白 未 后
未	卯	亥

乙	癸	乙	癸
合 卯 白	后 亥 合	合 卯 白	后 亥 合
己 未	卯	未	卯

蛇 ○丑巳 青	甲寅午 朱 空	乙卯未 合 白	丙辰申 勾 常
貴 ○子辰 勾			青 丁巳酉 玄
后 癸亥卯 合			空 戊午戌 陰
陰 壬戌寅 朱	辛酉丑○ 玄 蛇	庚申子○ 常 貴	白 己未亥 后

- **과제** : 원수(元首), 곡직(曲直), 교동(狡童) // 화미(和美), 전국(全局), 삼기(三奇), 최관부(催官符), 최관사자(催官使者/낮), 가귀(家鬼), 무음(蕪淫), 명암이귀(明暗二鬼), 귀인입옥(貴人入獄/낮), 관귀효현괘.

- **핵심** : 밤에 정단하면 백호가 乙에 탄다. 삼전이 목국이니 관직자와 비 관직자 모두 좌절한다.

- **분석** : 수토의 장생은 申, 수토의 사(死)는 卯, 간상 둔반의 乙은 귀살이고 여기에 밤에는 백호가 타서 일간에 임하여 발용이 되어 일간을 극한다. 비 관직자는 반드시 질병과 소송이 발생하고, 관직자는 관성이 사기여서 백호가 최관(催官)이 되지 않으니 뜻을 얻지 못한다.
  → 수토동궁설을 적용하지 않으면 과전이 관귀효이다. 구관을 정단하면 대길하고, 구관 이외의 것을 정단하면 대흉하다.

- **정단** : ❶ 곡직(曲直)은 처음에는 굽고 나중에는 펴진다. 간지에 각각 패기(敗氣)가 타니 멈춰야 한다. 만약 움직여서 도모하면 불리하다.
  ❷ 중전이 비록 재성이지만 귀살국을 이루니 재물을 탐내면 화가 생긴다.

❸ 곡직(曲直)이 귀살이면 '가뉴형(枷杻刑)' 곧 목에 형틀이 있는 형과 손목에 있는 형을 당한다.

○ **날씨** : 삼전이 일간을 극하니 처음에는 비가 오고 나중에는 바람이 분다.
  ➔ 삼전의 목국이 일간을 극하니 큰 바람이 분다.
○ **가정** : 패기(敗氣)가 가택을 극한다. 밤에는 지극히 흉하다.
  ➔ 일지는 가택이다. 일지 未의 패기는 卯이고 이 卯가 일지 未를 극하니 집에 우환이 닥친다. 특히 밤에 정단하면 귀살에 백호가 타니 집에 병자가 발생한다. 卯가 발용이 되어 목국을 이루어서 일지를 극하니 대흉하다.
○ **혼인** : 남녀 모두 불길하다.
  ※『육임직지』 원문에서는 "여자를 정단하면 불길하다."고 하였다.
  ➔ 일간은 남자, 일지는 여자이다. 일간과 일지가 교차상극하니 무음(蕪淫)이며 진해리(眞解離)이다. 따라서 여자가 남자를 정단하면 불길한 남자, 남자가 여자를 정단하면 불길한 여자이다. 비록 일간 음양과 일지음양과 삼전이 삼합하지만, 삼합해서 일간을 극하여오니 나쁘게 해석한다. ● **궁합** : 비록 원수과이지만, 일간은 지상의 卯목으로부터 극을 당하고 일지 未는 간상의 卯로부터 극을 당해서 간지가 서로 교차상극(交叉相剋)하니 궁합이 나쁘다.
○ **임신·출산** : 패신이 타니 나중에 흉하다. 모자 모두 불길하다.
  ➔ 일간은 태아, 일지는 임신부이다. 간상과 지상에 십이운성의 패신이 타니 흉하고 태아와 임신부 모두 불길하다.
○ **구관** : 관성에 패기(敗氣)가 타지만 봄에는 매우 이롭다.
  ➔ 관성은 관직이다. 관성국인 목이 봄에는 왕성하니 봄에 정단하면 구관에 매우 이롭고, 여름에는 목국을 인도하여 일간을 생하니

더욱 이롭다. 특히 밤에 정단하면 관성인 卯에 백호가 타서 '최관(催官)'이니 더욱 좋다.
○ **구재** : 부녀자의 소개로 재물을 얻는다.

→ 재성은 재물이다. 재성인 亥에 낮에 정단하면 천후가 타니 부녀자의 소개로 재물을 취득하고 밤에 정단하면 육합이 타니 장사나 교역으로 재물을 얻는다.

○ **질병** : 낮에 정단하면 신장경락의 증상이고 밤에 정단하면 비위의 질병이다. 해월에 정단하면 흉하다.

→ 낮에 정단하면 백호가 未에 타서 수를 극하니 신장질환이다. 밤에 정단하면 백호가 卯에 타서 토를 극하니 비위질환이다. 해월에 정단하면 백호승신 卯가 사기이니 매우 흉해서 사망할 위험이 있다. 비위 질환은 백호승신 卯를 극하는 酉 아래의 축방 곧 동북방이 길하다.

○ **출행** : 이롭지 않다.

→ 일간은 여행객, 일지는 여행지이다. 간지의 상신 卯가 귀살국을 이루어서 일간을 극하니 매우 위험한 여행이다.

○ **귀가** : 즉시 도착한다.

→ 삼전의 목국이 사과로 회환하니 즉시 도착한다.

○ **도난** : 도형(徒刑)에 처해진 뒤에 귀양가는 사람이 범인이다.

→ 과전이 목국이니 교도소에서 복역한 사람이 범인이다.

☂ **쟁송** : 주객 모두 패소한다.

→ 일간인 己는 간상의 卯로부터 극을 당하고 일지인 未는 지상의 卯로부터 극을 당하니 나와 상대는 모두 패소한다. 원수과이니 손위의 사람이 손아래의 사람에게 유리하고, 남자가 여자에게 유리하다.

● **관재** : 밤에 정단하면 간상의 乙卯 귀살에 백호가 타서 일간에 임한 뒤에 발용이 되어 일간을 극하니 반드시 소송이 깊다.

○ **전쟁** : 아군과 적군이 내통하니 적군의 침해(侵害)를 예방해야 한다.

→ 일간은 아군, 일지는 적군이다. 간지가 동일하니 아군과 적군이 내통하여 적군이 침해(侵害)하는 것을 예방해야 한다.

───────────────────────────────

□ 『**필법부(畢法賦)**』: 〈제80법〉 사람과 가택이 모두 사신이면 사람과 가택이 쇠해지고 파리해진다.

→ '수토동궁설'을 적용하면 간지상의 卯는 십이운성의 사기이다. 그러나 '수토동궁설'을 적용하지 않을 경우에는, 간지상의 卯가 패기(敗氣)이니 패가망신을 예방해야 한다.

□ 『**과경(課經)**』: 辛巳년에 월장 丑을 점시 巳에 가한 뒤에 진유현(陳留縣)이 도적으로부터 피습을 당한 뒤에 안위(安危)를 정단한다. 목국이 일간을 극하고 사람과 집이 모두 사기인 卯를 만나며 다시 말전은 辛巳년의 상문이다. 중전의 천후가 묘지로 드니 처재가 놀라며 대흉한 과이다. 나중에 과연 도적을 만나 가족을 거의 다 잃었다.

□ 『**육임지남(六壬指南)**』: 丁丑년에 월장 午를 점시 戌에 가한 뒤에 승진하여 '무원(撫院)'을 얻겠는지를 정단한다. ① 여러 사람의 추천으로 반드시 뜻을 이룬다. 다만 (관성)국을 맺지만 좋지 못하다. ② 왜 그런가? 발용이 간지와 합을 하고, 삼전이 관성국을 이루므로 천거에 의해 반드시 승진한다. ③ 일간과 일지가 사상(극)을 당하고, 상문과 조객을 모두 만나며, 다시 귀인이 천라(天羅)를 밟고 있고, 두(辰)가 일간의 장생인 일본(日本) 곧 장생을 묶으며, 다시 행년인 酉금이 관성국을 충하여 깨트리므로 뜻대로 되지는 않는다. 만약 출병하여 적을 공격하면 반드시 포위를 당하여서 이익이 되지 않는다. ④ 이후에 떠돌던 적이 경계를 침범하였으므로, 부장인 화룡반이 군대를 통솔하여 훌륭하게 방어했지만 전군이 아주 기울어져서 망하였고, 己卯년에 군을 순찰하다가 부모상을 당하여서 돌아갔다.

※ 이우산, 『육임실전』 2(대육임지남), 대유학당, 2014, 93~95쪽 참조.

己未일　제 6국

辛 合 酉 蛇	丙 常 辰 常	癸 蛇 亥 合
寅	酉	辰
甲	辛	甲　　　辛
陰 寅 空 合 酉 蛇		陰 寅 空 合 酉 蛇
己 未	寅	未　　　寅

○貴 子 巳 勾	○后 丑 午 青	甲 陰 寅 空 未	乙 玄 卯 白 申
癸 蛇 亥 合 辰			丙 常 辰 常 酉
壬 朱 戌 朱 卯			丁 白 巳 玄 戌
辛 合 酉 蛇 寅	庚 勾 申 貴 丑○	己 青 未 后 子○	戊 空 午 陰 亥

- **과체** : 지일(知一), 사절(四絕), 무록(無祿) // 간지동류(干支同類), 덕경(德慶), 삼기(三奇), 복덕(福德), 무음(蕪淫), 교차상극(交叉相剋), 간지구극(干支俱剋), 절사(絕嗣), 맥월(驀越), 백의식시(白蟻食尸/밤).

- **핵심** : 귀수(鬼宿)가 귀문(鬼門)이고 괘명은 '이론(離魂)'이다. 酉금을 믿으면 안 된다. 화가 생기는 근원이다.

- **분석** : ❶ 寅은 귀문(鬼門)이고 未는 귀수(鬼宿)이다. 寅과 未가 서로 가하면 '리혼(離魂)'이라고 하여 사람이 귀문에 들어가는 상이니 질병을 정단하면 매우 흉하다.

  ❷ 酉가 귀신을 충분히 제압하니 酉를 '구제신'이라고 할 수 있다. 다만 초전의 酉가 말전의 亥를 생하여 도우니 오히려 酉는 화가 생기는 근원이다.

  ❸ 寅이 일간에 임하니 酉가 필요하지만 酉를 믿을 수 없다.

- **정단** : ❶ 사절(四絕)이고 삼전이 자형(自刑)이니 질병과 소송을 정단하면 나쁘다.

  ❷ 네 개의 상극하니 '무록(無祿)'이다. 모든 도모하는 일은 순조

롭지 못하고 어린사람이 상한다.
→ 고전에서는 네 곳의 상극하를 '절사(絶嗣)'라고도 한다.
❸ 장생인 巳에 백호가 타서 묘신에 임했으니 부모가 상하는 것을 예방해야 한다.
❹ '리혼지격(離魂之格)'은 귀신의 침해를 예방해야 한다.

○ **날씨** : 寅이 일간을 극하니 황사바람이 하늘을 뒤덮고 그 이튿날에는 비가 온다.
→ 일간은 하늘, 寅은 바람이다. 간상의 寅이 일간을 극하니 바람이 불고, 말전이 癸亥수이니 이튿날에는 비가 온다.
○ **가정** : 병기운이 가택을 극하니 병에 감염된 사람이 많다.
→ 일지는 가택이다. 일지에서 寅과 未가 서로 가하니 '귀혼(離魂)'이니 사람이 귀문에 들어가는 상이니 병에 감염된 사람이 많다. ● 일간과 일지가 교차상극(交叉相剋)하니 가족이 서로 불화하고 부부가 사통하는 것을 예방해야 한다. ● 일간과 일지가 모두 그 상신으로부터 극을 당하니 가정 내외에 우환이 닥친다. 낮에 정단하면 태음이 타니 음인에 의한 해를 예방해야 하고, 밤에 정단하면 천공이 타니 사기를 예방해야 한다.
○ **혼인** : 불길하다.
→ 일간은 남자, 일지는 여자이다. 일간과 일지가 교차상극(交叉相剋)하여 남녀가 싸우는 상이니 혼인이 불길하다. ● **궁합** : 간지가 교차상극(交叉相剋)하니 매우 나쁘다. ● 배우자를 구할 경우, 지일과 이니 가까운 사람이나 장소에서 구하면 된다.
○ **임신·출산** : 남자를 임신한다.
※ 『육임직지』 원문에서는 "여자를 임신한다. 즉시 출산한다."고 하였다.

→ 일간은 태아, 삼전은 태아가 생육되는 과정이다. 일간의 음양에서 두 음(己,酉)이 하나의 양(寅)을 감싸니 남자이고, 삼전의 두 음(酉,亥)이 하나의 양(辰)을 감싸니 남자이다. ● 간지가 교차상극(交叉相剋)하니 태아와 임신부의 몸이 상하는 것을 예방해야 한다.

○ **구관** : 관성이 간지에 임하니 공명을 손에 넣을 수 있다.

→ 관성은 관직이다. 관성인 寅이 간상과 지상에 임하니 관직에 이롭다. 만약 봄에 정단하면 관성이 왕성하니 매우 이롭다. 게다가 간지의 상신이 '육의(六儀)'이니 더욱 길하다.

○ **구재** : 재효가 묘신에 든다. 사계에 정단하면 재물을 얻는다.

→ 재성은 재물이다. 재성인 癸亥가 수의 묘신인 辰에 임하니 묘신이 왕성해지는 토왕절에 정단하면 재물을 얻는다. 토왕절은 사립일 18일전부터 사립일까지이다.

○ **질병** : 금토가 병을 얻는다. 술월에 정단하면 흉하다.

→ 백호의 극을 받은 오행의 장부에 병이 든다. 낮에 정단하면 백호승신 巳의 극을 받는 금의 장부인 폐대장에 병이 들고, 밤에 정단하면 백호승신 卯의 극을 받는 토의 장부인 비위에 병이 든다. ● 자식의 질병을 정단하면 자손효 酉가 절지(絶地)에 임하니 절명한다. 만약 사월에 정단하면 酉가 사월의 사기이니 더욱 위험하다. ● 의약신 酉가 寅에 임하고 지일과이니 근처의 동북방에서 양의와 양약을 구하면 된다.

○ **출행** : 불길하다.

→ 일간은 여행객, 일지는 여행지이다. 간상과 지상의 寅이 일간을 극하니 안전한 여행이 아니다.

○ **귀가** : 중도이다.

※ 『육임직지』 원문에서는 "역마와 일지가 상합하니 즉시 도착한다."고 하였다.

→ 천강(辰)이 사중의 하나인 酉에 가하니 중도이다.

○ **도난** : 서북방에 있다.

→ 도둑은 현무의 음신에 있다. 낮에 정단하면 현무의 음신이 戌이니 서북방에 있고, 밤에 정단하면 현무의 음신이 子이니 정북에 있다.

↑ **쟁송** : 양측 모두 패소한다. 한번은 승소하고 한번은 패소한다.

→ 일간은 나, 일지는 상대이다. 일간과 일지가 모두 그 상신으로부터 극을 당하니 주객 모두 패소한다. ● 간지가 교차상극(交叉相剋)하니 한번은 승전하고 한번은 패소한다. ● 관재 : 사과의 모든 천반이 그 지반을 극하여 '절사(絕嗣)'이니 중형을 받는다.

○ **전쟁** : 한번은 승전하고 한번은 패전한다.

→ 일간은 아군, 일지는 적군이다. 간지가 교차상극(交叉相剋)하니 한번은 승전하고 한번은 패소한다.

□ 『**필법부(畢法賦)**』 : 〈제63법〉 피차 모두 상하니 양쪽 모두 손상을 방비해야 한다.

→ ○ **쟁송** 참조.

〈제64법〉 부부가 음란하여 각기 사통하는 일이 있다.

→ ○ **가정** 참조.

□ 『**육임지남(六壬指南)**』 : 己巳년의 10월에 월장 丑을 점시 午에 가한 뒤에 정단한다. ① 정시가 승광(午)이고 직사문에는 천공이 타니 신하가 임금에게 올리는 상소 정단이다. ② 길흉은 어떠한가? 내가 말하기를 사과에서 아래를 극하므로 이름이 무록이다. 더욱이 귀인이 순의 공망에 타고 청룡이 아래를 극하고 있으니 위에 있는 자에게는 부족하여서, 가벼우면 벌을 받고 심하면 권력을 박탈당한다.

③ 다시 재성과 관성과 일록과 역마가 모두 묘신에 들고 절(絕)이 되는 지반에 앉아 있으니 늦추지도 말고 거리끼지도 말고 용기 있게

물러나는 것이 좋다. 그렇지 아니하면 반드시 뜻하지 않은 근심이 생긴다. ④ 상소에 대한 임금의 교지는 어떨까요? 내가 말하기를 주작이 천희에 타고 음신에는 천마가 보이니, 임금의 호의적인 교지를 받고 고향으로 돌아온다. 나중에 관직을 누리면서 한가하게 살다가, 귀향한지 오래되지 않아 세상을 떴다.

※ 이우산, 『육임실전』2(대육임지남), 대유학당, 2014, 219~222쪽 참조.

己未일 제 7 국

공망 : 子·丑
낮 : 왼쪽 천장, 밤 : 오른쪽 천장

□ **과체** : 반음(返吟), 정란사(井欄射), 팔전(八專), 무친(無親) // 나거취재 (懶去取財), 간지동류(干支同類), 앙구(昂呴), 초전협극(初傳夾剋), 사과 개공(四課皆空), 복공(腹空), 불행전(不行傳), 두괴상가(斗魁相加).

□ **핵심** : 초전이 정마이니 움직이려는 뜻을 포기하기 어렵다. 공망을 지키고 공망을 만나니 점차 빈곤해진다.

□ **분석** : ❶ 巳는 역마이고 그 둔간은 丁이다. 이것이 발용이 되었으니 가만히 있기 어렵다.

❷ 간상의 丑이 공망되어 간상에 임하니 고수해야 한다. 이것이 삼전에 들어 공망되고 사과삼전이 모두 공함되어 오직 丁 하나만 남았으니 어찌 빈곤한 상이 아니겠는가?

□ **정단** : ❶ 반음과 정란사(井欄射)이다. 우물 위에 난간을 세우지만 쉽게 기울어지고 틀어지니 오래가지 못한다.

❷ 모든 일에서 중첩되는 경우가 많아서 기쁨과 걱정이 함께 있다. 모든 일은 간접적인 방법으로 구하면 되지만 직접 구하면 받아들이기 어려워서, 큰일은 작게 되고 작은 일은 사라져서 없어지는 상이

다.

○ **날씨** : 일상에서 공망을 만나고 청룡이 공함되었으니 비가 오지 않는다.

→ 일간은 하늘, 청룡은 강우의 천장이다. 간상이 공망되어 하늘이 맑은 상이니 비가 오지 않고, 다시 청룡이 공망되어 비가 사라진 상이니 비가 오지 않는다.

○ **가정** : 청룡과 천후가 공망되었으니 집에 벽만 있는 상이다.

→ 청룡은 돈, 천후는 아내, 일지는 가택이다. 낮에는 지상의 천후승신 丑이 공망되었으니 아내가 없는 상이고 밤에는 지상의 청룡승신 丑이 공망되었으니 남편과 돈이 없는 상이니 집이 공허하다. 또한 과전에 형제효가 태왕하니 더욱 빈궁하다.

○ **혼인** : 일간과 일지가 모두 공망되었으니 길하지 않다.

→ 일간은 남자, 일지는 여자이다. 일간과 일지가 모두 공망되어 남녀 모두 혼인할 형편이 되지 않으니 길하지 않다. 또한 남자를 뜻하는 청룡과 여자를 뜻하는 천후가 모두 공망되었으니 다시 길하지 않다. ● **궁합** : 나쁘다.

○ **임신·출산** : 음이 변해서 남자가 된다. 배(腹)가 공망되었으니 쉽게 출산한다.

→ 과전이 육음이다. 음이 극에 이르면 양이 되니 남자가 된다. 임신부의 배를 뜻하는 丑이 공망되었으니 출산을 점단하면 쉽게 출산한다.

○ **구관** : 연명이 申酉인 사람만 길하다.

→ 관성은 관직이다. 연명이 申酉이면 그 상신이 관성인 寅卯이니 길하다. 봄에 점단하면 관성이 왕성하니 더욱 길하다.

○ **구재** : 소득이 없다.

→ 재물을 뜻하는 일간의 재성 亥子가 과전에 없고 형제효만 가득하니 소득이 없다.

○ **질병** : 비장과 폐의 질환이다. 신병은 길하고 구병은 흉하다.

→ 백호의 극을 받는 오행의 장부에 병이 든다. 밤에 정단하면 백호승신 卯목이 토를 극하니 비장과 폐질환이고, 낮에 정단하면 백호승신 巳가 금을 극하니 폐질환이다. 또한 과전에 토가 태왕하니 위장이 굳어 있고 태왕한 토가 수를 극하니 신방광 질환이다. ● 일간은 사람이다. 일간이 공망되어 사람이 없는 상이니 구병을 정단하면 흉하다.

○ **출행** : 정마에는 비록 움직이는 뜻이 있지만 중전과 말전이 공망되었으니 출발하지 못한다.

→ 정마는 자동차, 삼전은 여정이다. 비록 초전이 정마여서 출행하는 상이지만 중전과 말전이 공망되어 전진할 수 없는 상이니 출발하지 못한다.

○ **귀가** : 천강(辰)이 사계에 가했으니 바로 도착한다.

→ 천강은 동신, 사계는 귀가의 끝이다. 천강이 사계의 하나인 戌에 가했으니 바로 도착한다.

○ **도난** : 서북방의 돈사 좌우 혹은 양계장 좌우에 있다.

→ 도둑은 현무의 음신에 숨어 있다. 낮에 정단하면 현무의 음신이 酉이니 정서에 있는 양계장 근처에 있고, 밤에 정단하면 현무의 음신이 亥이니 서북방에 있는 돈사 근처에 있다.

↑ **쟁송** : 결과가 없다.

→ 일간은 아군, 일지는 적군이다. 간지가 모두 공망되었으니 결과가 없다.

○ **전쟁** : 아군과 적군 모두 힘만 들고 전공이 없다.

→ 일간은 아군, 일지는 적군이다. 간지가 모두 공망되었으니 아군과 적군 모두 힘만 들고 전공이 없다.

- □ 『**필법부(畢法賦)**』: 〈제82법〉 삼전이 나아가지 못하는 불행전(不行傳)은 초전을 살펴야 한다.
  → 초전 巳는 튼실하고 중전 丑과 말전 丑은 공망되었다.
- □ 『**과경(課經)**』: 己未일에 간상이 丑이고 지상도 丑이다. 사과가 모두 공망되었다. 〈경〉에서 사과가 형이 없으니 이름이 나지 않고 설령 이름이 나더라도 허명이라고 하였다.
  → 사과는 체(體)이다. 사과가 모두 공망되었으니 이루는 것이 없다.
- □ 『**정와(訂訛)**』: 이 과가 만약 길신을 만나고 양장을 만나면 모든 일에서 절반을 이루며 만약 청룡을 만나 청룡이 구호하면 더욱 좋다.
- □ 『**정온(精薀)**』: 丑이 未에 가하거나 未가 丑에 가하는 것이 연명과 일간에서 보이는 경우에 고시를 정단하면 반드시 수석 합격한다. 그 이유는 丑에는 斗(두)가 있고 未에는 鬼(귀)가 있어서 두 글자를 합치면 魁(괴)가 되기 때문이다.
  → 이 과전에서는 丑이 공망되었으니 나쁘다.
- □ 『**비요(秘要)**』: 未토가 무극이다. 己토가 亥의 壬수를 요극(遙剋)하는 巳가 발용이 되어 모든 것이 충(沖)이 되어 사라지니 '무친(無親)'이라고 한다.

己未일 제8국

공망 : 子·丑
낮 : 왼쪽 천장, 밤 : 오른쪽 천장

- □ **과체** : 지일(知一), 주인(鑄印,불성), 여덕(勵德/밤) // 고진(孤辰), 간지동류(干支同類), 교차육해(交叉六害), 앙구(怏咎), 초전협극(初傳夾尅), 재공(財空), 무록(無祿), 맥월(驀越), 사과개공(四課皆空), 손잉(損孕), 호태(互胎), 말조초혜(末助初惠), 막귀임간(幕貴臨干/밤), 덕경(德慶).
- □ **핵심** : 재성이 이미 두 번 공망되었고 정마도 공망되었다. 귀살인 卯를 생하니 흉화가 크다.
- □ **분석** : ❶ 재성인 子가 가택에 임하지만 공망되었으니 무용지물이고, 인성인 발용의 巳가 정마를 탔지만 낙공되었으니 헛일이다.
  ❷ 말전의 귀살 卯가 초전의 정마를 도우니 이롭지만 주야에 현무와 백호가 타서 흉한 화가 반드시 움직이니 이것을 극복하기 어렵다.
- □ **정단** : ❶ 주인(鑄印)은 관직정단에서 길하다. 밤에 정단하면 염막귀인이 일간에 임하니 고시생은 반드시 합격한다.
  ➔ 이 과전에서는 염막귀인이 공망되었으니 그렇지 않다.
  ❷ 태신이 간지상에 임하니 처를 정단하면 반드시 처가 임신한다.

❸ 말전이 초전의 巳를 도와서 일간을 생하니 반드시 곁에 있는 사람의 도움을 남몰래 받지만 생기가 묘지에 드니 생계나 웃어른의 일에는 이롭지 않다.

→ 일간의 생기인 초전의 巳가 중·말전에서 묘지인 戌로 든다.

○ **날씨** : 巳화가 일간을 생하니 맑고 비가 오지 않는다.
　→ 맑음을 뜻하는 오행의 화가 일간을 생하니 비가 오지 않는다.
○ **가정** : 귀인이 가택에 드니 비 관직자는 관송을 당한다.
　→ 일지는 가택, 귀인은 관청의 공무원이다. 낮에 정단하면 귀인이 가택에 들고 밤에 정단하면 구진이 가택에 들어 일지 未와 육해하니 비 관직자가 정단하면 가정에 관재가 발생하는 것을 예방해야 한다. 다행히 지상이 공망되었으니 관재가 풀린다. ● 기궁 未는 지상의 子와 육해하고 일지 未는 간상의 子와 육해하여 간지가 교차육해하니 가족이 화목하지 않다. ● 간지상의 재성이 공망되었으니 가난하다.
○ **혼인** : 양쪽이 공망되었으니 불길하다.
　→ 일간은 남자, 일지는 여자이다. 일간과 일지가 모두 공망되었으니 혼인이 불길하고, 초전의 지반이 공망되어 여자를 잃는 상이니 다시 불길하다. ● 궁합 : 일간과 일지가 교차육해하고 다시 교차상극을 하니 나쁘다.
○ **임신·출산** : 태아가 손실된다. 출산이 길하다.
　→ 일간은 태아이다. 일간이 공망되었으니 태아가 손실된다. 일지는 임신부이다. 일지가 공망된 것은 출산한 뒤에 출산부의 자궁이 비어 있는 상이니 출산이 길하다. ● 말전에서 손을 뜻하는 卯가 발을 뜻하는 戌에 가했으니 역산(逆産)을 예방해야 한다.
○ **구관** : 직위를 얻는다.

→ 삼전의 巳戌卯 주인격은 수험생은 합격하고 공무원은 승진하는 상이다. 다만 초전이 공망되어 주인(鑄印)격이 불성하니 고시와 승진 모두 나쁘다. 공망된 巳가 풀리는 사년이나 사월이나 사월장(처서~추분) 기간에 정단하거나 혹은 이 시기가 되면 관직을 얻는다.

○ **구재**: 재성이 공망되었으니 구재하기 어렵다.
→ 재성인 子가 공망되었으니 구하지 못한다.

○ **질병**: 폐와 방광에 병이 들었다. 낫는다.
→ 백호의 극을 받은 오행의 장부에 병이 든다. 낮에 정단하면 백호승신 巳의 극을 받는 폐대장의 병이지만 백호승신 巳가 공망되었으니 저절로 병이 낫는다. ● 밤에 정단하면 백호승신 卯의 극을 받는 비위의 병이고, 백호승신 卯가 일간의 귀살이니 병이 낫기 어렵지만, 의약신 酉가 임한 동남방에서 양의와 양약을 구해서 치료하면 낫는다. ● 처의 질병을 정단하면 처효가 공망되었으니 위독하고, 부모의 질병을 정단하면 부모효가 공망되었으니 위독하다. ● 卯는 손, 戌은 발이다. 말전의 상하가 卯와 戌이니 중풍이 우려된다.

○ **출행**: 명성을 얻는 일에는 길하고 상업에는 불리하다.
→ 일간은 여행객, 일지는 여행지, 삼전은 여정이다. 말전의 卯가 일간의 관성이니 관직과 관련된 일로 출행하면 길하고, 간지상의 재성이 공망되었으니 상업에는 이익이 없다.

○ **귀가**: 아직 출발하지 않았다.
→ 천강(辰)은 북두칠성이다. 천강이 사맹의 하나인 亥에 가했으니 아직 출발하지 않았다.

○ **도난**: 낮에 정단하면 도적이 서남방에 있고, 밤에 정단하면 도적이 정서에 있다. 손실을 예방해야 한다.
→ 도둑은 현무의 음신에 숨어 있다. 낮에 정단하면 현무의 음신이 申이니 서남방에 있고, 밤에 정단하면 현무의 음신이 戌이니 서북방에 있다.

↑ **쟁송** : 승패가 나지 않는다.

→ 일간은 나, 일지는 상대이다. 간지 및 간지의 상신이 동일하니 승패가 나지 않는다.

O **전쟁** : 지키면 이롭다.

→ 일간이 공망되어 일간이 무력하니 지키는 것이 이롭다.

□ 『**필법부(畢法賦)**』: 〈제19법〉 태신 겸 처재효가 월신살의 생기이면 처가 임신한다.

→ 이 과전에서는 간지상의 태신 겸 처재효 子가 공망되었으니 임신되지 않는다. 다만 자년이나 자월이나 자월장(대한~우수) 기간에 정단하면 공망이 메워지니 가능하다.

□ 『**육임지남(六壬指南)**』: 辛未년 사월에 월장 酉를 점시 辰에 가한 뒤에 공명을 정단한다. ① 월내에 하북성에 있는 '장원'으로 옮기게 되지만, 관직에 오랫동안 재임하기는 어렵다. ② 그 이유는 월건과 백호와 역마가 발용이니 그 힘이 웅장하고, 다시 '주인(鑄印)승헌'이므로 영전된다. ③ 다만 불만스럽게도 귀인이 공망과 육해에 앉아 있으므로 오랫동안 재임하기는 어렵다. ④ 과연 장원으로 벼슬을 옮겼는데, 나중에 무장의 일로 인하여 '대행'으로 강등을 당했다.

※ 이우산, 『육임실전』 2(대육임지남), 대유학당, 2014, 83~84쪽 참조.

□ 『**점험(占驗)**』: 辛巳년 10월에 월장 寅을 점시 酉에 가한 뒤에 상(喪)이 끝난 뒤에 관직에 임용되는 것을 정단한다. 겨울에 반드시 상이 끝난 뒤에 겨울에 관청에 복무한다. 그 이유는 간상의 귀인이 비록 공망되었지만 다행히 진기(眞氣)가 타서 겨울에 子수가 사령하여 갑인순의 공망을 메우니 발탁되어 임용되고, 백호와 역마와 정마가 발용이 되었고 태세 巳가 일간을 생하며 다시 네 묘신이 네 장생에 임

하여 이전에 폐(閉)했던 관직이 다시 일어나는 상이니 관직에 채용되는 것을 의심하지 않아도 된다. 그 시기가 되니 과연 병조에 추보되었다.

| 갑인순 | 기미일 | 9국 |

己未일   제 9 국

공망 : 子·丑
낮 : 왼쪽 천장, 밤 : 오른쪽 천장

癸	乙	己
蛇亥合	玄卯白	青未后
未	亥	卯

癸	乙	癸	乙
蛇亥合	玄卯白	蛇亥合	玄卯白
己未	亥	未	亥

辛酉巳 合	壬戌午 朱	癸亥未 朱	○子申 貴 勾
庚申辰 勾貴			○丑酉 后 青
己未卯 青后			甲寅戌 陰 空
戊午寅 空	丁巳丑 陰白 ○	丙辰子 玄常 ○	乙卯亥 常白

□ **과체** : 중심(重審), 곡직(曲直), 삼기(三奇), 교동(狡童) // 간지동류(干支同類), 화미(和美), 전국(全局), 사화룡(蛇化龍/낮), 구절(俱絶), 간지봉절(干支逢絶), 교차상극(交叉相剋), 무음(蕪淫), 형상(刑傷), 육음(六陰), 회환(回還), 재폐구(財閉口), 귀인입옥(貴人入獄/낮), 관귀효현괘.

□ **핵심** : 세 그루의 나무가 나란히 서 있다. 합쳐서 곡직이 된다. 취하면 재앙이 닥치고 취하지 않으면 아쉽다.

□ **분석** : ❶ 사과에서 두 그루의 卯목이 보이고 삼전에서 다시 卯목이 보인다. 과전에 세 그루의 나무가 서 있다. 삼전에서 곡직을 이루어서 무리귀살이 되어 일간을 상한다.

❷ 초전의 亥가 재성이지만 간지와 발용에서 폐구가 된다. 취하지 않고 기다리고 있으면 재물이 눈앞에 있으니 얼른 포기하지 못하고, 그것을 취하면 귀살로 변하는 것이 두렵다.

❸ 정단하는 사람은 재물을 써서 귀인에게 부탁하는 일과 곡식을 바쳐서 관직을 얻는 일에서 이롭다.

□ **정단** : ❶ 곡직(曲直)이 관성국을 이루니 봄에 정단하면 구관에 크게

이롭다.

❷ 명암이귀(明暗二鬼)가 일간과 일지에 앉아 있다. 밤에는 백호가 타니 서민이 정단하면 가정 내외에서 재앙을 면하기 어렵다.

───────────

○ **날씨** : 삼전이 일간을 극하며 수가 위에 있고 화가 아래에 있으니 비바람이 이어지는 상이다.

➔ 오행의 목은 바람, 수는 비이다. 삼전이 목국이고 목국에 癸亥수가 있으니 비바람이 친다.

○ **가정** : 일간과 일지가 스스로 극하니 부부가 반목하는 것을 예방해야 한다. 젊은 여자의 무례를 예방해야 한다.

➔ 일간은 가장, 일지는 식구이다. 일간 己는 지상의 亥를 극하고 일지 未는 간상의 亥을 극하니, 부부가 반목하는 것을 예방해야 하고 또한 부부의 음란을 예방해야 한다. ● 간상은 일지의 절신이고 지상은 일간의 절신이어서 가택의 기운이 절멸되었으니 이사해야 한다. ● 일간과 일지와 발용의 재성이 폐구되었으니 곤궁한 가정이다.

○ **혼인** : 지상과 간상이 자형이니 이롭지 않다.

➔ 일간은 나, 일지는 배우자감이다. 다투고 싸우는 것을 뜻하는 형(刑)이 간지상에 나타났으니 혼인이 이롭지 않다. ● 궁합 : 간지가 교차상극(交叉相剋)하니 매우 나쁘다. ● 중심과이니 온순하지 않은 여자이다. 특히 낮에는 간상과 지상에 등사가 타니 남녀의 성정이 모두 간교하다. ● 간상은 일지의 절신이고 지상은 일간의 절신이니 파혼되거나 절연된다.

○ **임신·출산** : 음이 극에 이르면 양이 되니 남자를 임신한다. 출산이 늦어진다.

➔ 과전이 모두 음이니 남자가 된다. 합에는 결합의 뜻이 있다. 과

전이 삼합하여 태아가 어머니의 자궁을 떠나지 않는 상이니 출산이 늦어진다.
○ **구관** : 관성이 매우 왕성하고 삼기(三奇)가 발용이 되었으니 공명을 정단하면 크게 성취한다.

→ 관성은 관직, 삼기는 관직에서의 길신이다. 과전의 관성이 매우 왕성하고 다시 갑인순의 삼기인 亥가 발용이 되었으니 고시를 정당하면 합격하고 관직을 정단하면 승진한다. 만약 봄에 정단하면 과전의 관성이 왕성하니 관직에 더욱 길하고 여름에 정단하면 여름의 화기가 관성을 인도하여 일간을 생조하니 역시 길하다. ● 낮에 정단하면 초전의 등사가 말전에서 청룡으로 변화하니 관직에 더욱 길하다. ● 청탁 : 밤에 정단하면 귀인이 입옥되었으니 상급의 공무원에게 청하여 부탁하는 일을 정단하면 귀인이 나의 청을 들어주지 않는다.

○ **구재** : 재물을 취한 뒤에 화를 예방해야 한다.

→ 재성은 재물이다. 간지상과 초전의 亥가 비록 재성이지만 이 재성이 귀살로 변하니 재물을 취한 뒤에 화를 예방해야 한다.

○ **질병** : 비위에 병이 들었거나 혹은 신수가 부족하다. 가을에 정단하면 두렵다.

→ 밤에 정단하면 백호승신 乙卯가 목국을 이루어서 일간을 극하니 비위의 병이다. 가을에 정단하면 백호승신이 사기이니 더욱 위험하다. ● 의약신 酉가 巳에 임하니 동남방에서 양약과 양의를 구해서 치료하면 된다.

○ **출행** : 마음은 귀가하고 싶지만 귀가하지 못한다.

→ 일간은 여행객, 일지는 여행지, 삼전은 여정이다. 특히 삼전이 삼합해서 귀살국이니 장애가 많아서 귀가하기 어렵다.

○ **도난** : 도둑의 숫자가 많으니 잡기 어렵다. 가을에 정단하면 잡을 수 있다.

→ 귀살은 도둑이다. 일간과 일지와 삼전에서 귀살국을 형성하여 도둑의 무리가 강하니 잡기 어렵다. 가을에 정단하면 귀살국이 실령하니 가능성이 있다.

○ **쟁송** : 대흉하다.

→ 과전이 귀살국이니 대흉하다. 간지가 동일하니 승패가 나지 않는다.

○ **전쟁** : 낮에는 흉하고 밤에는 길하다.

→ 과전이 귀살국이니 흉하다. 낮에는 간상에 흉장인 등사가 타니 더욱 흉하고, 밤에는 길장인 육합이 타니 덜 흉하다.

□ 『**필법부(畢法賦)**』 : 〈제69법〉 백호가 둔간귀살에 타면 재앙이 얕지 않다.

→ 밤에 정단하면 백호가 둔간귀살 乙에 탄다.

□ 『**단험(斷驗)**』 : 辛未년 4월에 월장 申을 점시 辰에 가한 뒤에 관직을 정단한다. 장래가 원대한 정도가 일반적인 것이 아니다. 삼전의 관성국인 목국이 왕성한데, 특히 좋은 것은 본명 정마가 은혜로운 기운으로 변하니 흉을 만나더라도 길로 변화하는 상이다. 목이 초여름을 만나 매우 왕성하니 영화로운 시절이고, 다시 등사가 청룡으로 변하니 장차 자연히 일월성취하여 명성이 세상에 드러난다. 나중에 과연 (병조와 관련된) 관직인 '대사마'가 되었다.

己未일 제 10 국

공망 : 子·丑
낮 : 왼쪽 천장, 밤 : 오른쪽 천장

	癸	壬	壬
蛇亥玄	朱戌陰	朱戌陰	
	申	未	未
	壬 ○	壬 ○	
朱戌陰	后丑白	朱戌陰	后丑白
己未	戌	未	戌

庚申巳 勾貴	辛酉午 合后	壬戌未 后朱	癸亥申 陰蛇 玄
己未辰 青 蛇			○子酉 貴 常
戊午卯 空 朱			○丑戌 后 白
丁巳寅 白 合	丙辰丑 常 勾 ○	乙卯子 勾玄 青 ○	甲寅亥 陰 空

□ **과체** : 팔전(八專), 참관(斬關), 여덕(勵德/낮) // 나거취재(懶去取財), 간지동류(干支同類), 삼기(三奇), 절신가생(絶神加生/연명:申), 묘신부일(墓神覆日), 구묘(俱墓=人宅坐墓), 복공(腹空), 유박불수(帷簿不修), 교차삼형(交叉三刑), 교차묘신(交叉墓神).

□ **핵심** : 하나의 재성을 네 戌이 다툰다. 다투는 것이 끝이 없으니 소송과 형(刑)에 이른다.

□ **분석** : ❶ 하나의 재성이 발용에 있다. 과전의 네 戌이 하나의 亥를 다투니, 사람은 많고 재물은 적어서 반드시 다투는 것을 면할 수 없다.

→ 구재와 구처에 특히 나쁘다.

❷ 戌에 주작이 타니 소송이고 다시 戌未가 서로 형(刑)을 하여 소송에 얽매여서 형(刑)을 당하니 어찌 형을 면하겠는가?

□ **정단** : ❶ 참관(斬關)은 도망과 은닉에 이롭다.

❷ 귀인이 卯酉에 서면 덕을 권장한다는 뜻의 '여덕(勵德)'이라고 하여 군자에게는 이롭고 소인에게는 불리하다.

❸ 己의 장생은 寅이고 절신은 亥이니 재물과 관련된 일을 끝맺는 일에서 이롭다.

❹ 간지가 동일한 자리여서 재물을 취하는 일에서 게으르니 쟁탈이 우려된다.

➔ 하나의 재성이 발용에 있다.

○ **날씨** : 주작이 묘지에 타니 어두운 상이다.

➔ 화의 천장인 주작이 묘지인 戌에 드니 흐리고, 초전의 亥수가 중·말전으로부터 제극을 당하니 비가 오지 않는다.

○ **가정** : 일지에 삼형(三刑)이 갖춰졌으니 형상(刑傷)을 면하기 어렵다.

➔ 일지는 가정이다. 일지음양에 丑戌未가 갖춰졌으니 재앙을 면하기 어렵다. 낮에 정단하면 지상에 주작이 타니 구설수나 관재가 발생하는 것을 예방해야 하고, 밤에 정단하면 지상에 태음이 타니 소인에 의한 해를 예방해야 한다. ● 과전에 하나의 재성과 여덟 토가 있으니 가난과 처의 건강이 우려된다.

○ **혼인** : 혼인하지 않아야 한다.

※ 『육임직지』 원문에서는 "낮에 정단하면 할만하다."고 하였다.

➔ 일간은 나, 일지는 배우자감이다. 일간과 일지가 교차상극(交叉相剋)하니 혼인하지 않아야 한다. ● 궁합 : 매우 나쁘다. ● 일지는 상대이다. 주야 모두 지상이 삼형이니 나쁘고 다시 흉장인 주작과 태음이 타니 더욱 나쁘다. ● 혼사를 늦추면 여러 토가 하나의 수를 다투니 신부감을 놓칠 우려가 있다.

○ **임신·출산** : 태신 위에 酉가 타니 사사로운 여자를 임신한다. ➔ 삼전의 두 양이 하나의 음을 감싸니 여자를 임신한다. 삼전은 태아가 생육되는 과정이다. 삼전의 두 양이 하나의 음을 감싸니 여자를 임신한다.

○ **구관** : 귀인과 일록이 나타나지 않았으니 관직을 정단하면 불리하다.
→ 귀인은 공무원, 일록은 관록이다. 이들이 과전에 나타나지 않았으니 불길하고, 묘신이 간지를 덮고 중·말전에 다시 나타났으니 불길하다.

○ **구재** : 다툼이 있다.
→ 발용의 亥수는 일간의 재성이다. 과전에 오직 하나만 있고 과전에 여러 토가 다툼이 있으니 무익하다. 간지가 동일한 자리여서 재물을 취하는 일에서 게으르니 더욱 무익하다.

○ **질병** : 금수의 질환이다. 5월에 정단하면 불길하다.
→ 밤에 정단하면 백호가 丑토에 타서 오행의 수를 극하니 신장질환이지만 초전의 둔반이 일간과 동일한 오행인 癸수이고 간지상과 중·말전이 壬수이며 특히 丑에 타고 있는 백호가 공망되었으니 저절로 병이 낫는다. 다만 5월에 정단하면 간지상의 묘신이 5월의 사기에 해당하여 사망하는 상이니 불길하다. ● 처의 질병을 정단하면 처효인 亥를 여러 토가 극살하니 위험하다.

○ **도난** : 밤에는 현무가 재성에 타니 반드시 도둑이 물건을 훔쳐간다. 동북으로 가서 잡으면 된다.
→ 도둑은 현무의 음신에 숨어 있다. 밤에 정단하면 현무의 음신이 寅이니 동북방으로 가서 잡으면 되고, 낮에 정단하면 현무의 음신이 午이니 정남으로 가서 잡으면 된다.

○ **출행** : 수로와 육로 모두 보통이다.
→ 현대에서는 일간은 여행객, 일지는 여행지이다. 간지의 상신이 모두 묘신이니 위험한 여행이다.

○ **귀가** : 천강이 사계에 가하니 바로 도착한다.
→ 천강(辰)은 동신, 사계는 귀가의 말기이다. 辰이 丑에 가했으니 바로 도착한다.

↑ **쟁송** : 어둡다.

→ 일간과 일지가 묘지에 묻혔으니 나와 상대 모두 쟁송이 어둡다.
● 관재 : 일간이 묘지에 묻혔으니 어둡다. 중죄를 지은 경우에는 과전에 여러 묘신이 임하니 중형이 우려된다.
○ **전쟁** : 근신하고 치밀해야 온전한 공로가 있다.
→ 일간은 아군이다. 간상과 중·말전에 묘신이 많아서 어두우니 근신해야 한다.
○ **분묘** : 용맥이 확실하지 않다. 조산(朝山)이 그리 높지 않다. 많이 산란하다.
→ 일지양신은 묘지, 일지음신은 시신이 묻히는 혈(穴)이다. 일지음신이 공망되었으니 용맥이 확실하지 않다. 조산 곧 묘지 뒤의 산을 뜻하는 등사가 과전에 들지 않았으니 조산이 그리 높지 않다.

□ 『**필법부(畢法賦)**』 : 〈제46법〉 귀인에게 차질이 생기면 나에게 차질이 생긴다.
→ 겨울에 정단하면 낮 귀인 子는 밤의 십이지인 酉에 가하고 여름에 정단하면 밤 귀인 申이 낮의 십이지인 巳에 가하여 귀인에게 차질이 생겼으니, 귀인에게 승진이나 발탁 등을 부탁하면 나의 부탁을 허락하지 않는다.
□ 『**과경(課經)**』 : 낮 귀인이 밤 시간에 임하고 밤 귀인이 낮 시간에 임한 경우에 귀인에게 부탁하면 부탁을 들어주지 않는다.
→ 위의 필법부 〈제46법〉 참조.
□ 『**집의(集義)**』 : 戌에 주작이 타서 未에 가하면 개가 사람을 문다.
→ 戌은 개이고 주작은 개의 짖음이다. 따라서 개가 짖고 사람을 문다.
□ 『**조담비결(照膽秘訣)**』 : 일간을 형(刑)하면 처첩이 걱정된다.
→ 간상의 戌이 기궁 未를 형(刑)을 하니 나의 신상에 처첩의 일로

인한 불안한 일이 발생한다. 특히 이 과전에서는 여러 형제효가 처효를 극하니 처첩의 건강이 우려된다.
- 『**삼재부(三才賦)**』: 괴강(辰)이 임하면 소송이 많이 발생한다.
  → 戌은 괴강의 하나이다. 괴강의 하나인 戌이 간상과 지상에 임하니 가정 내외에 소송이나 쟁투가 많이 발생한다.
- 『**운소부(雲霄賦)**』: 巳가 寅의 궁에 오면 아낙이 가권을 휘두르고, 선녀가 구름을 타고 하늘을 건너는 상이다.

己未일 제 11 국

공망 : 子·丑 ○
낮 : 왼쪽 천장, 밤 : 오른쪽 천장

辛	辛	辛
合酉后	合酉后	合酉后
未	未	未

辛	癸	辛	癸
合酉后	蛇亥玄	合酉后	蛇亥玄
己未	酉	未	酉

己 青未 巳	庚 蛇申 勾午	辛 貴酉 合未	壬 后戌 朱申 陰
戊 空午 朱辰			癸 蛇亥 玄酉
丁 白巳 合卯			○ 貴子 常戌
丙 常辰 勾寅	乙 玄卯 青丑○	甲 陰寅 空子	○ 后丑 白亥

- □ **과체** : 팔전(八專), 독족(獨足) // 진간전(進間傳), 간지동류(干支同類), 형상(刑傷), 복덕(福德), 가중사거(家中死去), 회환(回還), 조지(朝支), 근단원소(根斷源消), 육음(六陰), 강색귀호(罡塞鬼戶), 양귀수극(兩貴受剋), 귀인입옥(貴人入獄/낮), 탈상봉탈(脫上逢脫/밤), 아괴성(亞魁星), 사승살(四勝殺), 구탈(俱脫), 교차탈기(交叉脫氣).

- □ **핵심** : 독족(獨足)이다. 탈기와 속임이 겹친다. 배나 차를 타야 한다. 여종이 도망간 뒤에 되돌아온다.

- □ **분석** : 삼전과 간지가 모두 未 위에 있다. 720과에서 오직 이 과의 이름만 '독족(獨足)'이다. 패기(敗氣)인 酉가 다시 己토를 탈기하니 매우 불리하다. 발이 하나일 뿐이어서 배나 차가 없으면 움직이지 못하니 수로행이 이롭다. 酉는 여종이다. 독족이니 도망간 뒤에 되돌아온다. 멀리가지 못하는 도주에 비유할 수 있다.

- □ **정단** : ❶ 격명이 '독족(獨足)'이니 한 걸음도 내딛기 어렵다. 더군다나 己는 酉를 생하고 밤에는 酉에 천후가 타니 탈기 위에 다시 탈기가 되었다는 뜻의 '탈상봉탈(脫上逢脫)'이다.

❷ 밤 귀인 申이 午에 가하고 낮 귀인 子가 戌에 가하여서 양 귀인이 극을 받으니 귀인을 알현하는 일에서 이롭지 않다. 오직 자신의 본분을 지켜야 한다.

○ **날씨** : 삼전이 모두 필(畢)이니 하늘이 개이지 않는다.
  → 다섯 곳의 酉는 수를 생하는 신이니 하늘이 개이지 않는다.
○ **가정** : 패기(敗氣)가 가택을 탈기(脫氣)하니 가난하고 소비가 많은 상이다.
  → 수토동궁설을 적용하면 酉는 일간의 패신이다. 간상과 지상과 삼전의 酉가 일지 未를 탈기하니 집에 소비가 많으니 집이 가난하다.
  ● 낮에 정단하면 지상의 酉에 육합이 타니 자식이 소비하고, 밤에 정단하면 지상의 酉에 천후가 타니 부녀자가 소비한다.
○ **혼인** : 酉에 천후와 육합이 타는 것을 가장 꺼린다.
  → 일간은 나, 일지는 배우자감이다. 간지가 교차탈기(交叉脫氣)하니 매우 나쁜 혼사이다. ● 궁합 : 나쁘다.
○ **임신·출산** : 태아가 생기지 않는다. 출산에 문제가 있다.
  → 독족이니 태아가 생기지 않는다. 출산 또한 문제가 발생한다.
○ **구관** : 불리하다. 시험은 이등급으로 합격한다.
  → 과전에 상관살이 지나치게 많으니 관직을 정단하면 불리하다. 그러나 간상에 아괴성인 酉가 임하니 시험을 정단하면 이등급(乙科)으로 합격한다.
○ **구재** : 득재하지 못한다.
  → 재성은 재물이다. 과전에 재기가 약하고 다시 독족(獨足)이니 구재가 지체되어 득재하지 못한다.
○ **질병** : 폐병은 낫는다.
  → 낮에 정단하면 백호승신 巳가 오행의 금을 극하니 폐병이 든다.

과전에 의약신 酉가 거듭 보이니 병이 낫지만, 다른 질병은 독족이니 낫기 어렵다.

○ **유실** : 딸이 훔쳐 갔다.

　※『육임직지』원문에서는 "재성 위에 현무가 타니 집의 도둑이 훔쳐갔다. 서방으로 가서 연못이나 변소 가까운 곳에서 찾으면 된다."고 하였다.

　→ 酉는 소녀이고 딸이다. 지상의 酉가 일지를 탈기하니 딸이 훔쳐 갔다.

○ **출행** : 나쁘다.

　→ 독족(獨足)은 여행에 장애가 많은 상이니 나쁘다.

○ **귀가** : 아직 도착하지 않는다.

　→ 독족(獨足)은 귀가에 장애가 많은 상이니 아직 도착하지 않는다.

↑ **쟁송** : 이롭지 않다.

　→ 독족(獨足)은 쟁송에 이롭지 않다. ● **승패** : 일간과 일지가 동일하니 승패가 나지 않는다.

○ **전쟁** : 이롭지 않다.

　→ 독족(獨足)은 전쟁에 이롭지 않다.

□ 『**필법부(畢法賦)**』 : 〈제49법〉 양 귀인이 극을 받으면 귀인에게 아뢰는 일에서 뜻을 성취하기 어렵다.

　→ 밤 귀인 申이 午에 가하고 낮 귀인 子가 戌에 가하여서 양 귀인이 극을 받으니 귀인에게 아뢰는 일에서 이롭지 않다.

□ 『**고감(古鑒)**』 : ❶ 戊申년에 출생한 남자가 월장 巳를 점시 卯에 가한 뒤에 자식을 정단한다. 삼전이 모두 酉이니 소녀이다. 유가 모두 다섯이니 딸 다섯 명을 낳는다. 행년 위에 卯가 보여서 장남이 있지만 酉와 상충하니 남자 태아가 형성되지 않는다. 酉는 대장이고 또한

여색이다. 색을 좋아해서 장풍(腸風)에 걸린다. 酉는 6이고 未는 8이니 수명이 48세이다. 과연 적중했다.

❷ 동일한 과전으로 소송을 정단한다. 양측 모두 도움을 받지 못한다. 관청이 자체적으로 재판하니 귀인에게 부탁하더라도 무익하다. 나중에 과연 적중했다.

❸ 동일한 날에 생리(生理)를 정단한다. 酉는 태(兌)이고 또한 택(澤)이며 육합은 배이니 육로는 이롭지 않다. 만약 배로 가면 이익이 열 배이다. 모두 적중했다.

己未일 제 12국

공망 : 子·丑 ○
낮 : 왼쪽 천장, 밤 : 오른쪽 천장

	己	庚	庚
	白 未 蛇	常 申 貴	常 申 貴
	午	未	未
	庚	辛	庚	辛
	常 申 貴	玄 酉 后	常 申 貴	玄 酉 后
	己 未	申	未	申

戊午 空巳	己未 朱午	庚申 蛇未	辛酉 常申 玄酉 后
丁巳 青辰			壬戌 陰酉 陰
丙辰 勾卯			癸亥 后戌 玄
乙卯 合寅	甲寅 青丑 朱丑	○丑 蛇子 空子	○子 白亥 貴 常

- **과체** : 팔전(八專), 유박불수(帷薄不修格) // 간지동류(干支同類), 복덕(福德), 상호나망(相互羅網), 천라지망(天羅地網), 신장·귀등천문(神藏·貴登天門), 막귀임간(幕貴臨干/낮), 교차탈기(交叉脫氣), 간지구탈(干支俱脫), 교차상생(交叉相生).

- **핵심** : 申은 자손이고 장생이다. 어미 새가 오히려 새끼로부터 양육을 받는다. 밤 귀인은 더욱 번영한다.

- **분석** : ❶ 申은 토의 자손이고 또한 토의 장생이다. 자손이 그의 부모를 양육하니 오히려 어미 새가 새끼로부터 양육을 받는다.

  ❷ 밤에는 申이 귀인이고 일간의 장생이니 그 번영이 매우 대단하다.

- **정단** : ❶ 과명이 팔전(八專)이고 비견이 발용이 되었다. 주야에 백호와 등사가 타니 놀라지 않을 수 없다.

  ❷ 낮에 정단하면 태상이 장생에 타서 간지에 임했으니 집에 혼인의 기쁨이 있거나 혹은 포목점이나 술집을 개업하는 기쁨이 있다. 밤에 정단하면 귀인이 가택에 드니 귀인과의 희경사 혹은 연회가 있

거나 혹은 하사하는 일이 있다.

❸ 일간에 임한 밤 귀인 申을 주작이 午에 타서 극한다. 따라서 귀인에게 부탁하면 안 되니 귀인이 반드시 꺼려하고 힘을 써 주려고 하지 않는다.

○ **날씨** : 백호가 풍백(風伯)에 타서 발용이 되었으니 바람이 많이 불고 비가 적게 오는 상이다.

→ 백호와 풍백(未)은 바람의 신이다. 백호가 풍백에 타서 발용이 되었으니 바람이 많이 분다.

○ **가정** : 가정에 희경사로 인한 지출이 많다.

→ 일지는 가택이다. 낮에 정단하면 태상이 탈기신에 타서 일지에 임했으니 집에 혼인으로 인한 지출이 많고, 밤에 정단하면 귀인이 탈기에 타서 일지에 임했으니 귀인과의 희경사나 연회로 인한 지출이 많다. 다만 낮에 정단하면 일지음신 酉에 현무가 타니 도난을 예방해야 한다.

○ **혼인** : 나쁘다.

※ 『육임직지』 원문에서는 "며칠 뒤에 좋다."고 하였다.

→ 일간은 남자, 일지는 여자이다. 일간과 일지가 교차탈기하니 나쁘다. ● 궁합 : 간지가 비화(比和)하고 다시 간지의 상신이 비화하니 좋다. ● 성정 : 간지상에 주야 모두 길장이 타니 남녀의 성정이 좋다.

○ **임신·출산** : 태아가 손상되는 것을 예방해야 한다. 순산한다.

→ 태신은 태아, 일지는 임신부이다. 태신인 子가 공망되었으니 태아가 손상되는 것을 예방해야 한다. 일지 未가 간상의 申으로 탈기되니 순산한다.

○ **구관** : 귀인이 일간에 임하니 밤에 정단하면 길하다.

→ 귀인은 공무원이다. 주야 모두 귀인과 염막귀인이 일간에 임하니 고시에 좋다. 다만 낮에 정단하면 염막귀인이 일간에 임하니 관직에는 불리하다. ● 고시 : 주야 모두 좋다. ● 관직자 : 낮에 정단하면 불리하다.

○ **구재** : 지출한 뒤에 재물을 얻는다.

→ 재성은 재물이다. 과전의 여섯 곳이 자손효이니 지출이 많다. 과전에 재효와 청룡이 없으니 소득이 없다.

○ **질병** : 신장경락에 병이 든다. 치료하면 낫는다.

→ 낮에 정단하면 백호승신 未가 오행의 수를 극하니 신장경락에 병이 든다. 과전에 탈기가 많으니 허약증이 심하다. ● 과전에 의약신인 申酉가 있으니 치료하면 낫는다.

○ **출행** : 수로와 육로 모두 좋다.

→ 현대에서는 일간은 여행객, 일지는 여행지이다. 과전에 탈기가 많으니 여행에서 손실이 많다.

○ **귀가** : 도로에 있다.

→ 천강(辰)은 동신, 사중은 중도이다. 천강이 사중의 하나인 卯에 가했으니 도로에 있다.

○ **도난** : 서북방에 있다.

→ 도둑은 현무의 음신에 숨어 있다. 낮에 정단하면 현무의 음신이 戌이니 서북방에 있고, 밤에 정단하면 현무의 음신이 子이니 정북에 있다.

⇧ **쟁송** : 승패가 나지 않는다.

→ 간지와 그 상신이 동일하니 승패가 나지 않는다.

○ **전쟁** : 양인에 백호와 등사가 타서 발용이 되었으니 주야 모두 흉하다.

→ 일간 己의 양인은 未, 양인은 혈광의 신이다. 未에 백호와 등사가 타서 발용이 되었으니 주야 모두 흉하다.

□ 『**필법부(畢法賦)**』: 〈제55법〉 천라지망(天羅地網)을 만나면 모망사가 보잘 것이 없게 된다.
　➜ 매일의 제12국은 천라지망이다.
　〈제3법〉 염막귀인은 높은 성적으로 장원급제를 한다. 행년과 본명 위에 임하거나 일간 위에 임하면 반드시 높은 성적으로 합격한다.
□ 『**육임지남(六壬指南)**』: 丁丑년 戌월 己未일에 월장 巳를 점시 辰에 가한 뒤에 정단한다. 태사는 고관직으로 추천되지만 보직을 받지 못할 우려가 있다. 그 이유는 일간과 비화되는 양인에 탄 백호가 (사과가 아닌) 다른 곳에서 발용이 되었기 때문이다. 그 후 갑자기 진인에게 '풍헌병형 직무가 주어져서 사관(詞館)으로 입각한다. 그러나 중전과 말전·일간과 일지·행년과 본명 모두에 나망이 보이므로 진(秦)에 속한 진(晉)의 익주 사람에 의해 도중에 막힘이 생긴다. 또한 (염막귀인 인) 밤 귀인이 본명(未)에 임하므로 태사는 반드시 (고향으로) 돌아온다. 나중에 진 지역의 설국관 선생과 촉 지역의 유종백 선생이 입각하였다. 예측한 것과 결과가 동일하였다.
　※ 이우산, 『육임실전』 2(대육임지남), 대유학당, 2014, 38~39쪽 참조.

경신일

庚申日의 길신(구보)과 흉살(팔살)			
일덕	申	형	
일록	申	충	
역마	寅	파	
장생	巳	해	
제왕	酉	귀살	巳午
순기	亥	묘신	丑
육의(六儀)	甲寅	패신 / 도화	午 / 酉
귀인	주	丑	공망	子丑
	야	未	탈(脫)	亥子
합(合)		사(死)	子
태(胎)	卯	절(絶)	寅

갑인순 | 경신일 | 1국

庚申일 제 1 국

공망 : 子·丑 ○
낮 : 왼쪽 천장, 밤 : 오른쪽 천장

庚	甲	丁
白申后	蛇寅青	勾巳朱
申	寅	巳

庚	庚	庚	庚
白申后	白申后	白申后	白申后
庚申	申	申	申

丁巳勾 巳	戊午朱 午	己未蛇 未	庚申空 申
丙辰合 辰			辛酉貴 酉
乙卯合 卯			壬戌常 戌
甲寅朱 寅	丑○勾 丑○	子○空 子○	癸亥陰 亥

- **과체** : 복음(伏吟), 자임(自任), 원태(元胎) // 간지동류(干支同類), 신임정마(信任丁馬), 덕경(德慶), 육의(六儀), 권섭부정(權攝不正), 금일정신(金日丁神), 형상(刑傷), 나거취재(懶去取財), 왕록임신(旺祿臨身), 록현탈격(祿玄脫格/낮).

- **핵심** : 낮에는 네 백호를 만난다. 행동에 아무런 장애가 없다. 정마가 삼전에 든다. 출행인이 행상을 간다.

- **분석** : ❶ 일록인 申은 백호의 본향이다. 간지와 발용에 세 申이 있고 여기에 낮에는 백호가 타니 네 호랑이다.

  ❷ 복음(伏吟)은 본래 정수(靜守)해야 한다. 다만 중전의 寅은 재성과 역마이고 말전 巳의 둔간이 丁이어서 행동에 장애가 적으니 행상(行商)을 떠나는 상이다.

- **정단** : ❶ 복음과의 자신(自信)에 왕신 겸 일록이 타니 본래 가만히 있는 상이다. 그러나 금일에 정마를 만나니 어찌 편히 향락을 누리겠는가?

  ❷ 삼전이 삼형(三刑)이고 다시 재성이 관성으로 변하니 재물을 상

납하여 관직을 얻는 일에 좋다. 그리고 옳지 못한 수단으로 재물을 손에 넣으면 나쁘다.

❸ 말전의 巳와 일간 甲은 상합하고 그 위에 구진과 주작이 타니 비관직자가 정단하면 반드시 관재가 생겨서 풀리지 않지만 관직자가 정단하면 관운이 무성하고 아름답다.

○ **날씨** : 청룡이 사당에 드니 비가 오지 않는다.
　→ 청룡은 감우의 천장이다. 청룡의 오행인 甲寅목이 寅에 타는 것은 청룡이 사당에 드는 상이니 비가 오지 않는다.

○ **가정** : 백호가 일록에 타서 입택하니 질병과 소송이 생긴다.
　→ 백호는 질병, 일지는 가택이다. 낮에 정단하면 백호가 지상에 드니 집에 질병이 발생한다. 밤에 정단하면 지상에 식록을 뜻하는 일록이 타니 집에 재물이 풍족하다. ● 삼전이 삼형이고 다시 재효가 관성으로 변하니 관직자가 있는 가정은 좋고 일반 서민이 있는 가정은 질병이나 사고가 발생하는 상이니 나쁘다.

○ **혼인** : 낮에 정단하면 불길하다.
　→ 일간은 나, 일지는 배우자감이다. 삼전이 삼형이고 특히 낮에 정단하면 간상과 지상에 백호가 타니 혼인이 더욱 불길하다. 또한 여러 곳의 형제효가 처재효를 극하니 혼사가 깨진다.
　● 궁합 : 삼전이 삼형이어서 남녀가 싸우는 상이니 나쁘다. 만약 혼인하면 나중에 이혼한다.

○ **임신·출산** : 임신을 정단하면 낙태를 예방해야 한다. 출산을 정단하면 질병을 예방해야 한다.
　→ 일간은 태아, 일지는 임신부, 삼전은 태아가 생육되는 과정이다. 삼전이 삼형(三刑)이니 임신을 정단하면 낙태를 예방해야 하고, 낮에 출산을 정단하면 간지상에 백호가 타니 태아와 임신부 모두 질

병을 예방해야 한다. ● 복음과이니 선천성 언어장애를 예방해야 한다.

○ **구관** : 관성과 일록과 역마가 움직이니 수일 안에 승진한다.
→ 말전의 巳는 관성으로서 관직, 초전의 申은 일록으로서 공무원이 받는 급여, 중전의 寅은 역마로서 승진의 신이다. 이들을 삼전에서 모두 갖췄고 또한 삼전에 권위를 뜻하는 상형을 갖췄으니 수일 안에 승진한다.

○ **구재** : 사람은 많고 재물은 적다. 쟁탈로 인해 쟁송이 생긴다.
→ 형제효인 申은 겁재, 재성인 寅은 재물이다. 형제효인 申이 많으니 재물을 잃고 삼전이 삼형이니 쟁송이 발생한다.

○ **질병** : 간경락의 병이거나 혹은 두통이 심해 참기 어렵다. 치료하기 어렵다.
→ 백호의 극을 받는 장부에 병이 든다. 낮에 정단하면 백호승신 申 금이 목을 극하니 간병이다. 만약 처의 질병을 정단하면 여러 형제효가 처재효를 극하니 처의 질병이 낫기 어렵다. ● 지상은 병증이다. 지상이 申이니 두통이 있다. 특히 밤에는 申에 천후가 타니 부인의 두통이다. ● 산을 뜻하는 간괘(艮卦)의 복음과이니 병이 오래가고 낫기 어렵다.

○ **유실** : 집을 벗어나지 않았다.
→ 복음과는 유실물이 집을 벗어나지 않았다.

○ **출행** : 구관은 길하고 구재는 불길하다.
→ 일간은 여행객, 일지는 여행, 삼전은 여정이다. 일록을 뜻하는 申이 간상과 지상과 초전에 보이니 구관을 위한 여행은 길하다. 그러나 구재를 위한 출행을 하면 중전의 재성이 삼형을 만드니 불길하다.

○ **귀가** : 강일(剛日)의 순음(順吟)이니 돌아온다.
→ 복음과는 근행을 정단하면 곧 귀가하고, 원행을 정단하면 귀가

를 기약할 수 없다.
- ○ 도난 : 가까운 곳에 있다.
    - ※ 『육임직지』 원문에서는 "노비에 의한 도난"이라고 하였다.
    - → 복음과는 가까운 곳에 도둑이 있다.
- ↑ 쟁송 : 승패를 가리기 어렵다.
    - → 간지와 그 상신이 동일하니 승패를 가리기 어렵다.
- ○ 전쟁 : 백호가 형(刑)과 충(沖)을 하니 불길하다.
    - → 삼전은 출정(出征)이다. 삼전의 삼형이 형륙을 당하는 상이니 불길하다.

- □ 『필법부(畢法賦)』 : 〈제89법〉 자임과 자신에 정마가 타면 모름지기 행동을 한다.
    - → 복음과의 말전에 정마가 타니 행동한다.
- □ 『과경(課經)』 : 庚申일의 복음과에 정마가 삼전에 있다. 타인을 방문하면 반드시 집을 나가서 용무를 본다. 처음에는 허락을 받지만 나중에는 변경된다.
- □ 『집의(集義)』 : 천후가 발용이 되었으니 집에 두통이 있는 여자가 있다. 말전의 巳가 초전의 申을 극하니 처음에는 흉하고 나중에는 길하다.
- □ 『찬의(纂義)』 : 재성 寅, 관성 巳, 일록 申, 역마 寅, 천성(天城) 申, 천리(天吏)인 寅이 모두 있다. 또한 백호가 申에 들고 등사의 귀에 뿔이 났으며 구진이 관인을 받쳐 든다. 만약 태세와 월건이 하나이면 관직에 대길하다.

갑인순 | 경신일 | 2국

庚申일 제 2 국

공망 : 子·丑 ○
낮 : 왼쪽 천장, 밤 : 오른쪽 천장

辛	己	己
常 酉 陰	空 未 貴	空 未 貴
戌	申	申
己	戌	己	戌
空 未 貴 青 午 蛇	空 未 貴 青 午 蛇
庚	未	申	未

丙 合 辰 巳	丁 合 巳 午	戊 勾 午 未	己 朱 未 申
乙 朱 卯 辰			庚 青 申 酉
甲 勾 寅 卯			辛 蛇 酉 戌
蛇 ○ 丑 寅	青 ○ 子 丑	朱 亥 子	蛇 戌 亥
貴	空	陰	玄

□ **과체** : 팔전(八專) // 간지동류(干支同類), 구생(俱生), 호생(互生), 우로 균점(雨露均霑), 오음(五陰), 화귀살등사주작극택격(火鬼殺螣蛇朱雀剋 宅格/봄/밤), 막귀임간(幕貴臨干/낮).

□ **핵심** : 초전에서 천라지망(天羅地網)을 만나 장애가 있으니 이동하기 어렵다. 가을과 겨울에 귀인에게 부탁하면 도움을 많이 받는다.

□ **분석** : ❶ 발용의 酉가 일간의 다음 글자여서 천라지망(天羅地網)이니, 움직이려고 하면 사람과 집이 그물에 걸려서 출입하지 못한다.
❷ 초전의 酉가 십이운성의 제왕이고 특히 밤에는 귀인이 간지와 중·말전에 임해서 세 곳에 있는 귀인의 도움을 받으니 힘들지 않다.

□ **정단** : ❶ 일간과 일지가 동일한 글자인 '팔전과'는 중복되는 일이 많다. 간지의 위에 생기가 타고 다시 교차상생(交叉相生)을 하니 매사이익이 있다.
❷ 낮에는 염막귀인이 일간에 임하니 시험에 합격한다.
❸ 밤에는 귀인이 입택하여 일지를 생하니 윗사람의 도움을 받거나 혹은 신의 도움을 받는다.

❹ 未에 천공이 타니 집에 우물이 있고 연회에서 비방을 예방해야 하며, 6월에 정단하면 공명과 재물이 통달한다.

→ 未는 이십팔수의 '井'이다. 우물을 뜻하는 未에 천공이 타니 우물이다. 그리고 未는 태상의 오행이니 음식 및 연회와 관련성이 있다.

O **날씨** : 화는 위이고 수는 아래이니 맑고 비가 오지 않는다.

→ 초전이 비록 비를 생하는 오행인 酉이지만 중·말전의 未가 토이니 비가 오지 않는다.

O **가정** : 밤에는 귀인이 가택을 생하니 귀인의 도움을 받는다.

→ 귀인은 관청과 공무원과 사회의 귀인이고 일지는 가택이다. 밤에 정단하면 귀인이 未에 타서 일지 申을 생하니 귀인의 도움을 받거나 혹은 신의 도움을 받는다. 낮에 정단하면 지상에 천공이 타니 공허한 일을 당하는 것을 예방해야 한다. ● 일간은 남편, 일지는 아내이다. 일간과 일지가 교차상생(交叉相生)하니 가족이 화목하다. ● 일지와 음신인 午가 일지 申을 극한다. 봄의 낮에 정단하면 화귀살인 午에 등사가 타서 가택을 극하니 화재를 면하기 어렵다.

O **혼인** : 낮에는 매우 길하다.

→ 일간은 나, 일지는 배우자감이다. 밤에 정단하면 간지상에 귀인이 타니 혼인이 길하다. 그러나 낮에는 간지상에 흉장인 천공이 타니 길하지 않다. ● 궁합 : 간상의 未는 일지 申을 생하고 지상의 未는 일간 庚을 생하여 간지가 교차상생하니 매우 좋다.

O **임신·출산** : 순산한다.

→ 일간은 태아, 일지는 임신부이다. 간지가 교차상생하니 태아는 건강하고 순산한다.

O **구관** : 낮에는 최길하고, 밤에는 시험에 이롭다.

→ 밤에 정단하면 귀인이 간상과 지상과 중전과 말전의 未에 타서

일간을 생하여오니 합격하고, 낮에 정단하면 염막귀인이 간상과 지상과 중전과 말전의 未에 타서 일간을 생하여오니 합격한다. ● 공무원이 밤에 정단하면 승진하고 낮에 정단하면 간상에 염막귀인이 타니 불리하다. ● 고시 : 주야 모두 합격한다. ● 승진 : 밤에는 길하고 낮에는 흉하다.

○ **구재** : 모든 사람이 나를 도우니 구하지 않더라도 재물을 얻는다.
→ 비록 재성이 과전에 나타나지는 않았지만 여러 곳에서 일간을 생하여오니 사업에서 생기가 넘친다.

○ **질병** : 비위의 질환이다. 음식으로 인해 발병했다. 이월에 정단하면 불길하다.
→ 지상은 병증이다. 지상이 未이니 위장병이다. 이월에 정단하면 지상의 未가 이월의 사기이니 불길하다.

○ **유실** : 오른쪽의 이웃 혹은 앞집의 여종이 훔쳐갔다.
→ 酉는 일간의 양인이고 여종이다. 따라서 이웃의 여종이나 젊은 여자가 훔쳐 갔다.

○ **출행** : 움직이지 못하지만 만약 출행하면 길하다.
→ 일간은 여행객, 일지는 여행지, 삼전은 여정이다. 초전의 酉가 일간 (庚)申의 다음 글자여서 천라지망(天羅地網)이니 출행하지 못하는 상이다. 만약 출행하면 간지상과 중·말전이 일간을 생하여오니 길하다.

○ **귀가** : 낮에 정단하면 아직 돌아오지 않는다.
→ 낮에 정단하면 지상에 공허의 천장인 천공이 타니 아직 돌아오지 않는다.

↑ **쟁송** : 이롭다.
→ 일간은 나, 일지는 상대이다. 간지가 교차상생(交叉相生)하니 쟁송에 이롭다. 그러나 승패가 나지 않는다.

○ **전쟁** : 낮에 정단하면 전공을 세운다. 밤에 정단하면 승전하지 못한

다.
→ 일간은 아군의 장수이다. 밤에 정단하면 간상에 귀인이 타서 일간을 생하여오니 전공을 세우고, 낮에 정단하면 간상에 천공이 타니 전공을 세우지 못한다.

○ **분묘** : 후손과 망인 모두 편안하다. 초년에는 극(克)이 있다.
→ 일간은 후손, 일지는 묘지이다. 간지가 교차상생하니 후손과 망인 모두 편안하다. 다만 후손의 제일대는 초전이 양인이니 나쁘다.

□ 『**필법부(畢法賦)**』 : 〈제77법〉 호생(互生)과 구생(俱生)은 모든 일에서 유익하다.
→ 간상이 일간을 생하고 지상이 일지를 생하니 구생, 간상이 일지를 생하고 지상이 일간을 생하니 호생이다. 따라서 이 과전은 호생과 구생에 해당한다.

〈제3법〉 염막귀인이 일간에 임하면 장원급제를 한다.
→ 낮에 정단하면 염막귀인 未가 일간에 임하니 장원급제한다.

□ 『**과경(課經)**』 : 庚申일에 午가 未에 가한다. 일지와 일간의 음신이 일지와 일간을 극한다. 봄에 정단하면 午가 화귀(火鬼)이고 낮에 정단하면 이곳에 등사가 타서 가택을 극하니 화재를 면하기 어렵다.

□ 『**옥성가(玉成歌)**』 : 천공이 未에 타면 우물에 괴이한 일이 많고 사람은 병에 시달린다.
→ 천공은 공허, 未는 우물을 뜻한다. 천공이 未에 타면 우물의 뜻이 강해지니 우물에 괴이한 일이 발생한다.

□ 『**비요(秘要)**』 : 연명이 午인 사람은 그 위의 정마에 주작과 구진이 타니 반드시 구설수나 관사가 발생한다.
→ 정마는 동신, 주작과 구진은 구설수와 관재를 주관한다. 따라서 정마에 주작과 구진이 타면 구설수와 관재가 발생한다.

庚申일 제3국

공망 : 子·丑 ○
낮 : 왼쪽 천장, 밤 : 오른쪽 천장

	戊		丙		甲	
青午蛇		合辰合		蛇寅青		
	申		午		辰	

	戊	丙	戊	丙
	青午蛇	合辰合	青午蛇	合辰合
	庚申	午	申	午

乙卯巳 朱蛇	丙辰午 勾合	丁巳未 合勾	戊午申 勾朱
甲寅辰 蛇青			己未酉 朱青
○丑卯 貴空			庚申戌 空貴
○子寅 后白	癸亥丑 白陰	壬戌子 陰常	辛酉亥 常玄

□ **과체** : 원수(元首), 여덕(勵德), 퇴간전(退間傳), 고조(顧祖/午辰寅) // 간지동류(干支同類), 형상(刑傷), 육의(六儀), 가귀(家鬼), 교차상극(交叉相剋), 무음(蕪淫), 육양(六陽), 화귀살등사주작극택(火鬼殺螣蛇朱雀剋宅格/봄/밤), 사승살(四勝殺), 말조초혜(末助初惠).

□ **핵심** : 재성인 寅을 취하면 화가 닥친다. 재성과 관성과 인수를 갖췄으니 관직에 좋다.

□ **분석** : 일간의 재성인 寅이 말전에 임했다. 만약 이 재물을 취하면 초전의 귀살 午를 도우니 화가 작지 않다. 공무원 임용고시 응시생이나 관직자가 정단하면 곡식을 상납해서 관직을 구하는 일에서 최길하다. 만약 비 관직자가 정단하면 재성이 귀살로 변해 일간과 일지를 극하니 가정 내외에서 손상을 입는다.

□ **정단** : ❶ 삼전이 午辰寅 고조(顧祖)이니 복구(復舊)되는 일이 많고, 퇴간전(退間傳)이니 성사에 장애가 많다.
❷ 관송에서 寅이 부추기는 사람이고, 도둑을 잡을 때는 寅이 주모자이며, 모든 일에서 이롭지 않다.

→ 귀살은 관재, 재성은 귀살을 생하는 오행이다. 따라서 재성은 관재를 교사한 사람이다. 寅이 뜻하는 것에 성씨로는 李, 신체 특성으로는 수염이 난 사람, 신분상으로는 나무 아래에서 수행하는 사람이다.

❸ 간상과 지상이 모두 패기(敗氣)이니 상업에 이롭지 않다. ❹ 밤에는 등사가 午에 타서 일간에 임하니 만약 임신부가 없으면 음인과 헤어진다.

○ **날씨** : 청룡이 승천하여 일간을 극하니 낮에 정단하면 비가 오지 않는다.

→ 청룡은 감우의 천장이다. 낮에 정단하면 청룡승신 午가 일간 庚을 극하니 비가 오지 않는다.

○ **가정** : 사람과 집이 모두 패기(敗氣)이다. 밤에 정단하면 놀랄 일이 발생한다.

→ 일간은 사람, 일지는 가택이다. 패가망신의 뜻이 있는 일간의 패기인 午가 간지상에 임하니 가정 내외에 우환이 발생한다. ● 일간과 일지가 교차상극하고 무음(蕪淫)이니 부부의 불화 및 음란을 예방해야 한다. ● 봄의 밤에 정단하면 화귀살인 午에 화의 천장인 등사가 타서 가택을 극하니 화재를 예방해야 한다.

○ **혼인** : 낮에는 길하다.

→ 일간은 나, 일지는 배우자감이다. 낮에 정단하면 간지상에 길장인 청룡이 타니 길하고, 밤에 정단하면 간지상에 흉장인 등사가 타니 흉하다. ● 궁합 : 간지가 교차상극(交叉相剋)하고 무음(蕪淫)이니 나쁘고 다시 간지의 상신이 자형(自刑)이니 더욱 나쁘다.

○ **임신·출산** : 남자를 임신한다. 출산이 순조롭지 않다.

→ 일간은 태아, 삼전은 태아가 생육되는 과정이다. 일간의 상하가

모두 양이니 남자를 임신하고, 삼전이 퇴간전이니 출산이 순조롭지 않다.
○ **구관** : 재성과 관성이 모두 왕성하니 관직에 최길하다.
→ 재성은 재물, 관성은 관직이다. 재성인 말전의 寅이 초전의 관성 午를 생하니 공무원 임용고시나 관직에서 최길하다. 다만 삼전이 고조(顧祖)이니 임명직공무원과 퇴임기의 공무원은 퇴임한다.
○ **구재** : 재물을 취하면 우환이 생긴다.
→ 재성은 재물, 귀살은 재앙이다. 재성인 말전의 寅이 초전의 귀살 午를 생하니 우환이 생긴다. 다만 위법성이 없는 구재와 안전사고의 위험이 없는 경우에는 무방하다.
○ **질병** : 심장경락에 병이 들었고 간목이 상한다. 매우 흉하다.
→ 지상은 병증이다. 지상이 午이니 심장질환이다. 낮에 점단하면 백호승신 申이 목을 극하니 간병이다. ● 질병을 뜻하는 지상의 午가 일간을 극하니 매우 흉하지만 삼전이 퇴간전이니 병세가 점차 약해진다. ● 의약신 亥가 임한 동북방이 양의와 양약이 있는 방위이다.
○ **유실** : 서남방 75리의 도로 위에 원숭이를 다루는 사람이 있고 그에게 물으면 된다.
→ 戌에 현무가 타며 그 음신이 申이니 서남방에 도둑이 있다. 현무 음신인 申은 7이고 현무양신인 戌은 5이니 75리의 도로 위에 있다.
○ **출행** : 장사는 나쁘다.
※『육임직지』원문에서는 "출행을 해도 좋고 하지 않아도 좋다."고 하였다.
→ 일간은 여행객, 일지는 여행지이다. 일간이 간지의 상신으로부터 극을 당하니 출행하면 나쁘다. 장사를 하면 말전의 재성 寅이 간상의 午를 극하니 나쁘다.
○ **귀가** : 술일(戌日)에 온다.
→ 근행한 경우에는 초전과의 육합일에 오니 미일(未日)에 오고, 원

행한 경우에는 초전과의 삼합일에 오니 인일(寅日)이나 술일(戌日)에 온다.

- 🌂 **쟁송** : 비슷하다.
  - ➜ 일간은 나, 일지는 상대이다. 간지와 그 상신이 동일하니 승패가 나지 않고, 일간과 일지가 모두 그 상신으로부터 극을 당하니 양쪽 모두 불리한 판결을 받는다. ● **관재** : 초전의 귀살이 중전에서 인성으로 변하니 관재가 점차 사라진다.
- ○ **전쟁** : 적군이 침입하는 것을 예방해야 한다. 아군과 적군의 전력이 비슷하다.
  - ➜ 귀살은 적군이다. 귀살인 午가 간상에 오니 적군이 침입하는 것을 예방해야 한다. 간지의 상신이 동일하니 양군의 전력이 엇비슷하다.
- ○ **분묘** : 길한 묘지이다. 신묘(新墓)를 조성하는 것은 나쁘다.
  - ➜ 일지의 음양은 묘지이다. 일지음양의 午와 辰이 상생하니 조상의 묘지가 길하다. 새로 묘지를 조성하면 간지가 교차상극(交叉相剋)하고 다시 교차패신이니 나쁘다.

- ▫ **『필법부(畢法賦)』** : 〈제63법〉 피차 모두 상하니 양쪽 모두 손상을 방비해야 한다.
  - ➜ 일지와 일간이 간지상신으로부터 극벌을 당한다. 송사 정단을 하면 반드시 양쪽 모두 처벌을 받는다.
- ▫ **『고감(古鑑)』** : 己酉년에 출생한 사람이 9월에 월장 卯를 점시 巳에 가한 뒤에 소송을 정단한다. 고조격에는 본래 소송이 잠재해 있고 금일의 사시(巳時)이니 그물을 뜻하는 천망격이다. 말전이 寅목이니 하급공무원이고 寅이 관성 午를 생하고 일간을 극하니 하급공무원 한 명이 부족해서 시종 해를 입는다.

행년은 子이고 그 위에 戌토가 타며 삼전에서 寅목과 午화를 만나 스스로 분신하니 화를 반드시 스스로 초래한다. 午는 화침(火針)이니 '자배(刺配)' 곧 죄인의 얼굴을 '자자(刺字)'해서 먼 곳으로 유배를 가는 형을 반드시 당한다. 행년상의 戌은 군인이고 거리는 1,800리이다. 그 이유는 午는 9이고 일지와 일간의 두 곳에 화국을 이루며 9월에 왕상하니 열배를 가하기 때문이다.

庚申일 제 4 국

공망 : 子·丑 ○
낮 : 왼쪽 천장, 밤 : 오른쪽 천장

丁 勾 巳 朱	甲 蛇 寅 青	癸 陰 亥 常
申	巳	寅
丁 勾 巳 朱 蛇 寅 青	甲 勾 巳 朱 蛇 寅 青	丁 勾 巳 朱 蛇 寅 青
庚 申	巳	申

甲蛇寅巳	乙朱卯午	丙合辰未	丁朱巳申
貴 丑 空 辰			青 戌 蛇 午 酉
后 子 白 卯			空 未 貴 戌
癸 陰 亥 常 寅	壬 玄 戌 丑	辛 常 酉 陰 子 ○	庚 白 申 后 亥

- □ **과체** : 원수(元首), 원태(元胎) // 간지동류(干支同類), 금일정신(金日丁神), 병태(病胎), 형상(刑傷), 가귀(家鬼), 교차상극(交叉相剋), 무음(蕪淫), 작귀(雀鬼), 명암작귀(明暗作鬼), 폐구(閉口), 삼기(三奇), 육의(六儀), 복덕(福德).

- □ **핵심** : 밤에는 극하고 낮에는 생한다. 정마가 모두 환영하고 말전의 亥는 실패하기도 하고 성공하기도 한다.

- □ **분석** : ❶ 巳가 발용이 되었다. 낮에는 구진이 일간을 극하고 밤에는 주작이 일간을 극한다. 巳의 둔간이 丁이고 다시 역마이니 발동을 자제할 수 없다.

  ❷ 말전의 亥가 초전의 巳를 극해서 일간을 구하니 좋고, 중전의 寅을 생해서 귀살을 도우니 나쁘다.

- □ **정단** : ❶ 원태(元胎)의 기상은 유신(維新)이다. 巳는 장생과 관성인데 삼전이 체생하니 관로가 순탄하고 도중에 영화를 누린다.

  ❷ 일반인은 금일에 丁을 만나니 흉한 화를 면하기 어렵다. ❸ 순미(旬尾)가 순수(旬首)에 가하는 경우에는 함구하면 자신을 보호할 수

있다.

❹ 일덕이 천문인 亥에 드니 시험에서 반드시 뜻을 얻는다.

───────────────────────────────

○ **날씨** : 주작과 구진이 화에 타서 발용이 되었으니 비가 오지 않고 맑다.

→ 주작의 오행은 丙午화이고 구진의 오행은 戊辰토이다. 이들이 오행의 巳화에 타서 발용이 되었으니 비가 오지 않고 맑다.

○ **가정** : 구진과 주작이 가택을 극하고 초전의 귀살이 움직이니 질병과 소송을 면하기 어렵다.

→ 일간은 사람, 일지는 가택, 귀살은 재앙이다. 간지상의 귀살 巳에 관재의 천장인 주작과 구진이 타니 가정 내외에서 구설수와 관재가 발생하는 것을 예방해야 한다. ● 일간은 남편, 일지는 아내이다. 간지가 교차상극(交叉相剋)을 하니 부부의 불화와 음란과 이별을 예방해야 한다.

○ **혼인** : 재성과 관성이 육해(六害)하니 장애가 있다.

→ 여자를 뜻하는 재성 寅과 남자를 뜻하는 관성 巳가 육해(六害)하니 혼인에 장애가 있고, 다시 남녀를 뜻하는 일간과 일지가 교차상극(交叉相剋)하니 혼인에 장애가 있다. ● 궁합 : 매우 나쁘다. ● 일간은 나, 일지는 상대이다. 주야 모두 간지상에 흉장이 타니 남녀 모두 길하지 않다.

○ **임신·출산** : 남자를 임신한다. 즉시 출산한다.

→ 삼전은 태아가 생육되는 과정이다. 삼전의 두 음(巳,亥)이 하나의 양(寅)을 감싸니 남자를 임신한다. 삼전이 체생(遞生)하니 즉시 출산한다.

○ **구관** : 타인의 추천을 받는다. 부임이 매우 신속하다.

→ 초전의 관성 巳가 말전으로부터 차례로 생을 받으니 타인의 추

천을 받아 승진하거나 혹은 부임한다. ● 고시 : 합격한다. ● 승진 : 된다.

○ **구재** : 남의 손을 빌려서 재물을 취해야 한다.

→ 중전의 재성 寅이 말전의 亥로부터 생을 받으니 남의 손을 빌려서 재물을 취해야 한다. 개업할 경우에는 말전의 亥가 자손효이니 투자이고 중전의 寅이 재성이니 돈이니 곧 투자해서 돈을 번다. 다만 재성 옆에 귀살인 丁巳가 있으니 구재로 인한 화가 발생하는 것을 예방해야 한다.

○ **질병** : 심장경락의 질환에 시달리며 낫기 어렵다. 질환이 재발하는 것을 예방해야 한다.

→ 밤에 정단하면 백호승신 子의 극을 받는 오행이 화이니 심장병이다. 초전의 귀살이 말전과 중전으로부터 계속 생을 받으니 질환에 시달리며 낫기 어렵다. ● 의약신인 亥가 寅에 임하니 동북방에서 양의와 양약을 구하면 된다.

○ **출행** : 원행을 할수록 좋다. 출발 할 때에 장애가 있다.

→ 초전은 근지, 말전은 원지이다. 초전의 巳가 귀살이니 근행은 나쁘고, 말전이 귀살을 제극하여 길신이니 원행은 좋다. 일간은 여행객, 초전은 출발시점이다. ● 초전의 巳가 일간을 극하니 출발 초기에 장애가 있다.

○ **귀가** : 거의 다 왔다.

※ 『육임직지』 원문에서는 "이미 절반을 왔다."고 하였다.

→ 초전은 귀가의 말기, 일지는 집이다. 초전과 지상이 정마이니 거의 다 왔다.

○ **도난** : 서남방의 음식점 안에 있다.

→ 도둑은 현무의 음신에 있다. 현무의 음신이 未이니 서남방의 음식점에 있다.

↑ **쟁송** : 승패가 나기 어렵다.

→ 일간은 나, 일지는 상대이다. 간상의 巳는 일지를 극하고 지상의 巳는 일간을 극하고 다시 일간과 일지 모두 그 상신으로부터 극을 당하니 나와 상대 모두 패소한다.

○ **전쟁** : 아군과 적군의 사령관이 모두 강하다. 본국의 병졸이 기밀을 누설하는 것을 예방해야 한다.

→ 일간은 아군, 일지는 적군이다. 간상의 巳는 일지의 귀살이고 지상의 巳는 일간의 귀살이니 아군과 적군의 사령관이 모두 강하다. 한편 간지가 교차상합하니 아군과 적군이 교섭하여 적에게 기밀을 누설하는 것을 예방해야 한다.

○ **분묘** : 나중에 서서히 발복한다. 초장(初葬)은 이롭지 않다.

→ 초기를 뜻하는 초전이 일간을 극하니 매장 후의 초기에는 이롭지 않고 길하지 않지만 중전이 일간을 생하여 오니 나중에는 서서히 발복한다.

□ 『**필법부(畢法賦)**』 : 〈제63법〉 피차 모두 상하니 양쪽 모두 손상을 방비해야 한다.

→ ↑ 쟁송 참조.

〈제25법〉 금일(金日)에 정마를 만나면 흉화가 일어난다.

→ 금일의 丁이 일간의 귀살이니 흉화가 일어난다.

□ 『**과경(課經)**』 : 삼전과 연명과 일진에서 순의 정마를 만나고 이곳에 구진이 타면 반드시 관송이 발생하고, 만약 월건의 사기에 타면 외부에 사는 친척이 사망했다는 부고가 오고, 만약 귀인이 타면 반드시 귀인이 파견을 가고, 만약 현무가 타면 반드시 도망치고, 만약 등사와 주작이 타면 더욱 급하다. 오직 공무원이 정단하면 지극히 신속히 부임한다. 만약 정단하는 사람의 행년상신이 정마를 극하면 좋지 않고, 비 관직자가 정단하면 정신을 제극하는 것이 좋다.

→ 가령 연명이 寅이면 그 위의 亥가 丁巳를 극한다.

	庚	丙
蛇子青	青申蛇	玄辰玄
辰	子○	申
丙	○	丙	○
---	---	---	---
玄辰玄	蛇子青	玄辰玄	蛇子青
庚申	辰	申	辰

공망 : 子·丑 ○
낮 : 왼쪽 천장, 밤 : 오른쪽 천장

○貴	甲	乙	丙
丑巳	空后寅午	陰卯未	常玄辰申
○蛇子辰癸亥卯朱		勾	常丁巳酉戊午戌己未亥白陰后貴
壬戌寅合	辛合勾酉丑朱	庚青申子蛇○	己空未亥貴

□ **과체** : 중심(重審), 윤하(潤下), 참관(斬關) // 간지동류(干支同類), 화미(和美), 전국(全局), 구생(俱生), 호생(互生), 복덕(福德), 맥월(驀越), 신장·살몰·귀등천문(神藏·殺沒·貴登天門), 자손효현괘.

□ **핵심** : 도기(盜氣)를 삼전에서 만났다. 초·중전이 공망이다. 辰이 말전에 있으니 생기가 무궁하다.

□ **분석** : 申子辰이 수국을 이루어서 일간의 기운을 훔치지만 초전의 子 수가 공망되고 중전의 申금은 공함되었으니 수국이 깨졌다. 辰만 남아서 장생에 앉아 일간을 생하니 생이 무궁하다.

□ **정단** : ❶ 윤하(潤下)이니 행동을 멈추지 않는 상이고, 발용이 고진과 수이니 의지할 곳 없는 고독한 상이다.

❷ 집에는 낭비가 있고 자식은 가업을 완성하지 못하며, 모든 일에서 손실만 있고 이익은 없으며, 부모효인 辰에 주야 모두 현무가 타니 손실을 면하기 어렵다.

❸ 가만히 있으면 생의(生意)가 넘쳐 오르지만 만약 경거망동하면 샘의 근원이 마르고 허비가 백이나 된다.

○ **날씨** : 주야 모두 용신이 공망되었으니 갑인순을 벗어나면 비가 온다.

→ 삼전의 수국이 강우를 뜻하지만 지금은 초전과 중전이 공망되어 이번 순에는 수국이 불성하여 비가 오지 않지만, 갑자순에는 공망을 벗어나서 수국이 완성되니 많은 비가 온다.

○ **가정** : 일간과 일지가 각각 스스로 생을 받으니 사람과 집이 모두 왕성하다.

→ 일간은 사람, 일지는 집이다. 일간 庚은 간상의 辰으로부터 생을 받고 일지 申은 지상의 辰으로부터 생을 받으니 가정 내외가 모두 왕성하다. 다만 일간음양과 일지음양과 삼전이 일간의 탈기국이니 나중에는 잃게 되고 곤궁해진다. 더군다나 탈기국에 현무가 타니 더욱 나쁘다.

○ **혼인** : 일지와 일간이 자형이니 혼인이 불길하다.

→ 일간은 나, 일지는 배우자감이다. 간지상의 辰이 서로 자형이어서 남녀가 싸우는 상이니 혼인이 불길하다. ● 궁합 : 간지의 상신이 자형(自刑)이니 나쁘고 여기에 흉장이 타니 더욱 나쁘다. ● 만약 혼담을 진행하면 일간이 일지음양과 삼전의 수국으로 탈기되니 손실이 끝이 없고, 만약 혼인하면 패망하는 가정이 된다.

○ **임신·출산** : 수국이니 남자를 출산한다. 태아를 정단하면 손상된다.

→ 삼전은 태아가 생육되는 과정이다. 삼전이 주역 감괘의 수국이니 남자를 출산한다. 간지상에 천강인 辰이 타니 임신과 출산 모두 나쁘다.

○ **구관** : 청룡과 일록이 모두 공망되었고 관성이 나타나지 않았으니 관직을 정단하면 길하지 않다.

→ 청룡은 문관, 일록은 관록, 관성은 관직이다. 청룡승신 子와 일록

인 申은 공망되었고 관성인 巳午는 나타나지 않았으며 삼전이 상관국이니 길하지 않다. ● 고시와 승진 모두 나쁘다.

○ **구재** : 가정의 재산을 지켜야 한다.

→ 삼전이 탈기국이니 구재를 하면 안 된다. 삼전이 탈기국이니 오히려 투자금을 잃는다. 다만 연명이 午와 未이면 그 상신이 재성인 寅과 卯이니 투자해서 돈을 번다.

○ **질병** : 비위의 질환이다. 의사의 도움을 받지 못한다.

→ 밤에 정단하면 백호승신 寅이 토를 극하니 비위에 병이 들고, 또한 일간이 삼전으로 탈기되니 주야 모두 허탈증이다. ● 의약신을 뜻하는 자손효인 子가 공망되었으니, 의사나 약의 도움을 받지 못해서 사망할 위험이 있다.

○ **유실** : 현무가 일간과 일지를 생하고 삼전이 회환이니 잃은 것을 반드시 얻는다. 북방에서 유실물을 찾으면 된다.

→ 삼전의 십이신이 사과로 모두 돌아오는 '회환격'은 유실물을 되찾는다. 자손효가 子이니 북방에서 찾으면 된다.

○ **출행** : 집 근처에서 도난을 예방해야 한다.

→ 일간은 여행객, 일지는 여행지이다. 간지상에 현무가 타니 집 근처에서 도난을 예방해야 한다.

○ **귀가** : 출발하지 못한다.

→ 간상에서 현무가 타서 도난을 당했으니 출발하지 못한다.

↑ **쟁송** : 판결나기 어렵다.

→ 간지의 상신이 자형(自刑)이니 합의하기 어렵고, 간지가 동일하니 승패가 나기 어렵다. 일간음양과 일지음양과 삼전의 탈기국이 일간을 탈기하니 쟁송으로 인한 손실이 매우 크다.

○ **전쟁** : 공연한 놀람과 공연한 기쁨이 있다.

→ 주야 모두 간상에 현무가 타니 공연한 놀람이 있고, 간상이 일간을 생하니 공연한 기쁨이 있다.

○ **분묘** : 수법(水法)이 적합하다. 다만 래용(來龍)이 거짓되고 다시 공함
되었다.

→ 일지는 묘지이다. 일지의 음양이 수국이며 청룡과 현무와 등사
를 갖췄으니 수법이 혈(穴)에 상합한다. 다만 수국의 申과 子가 공함
되었으니 거짓된 용(龍)이고 공허한 혈(穴)이다.

□ 『**필법부(畢法賦)**』 : 〈제77법〉 호생과 구생은 매사 유익하다.

→ 간상의 辰이 일간 庚을 생하고 지상의 辰이 일지 申을 생하니 구
생(俱生), 간상의 辰이 일지 申을 생하고 지상의 辰이 일간 庚을 생하
니 호생(互生)이다.

□ 『**임수경(壬髓經)**』 : 간상신이 일간을 생하고 지상신이 일지를 생하니,
서로 생의(生意)가 있고, 서로 화순하며, 두 사람이 투자금을 합쳐서
경영하면 더욱 좋다.

□ 『**찬요(纂要)**』 : 甲戌庚日에 丑未가 亥에 임하면 귀등천문과 신장과 살
몰이다. 모든 도모하는 일은 형통하고 이익되며 장애와 의혹이 없
다.

→ 밤에는 신장·살몰·귀등천문(神藏·殺沒·貴登天門)에 해당한다.

□ 『**조담비결(照膽秘訣)**』 : 발용의 공망이 일지와 일간으로 전해지니 오
래된 것을 새롭게 해야 한다.

□ 『**지장부(指掌賦)**』 : 子申辰은 '앙원(仰元)'이다. 몹시 추운 겨울을 지낸
다.

庚申일   제 6국

공망 : 子·丑 ○
낮 : 왼쪽 천장, 밤 : 오른쪽 천장

壬	丁		○
合戌合	常巳陰	蛇子青	
卯	戌	巳	
乙	壬	乙	壬
陰卯常	合戌合	陰卯常	合戌合
庚申	卯	申	卯

○蛇子巳青	○貴丑午空	甲寅未白	乙卯申陰常
朱癸亥辰勾			玄丙辰酉玄
合壬戌卯合			常丁巳戌陰
勾辛酉寅朱	青庚申丑蛇○	空己未子貴○	白戊午亥后

- □ **과체** : 지일(知一), 용전(龍戰) // 간지동류(干支同類), 금일정신(金日丁神), 복덕(福德), 인귀생신(引鬼生身), 앙구(怏咎), 초전협극(初傳夾剋), 교차상극(交叉相剋), 무음(蕪淫), 무록(無祿), 인택좌묘(人宅坐墓), 태수극절(胎受剋絶), 주인(鑄印), 귀인공망(貴人空亡), 자가사(子加巳).

- □ **핵심** : 중전에서 정마귀살을 만난다. 子와 戌이 저항할 수 있으니 화와 재앙을 제거할 수 있다. 재성인 卯를 취할 수 있다.

- □ **분석** : 巳는 일간의 귀살로서 그 둔반에 정마가 임하여 중전에 거주하니 화가 얕지 않다. 귀살에게 저항해도 두렵지 않은 것은, 위에서는 子수가 극하고 아래에서는 戌토 묘신이 막아서, 귀살이 완전히 무기력하니 화와 재앙을 걱정하지 않아도 된다. 이와 같이 관귀효가 이미 상했고 卯목만이 남았는데 卯가 일간의 재성으로서 간상에 거주하니 임의로 취해도 해가 없다.

- □ **정단** : ❶ 지일과(知一課)는 두 갈래의 일이다. 일간과 일지가 묘지에 앉아 있으니 스스로 어둠을 초래한다.

  ❷ 사월에 정단하면 처재효 卯가 사월의 생기이니 반드시 처가 임

신한다.
❸ 오행이 묘지에 드니 모든 일을 멈춰야 한다.

○ **날씨** : 청룡이 물을 품어 승천하니 사일(巳日)에 비가 온다.
→ 낮에 정단하면 강우의 천장인 청룡이 子에 타니 비가 오는 상이지만 이번 순에는 공망이 되었으니 비가 오지 않지만 갑자순에는 공망이 풀리니 비가 온다.

○ **가정** : 귀살과 묘신이 발용이 되었고 네 곳이 하적상이니 집의 노비에게 해를 입는 것을 예방해야 한다.
→ 천반은 윗사람, 일지는 아랫사람이다. 네 곳의 천반이 그 지반으로부터 극을 당하니 부모가 자식에게 해를 입거나 혹은 남편이 아내에게 해를 입는 것을 예방해야 한다. 또한 중전의 丁巳가 귀살이니 외부로부터 해를 입는 것을 예방해야 한다.
● 다행한 것은 간지상의 卯가 재성이니 집이 부유하다. ● 일간 庚은 지상의 卯를 극하고 일지 申은 간상의 卯를 극하여 '무음격'이니 부부의 사정(私情)을 예방해야 한다.

○ **혼인** : 재성이 왕성하니 남자가 정단하면 처를 취한다.
→ 일간은 나, 재성은 처이다. 간지상의 재성 卯가 왕성하여 좋은 배필감이니 처를 취하면 된다. 다만 간지가 교차상극(交叉相剋)을 하여 진해리(眞解離)이니 혼담이 깨진다. ● 궁합 : 일간 庚은 지상의 卯를 극하고 일지 申은 간상의 卯를 극하니 매우 나쁘다.

○ **임신·출산** : 여자를 임신한다. 태아가 손상되는 것을 예방해야 한다.
※ 『육임직』 원문에서는 "남자를 임신한다."고 하였다.
→ 일간은 태아, 일지는 임신부, 삼전은 태아가 생육되는 과정이다. 일간의 음양에서 두 양(庚,戌)이 하나의 음(卯)을 감싸니 여자를 임신하고 삼전에서도 두 양(戌,子)이 하나의 음(巳)을 감싸니 여자를

임신한다. 간지상의 태신인 卯가 극을 당하니 낙태를 예방해야 한다.

○ **구관 :** 관성이 제극을 당하니 불길하다. 사월에 정단하면 이롭다.
➔ 관성은 관직이다. 관성인 丁巳가 子로부터 극을 당하고 묘신인 戌에 임하니 길하지 않다. 다만 여름에 정단하면 丁巳가 왕성하니 좋은 편이다. ● 고시 : 흉하다. ● 승진 : 흉하다.

○ **구재 :** 가정의 재물을 얻어야 한다.
➔ 재성은 재물, 일지는 가정이다. 지상에 재성인 卯가 임하니 가정이나 사업장의 재물을 지키는 것이 좋다. 만약 사업을 할 경우, 사업장에서 돈을 버는 것이 좋고, 삼전이 공망되었으니 영업장 밖에서 돈을 벌려고 하면 안 된다.

○ **질병 :** 간에 풍질이 있고 비장과 폐도 상했다. 나을 수 있다.
➔ 낮에 정단하면 백호승신 午가 금을 극하니 폐대장이 상했고, 밤에 정단하면 백호승신 寅이 토를 극하니 비위가 상했다. ● 子가 巳에 가하여 입전했으니 생명이 위험하다. ● 의약신 亥가 임한 진방(辰方) 곧 동남방에서 양약과 양의를 구하면 된다.

○ **출행 :** 출행 중에 낮에는 음인에 의한 해를 예방해야 하고, 밤에는 음식으로 인한 해를 예방해야 한다.
※ 『육임직지』에서는 "도난을 예방해야 한다."고 하였다.
➔ 출행 중에 밤에는 중전의 丁巳에 태음이 타니 음인에 의한 해를 예방해야 하고, 낮에는 丁巳에 태상이 타니 음식으로 인한 해를 예방해야 한다.

○ **귀가 :** 중도이다.
➔ 천강(辰)은 동신, 사중은 중도이다. 천강이 사중에 임하니 중도이다.

○ **도난 :** 서북방에 도둑이 있고 현재 소송에 있다.
➔ 도둑은 현무의 음신에 있다. 주야 모두 현무의 음신이 亥이니 서

북방에 있다. 亥에 낮에는 주작이 타니 도둑에게 구설수가 있고, 亥에 밤에는 구진이 타니 도둑에게 소송이 있다.

↑ **쟁송** : 승패가 나지 않는다.

→ 일간은 나, 일지는 상대이다. 간지와 그 상신이 비화(比和)하고 간지가 교차상극(交叉相剋)하니 승패가 나지 않는다.

O **전쟁** : 작은 이익이 있다. 더욱 더 근신해야 한다.

→ 일간은 아군, 일지는 적군이다. 일간에 재성이 임하니 작은 이익이 있지만 일간과 일지가 교차상극(交叉相剋)하니 근신해야 한다.

□ 『**필법부(畢法賦)**』 : 〈제87법〉 사람과 가택이 묘신에 앉으면 좋은 것이 불행을 부른다.

→ 일간과 일지인 申이 申의 묘신인 丑에 앉아 있다.

〈제50법〉 두 귀인이 모두 공망되면 헛된 기쁨이 된다.

→ 낮 귀인 丑은 천반공망, 밤 귀인 未는 지반공망이다.

□ 『**점험(占驗)**』 : 월장 申을 점시 丑에 가한 뒤에 처자식을 거느리고 원행의 길흉이 어떤지를 정단한다. 남녀가 원행하여 뜻대로 되지 않는 것이 없다. 중도에 겁탈을 당해 타향에서 죽고 배가 파손되어 물에 빠지는 것이 우려된다. 그 이유는 간지가 공망과 묘지로 들고 중전의 겁살에 丁이 타서 간지를 형극하며 말전이 사기이고 子가 巳에 가하여서 죽을 '死(사)' 글자가 된다. 그리고 壬戌이 卯에 가해서 발용이 되었으니 하(河)와 정(井)이 서로 가한다. 卯가 일간의 극을 받았으니 차와 배가 파괴되니 이러한 화가 반드시 있다. 나중에 과연 강서에서 백리 가까운 곳에서 남녀 다섯 명이 모두 도둑에게 죽었다.

| 갑인순 | 경신일 | 7국 |

庚申일 제 7 국

공망 : 子·丑
낮 : 왼쪽 천장, 밤 : 오른쪽 천장

	甲	庚	甲	
后	寅 白	青 申 蛇	后 寅	白
	申	寅	申	
	甲	庚	甲	庚
后	寅 白	青 申 蛇	后 寅 白	青 申 蛇
	庚申	寅	申	寅

癸亥巳 朱 勾	○子午 蛇 青	○丑未 貴 空	甲寅申 后 白
壬戌辰 合 合			乙卯酉 陰 常
辛酉卯 勾 朱			丙辰戌 玄 玄
庚申寅 青 蛇	己未丑 空 貴○	戊午子 白 后○	丁巳亥 常 陰

□ **과체** : 반음(返吟), 원태(元胎), 육의(六儀) // 간지동류(干支同類), 무의(無依), 형상(刑傷), 앙구(怏咎), 초전협극(初傳夾尅), 삼전외전(三傳外戰), 구절(俱絶), 절태(絶胎), 회환(回還), 교차상극(交叉相尅), 무음(蕪淫), 귀인상가(貴人相加).

□ **핵심** : 재성은 넷이고 일록은 하나이다. 낮 백호가 내달리고 네 말이 날뛴다. 나그네와 선비가 뒤집힌다.

□ **분석** : ❶ 일간의 재성 寅이 간지상에 나란히 보이고 다시 초전과 말전에 나란히 보이며, 일록인 申이 중전에 나타났으니 네 재성에 일록은 하나이다.

　❷ 밤에 정단하면 발용에 백호가 타고 다시 역마이니 왕래를 반복한다. 나그네와 선비가 촉박한 상이니 이것을 말로 다 표현할 수 없다.

□ **정단** : ❶ 반음과에서 일덕이 죽고 일록이 끊기니 모든 일에서 옛일을 매듭짓는 것이 이롭고, 재물을 구하고 일록을 묻는 일에는 불리하다.

❷ 다행히 육의(六儀)가 발용이 되었고 밤에는 천후가 타서 재물을 생하니, 비록 반복되고 일정하지는 않지만 남음이 있으니 좋다.
❸ 처의 질병을 정단하면 길은 적고 흉은 많다.
→ 처를 뜻하는 처효 寅이 절지(絶地)에 앉으니 처의 질병을 정단하면 절명한다.

○ **날씨** : 청룡과 백호가 서로 충하니 반드시 강하고 빠르게 바람이 불고 폭우가 내린다.
→ 청룡은 비, 백호는 바람이다. 청룡은 맹신인 申에 타고 백호 또한 맹신인 寅에 타니 강하고 빠른 바람이 불고 폭우가 내린다.
○ **가정** : 밤에 정단하면 백호가 간지에 임하니 반드시 놀라고 근심스러운 일이 나타난다.
→ 밤에 정단하면 간지상에 백호가 타니 질병이나 사고로 인해 놀라고 근심스러운 일이 나타나는 것을 예방해야 한다.
● 일간은 사람, 일지는 가택이다. 일간과 일지가 교차상극(交叉相剋)하고 과전의 모든 천반과 지반이 상충(相沖)하니 가족이 화목하지 않다.
○ **혼인** : 길하지 않다.
※『육임직지』원문에서는 "남자가 정단하면 길하다. 상함이 있다."고 하였다.
→ 일간은 남자, 일지는 여자이다. 낮에 정단하면 간지상에 길장인 천후가 타니 좋아 보이지만 간지가 교차상극(交叉相剋)하니 혼인이 길하지 않고 다시 과전의 모든 천반과 지반이 상충하니 더욱 길하지 않다. ● 궁합 : 나쁘다.
○ **임신·출산** : 임신은 흉하고 출산은 길하다.
→ 일간은 태아, 일지는 임신부이다. 간지가 교차상극(交叉相剋)하니

임신은 흉하고 출산은 길하다.
- **구관** : 일덕과 일록이 절(絶)을 만났으니 불길하다.
  → 일덕은 공무원, 일록은 관록이다. 일덕 겸 일록인 申이 절지인 寅에 임했으니 관직을 정단하면 불길하다. 또한 일덕과 일록이 교차상극(交叉相剋) 되어 파손되었으니 나쁘다.
- **구재** : 온 세상에 재성이 있으니 편히 누리기 어렵다. 늘 풍파가 있다.
  → 재물을 뜻하는 寅이 간지상과 초·말전에 나타났으니 온 세상에 재물이 있지만 모두 절지에 임하여 재물이 깨졌으니 재물을 누리기 어렵다.
- **질병** : 비위가 상한다. 구토를 예방해야 한다.
  → 밤에 정단하면 백호승신 寅이 토를 극하니 비위에 탈이 났고 또한 번복의 뜻이 있는 반음과이니 구토를 예방해야 한다. 또한 과전의 세 申금이 목을 극하니 간에 병이 들었다. ● 처의 질병을 정단하면 처효 寅이 절지에 임했으니 절명을 예방해야 한다. ● 본명이 申인 사람은 본명이 귀호(鬼戶)인 寅에 임하니 사망한다.
- **유실** : 있던 곳에서 찾아야 한다.
  → 반음과의 초전이 말전에 다시 나타나니 있던 곳에서 유실물을 찾아야 한다.
- **출행** : 장애가 있다.
  → 일간은 여행객, 일지는 여행지이다. 역마인 寅이 지반과 상충하여 교통사고가 나는 상이니 장애가 있다.
- **귀가** : 역마가 간지에 임했으니 바로 온다.
  → 자동차를 뜻하는 寅이 간지상에 임했으니 바로 온다.
- **도난** : 서북방에서 군인과 노비가 한패가 되어 도둑질을 한다.
  → 현무의 음신에 도둑이 숨어 있다. 현무의 음신이 戌이니 서북방에 도둑이 있고 戌이 군인과 남자종을 뜻하니 이들이 공범이다.

- ↑ **쟁송** : 승패가 나지 않는다.
  - → 간지와 그 상신이 비화(比和)하니 승패가 나지 않는다. 그리고 천반과 지반이 뒤집히니 승패가 뒤집히는 것을 예방해야 한다.
- ○ **전쟁** : 낮에 정단하면 놀란다. 전쟁에서 패전을 예방해야 한다.
  - → 일간은 아군이다. 낮에 정단하면 간상에 백호가 타니 놀란다. 그리고 일간의 상하가 상충하고 다시 삼전이 상충하여 모든 것이 풍비박산되는 상이니 패전을 예방해야 한다.

- □ 『**필법부(畢法賦)**』 : 〈제50법〉 두 귀인이 모두 공망되면 헛된 기쁨이 된다.
  - → 낮 귀인 丑은 천반공망이고, 밤 귀인 未는 지반공망이다.
  - 〈제79법〉 일간과 일지가 절신이면 모든 모망사는 끊긴다.
  - → 관재나 병재는 끝나니 좋고, 혼인이나 동업 등의 모망사는 끊기니 나쁘다.
- □ 『**집의(集義)**』 : 庚申일의 반음과이고 간지상에 절신이 타니 재물을 끝맺는 일에 좋다.
  - → 구재를 정단하면 재물을 획득하지 못한다.
- □ 『**옥성가(玉成歌)**』 : 반음과는 장담하는 말을 하면 안 된다. 일반인이 정단하면 반드시 몸이 요동치고, 타인과의 정이 움직이지 않아서 원망하는 마음이 생긴다.
- □ 『**지장부(指掌賦)**』 : 삼전에 육의(六儀)가 보이면 질병이 점차 낫고 감옥에 갇힌 사람은 저절로 나온다.
  - → 초전의 寅은 갑인순의 육의(六儀)이다.

| 갑인순 | 경신일 | 8국 |

| 庚申일　제 8 국 |

공망 : 子·丑
낮 : 왼쪽 천장, 밤 : 오른쪽 천장

	乙	○	○
陰 卯 戌	常 貴 丑 申	空 貴 丑 申	空
○	戌	○	戌
貴 丑 庚 申	空 白 午 丑 ○	青 丑 申	空 白 午 丑

壬戌巳 合	癸亥午 合 朱	○ 子未 勾 蛇	○ 丑申 青 貴	空
辛酉辰 勾	朱		甲寅酉 后	白
庚申卯 青	蛇		乙卯戌 陰	常
己未寅 空	戊午丑 貴 白午 ○	丁巳子 常 陰 ○	丙辰亥 玄	玄

□ **과체** : 팔전(八專), 유박불수(帷薄不修格) ∥ 간지동류(干支同類), 우로균점(雨露均霑), 사과개공(四課皆空), 복공(腹空), 불행전(不行傳), 육편판(六片板), 독족(獨足), 묘공(墓空), 묘신부일(墓神覆日), 구묘(俱墓), 호묘(互墓), 막귀임간(幕貴臨干/밤), 귀인공망(貴人空亡/낮), 천망자과(天網自裹/낮/연명 申).

□ **핵심** : 밤 귀인이 넷이지만 매우 무력하다. 떠 있는 재물이다. 낮에 정단하면 두렵다.

□ **분석** : ❶ 丑은 일간의 귀인이고 간지와 중·말전에 네 丑이 공망을 만났으니 무기력하다.

　❷ 발용의 재성 卯는 본래 사과에 있지 않은 물 위에 떠 있는 부실한 재물이다. 낮에 정단하면 태상과 천공이 토신에 타서 일간을 덮었으니 어둡고 지체되는 상이다. 따라서 매우 두렵다.

□ **정단** : ❶ 팔전(八專)이 펼쳐져서 卯가 발용이 되었다. 처를 따로 얻고 반드시 방법을 고쳐서 재물을 구하니 모든 일에서 의외의 사태가 발생하는 상이다.

❷ 격명이 엷은 휘장아래에서 품행이 바르지 않다는 뜻의 '유박불수(帷薄不修格)'이다. 음란을 예방해야 한다.

❸ 일간음신이 일간을 극하고 일상에 묘신이 탄다. 이것은 가정의 소인이 몰래 움켜쥐는 것이니 어두워서 그것을 알지 못한다.

○ **날씨** : 일간의 묘신이 일간에 임하니 하늘이 어둡고 비가 오지 않는다.

→ 일간의 묘신이 일간을 덮었으니 하늘이 어둡고, 묘신이 오행의 수를 극하여 쫓으니 비가 오지 않는다.

○ **가정** : 사람과 집이 모두 형통하지 않다. 질병과 소송을 예방해야 한다.

→ 일간은 사람, 일지는 가택이다. 어둡다는 뜻이 있는 일간의 묘신이 간지를 덮었으니 사람과 집이 모두 형통하지 않다. 특히 질병과 소송과 사고를 예방해야 한다. 만약 유월에 정단하면 묘신이 사기를 겸하니 더욱 흉하다. ● 사과가 모두 공망되었으니 가정의 내외사 모두 공허하며 다시 중·말전이 공망되었으니 미래가 공허하다.

○ **혼인** : 일지와 일간이 모두 공망되었으니 이롭지 않다.

→ 일간은 나, 일지는 배우자감이다. 일지와 일간이 모두 공망되었으니 혼인이 성사되지 않고 궁합은 나쁘다.

○ **임신·출산** : 태신 겸 재성이 발용이 되었으니 장남을 얻는다. 자궁이 비었으니 순산한다.

→ 태신은 태아이고 재성은 처재효이니 곧 처의 임신이고, 卯가 주역의 진괘에 해당하니 장남을 얻는다. 출산을 정단하면 자궁을 뜻하는 丑이 공망되어 비었으니 순산한다. ● 초전에서 손을 뜻하는 卯가 발을 뜻하는 戌에 가했으니 역산(逆産)을 예방해야 한다.

○ **구관** : 귀인이 공망되었으니 불길하다.

→ 귀인은 공무원이다. 귀인이 공망되어 관직이 사라지는 상이니 불길하다. 특히 밤에 정단하면 간상에 염막귀인이 임하여 관직을 퇴임하여 낙향하는 상이니 더욱 불길하다. 더군다나 묘신이 과전의 여러 곳에 보이니 요원하다. ● 고시 : 안 된다. ● 승진 : 안 된다.

○ **구재** : 매우 적다.

→ 재성은 재물이다. 비록 재성인 乙卯가 초전에 나타났지만 묘신에 둘러싸여 있으니 재물이 매우 적다. 낮에 정단하면 卯에 태상이 타니 의식(衣食)에 관련된 일로 구재하면 되고, 밤에 정단하면 태음이 타니 금은보석에 관련된 일로 구재하면 된다.

○ **질병** : 비위병이다. 정월과 이월에 정단하면 불길하다.

→ 밤에 정단하면 백호가 寅에 타서 토를 극하니 비위병이다. ● 낮에 정단하면 백호귀살 午가 금을 극하니 폐대장의 병이고 午를 제극하는 亥 아래의 정남방이 양약과 양의가 있는 방위이다. 그러나 정월에 정단하면 귀살인 午가 사기이고 묘월에 정단하면 사신이니 위독하다. ● 卯는 손, 戌은 발이다. 초전의 상하가 卯와 戌이니 중풍이 우려된다.

○ **유실** : 앞채와 주방에서 찾으면 된다.

→ 간지상과 중·말전이 丑이니 주방에서 찾으면 된다.

○ **출행** : 귀인과 어울리고 있으니 아직 움직이지 않는다.

→ 삼전은 귀가 노선이다. 말전과 중전의 丑이 귀인을 뜻하는 丑이어서 귀인과 어울리고 있으니 아직 움직이지 않는다.

○ **귀가** : 아직은 돌아올 의사가 없다.

→ 가 있는 곳을 뜻하는 말전이 공망되었으니 아직은 돌아올 의사가 없다.

○ **도난** : 서방에 있는 여종 혹은 은철을 세공하는 류의 사람이다. 지금 송사가 있다.

→ 도둑은 현무의 음신에 있다. 현무의 음신이 酉이니 정서방에 있

고, 이 酉가 금은보석을 뜻하니 보석에 관련된 일을 하는 사람이 범인이다.
- ↑ **쟁송** : 주객 모두 패소할 우려가 있다.
  - → 일간은 나, 일지는 상대이다. 간지와 그 상신이 모두 공망되었으니 주객 모두 패소할 우려가 있다. ● 간상과 중·말전이 공망되었으니 관재가 가벼워진다.
- O **전쟁** : 전공을 완성하지 못한다.
  - → 사과와 중·말전이 공망되었으니 전공을 세우지 못한다.
- O **분묘와 매장** : 빈 혈(穴)이니 무기하다.
  - → 일지는 혈이다. 지상이 공망되었으니 혈이 공허하고 혈이 공허하니 기운이 없다.

- □ 『**필법부(畢法賦)**』 : 〈제61법〉 질병 정단에서 일간 위에 묘신백호가 없어야 좋다.
  - → 일간 위의 丑은 일간의 묘신이다. 이곳에 백호가 타지는 않지만 흉하다.
- □ 『**육임지남(六壬指南)**』 : 甲申년에 월장 酉를 점시 辰에 가한 뒤에 경사(京師)의 안위를 정단한다. ① 적은 스스로 서산에서 기이하게 출현하여 노새가 끄는 수레인 목온을 써서 서남을 먼저 공격한 뒤에 동북을 공격하는 흉변이 우려된다. ② 그것은 적부 戌이 스스로 발용이기 때문이다. 중전과 말전 그리고 일간과 일지에 있는 귀인을 극한다. 천공이 寅에 임하므로 이 지역을 조심하지 않아서 잘못을 저지르게 되고, 따라서 적은 반드시 빈틈을 이용하여 쳐들어온다. 두 음신의 백호가 탄 귀살에서 일간·일지와 세군(태세)을 극하므로 좌우의 성을 헌납하는 상이다. ③ 나중에 이적명이 장액을 공격하고 은밀하게 동직문을 넘어 갔으며 성안이 혼란스러울 때에 문을 열고

밖으로 떨어져서 선제(崇禎帝)는 스스로 자살하였다.

※ 이우산, 『육임실전』 2, 대유학당, 2014, 159쪽~160쪽 참조.

庚申일 제 9국

공망 : 子·丑
낮 : 왼쪽 천장, 밤 : 오른쪽 천장

- □ **과체** : 원수(元首), 윤하(潤下), 여덕(勵德) // 간지동류(干支同類), 고진(孤辰), 화미(和美), 전국(全局), 복덕(福德), 육양(六陽), 가중사거(家中死去), 구사(俱死), 교차사기(交叉死氣), 사과개공(四課皆空), 탈상봉탈(脫喪逢脫), 자손효현괘.

- □ **핵심** : 탈기(脫氣)와 공망이 가득하다. 삼전이 수국을 이루고 주야에 수의 천장이 타니 소모와 도난에 시달린다.

- □ **분석** : 삼합한 수국이 일간을 탈기(脫氣)하고 다시 초전과 말전이 공망되었으며, 주야에 청룡과 등사와 현무가 타니 물짐승이 아닌 것이 없으니, 나무뿌리와 나무가지가 잘려나가고 물의 근원이 사라진다. 그리고 과전이 삼합하니 소모와 도난의 근심이 이어져서 다함이 없다.

- □ **정단** : ❶ 윤하(潤下)는 쉬지 않고 물이 흐른다. 근원에서 시작하여 강하의 물이 천하를 뒤덮을 기세이다.

  ❷ 금의 장생은 巳이고 사(死)는 子이다. 간지와 말전에 세 子가 있고 이들이 모두 사기이니, 멈춰야 하고 움직여서 도모하면 불리하

다.

○ **날씨** : 수국에 공망이 둘이니 비가 많이 오지는 못한다.
　➜ 삼전이 수국이니 비가 많이 오는 상이지만 수국이 공망되었으니 비가 많이 오지는 않는다.

○ **가정** : 현무가 가택의 음신에 임하니 도난을 막아야 한다.
　➜ 일지는 가택이다. 일지의 음신 辰에 주야 모두 현무가 타니 도난을 막아야 한다. 또한 일간의 음신 辰에 주야 모두 현무가 타니 가정 밖의 일에서 도난을 막아야 한다. ● 간지의 상신이 모두 간지의 사기이니 가정에 사망자가 발생하거나 혹은 모든 일이 틀어지는 것을 예방해야 한다. ● 사과와 삼전이 삼합하여 일간을 탈기하니 손실과 도난이 계속 이어지는 것을 예방해야 한다.

○ **혼인** : 일지와 일간이 모두 공망되었으니 불길하다.
　➜ 일간은 나, 일지는 배우자감이다. 일지와 일간이 모두 공망되었으니 혼인을 이루지 못한다. 과전이 탈기국이니 혼사로 인한 큰 손실을 입는다. ● 궁합 : 간지가 교차사기이니 나쁘고 간지가 모두 공망되었으니 다시 나쁘다.

○ **임신·출산** : 임신은 손상되고 출산은 신속하다.
　➜ 일간은 태아, 일지는 임신부이다. 간지가 공망되었으니 임신을 정단하면 태아가 상하고, 출산을 정단하면 속히 출산한다.

○ **구관** : '박관살(剝官煞)'이 많으니 관직정단에서 불길하다.
　➜ 관성은 관직, 자손효는 박관살이다. 간지상과 말전에 박관살이 많으니 관직에 불길하다. ● 고시 : 떨어진다. ● 승진 : 안 된다.

○ **구재** : 자손이 재성을 생하니 희망이 있다.
　➜ 자손효는 재성을 생하는 신이다. 자손효인 子가 목을 생하지만 지금은 재성이 과전에 나타나지 않았고 자손효는 공망되었으니 구

재에 나쁘다. 다만 공망이 메워지는 자년이나 자월이나 자월장(대한~우수) 기간에 연명이 戌亥인 사람이 정단하면 연명상에 재성인 寅卯가 임하니 구재를 희망해도 된다.

○ **질병** : 신수가 부족한 것으로 인해 비장과 폐의 기력이 쇠약하여 음식을 먹으면 소화시키지 못하고 복통도 없이 그대로 설사가 나는 병에 이르렀으니 철저하게 보해야 낫는다.
→ 일간음양과 일지음양과 삼전이 각각 삼합해서 일간을 설기하여 폐와 신장이 허하니 철저하게 폐와 신장을 보해야 병이 낫는다.

○ **출행** : 움직이고 싶지만 움직이지 못한다.
→ 일간은 여행객, 일지는 여행지이다. 일간이 허탈하니 움직이지 못하고 만약 움직이더라도 일지의 음양이 일간을 탈기하니 출행하더라도 손실이 많이 발생한다.

○ **귀가** : 가까운 곳에 있는 사람은 도착하고 먼 곳에 있는 사람은 귀가를 예측할 수 없다.
→ 과전이 탈기국이고 다시 공망되었으니 근행한 사람은 귀가가 가능하지만 원행한 사람은 귀가를 예측할 수 없다.

○ **도난** : 서남방의 75리에 있는 승려나 수도인의 집에 있다.
→ 도둑은 현무의 음신에 숨어 있다. 주야 모두 현무의 음신이 申이니 서남방에 있고, 현무양신 辰은 5이고 현무음신 申은 7이니 75리에 있으며, 현무음신이 申이니 승려나 수도인이 도둑이다.

↑ **쟁송** : 간지상에 사기가 타니 주객 모두 불리하다.
→ 간지상의 子가 일간의 사기이니 주객 모두 불리하고 다시 공망이 되었으니 다시 불리하다. ● 일간음양과 일지음양과 삼전의 탈기국이 일간을 탈기하니 쟁송으로 인한 손실이 크다.

○ **전쟁** : 간지상에 사기가 타니 군사를 쉬게 하여 병사를 기르는 것이 상책이다.
→ 일간은 아군, 일지는 적군이다. 간지상에 사기가 타고 다시 공망

이 되었으니 군사를 쉬게 하고 양병하는 것이 상책이다.

- 『필법부(畢法賦)』: 〈제80법〉 사람과 가택이 모두 사신이면 사람과 가택이 쇠해지고 파리해진다.
  → 간지상의 子는 간지의 사기이다.

  〈제18법〉 (일간) 위에서 탈기하고 다시 탈기하면 헛된 속임을 예방해야 된다.
  → 간상의 子가 일간을 탈기하고 다시 子에 타고 있는 청룡의 오행인 목이 수를 탈기하니 '탈상봉탈'이다.

- 『과경(課經)』: 간상에 子가 타고 지상에도 子가 타서 간지 모두에 사기가 타니 문상이나 문병을 가면 안 된다. 다시 월염과 사묘(死墓) 등의 흉신이 보태진 경우에 질병을 정단하면 반드시 사망한다. 그리고 간상이 子이고 밤에는 子에 청룡이 타며 일간 庚금이 그 상신인 子수를 생하고 子수는 다시 청룡의 오행을 생하며 삼전이 일간의 기운을 훔치니 모든 일에서 소모와 탈기를 당하고 공허한 속임을 당하니 매사 부실한 상이다.

- 『집의(集義)』: 子가 申에 가하여 청룡이 타면 주로 먼 곳에 있는 승려와 의사를 기대할 수 있다.
  → 밤에 정단하면 子가 申에 가했고 子에 청룡이 탄다.

※ 월염(月厭)

월건\신살	寅	卯	辰	巳	午	未	申	酉	戌	亥	子	丑
월염	戌	酉	申	未	午	巳	辰	卯	寅	丑	子	亥

庚申일 제 10 국

공망 : 子·丑 ○
낮 : 왼쪽 천장, 밤 : 오른쪽 천장

	○	癸	癸
	貴 丑 空	朱 亥 勾	朱 亥 勾
	戌	申	申
	癸	甲	癸	甲
	朱 亥 勾	后 寅 白	朱 亥 勾	后 寅 白
	庚 申	亥	申	亥

	庚申巳 青蛇	辛酉午 勾朱	壬戌未 朱合	癸亥申 合勾
空 貴	己未辰			○子酉 蛇青
白 后	戊午卯			○丑戌 貴空
常 陰	丁巳寅	丙辰丑 陰玄	乙卯子 玄陰	甲寅亥 后白

- □ **과체** : 팔전(八專), 유박불수(帷薄不修格), 과수(寡宿) // 간지동류(干支同類), 침해(侵害), 교차육해(交叉六害), 삼기(三奇), 복덕(福德), 근단원소(根斷源消), 오음(五陰), 절신가생(絶神加生), 귀인입옥(貴人入獄).
- □ **핵심** : 모든 일에서 입을 닫아야 재앙을 벗어날 수 있다. 모든 일은 귀인과 관련이 있다. 적막을 감수해야 한다.
- □ **분석** : ❶ 순미(旬尾)인 亥가 간지상에 임하고 다시 중·말전에 임한다. 따라서 매사 물러나서 고수하면서 입을 닫아야 하고, 이 亥에 의지해서 귀살을 제압하면 재앙과 우환을 면할 수 있다.
  ❷ 발용의 丑이 낮의 귀인이지만 공망되었고 감옥인 戌을 덮었으니 그의 생을 받지 못하고 오히려 묘지에 묻힌다. 만약 귀인과 함께 일을 도모하면 헛됨과 적막을 감수해야 할 뿐이다.
- □ **정단** : ❶ 팔전과의 '유박불수(帷薄不修)'여서 위아래가 한 곳에 있어서 남녀가 유별하지 않으며 또한 중첩되는 일이 많으니, 근심과 기쁨이 동시에 오고 모든 일에서 근신하고 또 근신해야 나중에 후회를 면할 수 있다.

❷ 간지와 중·말전의 네 亥수가 간지를 도난하고 빼앗으니 움직여봐야 소득은 적고 소모는 끝이 없다. 따라서 일반인은 덜 흉하지만 관직자는 매우 나쁘다.

─────────────────────────

○ **날씨** : 묘신이 발용이 되었고 일상에 亥가 타니 처음에는 어둡고 나중에는 비가 온다.
→ 묘신은 어둠, 亥는 비이다. 초전이 묘신인 丑이니 하늘이 어둡고 다시 토여서 비를 몰아내니 비가 오지 않지만, 간상과 중·말전이 亥이니 나중에는 비가 온다.

○ **가정** : 주작과 구진이 간지를 탈기하니 구설과 쟁송을 면하기 어렵다.
→ 일간은 사람이고 일지는 가택, 주작은 구설이고 구진은 쟁송이다. 간지상의 탈기신 亥에 낮에는 주작이 타고 밤에는 구진이 타니, 낮에 정단하면 구설수, 밤에 정단하면 쟁송이 발생하여 손실이 많다. ● 사과의 지반이 그 천반으로 모두 탈기되어 '근단원소(根斷源消)'이니 패가망신을 예방해야 한다.

○ **혼인** : 길하지 않다.
→ 일간은 나, 일지는 배우자감이다. 간지가 모두 그 상신으로 탈기되고 다시 간지가 교차탈기되며 또다시 사과가 그 천반으로 모두 탈기되어 남녀 모두에게 큰 손실이 발생하는 상이니 혼인이 길하지 않다. ● 궁합 : 간지가 교차육해(交叉六害)를 하니 매우 나쁘다.

○ **임신·출산** : 여자를 임신한다. 쌍둥이다.
→ 일간은 태아이다. 일간음양에서 두 양(庚,寅)이 하나의 음(亥)을 감싸니 여자를 임신한다. 자손효인 亥가 간지상에 모두 보이니 쌍둥이다.

○ **구관** : 이롭지 않다.

➜ 일간은 나이다. 일간 庚이 간지상과 중·말전으로 탈기되니 관직에 이롭지 않고 다시 간지상과 중·말전의 박관살(剝官煞)'이 강하며 또다시 사과의 지반이 그 천반으로 탈기되니 관직에 이롭지 않다.
● 고시 : 안 된다. ● 승진 : 안 된다.

○ **구재** : 암재는 찾을 수 있다.
➜ 재성은 재물이다. 일간음신과 일지음신의 암재인 甲을 득재할 수 있다. 다만 작은 재물에 불과하다.

○ **질병** : 신경과 방광의 질환이거나 혹은 입을 닫고 음식을 먹지 못하는 질환이다. 미월과 유월에 정단하면 흉하다.
➜ 과전 네 곳의 亥수가 폐구되었으니 신장방광의 질환이거나 혹은 음식을 먹지 못하는 질환이다. 유월(酉月)에 정단하면 일간의 묘신인 丑이 유월의 사기이니 흉하고, 미월(未月)에 정단하면 亥가 미월의 사기이니 흉하다.

○ **유실** : 돼지우리나 더러운 뒷간에서 잃었다.
➜ 유실은 자손효이다. 자손효가 亥이니 돼지우리나 뒷간에서 잃었다.

○ **출행** : 장애가 있다. 관송과 시비를 예방해야 한다.
➜ 일간은 여행객, 일지는 여행지이다. 간지의 상신이 탈기신이니 손실이 발생하고, 폐구되었으니 장애가 발생하며, 여기에 관송과 시비의 천장인 구진과 주작이 타니 관송과 시비를 예방해야 한다.

○ **귀가** : 자손을 물으면 즉시 온다.
➜ 일지는 집, 자손효는 자식이다. 지상이 자손효인 亥이니 자식의 귀가를 정단하면 즉시 온다.

○ **도난** : 서남방에 있는 공무원의 옛집에 있다.
➜ 도둑은 현무의 음신에 있다. 현무의 음신이 未이니 서남방에 있고 未에는 귀인의 뜻이 있으니 공무원의 옛집에 있다.

⬆ **쟁송** : 진실이 가려지니 불길하다.

➜ 일간에 폐구가 임했으니 나의 진실이 가려지고, 간지상과 중·말전전이 일간을 설기하니 쟁송으로 인한 손실이 크다.

○ **전쟁** : 속임수가 있고 부실하다.
➜ 지상이 일간을 설기하니 적의 속임수로 인해 부실하다.

○ **분묘** : 혈(穴)이 설기되었으니 불길하다.
➜ 일지는 묘지이다. 지상이 일지의 설기여서 혈(穴)의 기운이 설기되었으니 좋은 혈이 아니다.

□ 『**필법부**(畢法賦)』 : 〈제35법〉 사람과 가택이 손실을 입하니 두 곳 모두에서 도적을 초래한다.
➜ 일간과 일지는 간지상의 癸亥로 유실된다.
〈제75법〉 손님과 주인이 다투지 않아도 형벌이 이미 있다.
➜ 간지상의 亥가 자형이니 주객이 서로 다툰다. 주로 혼인, 매매, 교역, 계약, 동업, 국제회담 등에서 양측 모두에게 이롭지 않다.

□ 『**찬요**(纂要)』 : 간상의 癸亥가 일간 庚을 탈기하고 지상의 癸亥가 일지 申을 탈기한다. 그리고 지상의 癸亥가 일간을 탈기하고 간상의 癸亥가 일지 申을 탈기하니, 모든 정단에서 이것을 만나면 사람은 속고 집은 도난을 당하며, 만약 질병을 정단하면 반드시 집의 지붕을 잇는 비용으로 인해 심기가 빠지고 약해져서 피곤하여 고달프니 원기를 조절하는 약으로 몸을 보하면 저절로 낫는다.

□ 『**주후경**(肘後經)』 : 초전이 말전을 극하여 가니 흉이 심하다.
➜ 초전의 丑이 말전의 亥를 극한다.

□ 『**요록**(要錄)』 : 문 앞에 높은 흙이 있으니 출행에 장애가 있다.
➜ 초전의 丑은 높은 흙이다. 지금은 공망되었으니 무관하다.

□ 『**지장부**(指掌賦)』 : 丑에 천공이 타면 난쟁이다.

庚申일 제 11 국

공망 : 子·丑
낮 : 왼쪽 천장, 밤 : 오른쪽 천장

	甲	丙
后子白	蛇寅靑	合辰合
戌	子 ○	寅
壬 ○	壬 ○	
玄戌玄 后子白	玄戌玄 后子白	
庚 申	戌	申 戌

己未巳 空貴	庚申午 白常	辛酉未 后陰	壬戌申 玄玄
戊午辰 靑蛇			癸亥酉 陰常
丁巳卯 勾朱			○子戌 后白
丙辰寅 合合	乙卯丑 朱勾	甲寅子 蛇靑	○丑亥 貴空

- **과체** : 중심(重審), 참관(斬關), 진간전(進間傳), 향삼양(向三陽/子寅辰), 일녀(泆女/낮) // 간지동류(干支同類), 과수(寡宿), 육의(六儀/중전), 구생(俱生), 호생(互生), 복덕(福德), 강색귀호(罡塞鬼戶), 신장·살몰·귀등천문(神藏·殺沒·貴登天門/낮).

- **핵심** : 戌이 가택과 몸을 덮었고, 역마 寅은 공허하다. 움직이면 백호로부터 해를 입는다. 말전에서 丙辰을 만난다.

- **분석** : ❶ 하괴(戌)가 몸과 가택을 덮었고, 중전이 역마인 寅이지만 공망되었으니 뜻대로 움직이지 못한다.

  ❷ 초전의 子수는 공망이고 밤에는 백호가 타서 일간의 기운을 훔치며, 말전의 辰에 둔귀가 타서 일간을 극상하니 움직여서 무슨 이익이 있겠는가? 차라리 간상에 있는 왕기인 戌을 고수하면 생기라도 있다.

- **정단** : ❶ 향삼양(向三陽)이고 귀등천문(貴登天門)이며 강색귀호(罡塞鬼戶)이니 왕래에 이롭다. 다만 발용이 공망되었고 중전의 재성과 역마 또한 공함되어 움직이면 재난이 생기니 경솔하면 안 된다.

❷ 戌이 간지에 임하고 주야 모두 현무가 타서 도둑이 몰래 엿보니 우환을 예방해야 한다.
❸ 고진과수가 발용되었으니 속세를 떠나야 한다.
→ 가정을 정단하면 이혼수가 있고, 처의 질병을 정단하면 천후승신이 공망되었으니 사별수가 있다. 자식의 질병을 정단하면 자손효가 공망되었으니 사별수가 있다.

○ **날씨** : 수신이 공망되었으니 비가 오지 않고 어둡다.
→ 초전의 수신인 子가 공망되었으니 비가 오지 않고 말전이 辰토이니 어둡다.
○ **가정** : 현무가 입택했으니 도난을 예방해야 한다. 자식의 병을 예방해야 한다.
→ 현무는 도둑, 일지는 가택이다. 현무가 일지에 임했으니 도난을 예방해야 한다. ● 밤에 정단하면 자식을 뜻하는 자손효 子에 백호가 타니 자식의 질병을 예방해야 한다. 만약 자식에게 병이 있을 경우에는 자손효가 공망되었으니 사망할 우려가 있다. ● 낮에 정단하면 천후가 실탈의 신인 子에 타고 다시 공망되었으니 부인을 사별하여 잃는 것을 예방해야 한다.
○ **혼인** : 남녀 모두 드러나지 않은 질환이 있다.
→ 일간의 음신은 남자의 드러나지 않은 신상, 일지의 음신은 여자의 드러나지 않은 신상이다. 밤에 정단하면 일간음신과 일지음신에 백호가 타니 남녀에게 드러나지 않은 질환이 우려된다. 주야 모두 간지상에 현무가 타니 불길한 혼사이고 서로 속는 것을 예방해야 한다. ● 궁합 : 비록 간지가 교차상생하지만 간지상에 현무가 타니 거짓을 예방해야 한다. ● 중심과이니 온순하지 않은 여자이다.
○ **임신·출산** : 양이 극에 이르렀으니 여자를 낳는다. 드러나지 않은 병

을 예방해야 한다.

→ 과전이 모두 양이니 양극음의 이치에 의해 여자를 낳는다. ● 일간은 태아, 일지는 임신부이다. 낮에 정단하면 일간음신과 일지음신에 백호가 타니 드러나지 않은 질병을 예방해야 한다.

○ **구관** : 관직이 드러나지 않는다.

→ 관직을 뜻하는 관성이 과전에 나타나지 않았고, 식록을 뜻하는 일록이 나타나지 않았으며, 승진을 뜻하는 역마 寅은 공망되었으니 관직이 드러나지 않는다. ● 고시 : 떨어진다. ● 승진 : 안 된다.

○ **구재** : 구하는 것은 많지만 얻는 것은 적다.

→ 자손효는 투자와 노력, 재성은 재물이다. 초전에 자손효인 子가 있지만 재성인 寅이 공망되었으니 추구하는 것은 많지만 얻는 재물은 없다.

○ **질병** : 수가 화를 극하니 병에 시달리고 낫지 않는다.

※『육임직지』원문에서는 "오월에 정단하면 더욱 불길하다."고 하였다.

→ 밤에 정단하면 백호승신 子의 극을 받는 심장에 병이 들지만 이 子가 공망되었으니 저절로 병이 낫는다. 자월(子月)에 정단하면 공망된 백호승신 子가 메워지니 불길하고, 신월(申月)에 정단하면 백호승신 子가 신월의 사기이니 매우 불길하다.

○ **출행** : 움직이지 못한다. 도난을 예방해야 한다.

→ 일간은 여행객, 일지는 여행지, 삼전은 여정이다. 초전이 공망되었으니 움직이지 못하고, 간지상에 현무가 타니 여행 중 도난을 예방해야 한다.

○ **귀가** : 역마가 공함되었으니 아직 오지 않거나 혹은 칠일(七日)에 도착한다.

→ 역마는 자동차이다. 역마인 寅이 공함되었으니 아직 오지 않는다. 역마인 寅의 선천수가 7이니 7일에 온다.

○ **도난** : 현무의 음신이 子이다. 북방의 물가에 있는 여자의 집에서 도둑을 잡으면 된다.

　→ 도둑은 현무의 음신에 있다. 주야 모두 현무의 음신이 子이니 북방에 있고 子가 수이니 물가에 있다. 子에 낮에는 천후가 타니 여자의 집에서 잡으면 되고, 밤에는 백호가 타니 도로에서 잡으면 된다.

↑ **쟁송** : 승패가 나지 않는다.

　→ 일간은 나, 일지는 상대이다. 간지가 동일하고 간지상신이 다시 동일하니 승패가 나지 않는다. ● 관재 : 초·중전이 공망되었으니 관재가 사라지는 상이고, 말전이 일간을 생하여오니 길하다.

○ **전쟁** : 군사를 잃는 것을 예방해야 한다.

　→ 일간음신이 실탈의 신이니 군사를 잃는 것을 막아야 한다.

□ 『**필법부(畢法賦)**』: 〈제77법〉 호생과 구생은 모든 일에서 유익하다.

　→ 간상의 戌이 일지 申을 생하고 지상의 戌이 일간 庚을 생하니 호생(互生)이고, 간상의 戌이 일간 庚을 생하고 지상의 戌이 일지 申을 생하니 구생(俱生)이다. 주로 혼인, 매매, 동업 등에서 활용된다.

〈제52법〉 천강(辰)이 귀신문(寅)을 막으면 임의로 도모할 수 있다. 재난을 피하는 일, 음모, 사적인 기도, 문상, 문병, 약 짓기, 부적 쓰기에 좋은데, 만약 甲·戊·庚일이면 더욱 좋다.

□ 『**과경(課經)**』: '강색귀호(罡塞鬼戶)'는 삼전의 유무와 무관하게 모든 귀신이 감히 엿볼 수 없다. 도망, 피난, 문상, 문병, 약 조제와 부적을 그리는 일에서 이롭다.

　→ 천강(天罡)인 辰이 귀호(鬼戶)인 寅에 가했으니 강색귀호(罡塞鬼戶)이다.

□ 『**지장부**』: 子寅辰의 '향삼양(向三陽)'은 희망하는 일이 밝다.

　→ 子는 밤, 寅은 새벽, 辰은 아침이다. 삼전이 아침으로 향하니 향

삼양이다.

- □ 『**옥녀통신결(玉女通神訣)**』: 용신이 만약 천을귀인을 육해하면 네 개의 문이 닫히니 흉을 예측할 수 없다.

  → 밤에 정단하면 발용의 子가 귀인승신 未를 육해하니 소송정단에서 판사로부터 불리한 판결을 받는다.

庚申일 제 12 국

공망 : 子·丑
낮 : 왼쪽 천장, 밤 : 오른쪽 천장

	癸	辛	辛
	陰亥常	常酉陰	常酉陰
	戌	申	申
辛	壬	辛	壬
常酉陰	玄戌常	常酉陰	玄戌常
庚	申	酉	酉

戊午巳 青	己未午 空	庚申未 白	辛酉申 常
丁巳辰 勾			壬戌酉 玄
丙辰卯 朱			癸亥戌 陰
乙卯寅 朱	甲寅丑 勾	○丑子 空	○子亥 白

- □ **과체** : 팔전(八專), 유박불수(帷薄不修格), 삼기(三奇) // 간지동류(干支同類), 초전협극(初傳夾剋/밤), 구왕(俱旺), 호왕(互旺), 복덕(福德), 천라지망(天羅地網), 상호나망(相互羅網), 오음(五陰), 사승살(四勝殺), 아괴성(亞魁星).
- □ **핵심** : 제왕을 고수하면 번창하고 움직이면 상한다. 두 酉가 칼날(刃)이니 재앙과 해가 예사롭지 않다.
- □ **분석** : 간상의 酉가 일간의 왕기이니 고수하면 사람과 집 모두 번창하고 이익을 얻는다. 만약 움직이면 초전의 亥를 만나 뺏기고 도난당하며, 중·말전의 酉가 양인어서 일간이 상해를 입으니 반드시 예사롭지 않다.
- □ **정단** : ❶ '유박불수(帷薄不修)'는 안에서는 격의가 없고 밖에서는 만나지 못하며, 근심과 기쁨이 중첩되어 함께 온다. 바름을 지키면 집에 남는 재물이 있지만 망동하면 몸이 온전하지 않다.

  ❷ 낮에 정단하면 태상이 칼을 쥐고 있어서 주색으로 인해 신세를 망칠 수 있으니, 정단하는 사람은 정신을 차리고 예로써 자제해야

한다.
→ 태상승신 酉는 일간의 양인(羊刃)이니, 태상이 칼을 쥐고 있다고 하였다.

○ **날씨** : 필수(畢宿)가 일간에 임하고 수신이 발용이 되었으니 비의 은택을 기대해도 된다.
→ 酉는 수를 생하는 오행, 수신은 비이다. 하늘을 뜻하는 일간 위의 酉가 발용의 亥수를 생하니 비가 온다.
○ **가정** : 사람과 가택 위에 천라지망(天羅地網)이 타니 편안하게 누리며 길하다. 도난을 예방해야 한다.
→ 일간은 사람, 일지는 가택이다. 간지상의 酉가 간지의 천라지망이니 현재를 고수하면 편안하고 길하지만 만약 움직이면 장애가 발생하니 나쁘다.
● 간지의 음신에 현무가 타니 가정 내외에서 도난이 발생하는 것을 예방해야 한다. ● 팔전과의 삼전에 태음이 보여서 은밀한 장소에서 예를 벗어나는 행동을 한다는 뜻의 '유박불수(帷薄不修格)'이니 가정에서 예를 벗어나는 행동을 삼가야 한다.
○ **혼인** : 과체가 불길하니 상례를 벗어나는 것을 예방해야 한다.
→ 삼전이 '유박불수(帷薄不修)'이니 혼인에서 최흉하고, 다시 간지의 상신이 간지의 '천라지망(天羅地網)'이니 혼인에 장애가 발생하며, 다시 간지가 '상호나망(相互羅網)'이니 상대에게 속는 것을 예방해야 한다. ● 그리고 간지의 상신이 일지의 '파쇄(破碎)'이니 혼인이 깨진다. ● 팔전과의 삼전에 주야 모두 태음이 보이니 유박불수이고, 일간 庚의 나망은 지상의 酉이고 일지 申의 나망은 간상의 酉이니 교차나망이다. ● 궁합 : 음란한 과이니 나쁘다.
○ **임신·출산** : 태신상에 천강(辰)이 타니 남자를 임신한다. 낙태를 예방

해야 한다.

→ 일간은 태아, 일지는 임신부이다. 임신을 정단하면 태신인 卯목이 간지상신과 중·말전의 네 酉금으로부터 극살을 당했으니 낙태를 예방해야 하고, 출산을 정단하면 간지 위에 그물을 뜻하는 천라지망(天羅地網)이 타니 난산을 예방해야 한다.

○ **구관** : 부모상을 예방해야 한다.

→ 간지 위에 천라지망(天羅地網)이 있는 매일의 제12국은 부모상을 예방해야 한다. ● 이 과전에 겁재인 酉가 많고 다시 초전이 '박관살(剝官煞)'이니 관직에 불리하다.

○ **구재** : 얻지 못한다.

→ 과전에 겁재인 酉는 많고 재성은 없으니 얻지 못한다.

○ **질병** : 폐경에 병이 들어 기침을 한다. 목기가 서창하지 않다. 사월(巳月)에 정단하면 불길하다.

→ 지상은 병증이다. 지상이 酉이니 폐경의 병으로 인해 기침한다. 낮에 정단하면 백호승신 申이 목을 극하니 간이 좋지 않은데, 사월에 정단하면 네 곳의 酉가 사기이니 불길하다. 과전에 형제효가 많으니 처의 병을 정단하면 위독하다.

○ **출행** : 움직이면 안 된다.

→ 일간은 여행객, 일지는 여행지이다. 간지상의 酉가 칼날을 뜻하는 양인이어서 출행하면 몸을 다치니 출행하지 않아야 한다.

○ **귀가** : 즉시 도착한다.

→ 말전은 귀가 출발지, 중전은 중도, 초전은 도착지이다. 말전과 중전이 집을 뜻하는 지상으로 이어졌으니 즉시 도착한다.

○ **도난** : 서북방에 있는 강변이나 바닷가에 있다.

→ 도둑은 현무의 음신에 숨어 있다. 현무의 음신이 亥이니 亥가 뜻하는 강변이나 바닷가나 호숫가에 있다.

↑ **쟁송** : 모두 해를 입는다.

→ 일간은 나, 일지는 상대이다. 간상과 지상이 모두 칼날을 뜻하는 양인(羊刃)이니 양측 모두 해를 입는 것을 예방해야 하고, 교차나망이니 상대에게 속는 것을 예방해야 한다.
○ **전쟁** : 간지에 천라지망(天羅地網)이 타니 서로 살상을 입는다.
→ 일간은 아군, 일지는 적군이다. 간상과 지상이 모두 칼날을 뜻하는 양인이니 아군과 적군 모두 살상당하는 것을 예방해야 한다.

□ 『필법부(畢法賦)』 : 〈제55법〉 천라지망(天羅地網)을 만나면 모망사가 보잘 것이 없게 된다. 모든 정단에서 이익을 멈추고 자기의 분수를 지켜야 한다. 그 이유는 일지와 일간에 왕신이 타기 때문이다.

□ 『고감(古鑒)』 : 남자는 丁卯년에 출생하여 43세이고, 처는 戊寅년에 출생하여 32세이다. 월장 卯를 점시 寅에 가해서 출산을 정단한다. 일간 庚은 자식이고 일지 申은 어머니이다. 간지상에 보이는 酉는 일간의 양인이고 다시 태음을 겸하니 그 흉이 더욱 심하다. 어머니는 일지 申이고 그 위의 酉가 파쇄이니 앞으로 전진하면 파쇄(破碎)되고, 남편의 행년상신이 酉이니 처자식 모두 파쇄를 당하며, 처의 행년상에 寅이 보이고 다시 닭의 부리를 겸한다. 간지가 한 곳이고 양인이 곧 파쇄이며 다시 자형이어서 스스로 해(害)를 입으니 몸이 온전하지 못하다. 과연 나중에 어머니에게 이롭지 않았다.

→ 사맹일(寅申巳亥)에는 酉, 사중일(子午卯酉)에는 巳, 사계일(辰戌丑未)에는 丑이 파쇄이다. 월건 기준의 파쇄살이 있지만 일지 기준의 파쇄가 주로 쓰인다. 파쇄에는 재물 손상과 산소에 구멍이 나서 무너지는 뜻이 있다.

신유일

辛酉日의 길신(구보)과 흉살(팔살)

일덕	巳	형	
일록	酉	충	
역마	亥	파	
장생	巳	해	
제왕	酉	귀살	巳午
순기	亥	묘신	丑
육의(六儀)	甲寅	패신 / 도화	午 / 午
귀인	주	寅	공망	子丑
	야	午	탈(脫)	亥子
합(合)		사(死)	子
태(胎)	卯	절(絶)	寅

대육임직지

갑인순 신유일 1국

辛酉일 제1국

공망 : 子·丑 ○
낮 : 왼쪽 천장, 밤 : 오른쪽 천장

辛	壬	己
白 酉 玄	常 戌 常	靑 未 后
酉	戌	未
壬	壬	辛	辛
常 戌 常	常 戌 常	白 酉 玄	白 酉 玄
辛 戌	戌	酉	酉

丁巳 合	戊午 勾	己未 靑	庚申 空
巳 蛇	午 貴	未 后	申 陰
丙辰 朱 朱辰			辛酉 白 玄酉
乙卯 蛇 合卯			壬戌 常 常戌
甲寅 貴 寅	勾 后丑 ○丑	靑 陰子 ○子	癸亥 玄 白亥

- □ **과체** : 복음(伏吟), 두전(杜傳), 참관(斬關), 용전(龍戰) // 간지동류(干支同類), 자신(自信), 형상(刑傷), 침해(侵害), 록현탈(祿玄脫), 권섭부정(權攝不正), 교차육해(交叉六害).
- □ **핵심** : 왕록이 지상에 임하고 현무와 백호가 왕록을 뒤따른다. 앞에서는 생기를 만나고 뒤에서는 수시로 쟁투가 생긴다.
- □ **분석** : ❶ 酉는 辛의 왕신 겸 일록으로서 지상에 임한 곳에 밤에는 현무가 타고 낮에는 백호가 타니, 일록을 잃어 놀라는 것을 면하지 못하니 집에 근심이 있다.

 ❷ 전진하여 중전에서 戌을 얻었으니 비로소 생의가 있지만 말전의 未와 戌이 서로 형(刑)을 하니 쟁투가 뒤따른다.
- □ **정단** : ❶ 복음과이다. 간지가 교차육해(交叉六害)하니 서로 혐오하고 주객이 서로 어긋나는 상이다. 또한 천반과 지반이 모두 육해(六害)하니 모든 일에서 가만히 앉아서 고수하는 것이 이롭고 움직여서 도모하면 안 된다.

 ❷ 일록이 일지에 임하여 권세를 잡는 데에 바르지 않다는 뜻의 '권

섭부정(攝不正)'이니 남의 주관을 듣고 수용하면, 자신의 주장이 옳다고 믿고 고집을 부려서 오는 조롱을 면할 수 있다.

────────────────────────

○ **날씨** : 엎드리고 숨어서 움직이지 않으니 비(雨)나 맑음이 예전대로 이다.
　→ 천반과 지반이 동일한 복음과는 날씨의 변함이 없다.
○ **가정** : 도난 및 놀라 두려워하는 일을 예방해야 하고 주색에 의한 화를 경계해야 한다.
　→ 일간은 사람, 일지는 가택이다. 식록을 뜻하는 지상의 酉에 낮에는 백호가 타고 밤에는 현무가 타서 '록현탈(祿玄脫)'이니 직업과 재산을 잃는 것을 예방해야 한다. 또한 酉에 수의 오행인 현무가 타면 주(酒)가 되니 주색에 의한 손실을 예방해야 한다. ● 일간은 남편, 일지는 아내이다. 간지의 상신이 서로 육해하고 다시 간지가 교차 육해하니 부부의 불화를 예방해야 한다.
○ **혼인** : 간지의 상신이 육해(六害)하니 불성하고 불길하다.
　→ 일간은 나, 일지는 배우자감이다. 간상의 戌과 지상의 酉가 육해하고 다시 간지가 교차육해하니 혼인이 불성하고 궁합은 나쁘며 불길하다. 만약 혼담을 진행하면 중전과 말전이 서로 형(刑)을 하니 싸움이 발생하니 나쁘다.
○ **임신·출산** : 남자를 임신한다. 아직 출산하지 않는다.
　→ 삼전은 태아가 생육되는 과정이다. 삼전의 두 음인 酉와 未가 하나의 양인 戌을 감싸니 남자를 임신한다. 복음과이니 아직 출산하지 못하며 선천성언어장애자가 우려된다.
○ **구관** : 임시직이다. 매우 안정되지 않은 직책이다.
　→ 일록은 관록, 일지는 낮은 곳 혹은 타향이다. 일록이 지상으로 간 것은 임시직이니 매우 안정되지 않은 직무이거나 혹은 타향으로

발령이 나거나 혹은 타 부서로 발령이 난다.
- **구재** : 분수를 지켜야 한다.
  → 공무원이나 직장인은 일록이 지상으로 갔으니 분수를 지켜야 그나마 식록이 주어지고, 자영업자는 과전에 재성이 없으니 투자를 하면 안 되고, 오히려 '록현탈격(祿玄脫格)'이니 재물 잃는 것을 예방해야 한다.
- **질병** : 간경에 병이 들었다. 병에 시달리고 낫지 않는다. 4월에 정단하면 흉하다.
  → 낮에 정단하면 백호승신 酉가 목을 극하니 간경락에 병이 들었고, 산을 뜻하는 간괘의 복음과이니 병에 시달리고 속히 낫지 않는다. 그리고 '록현탈격(祿玄脫格)'이니 절식사를 예방해야 한다. 만약 사월의 낮에 정단하면 백호승신 酉가 사월의 사기이니 더욱 흉하다.
- **유실** : 도둑이 집을 나서지 않는다.
  → 천반이 지반에 엎드려 있는 복음과이니 도둑이 집을 나서지 않는다.
- **출행** : 겁재(劫財)가 있으니 집에서 도난을 예방해야 한다.
  → 일지는 집이다. 밤에 정단하면 지상의 酉에 현무가 타니 집에서 도난당하는 것을 예방해야 한다.
- **귀가** : 가까이 있는 사람은 바로 도착한다.
  → 간괘에 해당하는 복음과는 근행한 사람은 바로 귀가하고 원행한 사람은 귀가를 기약할 수 없다.
- **쟁송** : 승패가 나지 않는다. 오래간다.
  → 간지가 동일한 오행이니 승패가 나지 않고, 복음과이니 쟁송이 오래간다. ● 간지가 교차육해(交叉六害)를 하고 간지의 상신이 육해하니 합의가 되지 않는다.
- **전쟁** : 국경에서 가만히 지키는 것이 이롭고 속히 남의 공을 가로채려고 하면 안 된다.

➔ 간괘에 해당하는 복음과는 근신해야 하고, 삼전이 삼형이니 적을 공격하면 사상자가 발생한다.
○ **분묘** : 축방(丑方)으로 출수(出水)하면 길하다.
➔ 酉는 혈(穴)이다. 금국의 장생인 사방(巳方)에서 '입수(入水)'하고 묘고인 축방(丑方)으로 출수(出水)하면 길하다.

□ 『**필법부(畢法賦)**』 : 〈제8법〉 일록이 일지에 임하면 임시직으로서 정당한 직위가 아니다. 임시직을 맡은 것으로서 정당한 직위가 아니며 먼 곳으로 직록이 주어진다.
➔ 辛의 일록인 酉가 일지에 임한다. 일간은 높고 일지는 낮다. 일록이 일지에 임하니 하위직과 임시직이다.
〈제76법〉 서로 시기하여 모두에게 화가 미친다.
➔ 간지상의 酉戌이 육해한다. 주로 혼인, 임신, 매매, 계약, 동업 등에서 화합하지 못한다.
□ 『**과경(課經)**』 : 일간의 록신이 지상에 임하면 모든 일에서 존대해지지 않고 타인에 의해 굴절(屈折)을 크게 당한다. 만약 파견을 정단하면 권섭부정(權攝不正)이니 먼 곳으로 직록이 주어지거나 혹은 택상의 식록을 먹거나 혹은 장차 자신의 직록을 자손에게 준다. 권섭부정이면 이러한 사실이 확실하다.
□ 『**옥성가(玉成歌)**』 : 복음과는 마음먹은 대로 되지 않는다.
➔ 복음과는 매사 장애가 있는 상이므로 마음먹은 대로 되지 않는다. 만약 복음과의 삼전에 역마나 정마나 천마가 타고 초전이 왕상하면 일을 도모해도 된다.
□ 『**조담비결(照膽秘訣)**』 : 비견과 합(比合)과 하괴(戌)는 두 가지가 같이 쓰인다. 열성적으로 도모하지만 하나의 결실도 없으니 여러 사람에게 부탁해야 한다.

| 辛酉일 | 제 2 국 |

공망 : 子·丑
낮 : 왼쪽 천장, 밤 : 오른쪽 천장

○	辛	辛
后 丑 青	白 酉 玄	白 酉 玄
寅	戌	戌
辛	庚	庚	己
白 酉 玄	空 申 陰	空 申 陰	青 未 后
辛 戌	酉	酉	申

丙辰巳 朱	丁巳午 朱合	戊午未 合蛇	己未申 蛇勾
乙卯辰 勾青			庚申酉 青貴
甲寅卯 貴			辛酉戌 貴空
○丑寅 空玄	○子丑 玄白	癸亥子 白常	壬戌亥 常

□ **과체** : 별책(別責), 여덕(勵德/낮), 불비(不備) // 간지동류(干支同類), 무음(蕪淫), 왕록임신(旺祿臨身), 록현탈격(祿玄脫格), 오음(五陰), 복공(腹空), 아괴성(亞魁星), 나거취재(懶去取財), 과수(寡宿), 답각공망(踏脚空亡).

□ **핵심** : 왕록을 기대하기 어렵다. 현무와 백호를 만났으니 거듭 괴롭다. 이 모든 것은 남종과 여종으로 인한 것이다.

□ **분석** : ❶ 간상의 酉는 일간의 왕신 겸 일록이다. 밤에는 현무가 타고 낮에는 백호가 타며 다시 상하 육해하니 일록을 기대하기 어렵다.
❷ 戌과 酉는 남종과 여종이다. 이것이 간지와 삼전에 네 번이나 중복되어 보이니 거듭 번뇌한다.

□ **정단** : ❶ 종혁(從革)이다. 별책(別責)이 발용이 되었다. 매사 모든 일을 이루고 싶지만 불성하고 고치고 싶지만 고치지 못하며, 우환은 즉시 사라지고 호사(好事)는 장애가 많다.
❷ 묘신인 초전의 丑이 공망되었고 다시 밤에는 청룡오행(甲寅)이 묘신을 협극(夾克)하니 분묘에 우환이 있다.

➜ 丑은 분묘와 전답이다. 丑이 공망되었으니 산소에 구멍이 나거나 혹은 토지에 문제가 생긴다. 丑이 청룡승신으로부터 극을 당했으니 더욱 나쁘다.

❸ 네 계절의 낮에 정단하면 묘신에 천후가 타니 처가 병으로 인해 폐인이 되고, 어린이는 병으로 인해 사망하는 액이 있다.

➜ 사계월 : 사립일(입춘, 입하, 입추, 입동)로부터 73일이 사계월(四季月)이다.

❹ 모든 일에서 발용이 묘신이면 끝맺는 일은 쉽게 되고, 공망되면 승려나 수도인에게는 알맞다.

○ **날씨** : 묘신이 발용이 되었으니 검은 구름은 끼지만 비는 오지 않는다.

➜ 묘신은 어둠과 구름을 뜻하니 흐리기만 하고 비는 오지 않는다.

○ **가정** : 왕기 겸 일록이 일간에 임하니 사람과 가택 모두 풍요롭다.

➜ 일간은 사람이고 일지는 가택, 일록은 식록이고 왕신은 왕성이다. 왕심 겸 일록인 申이 일간에 임하니 가택이 왕성하고, 일록인 酉가 간상에 임하니 사람이 풍요롭다. ● 다만 간상이 록현탈격이니 직장 혹은 식록을 잃는 것을 예방해야 하고, 낮에는 지상에 천공이 타니 지인에 의해 속는 일을 예방해야 한다. ● 과명이 별책(別責)이고 격명이 불비(不備)이니 가정에 음란사가 발생하는 것을 예방해야 한다.

○ **혼인** : 불길하다.

➜ 일간은 나, 일지는 여자이다. 별책과(別責課)이고 사과가 불비(不備)이니 혼인정단에서 최흉하다. 간상이 록현탈격이니 남자의 직업이 불안정하고, 지상이 형제효이고 여기에 흉장이 타니 불길한 여자이다. ● 궁합 : 나쁘다. ● 초전이 과수이니 혼인을 이루지 못한

다.
○ **임신·출산** : 태아가 손상될 우려가 있다. 순산한다.
    ➡ 일간의 태신인 卯목이 과전의 다섯 금으로부터 극살을 당하고 다시 어머니의 자궁을 뜻하는 丑이 공망되었으니 임신을 정단하면 태아가 손상되고 출산을 정단하면 순산한다.
○ **구관** : 일록에 현무와 백호가 타니 감봉처분을 면하기 어렵다.
    ➡ 일록은 관록이다. 일록인 酉에 백호와 현무가 타서 일록을 뺏기는 상이니 공무원이나 직장인이 감봉처분을 받거나 혹은 직장을 그만 두게 된다. ● 고시 : 낙방한다. ● 승진 : 안 된다.
○ **구재** : 자신의 재물을 지켜야 하고 함부로 구하면 안 된다.
    ➡ 일록은 식록이다. 일록이 이미 일간에 임하니 자신의 재물을 지켜야 한다. 만약 돈을 벌기 위해 장사를 하면 삼전에 재성이 없으니 실패하며 간지가 동일하고 다시 간지상에 겁재가 많으니 크게 실패하게 된다.
○ **질병** : 수 회 간이 상했으니 의약의 효과가 없다.
    ➡ 여러 곳의 백호승신 酉금이 오행의 목을 극하여 간이 수 회 상했고 다시 의약신인 오행의 수가 과전에 없으니 의약의 효과가 없다. 간상이 '록현탈(祿玄脫)'이니 절식사가 우려된다. 특히 4월에 정단하면 백호승신 酉가 4월의 사기이니 더욱 더 간병이 낫기 어렵다.
○ **유실** : 밤에는 현무가 酉에 타니 반드시 여종이 물건을 훔쳤다.
    ➡ 酉는 여종이다. 酉에 현무가 타니 酉가 뜻하는 여종이나 소녀가 물건을 훔쳤다.
○ **출행** : 장애가 있다. 불길하다.
    ➡ 사과가 불비(不備)이니 출행에서 미비한 것이 있고 다시 초전이 공망되어 출행에 장애가 있으니 불길하다.
○ **귀가** : 돌아오려고 하지만 돌아오지 못한다. 갑인순을 벗어나면 도착한다.

➔ 말전과 중전이 동일한 십이지이고 초전은 공망되어 일종의 '독족격(獨足格)'이니 돌아오지 못하지만 다음 순에는 초전의 공망이 메워지니 도착한다.

○ **도난** : 도적은 서북방에 있다.

➔ 도적은 현무의 음신에 숨어 있다. 낮에 정단하면 현무의 음신이 戌이니 서북방에 있다.

↑ **쟁송** : 이롭지 않다.

➔ 일간은 나, 일지는 상대이다. 일지가 간상으로 와서 식록을 빼앗는 상이니 더욱 이롭지 않다. ● 간지와 그 상신이 동일하니 승패가 나지 않는다.

○ **전쟁** : 일간에 현무와 백호가 타니 객에게 이롭지 않다.

➔ 일간은 아군, 일지는 적군이다. 간상의 일록에 백호와 현무가 타서 군량미가 없으니 이롭지 않다.

□ 『**필법부(畢法賦)**』 : 〈제85법〉 초전이 협극(夾剋)되면 뜻대로 되지 않는다.

➔ 밤에 정단하면 초전 천반의 丑토가 지반의 寅목과 청룡의 오행인 甲寅목으로부터 협극을 당한다.

〈제51법〉 하괴(魁度)가 천문(天門)을 건너면 관문이 막힌다.

➔ 연명이 亥이면 천반의 하괴(戌)가 천문인 亥에 임한다.

□ 『**과경(課經)**』 : 초전의 천반이 극하는 지반에 앉아 있고 다시 천장이 극하니 '협극(夾克)'이다. 정단하면 자신의 뜻대로 하지 못하고 타인의 지시를 받는다.

□ 『**과경(課經)**』 : 집 앞에 높은 흙 담이 있으니 출행하면 막힌다.

➔ 초전이 丑이니 집 앞에 흙으로 만든 담이 있다.

□ 『**지장부**』 : 삼전에 합이 있을 경우에는 반드시 귀인을 알현하며, 다

른 모든 사람을 만나는 정단에서도 이와 같이 적용하면 된다.

→ 이 과전에서는 비록 초전의 丑과 중·말전의 酉가 상합하지만 초전이 공망되었으니 이루지 못한다.

□ **『조담비결(照膽秘訣)』**: 공망된 발용이 다시 간지로 돌아왔으니 옛것과 오래된 것을 다시 새롭게 시작해서 완수해야 한다.

| 辛酉일 | 제 3 국 |

공망 : 子·丑
낮 : 왼쪽 천장, 밤 : 오른쪽 천장

	戊	丙	甲
	勾午貴	朱辰朱	貴寅勾
	申	午	辰
	庚	戊	己	丁
	空申陰	勾午貴	青未后	合巳蛇
	辛戌	申	酉	未

乙卯蛇巳 合	丙辰朱午	朱 合	丁巳蛇未	戊午勾申 貴
甲寅貴辰	勾			己未青酉 后
后 丑卯 ○青				空 庚申戌 陰
陰 子寅 ○	癸亥空玄	壬戌白常 子 ○	辛酉白亥 玄

- **과체** : 원수(元首), 퇴간전(退間傳), 고조(顧祖/午辰寅) // 간지동류(干支同類), 육의(六儀), 오양(五陽), 천을신기(天乙神祇/밤), 귀인입옥(貴人入獄/낮), 나거취재(懶去取財), 금일정신(金日丁神).
- **핵심** : 재물을 취하면 절대로 안 된다. 취하면 재앙이 닥치기 때문이다. 돈을 써서 귀인에게 부탁하는 정단에는 좋다.
- **분석** : ❶ 말전의 寅은 일간의 재성이다. 만약 이 재물을 취하면 반드시 초전의 午를 생해서 일간이 상하니 재앙과 우환을 면할 수 없다. ❷ 午는 밤 귀인이며 동시에 관성이다. 만약 재물을 써서 귀인에게 부탁하거나 혹은 곡식을 상납해서 관직을 얻는 것을 정단하면 매우 이롭다.
- **정단** : ❶ 삼전이 '간전(間傳)'이고 '고조(顧祖)'이니 모든 일의 처음에는 장애가 있지만 나중에는 성사되며 구설(舊說)을 다시 정리한다. ❷ 말전의 寅은 부추기는 사람이다. 말전이 초전을 도와 일간을 상하게 하지만 연명상신이 제극하면 나중에는 길하다. ❸ 삼전의 화국에서 戌이 비었으니 비어 있는 하나를 기다렸다가 쓴다는 뜻의 '허

일대용(虛一待用)'이라고 하여 모든 일은 술년이나 술월이나 술일에 작용한다.

○ **날씨** : 주작이 하늘을 날고 삼전의 천장이 화와 토이니 맑고 비가 오지 않는다.

➔ 초전이 午화이고 화의 천장인 주작이 선천을 뜻하는 辰에 타니 비가 오지 않고 맑다.

○ **가정** : 집에 희경사와 은택이 있다.

➔ 일지는 가택이다. 낮에 정단하면 지상에 청룡이 생기에 타니 집에 재물이 모이는 희경사가 있고 밤에 정단하면 지상에 천후가 생기에 타니 부녀자에 의한 희경사가 있으며, 다시 과체가 원수과이니 가정 내외가 만사형통하다. ● 다만 일지음신 丁巳가 살기이니 우환이 발생하는데, 낮에 정단하면 육합이 타니 자녀로 인한 우환을 예방해야 하고, 밤에 정단하면 등사가 타니 놀라는 일을 예방해야 한다.

○ **혼인** : 간상에는 왕신이 타고 지상에는 생기가 타니 남자에게 이익이 되는 여자이다.

➔ 일간은 나, 일지는 배우자감이다. 지상이 일간의 생기이니 남자에게 유익한 여자이다. 낮에는 지상에 청룡이 타니 재물이 모이게 하고, 밤에는 지상에 천후가 타니 여자의 도움을 받는다. ● 궁합 : 지상의 未가 간상의 申을 생하니 좋다. ● 삼전이 퇴간전(退間傳)이니 혼담을 지체하면 안 된다.

○ **임신·출산** : 임신하면 남자가 된다. 순산한다.

➔ 천반이 지반을 극하여 발용이 된 원수과는 건괘에 해당하니 임신하면 남자가 되며 효도하는 아들이 된다. 일간은 태아, 일지는 임신부이다. 지상의 未가 간상의 申을 생하고 다시 원수과이니 순산한

○ **구관** : 귀인이 발용이 되었고 말전이 초전의 관성을 도우니 곧 승진하거나 발탁된다.

→ 귀인은 관청의 공무원이고 관성은 관직이니, 귀인이 관성에 타면 관청의 공무원이 된다는 뜻이 성립한다. 더군다나 말전의 재성이 초전의 관성을 생하니 더욱 길한데 만약 봄에 정단하면 재성과 관성이 모두 왕성하니 더더욱 확실하다. ● 만약 50대 회사원 혹은 임명직 공무원이 정단하면 격이 고조(顧祖)이니 퇴직할 우려가 있다. ● 고시 : 합격한다. ● 승진 : 승진한다.

○ **구재** : 재물을 취하면 반드시 재난이 생긴다.

→ 재성은 재물, 귀살은 재앙이다. 장사하면 말전의 재성이 초전의 귀살을 생하니 재난이 닥친다. 낮에 정단하면 귀살 午에 구진이 타니 관재가 발생하고, 밤에 정단하면 귀살 午에 귀인이 타니 관청으로부터의 제재를 당한다. ● 개업할 경우 간지가 동일하고 다시 간상이 비겁이니 사업에 불리하다. ● 재성인 寅에 낮에는 귀인이 타니 관청과 관련이 있는 구재가 좋고, 밤에는 구진이 타니 부동산과 관련이 있는 구재가 좋다.

○ **질병** : 희경사로 인해 배탈이 나서 병이 생겼다. 다른 병이 생기는 것을 예방해야 한다. 술월에 정단하면 나쁘다.

→ 지상은 병증이다. 지상이 未이니 희경사로 인해 배탈이 났다. 삼전이 퇴간전(退間傳)이니 병세가 점차 약해진다. ● 인월(寅月)에 정단하면 초전의 午가 사기이고 이 사기가 일간을 극하니 위독하다.

○ **출행** : 수로가 길하다.

→ 현대에서는 일간은 여행객, 일지는 여행지이다. 지상이 일간의 생기이니 안전하고 유익한 여행지이다.

○ **귀가** : 즉시 도착한다.

→ 정마는 자동차이다. 일지음신이 정마이니 즉시 도착한다.

○ **도난** : 서방으로 가서 찾으면 된다.

※ 『육임직지』 원문에서는 "서북방에서 찾으면 된다."고 하였다.

→ 도둑은 현무의 음신에 숨어 있다. 낮에 정단하면 현무의 음신이 酉이니 정서방에서 잡으면 되고, 밤에 정단하면 현무의 음신이 未이니 서남방에서 잡으면 된다.

☂ **쟁송** : 먼저 기소해야 유리하다.

→ 원수과는 먼저 기소해야 유리하다. ● **관재** : 비록 초전이 살기여서 흉하지만 중전이 생기이니 나중에는 길하고, 삼전이 퇴간전(退間傳)이니 관재가 점차 약해진다. ● **승패** : 일간은 나, 일지는 상대이다. 간지와 그 상신이 동일하니 승패가 나지 않는다.

○ **전쟁** : 진군하면 장애가 생긴다. 간첩이 외통하는 것을 예방해야 한다.

→ 초전은 진군의 초기, 중전은 중기, 말전은 말기이다. 초전의 午가 일간의 살기이니 진군 초기에 장애가 생긴다. 지상의 未가 간상의 申을 생하니 간첩의 외통을 예방해야 한다.

○ **분묘** : 발복하는 묘지이다.

→ 일간은 후손, 일지는 묘지이다. 지상의 未에 길장인 청룡과 천후가 타서 일간을 생하니 발복하는 묘지이다.

□ 『**필법부(畢法賦)**』 : 〈제37법〉 말전에서 초전을 생하는 것에는 세 가지 이론이 있다.

→ 말전이 초전을 도와서 일간을 극하니 서민에게 재난이 닥친다. 午에 낮에는 구진이 타고 밤에는 귀인이 타니 관청으로 인한 해를 입는다.

〈제25법〉 금일(金日)에 정마를 만나면 흉화가 일어난다. 관직자가 정단하면 부임이 지극히 빠르다. 다만 정단인의 행년상신에서 여섯

丁이 타고 있는 신을 극하면 그렇지 못하다.

→ 연명이 丑이면 丑 위의 亥가 정신의 천반 巳를 극제하니 관직에 이롭지 않다.

☐ 『**과경(課經)**』: 寅이 辰에 가해서 초전의 午를 생해서 辛을 극하니 부추기는 사람이 있다.

☐ 『**비요(秘要)**』: 말전이 초전의 관성을 도우니 관직자는 매우 길하다. 중전의 辰토는 생기이고 둔간은 관성인 丙이며 여기에 주작이 타서 일간 辛과 상합하니 반드시 요긴한 문서가 있거나 혹은 윗분의 돌봄이 있거나 혹은 부모 앞에서 특별한 은택을 받는다. 말전의 寅은 곧 나를 도와주는 사람이다.

| 辛酉일　제 4 국 |

공망 : 子·丑 ○
낮 : 왼쪽 천장, 밤 : 오른쪽 천장

	戊	乙		○
	常午貴	后卯合	朱子空	
	酉	午	卯	
	己	丙	戊	乙
	白未后	陰辰朱	常午貴	后卯合
	辛戌	未	酉	午

甲寅巳 貴	乙卯午 勾	丙辰未 合	丁巳申 朱
蛇		陰	玄 蛇
蛇丑辰 ○ 青			戌午酉 常 貴
朱子卯 ○ 空			己未戌 白 后
癸亥寅 合	壬戌丑 勾白 ○	辛酉子 常青 ○	庚申亥 玄 空陰

□ **과체** : 원수(元首), 고개승헌(高蓋乘軒, 헌개), 여덕(勵德/밤), 삼교 // 간지동류(干支同類), 복덕(福德), 가귀(家鬼), 간지상합(干支相合), 천을신기(天乙神祇/밤).

□ **핵심** : 未에 백호가 탄다. 두 午를 만난다. 성공하고 싶지만 작은 도움조차 없다.

□ **분석** : ❶ 未는 본래 생기이지만 낮에는 백호가 타니 未의 생을 기대할 수 없다.

❷ 택상에서 만난 午가 일간과 일지를 극한 뒤에 발용이 되었으니 극이 많다. 다행히 子가 午를 제극해서 흉을 구하지만 공망되었으니 그 힘이 매우 미약해서 작은 도움조차 받을 수 없으니 어찌 성공을 바랄 수 있겠는가?

□ **정단** : ❶ 삼교(三交)이니 모든 길흉은 안에서 기인한다.

❷ 지반은 육해(六害)하고 천반은 상합(相合)하며, 간지의 양신은 상합하고 음신은 육해하니, 비록 정은 깊고 두텁지만 의견이 엇갈리는 상이 있다.

❸ 未에 천후가 타서 戌에 가하면 부인에게 병이 있고, 午에 천을귀인이 타서 酉에 가하니 부모가 불안하다.

→ 천후승신 未가 지반의 戌로부터 형을 당했으니 부인에게 질병이나 사고 등의 흉사가 있다.

❹ 午에 귀인이 타서 가택에 가하니 가택에서 반드시 신에게 기원해야 한다. 만약 午년에 정단하면 태세가 일간을 극하니 재앙이 작지 않다.

○ **날씨** : 간지상의 午未가 상합하고 子수가 공망되었으니 비가 오지 않는다.

→ 간지상신이 화와 토이고 말전의 子수가 공망되었으니 비가 오지 않는다.

○ **가정** : 귀인과 태상이 가택을 극하니 비 관직자는 관송을 면하기 어렵다.

→ 일간은 사람이고 일지는 가택, 귀인은 관청이고 태상은 음식이다. 지상의 午에 밤에는 귀인이 타서 간지를 극하니 가정에 관송을 입는다. 낮에는 태상이 타니 음식으로 인해 화 혹은 부모상을 당할 우려가 있다. 만약 인월에 정단하면 태상승신 午 가 인월의 사기이니 부모가 위독하다.

○ **혼인** : 남자를 해치는 상이다.

→ 일간은 나, 일지는 여자이다. 지상의 午가 일간을 극하니 남자를 해치는 여자이고, 과전이 삼교(三交)이니 바르지 못한 여자이다. 일지가 酉이고, 지상이 午이며, 삼전이 午卯子이니 삼교이다. 낮에 정단하면 간상에 백호가 타니 몸에 질병이 있는 남자이다. ● **궁합** : 간지가 비화(比和)하고 간지의 상신이 상합하니 좋다.

○ **임신·출산** : 태신 위의 子가 공망되었으니 반드시 튼실하지 않다. 속

히 출산한다.
→ 태신은 태아이다. 일간 辛의 태신인 卯 위의 子가 공망되었으니 태아의 건강이 좋지 않다. 그러나 출산을 정단하면 속히 출산한다.

○ **구관** : 관성이 매우 왕성하지만 결과가 없다.
→ 초전의 午가 관직을 뜻하는 관성이지만 삼전의 주인(鑄印)격이 불성하니 결과가 없다. 공망된 子가 메워지는 자년, 자월, 자월장 기간에 정단하면 헌개격이 완성되니 관직에 길하다.
● 고시와 승진 모두 나쁘다.

○ **구재** : 재성이 임한 지반이 귀살이니 취하기가 두렵고 어렵다.
→ 중전의 재성 卯가 일간의 귀살인 午에 앉아 있으니 취하기가 두렵고 어렵다. ● 만약 창업할 경우, 주야 모두 재성인 卯가 자동차와 가구류를 뜻하니 이것들을 매매하면 된다. 낮에는 재성에 천후가 타니 부인용품이 좋고, 밤에는 육합이 타니 어린이 용품이 좋다.

○ **질병** : 신수(腎水)가 부족하여 심화로 인해 염증이 생긴다. 정월에 정단하면 흉하다.
→ 낮에 정단하면 백호승신 未가 토를 극하니 신수가 부족하고 이로 인해 심화가 치솟아서 몸에 염증이 생긴다. 정월에 정단하면 귀살인 午가 사기에 해당하니 생명이 위독하다. ● 밤에 정단하면 귀인이 귀살에 타서 일간을 극하여오니 반드시 하늘 신과 땅 신의 해코지가 있으니 신에게 빌어야 한다.

○ **유실** : 집안에 도적이 있다.
→ 일지는 집이다. 지상에 귀살이 있으니 집안에 도적이 있다.

○ **출행** : 출발은 하지만 오지 못한다. 오더라도 빈손이다.
→ 일간은 여행객, 일지는 집이다. 간지의 상신인 未午가 상합하니 밖으로 출행하지 않는다. 말전이 공망되었으니 도착하더라도 빈손이다.

○ **귀가** : 바로 도착한다.

➔ 천강(辰)이 사계의 하나인 未에 가했으니 바로 도착한다.

○ **도난** : 낮에 정단하면 동북방에 있고, 밤에 정단하면 정남방에 있다.
※『육임직지』원문에서는 "낮에 정단하면 정남방에 있고 밤에 정단하면 정북방에 있다."고 하였다.

➔ 도둑은 현무의 음신에 숨어 있다. 낮에 정단하면 현무의 음신이 寅이니 동북방에 숨어 있고, 밤에 정단하면 현무의 음신이 午이니 정남방에 숨어 있다.

⬆ **쟁송** : 합의가 가능하다.

➔ 일간은 나, 일지는 상대이다. 간지가 비화(比和)하고 그 상신이 상합하니 합의가 가능하다. ● 관재 : 지상과 초전의 귀살 午가 재성인 卯의 생을 받아 왕성하지만 간상의 未가 귀살을 설기해서 일간을 생하니 나중에는 관재가 약해지고 사라진다.

○ **전쟁** : 변경을 예방해야 한다.

➔ 일간은 아군이다. 지상의 午가 일간을 극하지만 간상의 未를 생하니 아군에게 유리하게 작용한다.

□ 『**필법부(畢法賦)**』: 〈제48법〉 귀살에 천을귀인이 타는 경우에 질병을 정단하면 반드시 하늘 신과 땅 신의 해코지가 있다.

□ 『**고감(古鑒)**』: 己酉년 9월에 월장 卯를 점시 午에 가한 뒤에 己卯년에 출생한 사람이 자식을 정단한다. 卯는 처로서 午에 임했으니 일간의 귀살에 앉아 있다. 말전의 자식이 처궁에 임하며 子에 천공이 타며 다시 갑인순의 공망이 되었으니 어찌 자식을 얻겠는가? 본궁의 酉는 여종이다. 반드시 외인과의 간통에 의한 자식이다. 그 이유는 酉에 현무가 타서 子에 임하고 대궁인 午 위의 卯에 육합이 타니 간통이 아니겠는가? 모두 예측한 것과 동일하였다.

갑인순 | 신유일 | 5국 | 435

辛酉일 제 5 국

공망 : 子·丑
낮 : 왼쪽 천장, 밤 : 오른쪽 천장

丁	○	辛
玄 巳 蛇	蛇 丑 青	青 酉 玄
酉	巳	丑 ○
戊	甲	丁 ○
常 午 貴	貴 寅 勾	玄 巳 蛇 蛇 丑 青
辛 戊	午	酉	巳

○蛇 丑 巳	甲 貴 寅 午	乙 后 卯 未	丙 陰 辰 申 朱
朱 子辰 空 癸亥 白 合 卯			玄 丁巳 蛇 常 戊午 貴 己未 后 白 亥
勾 壬戊 寅	辛 常 酉 青 丑○	庚 玄 申 空 子○	陰

- **과체** : 지일(知一), 종혁(從革) // 간지동류(干支同類), 금일정신(金日丁神), 덕경(德慶), 전국(全局), 화미(和美), 가귀(家鬼), 교차상극(交叉相剋), 무음(蕪淫), 오음(五陰), 명암작귀(明暗作鬼), 불행전(不行傳), 복공(腹空), 막귀임간(幕貴臨干/낮), 귀인입옥(貴人入獄/밤), 천을신기(天乙神祇/밤), 형제효현괘.

- **핵심** : 간지가 극을 당하고, 다시 간지가 교차해서 극을 당하니 재앙이 매우 심하다. 귀살인 丁巳가 파쇄(破碎)되니 집에 괴이사가 발생한다.

- **분석** : ❶ 일간 辛은 午로부터 극을 당하고 일지 酉는 巳로부터 극을 당하니 간지가 모두 상하고, 일간 辛은 지상의 巳로부터 극을 당하고 일지 酉는 간상의 午로부터 극을 당하니 모두 재앙을 입는다. 밤에 정단하면 일간에 밤 귀인이 타니 권세에 의지하면 귀인의 보호를 받을 수 있다.

❷ 지상에 탄 귀살 丁巳가 파쇄(破碎)가 되었다. 밤에는 등사가 타고 낮에는 현무가 타서 가택을 극하니, 그 흉하고 괴이한 것을 감당하

기 어렵다.
- □ **정단** : ❶ 종혁(從革)이고 왕신 겸 일록이 말전에 거주하지만 이미 초전의 巳로부터 극을 당하고 중전의 丑으로부터 묘지를 당하며 공망된 지반에 떨어진다.
  ❷ 일록이나 재물을 정단하면 모두 순조로운 환경이 아니다. ❸ 낮에 정단하면 염막귀인이 일간에 임하니 시험에서 반드시 합격하고, 관직자가 정단하면 부임이 매우 신속하다.
  ❹ 겁재(劫財)가 매우 강하니 사업이 시들해지는 것을 면하지 못한다.

- ○ **날씨** : 크게 맑다.
  → 초전이 巳화이니 맑고, 중·말전이 공망되어 광활하니 나중에도 맑다.
- ○ **가정** : 가족이 불안녕하다. 이사하면 길하다.
  → 일지는 가택이다. 지상의 귀살 巳에 낮에는 현무가 타니 도난이 발생하는 가상, 밤에 정단하면 등사가 타니 괴이한 일이 발생하는 가상이다. 지상이 정마이니 이사해야 한다. ● 간상의 귀살 午에 낮에 정단하면 태상이 타니 부모상을 예방해야 하고, 밤에 정단하면 귀인이 타니 관재를 예방해야 한다.
- ○ **혼인** : 여자의 부정(不正)을 예방해야 한다.
  → 일간은 나, 일지는 배우자감이다. 간지가 교차상극(交叉相剋)하고 무음(蕪淫)이니 남녀의 부정을 예방해야 한다. ● 궁합 : 간지가 교차상극하니 최흉하다. ● 간지가 교차상극하니 파혼한다. ● 배우자감을 구할 경우, 지일과이니 가까운 사람이나 장소에서 구하면 된다.
- ○ **임신·출산** : 여자를 임신한다. 난산이다.
  → 일간은 태아이다. 일간음양에서 두 양(午,寅)이 하나의 음(辛)을

감싸니 여자를 임신한다. 과전이 삼합국을 이루니 출산을 정단하면 난산이다.

○ **구관** : 곧 부임한다.
  → 지상과 초전이 금일의 정마이니 곧 부임한다.

○ **구재** : 이롭지 않다.
  → 재성은 재물, 형제효는 겁재(劫財) 작용을 한다. 과전에 재성은 약하고 삼전이 삼합하여 겁재가 매우 강하니 구재가 이롭지 않다. 또한 일간과 일지가 동일한 오행이니 더욱 더 구재가 이롭지 않다. 오히려 일간음신의 甲寅이 간상의 귀살을 생하니 우환을 예방해야 한다.

○ **질병** : 화증(火症)이다. 낫기 어렵다.
  → 밤에 정단하면 백호승신 亥가 오행의 화를 극하니 심장병이다. 과전이 삼합하였으니 병이 낫기 어렵고, 다시 귀살인 丁巳와 午가 요동치니 낫기 어렵다. ● 巳는 상여, 酉는 상복이다. 초전에서 巳가 酉에 가했으니 상(喪)을 예방해야 한다. ● 의약신 亥가 임한 정동에서 양의와 양약을 구하면 된다.

○ **출행** : 불길하다.
  → 일간은 여행객, 일지는 여행지이다. 간상이 귀살이고 다시 지상이 귀살이니 출행이 길하지 않다.

○ **귀가** : 길에 있다. 곧 도착한다.
  ※ 『육임직지』 원문에서는 "길에 있다."고 하였다.
  → 초전의 정마가 집을 뜻하는 지상으로 전해졌으니 곧 도착한다.

○ **도난** : 동남방에 도둑이 있다.
  → 도둑은 현무의 음신에 숨어 있다. 낮에 정단하면 현무의 음신이 丑이니 동북방에 있고, 밤에 정단하면 현무의 음신이 巳이니 동남방에 있다.

↑ **쟁송** : 승패가 나지 않는다.

→ 일간과 일지가 비화(比和)하고 간상과 지상이 다시 비화하니 승패가 나지 않는다. 일간 辛은 간상의 午로부터 극을 당하고 일지 酉는 지상의 巳로부터 극을 당하니 나와 상대 모두 패소할 우려가 있다.

○ **전쟁** : 시작은 있지만 결과는 없다.

→ 비록 초전이 장생이니 시작은 있지만 말전이 공망되었으니 결과가 없다.

□ 『**필법부(畢法賦)**』 : 〈제63법〉 피차 모두 상하니 양쪽 모두 손상을 방비해야 한다.

→ 일간 辛금은 지상의 巳화로부터 극을 받고 일지 酉금은 간상의 午화로부터 극을 받아 상했으니 양쪽 모두 손상을 예방해야 한다.

□ 『**과경(課經)**』 : 1. 卯를 未에 가한 뒤에 전정을 정단한다. 귀인이 일간에 임하고 辛이 戌에 숨었으니 술년(戌年)에 합격하고 庚申년에 부임하여 임관된 뒤에 54세에 죽는다. 간상의 午가 9이고 말전의 酉가 6이니 곱하면 수명이 54세이며, 자식효가 보이지 않으니 자식의 도움을 받지 못한다. 삼전에서 금국을 득하여 戊午년에 이르러 반드시 형제간에 분쟁사가 생긴다.

2. 월장 丑을 점시 巳에 가한 뒤에 도둑을 잡는 정단을 한다. 현무가 酉에 타고서 丑에 임했으니 동북으로 14리 장소에 있다. 그곳에 가면 그 도적이 집을 나선 뒤에 서방으로 6리를 간 뒤에 다시 북방으로 5리를 가서 재물을 숨겨놓은 뒤에 서북의 집으로 돌아간다. 집에서 5일간 숨은 뒤에 겁도 없이 다시 떠난다. 만약 구진이 그가 숨은 곳을 극하면 잡을 수 있다. 과연 예측과 동일하였다.

→ 현무승신 酉가 6이고 현무음신 丑이 8이니 이 둘을 더하면 14가 되니 14리이다.

| 辛酉일 　 제 6 국 | 공망 : 子·丑 ○
낮 : 왼쪽 천장, 밤 : 오른쪽 천장 |

癸	戊	○
合亥青	常午貴	蛇丑白
辰	亥	午
丁	○ 丙	癸
玄巳后	朱子空 陰辰陰	合亥青
辛 戌	巳	酉	辰

○朱子巳	○空蛇丑午	甲寅未貴	乙卯申后玄
癸亥辰 合青			丙辰酉 陰陰
壬戌卯 勾勾			丁巳戌 玄后
辛酉寅 青	庚申丑 合空 朱○	己未子 白蛇 ○	戊午亥 常貴

- **과체** : 중심(重審), 삼기(三奇), 참관(斬關), 사절(四絶) // 간지동류(干支同類), 금일정신(金日丁神), 덕경(德慶), 복덕(福德), 인귀생신(引鬼生身), 맥월(驀越), 명암이귀(明暗二鬼), 신장·귀등천문(神藏·貴登天門).
- **핵심** : 정마와 천강(天罡)이 나타났으니 움직이려는 의지가 보통이 아니다. 중전이 귀살 겸 패기(敗氣)이고 말전이 공망과 묘신이니 관직자와 비 관직자 모두에게 재앙이 닥친다.
- **분석** : ❶ 巳에 丁이 타서 일간에 임하고, 역마인 亥는 발용이 되었으며, 천강(辰)이 택상에 임했으니 반드시 예사롭지 않은 변동이 있다.
  ❷ 중전의 관귀효가 패기(敗氣)이고 말전은 공망과 묘지이다. 말전에 백호와 등사가 타니 모든 정단에서 흉악하다. 관직자와 비 관직자 모두 이 재앙을 당하지 않을 수 없다.
- **정단** : ❶ 역마인 亥가 발용이 되었으니 새로운 일은 다시 일어나고, 중전이 사절(四絶)이니 옛일이 완결된다. 따라서 불운과 행운이 함께 있는 상이다.
  ❷ 일간에 파쇄(破碎)가 임했으니 음란으로 인해 재물이 낭비되고,

일지에 천강(辰)이 앉아 있으니 음란으로 인해 움직인다.

❸ 午에 丑이 가하면 묘지나 전답으로 인해 쟁송이 발생하고, 丑에 申이 가하면 구설수가 생기거나 혹은 승려나 수도자이다.

→ 午는 구설수, 丑은 전답이다. 따라서 묘지나 전답으로 인해 쟁송이 발생한다.

○ **날씨** : 청룡이 亥에 타서 발용이 되었고 천후와 현무가 巳에 타서 일간을 극하니 오늘 비가 온다.

→ 청룡과 천후와 현무 및 오행의 수는 비이다. 청룡이 亥수에 타서 발용이 되었으니 비가 오고, 천후와 현무가 귀살에 타서 일간을 극하니 비가 온다.

○ **가정** : 사람은 소모하고 집은 요동친다.

→ 일간은 사람, 일지는 가택이다. 일간의 장생인 간상의 巳가 일지의 파쇄(破碎)이니 파재(破財)하고, 지상의 辰이 천라지망(天羅地網)이고 동신(動神)이어서 참관(斬關)이니 이사수가 있다. ● 지상이 암귀인 丙이니 집에 우환이 닥친다. 주야 모두 태음이 타니 소인에 의한 암해이다. ● 낮에는 육합이 역마에 타고 폐구되었으니 자식의 도망과 은닉을 예방해야 한다.

○ **혼인** : 일간과 일지가 상합하고 삼전에서 삼기(三奇)를 만났으니 혼인이 성사된다.

→ 일간은 나, 일지는 배우자감이다. 간상의 巳가 지상의 辰을 생하고 다시 지상의 丙이 일간 辛과 상합하니 혼인이 성사되며, 다시 초전이 삼기이니 좋은 배필과 인연이 맺어진다. 다만 중심과이고 지상이 괴강이니 드센 여자이다. ● 궁합 : 좋다.

○ **임신·출산** : 남자를 임신한다. 순산한다.

→ 삼전은 태아가 생육되는 과정이다. 삼전의 두 음(亥,丑)이 하나의

양(午)을 감싸니 남자를 임신한다. 간지의 상신이 상생하니 순산한다.
- **구관** : 귀인이 삼전에 들고 역마가 발용이 되었으니 관직을 정단하면 가능하다.
  → 귀인은 공무원, 역마는 승진의 신이다. 역마인 亥가 발용이 되었고, 초전이 갑인순의 삼기이며, 밤에 정단하면 귀인승신 午가 중전에 들었으니 관직에 길하다. ● 수험생은 합격하고 공무원은 승진한다. ● 부임을 정단하면 금일의 정관(丁官)이 일간에 임했으니 부임이 매우 빠르다.
- **구재** : 매우 적다. 지체하면 얻지 못한다.
  → 재성은 재물이다. 재성인 寅卯가 과전에 없고 간지가 동일한 오행이니 구재가 어렵다. 다만 연명이 未와 申이면 그 상신이 재성인 寅卯이니 구재가 가능하다.
- **질병** : 비위와 신방광이 아프다. 부모의 질병을 정단하면 불길하다.
  → 주야 모두 백호승신 丑未의 극을 받는 신방광이 아프다. 부모의 질병을 정단하면 부모효인 丑이 공망되었으니 위독하다. 만약 유월에 정단하면 부모효 丑이 유월의 사기이니 필사한다.
- **유실** : 서북으로 향하여 가서 고인 물이 있는 곳에서 잡으면 된다.
  → 도둑은 현무의 음신에 숨어 있다. 밤에 정단하면 현무의 음신이 戌이니 서북방으로 가서 잡으면 된다.
- **출행** : 가더라도 무익하다.
  → 과전에 재성이 없으니 출행하더라도 재물의 이익이 없다.
- **귀가** : 아직 도착하지 않는다.
  → 천강(辰)이 사중(酉)에 가했으니 아직 도착하지 않는다.
- **쟁송** : 불리하다.
  → 일간은 나, 일지는 상대이다. 일간 辛이 간상의 丁巳로부터 극을 받으니 나는 불리하고, 일지 酉가 지상의 辰으로부터 생을 받으니

상대는 유리하다. 또한 간상의 巳가 지상으로 탈기되니 내가 더욱 불리하다.
O **전쟁** : 길흉이 반반이다.

→ 일간이 간상의 丁巳로부터 극을 받으니 흉하고, 일간이 지상의 辰으로부터 생을 받으니 길하다. 따라서 길흉이 반반이다.

□ 『**필법부(畢法賦)**』 : 〈제42법〉 삼전 내에서 삼기(三奇)를 만나면 명예가 높아진다.

공무원이 정단하면 일품의 높고 귀한 공무원이 되어 관청에 들어간다. 만약 일반인이 정단하면 비록 길하고 태평한 조짐은 없지만 재앙이 사라진다.

〈제25법〉 금일(金日)에 정마를 만나면 흉화가 일어난다. 관직자가 정단하면 부임이 지극히 빠르다.

→ 정마가 일간에 임한다. 구관 이외의 정단에는 흉하다.

□ 『**정온(精蘊)**』 : 巳에 정귀(丁鬼)가 타서 일간에 임해서 일간을 극하면, 본래는 재앙이지만 다만 辛의 일덕이 巳에 있어서 덕신이 있을 경우에는 모든 흉이 길로 변화하고, 만약 공무원이 이것을 만나면 오히려 복이 된다. 午는 일간의 귀살로서 일간을 극하니 본래는 길신이 아니지만 밤에 정단하면 천을귀인이 타니 반드시 윗사람의 도움을 받고, 비 관직자는 관송을 면하지 못한다.

□ 『**중황경(中黃經)**』 : 역마인 巳亥가 보이면 기로이고, 丑이 午로 들면 저주가 많다.

→ 巳와 亥에는 쌍(雙)의 뜻이 있으니 갈림길[岐路]이 된다.

辛酉일　제 7 국

공망 : 子·丑 ○
낮 : 왼쪽 천장, 밤 : 오른쪽 천장

乙	辛	乙
后 卯 玄	青 酉 合	后 卯 玄
酉	卯	酉

丙	壬	乙	辛
陰 辰 陰	勾 戌 勾	后 卯 玄	青 酉 合
辛 戌	辰	酉	卯

癸亥 合	朱 子午 ○	蛇 丑未 ○	甲寅 常
壬戌辰 勾	勾		乙卯酉 玄 后
辛酉卯 青 合			丙辰戌 陰 陰
庚申寅 空	己未丑 ○ 朱 白	戊午子 ○ 常 貴	丁巳亥 玄 后

□ **과체** : 반음(返吟), 용전(龍戰), 참관(斬關), 착륜(斲輪) // 간지동류(干支同類), 무의(無依), 침해(侵害), 삼교(三交), 음일(淫泆), 일녀(泆女), 회환(回還), 양귀수극(兩貴受剋).

□ **핵심** : 간지의 상하가 각각 육해(六害)하니 서로 방해한다. 집에 간음이 있는 이유는 현무와 육합이 타기 때문이다.

□ **분석** : ❶ 辰과 卯가 육해하고 戌과 酉가 육해하니 간지의 상하가 각각 육해한다. 卯와 戌이 육합하고 辰과 酉가 육합하니 간지가 상합한다. 따라서 처음에는 서로 해치지만 나중에는 방해가 없다.

　❷ 卯酉는 문호(門戶)를 뜻한다. 육합이 가운데에 있고 현무가 문을 엿보니 반드시 간음을 면하기 어렵다.

　➔ 현무는 卯에 타고 육합은 酉에 탄다.

□ **정단** : ❶ 반음과는 본래 평탄한 형세가 아니고, 초전의 卯는 처재효로서 계속하여 핍박을 받는다. 이미 결합한 사람은 반드시 이별하고, 이미 이별한 사람은 다시 결합한다.

　➔ 반음과는 언덕이 계곡이 되고 계곡이 언덕이 되는 상이다. 또한

반음과는 감괘가 리괘가 되고 리괘가 감괘가 되는 상이다. 따라서 혼인한 사람은 이혼하고 이혼했던 사람은 재혼한다.
❷ 양 귀인이 극을 받으니 귀인을 만나더라도 아무런 소용이 없고, 丙이 일간의 둔반에 임하니 재앙이 적지 않다.
→ 낮 귀인 寅은 지반의 申으로부터 극을 받고 밤 귀인 午는 지반의 子로부터 극을 받는다.
❸ 외출한 사람은 배와 차가 뒤집히고 가운은 쇠해진다.
→ 반음과의 천반은 지반이 되고 지반은 천반이 된다. 따라서 반음과는 자동차가 뒤집히는 상이니 교통사고가 많다.

○ **날씨** : 문득 개이고 문득 흐린 날씨가 반복된다.
→ 남이 북이 되고 북이 남이 되는 상의 반음과는 문득 개이고 문득 흐린 날씨가 반복된다.
○ **가정** : 음란과 도난을 모두 방비해야 한다.
→ 일지는 가택, 卯酉는 도화, 천후와 육합은 음란의 천장, 현무는 도둑을 뜻한다. 지상의 卯에 낮에는 천후가 타니 음란을 예방해야 하고, 밤에는 현무가 타니 도난을 예방해야 한다. 밤에 정단하면 일지음신 酉에 육합이 타니 더욱 더 음란을 예방해야 하고, 일지가 사중이고 지상이 다시 사중이며 삼전이 모두 사중이니 음란의 성향이 더욱 더 강하다. ● 일지음신이 일록이니 집에 재산이 있다.
○ **혼인** : 이별과 결합이 밥 먹듯이 하니 완미(完美)하지 않다.
→ 천반은 양과 남자, 지반은 음과 여자의 상이다. 과전의 모든 천반과 지반이 상충하여 남녀가 여러 번 헤어지는 상이니 결말이 좋지 않다. ● 궁합 : 과전의 천지반이 상충하고, 간지가 육해(六害)하며, 다시 간상의 辰과 지상의 卯가 육해하니 나쁘다. ● 반음과는 혼인이 번복되니 약혼했다면 파혼하고, 혼인했다면 이혼한다. 다만 반

음과는 초혼은 깨지고 재혼은 성사된다.
- **임신·출산** : 여자를 임신한다. 쌍둥이다.
  → 일간은 태아이다. 일간음양에서 두 양(辰,戌)이 하나의 음(辛)을 감싸니 여자이고, 다시 지반이 천반을 극하여 발용이 되었으니 여자이다. 일간의 태신인 卯가 지상과 초전과 말전에 나타났으니 쌍둥이다.
- **구관** : 세무서에서 세금을 부과하는 관직이다. 종임(終任)하기 어렵다.
  → 酉가 일록과 관문을 뜻하니 전통시대에 지역의 관문에서 세금을 부과하는 관직이다. 일록인 酉가 酉를 충하는 지반에 앉아 있으니 종임하지 못한다. ● 고시 : 떨어진다. ● 승진 : 안 된다.
- **구재** : 득재하기 어렵다. 뒤집혀서 정해지지 않는다.
  → 초전의 卯는 재물이다. 卯가 충지인 酉에 앉아 있으니 득재하기 어렵고 또한 재물이 뒤집히니 득재가 일정하지 않다.
- **질병** : 수가 목을 생하지 못하니 피가 근육에 공급되지 않는다. 처의 질병을 정단하면 길하지 않다.
  → 오행의 수는 혈(血), 목은 근육이다. 과전에 수 오행이 없으니 초전의 卯를 생하지 못하니 피가 근육에 공급되지 않는다. ● 처의 질병을 정단하면 처재효 卯가 이것을 충(沖)하는 지반에 앉아 있으니 처의 질병을 정단하면 길하지 않다. ● 천지가 뒤집히는 상의 반음과이니 질병이 재발하는 것을 예방해야 한다.
- **유실** : 여인이 훔쳤다. 곧 발각된다.
  → 낮에 정단하면 재성인 卯에 천후가 타니 여인이 훔쳤다. 천후승신 卯가 지반으로부터 충과 극을 받고 다시 그 음신으로부터 충과 극을 받으니 곧 발각된다.
- **출행** : 이롭지 않다. 중도에 돌아온다.
  → 卯는 여객수단이다. 지상의 卯가 충지에 앉아 있어서 교통사고가

나는 상이니 중도에 돌아온다.
○ **귀가** : 곧 도착한다.
→ 자동차를 뜻하는 卯가 택상에 임하니 곧 도착한다.
○ **도난** : 도적은 서북방에서 희경사가 있는 집에 있다.
→ 도적은 현무의 음신에 숨어 있다. 낮에 정단하면 현무의 음신이 亥이니 서북방에 있고 여기에 육합이 타고 있으니 혼사가 있는 집에 있고, 밤에 정단하면 현무의 음신이 酉이니 정서방에 있고 여기에 육합이 타고 있으니 혼사가 있는 집에 있다.
↑ **쟁송** : 내가 불리하다.
→ 일간은 나, 일지는 상대이다. 지상의 卯가 간상의 辰을 극하니 상대는 유리하고 나는 불리하다. 간지와 그 상신이 육해하니 합의하기 어렵다.
○ **전쟁** : 현무가 일지에 임해서 일간을 해치니 병법가가 가장 꺼린다.
→ 현무와 일지는 적군이다. 밤에 정단하면 지상에 현무가 타니 나쁘다.

□ 『**필법부(畢法賦)**』 : 〈제76법〉 서로 시기하여 모두에게 화가 미친다.
→ 간지상의 辰과 卯가 육해하니 혼인, 매매, 거래, 회담 등에서 이롭지 않다.
〈제49법〉 양 귀인이 극을 받으면 귀인에게 아뢰는 일에서 뜻을 성취하기 어렵다.
→ 낮 귀인 寅은 지반의 申으로부터 극을 받고, 밤 귀인 午는 지반의 子로부터 극을 받는다.
□ 『**정온(精蘊)**』 : 이 과로 정단하면, 반음과는 이별하고 개혁하는 상이니 혼인을 의논하면 안 된다. 다만 재혼하려는 사람은 혼인을 기대하지 않았지만 혼인이 성사되며 게다가 이익이 있다는 것을 알지 않

으면 안 된다. 이것은 辛이 곧 戌이고 그 위에 천강(辰)이 타서 일지 酉와 육합하고 지상의 천후승신 卯는 다시 일간 戌과 합을 하기 때문이다. 하물며 酉에는 청룡이 타서 처인 卯를 극하며 간상의 태음은 곧 일지인 酉이니 처가 남편을 취하는 상이며, 다시 상합하니 크게 이롭다. 그러나 초혼은 좋지 못하다.

辛酉일 제8국

공망 : 子·丑
낮 : 왼쪽 천장, 밤 : 오른쪽 천장

	己 ○		丁
白 未 蛇		朱 子 空	玄 巳 后
	寅	未	子 ○
乙	庚	甲	己
后 卯 玄	空 申 朱	貴 寅 常	白 未 蛇
辛 戌	卯	酉	寅

勾 壬 戌 巳	勾 癸 亥 午 合	朱 ○ 子 未	空 ○ 丑 申 蛇
青 辛 酉 辰	合		貴 甲 寅 酉 常
空 庚 申 卯	朱		后 乙 卯 戌 玄
白 己 未 寅	蛇 戊 午 丑 ○ 常 貴	玄 丁 巳 子 ○ 后 陰	陰 丙 辰 亥

- □ **과체** : 지일(知一), 장도액(長度厄), 여덕(勵德/낮) // 간지동류(干支同類), 금일정신(金日丁神), 인귀생신(引鬼生身), 앙구(怏咎), 체극(遞剋), 멸덕(滅德), 교차상극(交叉相剋), 무음(蕪淫), 맥월(驀越), 말조초혜(末助初惠), 불행전(不行傳), 육편판(六片板), 살몰(殺沒), 구재대획(求財大獲).

- □ **핵심** : 재성이 천지에 가득 있지만 그것을 취하면 화의 발단이 된다. 신상이 편안하지 않고 여러 사람이 나를 공격한다.

- □ **분석** : 乙卯가 일간에 임했고 甲寅이 일지에 임했다. 돈과 재물이 천지에 가득 있지만 취하면 화가 생긴다. 그 이유는 간상의 卯가 초전의 未를 극한다. 그러나 未가 중전의 子를 극하고, 子가 말전의 巳를 극하고, 巳는 일간 辛을 극하기 때문이다. 따라서 반드시 여러 사람의 공격을 받아 재앙과 화가 닥친다.

- □ **정단** : ❶ 도액(度厄)이다. 세 곳의 하가 상을 극하니 존장에게 재앙이 생기는 것을 면하기 어렵다.

  ❷ 삼전이 일간을 차례로 극하여오니 깨지는 일이 많다. 다행한 것

은 말전이 초전의 생을 도우니 재원(財源)이 끊이지 않으며, 돈을 빌려서 빚을 갚는 상이다. 다만 삼전이 일간을 체극하여 오니 여러 사람이 반드시 나를 속이고 능멸한다.

❸ 초전의 未와 중전의 子가 육해(六害)하니 모든 일에서 실패한다.
❹ 발용에서 등사와 백호를 만나니 반드시 내실(內室)에 질병이 발생하고, 말전이 일덕과 정마이니 먼 곳에서 돈과 재물을 나에게로 온다.

○ **날씨** : 수는 상이고 화는 하이니 갑인순을 벗어나면 비가 온다.
　➔ 공망된 중전의 子수가 메워지는 갑인순에는 비가 온다.
○ **가정** : 부모의 병을 예방해야 한다. 부인이 귀신을 보고 나서 발광한다.
　➔ 사과 세 곳의 하가 상을 극하니 부모에게 병이나 사고 등의 재앙이 발생하는 것을 예방해야 한다. ● 처재효인 寅의 상신이 寅의 묘신이고 이곳에 백호가 타니 처에게 우환이 발생하는 것을 예방해야 한다. ● 일지는 가택이다. 지상에 재성인 寅이 임하니 가정에 재물이 풍족하다. 다만 삼전이 내전되니 가정에 예가 없다.
○ **혼인** : 낮에는 길하다.
　➔ 일간은 나, 일지는 배우자감이다. 낮에 정단하면 간상과 지상에 길장인 천후와 귀인이 타니 길하다. 더군다나 낮에 정단하면 간상에는 천후가 타니 여자가 남자에게 시집오는 상이지만 섭해과이니 혼인이 지체될 우려가 있다. ● 궁합 : 간지가 비화(比和)하고 간지의 상신이 다시 비화하니 좋다.
○ **임신·출산** : 본처 외의 자식이 우려된다. 순산한다.
　➔ 밤에 정단하면 태신인 간상의 卯에 현무가 타니 본처 외의 자식이 우려된다. 자궁을 뜻하는 丑이 공망되었으니 순산한다. ● 일간에

서 손을 뜻하는 卯가 발을 뜻하는 戌에 가했으니 역산(逆産)을 예방해야 한다.
- ○ **구관** : 비록 기만과 능멸을 당하지만 오히려 승진할 수 있다.
  → 말전의 관성 丁巳가 초전의 인성 未土를 생하니 승진할 수 있다. 다만 공망된 관성 지반의 子가 풀리는 자년이나 자월이나 자월장(대한~우수)이 되어야 가능하다.
- ○ **구재** : 크게 이롭다.
  → 간상의 卯가 초전의 未를 극하고, 초전이 중전의 子를 극하며, 중전이 말전의 巳를 극하여서 '구재대획격(求財大獲格)'이니 구재에서 크게 이롭다. 다만 공망된 子가 풀리는 자년이나 자월이나 자월장 기간에 정단하거나 혹은 이 시기가 되면 구재대획격이 성립된다. ● 그리고 말전의 귀살 丁巳에 낮에 정단하면 현무가 타니 도난을 예방해야 하고, 밤에 정단하면 천후가 타니 부녀자로 인한 화를 예방해야 한다.
- ○ **질병** : 수가 간을 보양하지 못하여 병이 그치지 않으니 낫기 어렵다.
  → 중전의 子수가 공망되어 목의 장부인 간을 생하지 못하니 간병이 낫기 어렵고, 의약신 子가 공망되었으니 모든 병이 낫기 어렵다. ● 진월(辰月)에 정단하면 죽은 몸(申)이 관(卯) 속으로 들어가는 상이니 사망하고, 술월의 밤에 정단하면 지상의 태상승신 寅이 사기이니 부모상이 우려된다. ● 卯는 손, 戌은 발이다. 일간의 상하가 卯와 戌이니 중풍을 예방해야 한다.
- ○ **출행** : 육로행을 하면 손실을 예방해야 한다. 낮에 정단하면 길하다.
  → 현대에서는 일간은 여행객, 일지는 여행지이다. 밤에 정단하면 간상에 현무가 타니 도난이나 소매치기 등에 의한 손실을 예방해야 하고, 낮에 정단하면 간상에 길장인 천후가 타니 길하다.
- ○ **귀가** : 장애가 있다.
  → 출행인이 말전 ⋯ 중전 ⋯ 초전 ⋯ 지상으로 귀가한다. 말전과

중전이 공망되었으니 귀가에 장애가 있다.

○ **도난** : 서방에 있는 군인이 도둑이다.

→ 낮에 정단하면 현무의 음신인 戌이 군인을 뜻하니 군인이 도둑이다.

↑ **쟁송** : 불리하다.

→ 삼전이 일간을 체극하여 오니 내가 불리하다. ● **관재** : 삼전이 일간을 체극하여 오니 형을 선고받는 것을 예방해야 한다.

○ **전쟁** : 불리하다.

→ 삼전이 일간을 체극하여 오니 불리하다.

□ 『**필법부(畢法賦)**』 : 〈제32법〉 삼전이 차례로 나를 극하면 대중이 나를 기만한다.

→ 초전의 未가 중전의 子를 극하고, 중전이 말전의 巳를 극하며, 말전이 일간 辛을 극한다.

□ 『**삼거일람(三車一覽)**』 : 未가 寅에 가해서 발용이 되었고 삼전과 일진이 내전되었으니 모든 일에서 가례가 올바르지 않고 자신이 함부로 행동하니 쟁송에 이른다. 삼전이 차례로 일간을 극하니 화사한 기운이 전무해서, 소송을 정단하면 형(刑)을 살고, 질병을 정단하면 반드시 사망한다. 다만 관직자가 정단하면 처음에는 공명이 작게 나타나지만 나중에는 점차 승진하며 크게 흥성한다. 나머지의 일을 정단하면 불길하다.

→ 삼전에서 초전의 지반 寅은 그 천반 未를 극하고, 중전의 지반 未는 그 천반 子를 극하고, 말전의 지반 子는 그 천반 巳를 극하니 삼전이 내전되었다. 그리고 사과에서는 제일과의 지반 辛은 그 천반 卯를 극하고, 제삼과의 지반 酉는 그 천반 寅을 극하고, 제사과의 지반 寅은 그 천반 未를 극한다.

□ 『비요(秘要)』: 관청의 공무원은 스스로를 단속해야 한다.

| 갑인순 | 신유일 | 9국 |

辛酉일 제 9 국

공망 : 子·丑
낮 : 왼쪽 천장, 밤 : 오른쪽 천장

甲	戊	壬
貴 寅 常	常 午 貴	勾 戌 勾
戌	寅	午
甲	戊	○	丁
貴 寅 常	常 午 貴	蛇 丑 白	玄 巳 后
辛	戌	酉	丑

辛酉巳	壬戌午	癸亥未	○子申
青 合	勾 勾	合 青	朱 空
庚申辰			○丑酉
空 朱			蛇 白
己未卯			甲寅戌
白 蛇			貴 常
戊午寅	丁巳丑	丙辰子	乙卯亥
常 貴	玄 后	陰 陰	后 玄

- **과체** : 중심(重審), 염상(炎上), 육의(六儀) // 간지동류(干支同類), 금일정신(金日丁神), 멸덕(滅德), 전국(全局), 화미(和美), 형통(亨通), 체생(遞生), 천장구신(天將求神/낮), 복공(腹空), 막귀임간(幕貴臨干/밤), 귀인입옥(貴人入獄/낮), 관귀효현괘, 부귀육의(富貴六儀).
- **핵심** : 삼전의 관성이 천장오행을 생하니 관직자는 흥하며 번영한다. 비 관직자는 우환이 풀리며, 사적인 일을 귀인에게 부탁하면 성사된다.
- **분석** : 삼전의 화국에서 초전이 말전까지를 생하고, 주야의 천장오행 토가 일간을 생해서 관성과 인성이 상생하여 권력을 잡으니, 관직자는 흥하며 번영한다. 토의 천장이 귀살의 흉을 길로 변화시키니, 일반인이 정단하면 우환이 풀리며 귀인에게 부탁하는 일은 성공한다.
- **정단** : ❶ 삼전이 염상(炎上)이고 육의(六儀)가 발용이 되어 삼전이 일간을 체생(遞生)한다. 따라서 반드시 여러 사람이 이구동성으로 나를 칭찬하니 요직에 오른다.

❷ 주야의 귀인이 서로 가하니 모든 일에서 반드시 양 귀인이 간섭

하고, 밤에는 염막귀인이 일간에 임하니 봄에 고시에 응시하면 반드시 합격한다.

❸ 다만 백호와 등사가 묘지인 丑에 타서 가택에 드니 비록 공망은 되었지만 놀람과 근심을 면할 수 없다.

O **날씨** : 화국이니 크게 맑다.
　➔ 삼전의 寅午戌이 화국이니 크게 맑다.
O **가정** : 묘신이 가택을 덮고 백호와 등사가 일지에 임하니 재앙과 화를 면하지 못한다.
　➔ 일간은 사람이고 일지는 가택, 묘신은 어둠의 신이고 등사와 백호는 흉장이다. 비록 공망은 되었지만 지상의 丑이 간지의 묘신이니 흉하다. 다시 주야에 등사와 백호가 타니 질병이나 사고가 발생하는 상이니 재앙과 화를 면하지 못한다. 만약 유월에 정단하면 丑이 사기이니 집에 상(喪)을 예방해야 한다. ● 중심과는 가례가 없는 상이니 가례를 지켜야 한다. ● 밤에 정단하면 묘신백호가 일지에 임해서 엎드린 시신인 복시(伏尸)가 있으니 이사해야 한다.
O **혼인** : 남자를 정단하면 길하고, 여자를 정단하면 흉하다.
　➔ 일간은 남자, 일지는 여자이다. 간상이 재성이니 재물이 있는 남자이고 천장 또한 길장인 귀인과 태상이 타니 여자가 남자를 정단하면 길하다. 그러나 남자가 여자를 정단하면 지상의 丑이 어둠의 신이고 천장 또한 흉장인 등사와 백호가 타니 흉하다. ● 궁합 : 간상의 寅이 지상의 丑을 극하고 다시 지상이 공망되었으니 나쁘다. ● 중심과이니 온순하지 않은 여자이고, 만약 가을에 정단하면 지반의 辛이 왕성하니 더욱 더 온순하지 않은 여자이다.
O **임신·출산** : 여자를 임신한다. 순산한다.
　➔ 일간은 태아이다. 일간음양의 두 양(寅,午)이 하나의 음(辛)을 감

싸니 여자이고, 다시 하가 상을 극하여 발용이 된 중심과이니 여자를 임신한다.

○ **구관** : 길하다.

→ 삼전이 관성국이고 육의(六儀)인 甲寅이 발용이 되었으며, 삼전이 일간을 체생(遞生)하여 반드시 여러 사람이 이구동성으로 나를 칭찬하니 요직에 오른다. ● 밤에는 염막귀인이 일간에 임하니 고시에 합격하며, 특히 봄에 정단하면 귀인승신 寅이 왕성하니 반드시 합격한다.

○ **구재** : 반드시 재물을 얻는다.

→ 재성은 재물이다. 간상과 발용에 재성인 甲寅이 임하니 반드시 재물을 얻는다. 다만 재성이 귀살국을 형성하니 재물로 인한 화를 예방해야 한다. 낮에는 중전의 귀살에 태상이 타니 상(喪)을 예방해야 하고, 밤에는 귀인이 타니 관재를 예방해야 한다.

○ **질병** : 음식이 쌓여서 적괴(암)가 되었다. 낫는다.

→ 지상은 병증이다. 지상의 丑이 토이고 일간의 묘신이며 주야에 등사와 백호가 타니 암이다. 다행히 丑토가 공망되었으니 낫는다.

○ **출행** : 육로는 길하고 수로는 흉하다.

→ 현대에서는 일간은 여행객, 일지는 여행지이다. 지상의 丑이 묘신이니 안전한 여행지가 아니다.

○ **귀가** : 즉시 도착한다.

→ 삼전이 일간을 체생하여 오니 즉시 도착한다.

↑ **쟁송** : 내가 유리하다.

→ 일간은 나, 일지는 상대이다. 일간은 튼실하고 일지는 공허하니, 나는 유리하고 상대는 불리하다. ● 관재 : 비록 일간이 삼전의 귀살로부터 극을 당하니 처음에는 흉하지만, 삼전의 천장오행이 귀살을 설기해서 일간을 생하니 나중에는 관재가 가벼워지며 사라진다.

○ **전쟁** : 건방(乾方)에서의 복병을 예방해야 한다.

→ 밤에 정단하면 적군을 뜻하는 현무가 지반의 亥에 임하니 서북방에서의 복병을 예방해야 한다.

──────────────────────────────

□ 『필법부(畢法賦)』: 〈제47법〉 귀인이 비록 감옥에 있더라도 일간에 임하면 좋다.
〈제62법〉 묘신백호가 일지에 임하면 엎드린 시신인 복시(伏尸)가 있다.
〈제84법〉 합 속에 살을 범하면 꿀 속에 비상이 있다.
→ 비록 삼전이 삼합하여 화목한 기운이지만 중전의 午가 지상의 丑과 육해하니 화목한 가운데에서 인체에 치명적인 비상이 들어 있다.

□ 『과경(課經)』: 일간의 묘신이 일지에 임한 경우에 가택을 정단하면 반드시 복시(伏屍)로 인한 귀수(鬼祟)의 해를 입는다. 다행히 丑이 酉를 극하지 않으니 그 화가 매우 가볍다. 그리고 묘지에 백호와 등사가 타서 일지에 가하고 일지가 酉이니 '묘문개격(墓門開格)'이라고 하여 거듭 상(喪)을 당한다.

□ 『찬요(纂要)』: 천을귀인이 지반의 辰戌 위에 임하면 귀인이 감옥에 갇혔다고 한다. 을일(乙日)과 신일(辛日) 두 날에는 귀인이 일간에 임하니 귀인에게 부탁하는 일이 성사되며, 귀인이 뇌물을 받는다는 뜻의 '귀인수회(貴人受賄)'라고 하여 사적으로 도모하는 일과 기도에 이롭다.

□ 『집의(集義)』: 화는 일간을 극하고 토는 일간을 생한다. 천장의 오행이 일간을 구하니 모든 화를 풀 수 있다.
→ 삼전의 화국이 일간을 극하지만 삼전의 모든 토의 오행이 삼전의 기운을 설기해서 일간을 생하니 모든 우환이 풀린다.

辛酉일 　제 10 국

공망 : 子·丑 ○
낮 : 왼쪽 천장, 밤 : 오른쪽 천장

乙	戊		辛
蛇卯玄	勾午貴		白酉合
子 ○	卯		午
○	丙	○	乙
后丑白	朱辰陰	陰子空	蛇卯玄
辛戌	丑	酉	子 ○

庚空申合巳	辛白酉朱午	壬合戌常未	癸勾亥玄申
己青未蛇辰			○陰子酉空
戊勾午貴卯			○后丑白戌
丁合巳蛇寅	丙后辰朱丑○	乙蛇卯玄子○	甲貴寅常亥

□ **과체** : 요극(遙剋), 탄사(彈射), 여덕(勵德/밤), 삼교(三交), 고진(孤辰)
// 간지동류(干支同類), 사과개공(四課皆空), 묘공(墓空), 묘신부일(墓神覆日), 록현탈(祿玄脫), 복덕(福德), 절신가생(絶神加生/연명 亥), 신장·귀등천문(神藏·貴登天門), 간지상합(干支相合).

□ **핵심** : 사과와 초전, 겉과 안 모두 공허하다. 처와 재물을 모두 잃고 합(合)을 하더라도 없는 것과 같다.

□ **분석** : ❶ 사과의 음양과 초전이 모두 공망되었으니 겉과 속 모두 공허하고, 처재인 卯가 공함되고 밤에는 현무가 타니 반드시 재물이 손실된다. 비록 일간의 기궁 戌과 상합하지만 탄식만 있을 뿐이다.
❷ 중전의 귀인이 관성이니 관직자는 좋고 일반인은 반드시 재물을 다투다가 기소된다.

□ **정단** : ❶ 탄사(彈射)이어서 화와 복이 이미 가벼운데 발용이 공망되었으니 더욱 더 영향이 없다.
❷ 간지인 酉와 戌은 육해(六害)하고 간지상의 子와 丑은 쓸데없이 합을 하니, 겉으로는 합을 하고 속으로는 이별하는 상이다.

❸ 일지에는 천라지망(天羅地網)과 탈기(脫氣)가 타니 가정이 쓸쓸하고, 일간에는 묘신인 丑에 백호가 타니 사람에게 질액(疾厄)이 있으며, 왕신 겸 일록이 그를 극하는 지반에 앉아 있으니 관직자가 정단하면 완전히 길한 것은 아니다.

○ **날씨** : 子수가 공망되었으니 비가 오지 않는다.
→ 오행의 수는 비이다. 지상의 子수가 공망되었으니 비가 오지 않는다.

○ **가정** : 집이 가난하다. 생계가 어렵다.
→ 일지는 가택이다. 일간이 지상의 子로 탈기되니 집이 가난하고, 공망이 되었으니 가정에 재물이 비었으며, 일지음신의 재성이 다시 공망되었으니 생계가 어렵다. 특히 밤에는 일지음신의 재성 卯에 현무가 타니 도난이나 손재수를 예방해야 한다. ● 사과가 공망되었으니 가정의 내외사 모두 공허해지는 것을 예방해야 한다. ● 묘신백호가 일간에 임하니 위독하고, 만약 유월에 정단하면 丑이 사기이니 반드시 상을 당한다. 丑이 부모효이니 부모상이고 낮에는 천후가 타니 모친상이나 부인상이다.

○ **혼인** : 견우와 직녀가 공합(空合)하니 불길하다.
→ 일간은 남자이고 일지는 여자, 丑은 견우이고 子는 직녀이다. 간지상의 子丑이 공망되어 혼인이 불성하니 길하지 않다. ● 궁합 : 기궁 戌과 일지 酉가 육해하고 간지상의 子와 丑이 공망되었으니 나쁘다. ● 일지는 상대이다. 주야 모두 지상에 흉장이 타니 나쁘다.

○ **임신·출산** : 태신이 공함되었으니 낙태를 예방해야 한다.
→ 태신은 태아이다. 일간의 태신인 卯가 공망되었으니 낙태를 예방해야 한다.

○ **구관** : 관록이 삼전에 들었으니 처음에는 어렵지만 나중에는 얻는다.

→ 일록은 공무원이 받는 급여이다. 이것이 말전에 들었으니 나중에 관록을 얻는다. ● 고시 : 초전이 공함되었고 다시 암매의 신인 묘신이 일간에 임했으니 떨어진다. ● 승진 : 안 된다.

○ **구재** : 수입에 비해 지출이 많다.
→ 일간은 나, 일지는 회사, 재성은 재물이다. 비록 초전에 재성이 있지만 공함되었고 다시 일간이 지상으로 탈기되니 회사에 지출이 많고, 사과가 모두 공망되었으니 회사 내외에 지출이 많아서 적막하다. 따라서 수입에 비해 지출이 많다.

○ **질병** : 신수가 부족하고 간기가 맑지 않다. 치료하지 않더라도 가만히 있으면 낫는다.
→ 지상은 병증이다. 지상이 子이니 신수가 부족하고 오행의 卯목이 공망되었으니 간기가 맑지 못하다. 사과가 모두 공망되어 체(體)가 없으니 작은 질환은 시간이 지나면 저절로 낫지만 구병은 죽음을 각오해야 한다.
● 부모의 질병을 정단하면 부모효인 丑에 백호가 타니 부모에게 질병이 있고, 丑이 일간의 묘신이고 다시 공망되었으니 낫기 어렵다. 특히 8월에 정단하면 丑이 8월의 사기이니 사망할 우려가 있다. ● 처의 질병을 정단하면 처재효인 卯가 공망되었으니 낫기 어렵다. 특히 10월에 정단하면 卯가 10월의 사기이니 사망할 우려가 있다.

○ **출행** : 아직 출발하지 않는다.
→ 일간은 여행객이다. 일간이 공망되어 출행할 준비가 되지 않았으니 아직 출발하지 않는다.

○ **귀가** : 바로 도착한다.
→ 천강(辰)은 동신, 사계는 사물의 끝이다. 천강이 사계의 하나인 丑에 임하니 곧 도착한다. 이 이론은 지두법의 일종이다.

○ **도난** : 밤에는 남방에 있는 귀인의 마방(馬房)에 있고, 낮에는 동북방에 있는 도관이나 사찰에 있다.

→ 도둑은 현무의 음신에 있다. 밤에 정단하면 현무의 음신이 午이 니 정남방에 있고, 현무음신에 귀인이 타니 귀인의 집에 있으며, 현무음신이 午이니 마구간에 있다. 낮에 정단하면 현무의 음신이 寅이 니 동북방에 있고 현무음신이 寅이니 승려가 사는 사찰이나 수도자 가 사는 도관에 있다.

↑ **쟁송** : 패소를 예방해야 한다.

→ 일간은 나이다. 암매의 신인 묘신이 일간을 덮었으니 패소를 예 방해야 한다. ● 관재 : 어둠의 신인 묘신이 일간을 덮었으니 수감될 우려가 있다.

○ **전쟁** : 처음에는 공허하고 나중에는 튼실하다. 결국 반드시 공을 세 운다.

→ 초전은 전투의 처음, 말전은 전투의 나중이다. 사과와 초전이 공 망되어 처음에는 전투에서 무기력하지만 말전이 일록이니 전투에 서 공을 세운다.

□ 『**필법부(畢法賦)**』: 〈제61법〉 질병 정단에서 일간 위에 묘신백호가 없 어야 좋다.

→ 일간은 병자(病者), 묘신은 묘지이다. 일간이 묘신의 아래에 있는 것은 병자가 땅속에 매장되는 상이니 사망을 뜻한다. 더욱이 묘신 에 백호가 타면 사람이 병이 들어 죽은 뒤에 땅속에 묻히는 상이니 더욱 나쁘다.

□ 『**신정경(神定經)**』: 戌에 가한 丑에 밤에 정단하면 백호가 묘신에 탄 다. 辛酉일에는 간상의 丑이 공망된 묘신이니 더욱 두렵지 않겠는가?

□ 『**회통(會通)**』: 육해는 튼실하고 육합은 공허하다. 겉으로는 좋지만 속으로는 해친다.

→ 간상의 丑과 지상의 子가 상합하니 겉으로는 좋아 보이지만, 간

지의 지반인 戌과 酉는 육해에 해당하니, 겉으로는 화기애애하지만 속으로는 서로 해치는 뜻이 있다. 이 과전에서는 간지의 상신인 丑과 子가 상합하지만 이것이 공망되었고 다시 지반의 戌과 酉가 서로 육해하니 혼인, 매매, 계약, 회담을 정단하면 모두 이루지 못한다. 『대육임필법부』 22-5법에 해당한다.

□ **집의(集義)**』: 유일(酉日)에 子가 酉에 가한 곳에 태음이 타니 이 집에 여승의 출입으로 인하여 헛되이 지출한다.

→ 여승은 물론이고 첩으로도 해석할 수 있다.

□ 『**찬요(纂要)**』: 묘신인 丑이 일간에 임한다. 유월에 정단하면 거듭 상(喪)을 당한다.

→ 간상의 丑은 묘신이고 백로 이후의 유월에는 丑이 유월의 사기이니 상을 당한다. 丑이 부모효이고 이곳에 천후가 타니 모친상과 부인상이 우려된다.

辛酉일 제 11 국

공망 : 子·丑
낮 : 왼쪽 천장, 밤 : 오른쪽 천장

	○	乙	丁
后 丑 白	蛇 卯 玄	合 巳 后
亥	丑 ○	卯
○	甲	癸	○
陰 子 空	貴 寅 常	玄 亥 青	后 丑 白
辛 戌	子 ○	酉	亥

己 未 巳 青	庚 申 午 空 蛇	辛 酉 未 白 朱	壬 戌 申 合 常 勾
戊 午 辰 勾 貴			癸 亥 酉 玄 青
丁 巳 卯 合 后			○ 子 戌 陰 空
丙 辰 寅 朱 陰	乙 卯 丑 蛇 玄	甲 寅 子 貴 常	○ 丑 亥 后 白

□ **과체** : 원수(元首), 과수(寡宿), 일녀(泆女) // 간지동류(干支同類), 금일정신(金日丁神), 복덕(福德), 인귀생신(引鬼生身), 맥월(驀越), 진간전(進間傳), 출호(出戶/丑卯巳), 오음(五陰), 말조초혜(末助初憓), 강색귀호(罡塞鬼戶), 복공(腹空), 귀인입옥(貴人入獄/밤), 탈상봉공(脫上逢空), 교차상탈(交叉相脫).

□ **핵심** : 스스로 묘신이 장생으로 전해지고, 말전의 귀살에 丁이 탄다. 밤에는 재물을 잃고 흉이 발생하는 것이 그치기 어렵다.

□ **분석** : ❶ 묘신인 丑에 백호가 타서 발용이 되었고 말전의 관귀효에는 丁이 타서 묘신이 장생으로 전해지니 처음에는 어둡고 나중에는 밝다.

❷ 중전의 재성 卯가 공망된 지반에 앉고 밤에는 현무가 타니 어찌 손실과 소모를 면할 수 있겠는가? 또한 금일에 말전에서 丁을 만났으니 흉이 움직이는 것을 멈출 수 없다.

□ **정단** : ❶ 발용이 공망되었고 간지에는 탈기(脫氣)가 임하며 다시 간지가 교차상탈(交叉相脫)을 한다. 간상의 子가 공망되었고 다시 천공

이 탔으니 〈경〉에서는 탈기되고 공망되었다는 뜻의 '탈공신(脫空神者)'이라고 한다. 모든 일에서 허위가 많아서 깊이 믿기에는 부족한 점이 있다.

❷ 말전의 정마가 귀살에 해당하고 그 위에 천후가 타니 처를 얻는 기쁨이 없으면 먼 곳에서 재물을 보내오는 기쁨이 있다. 다만 관직자가 정단하면 덜 길하다. 무릇 정단하는 사람은 공망된 子가 메워지는 시기에 이르면 귀살이 제극되어 재난이 사라진다.

➜ 처를 얻는 기쁨이 있다고 했지만 말전의 丁巳가 일간의 귀살이니 여자로 인해 화를 입는 것을 예방해야 한다.

○ **날씨** : 수가 공망되었으니 비가 오지 않는다.
➜ 일간은 하늘, 수는 비이다. 간상의 子가 공망되었으니 비가 오지 않는다.

○ **가정** : 희경사로 인해 재물이 소비되거나 혹은 반드시 도난으로 인해 손실된다.
➜ 일지는 가택이다. 지상이 탈기(脫氣)이니 가정에 손실이 발생한다. 낮에 정단하면 탈기에 현무가 타니 도난으로 인한 손실이고, 밤에는 청룡이 타니 남편이나 혼인으로 인한 손실이다. ● 일간은 나이다. 간상의 子가 탈기이니 손실이 발생한다. 낮에 정단하면 태음이 타니 여자 혹은 소인에 의한 손실이고, 밤에 정단하면 천공이 타니 거짓을 일삼는 사람에 의한 손실이다. 따라서 근신해야 한다. ● 역마인 亥가 택상에 임하니 이사수가 있다. ● 밤에 정단하면 일지음신 丑에 백호가 타니 집에 유골이 있으니 반드시 이사해야 한다. ● 낮에 정단하면 초전에 천후가 타고 말전에 육합이 타고 있으니 부인의 음란을 예방해야 한다.

○ **혼인** : 남자가 정단하면 성사되지 않는다.

→ 일간은 남자, 일지는 여자이다. 비록 원수과여서 혼인이 좋아 상이지만 일간이 공망되었으니 혼인할 수 없고, 지상의 癸亥가 일간을 탈기하니 남자에게 손실을 입히는 여자이다. ● 궁합 : 기궁인 戌과 일지인 酉가 육해하고 일간이 공망되었으니 좋지 않다. ● 낮에 정단하면 초전에 천후가 타고 말전에 육합이 타서 '일녀'이니 혼인 전에 음사(陰私)가 있다.

○ **임신·출산** : 어머니는 튼실하고 자식은 공허하니 출산을 정단하면 가장 나쁘다.

→ 일간은 태아, 일지는 임신부이다. 일지는 공망되지 않았지만 일간이 공망되었으니 출산이나 임신을 정단하면 태아가 사망하는 상이니 가장 나쁘다.

○ **구관** : 마음을 편하게 가지고 직장을 고수해야 한다. 시간이 흘러서 오래되면 반드시 승진한다.

→ 일간의 음양이 공망되었고 초·중전이 공망되었으니 현재의 직장을 고수해야 한다. 말전이 관직을 뜻하는 관성과 정마이니 나중에 승진한다. ● 고시 : 이번에는 낙방하지만 말전이 좋으니 수 회 떨어진 뒤에는 가능하다. ● 승진 : 이번에는 안 되지만 수 회 떨어진 뒤에는 가능하다.

○ **구재** : 오히려 손실된다.

→ 재성은 재물, 탈기는 손실이다. 중전의 재성 卯가 공망되었으니 소득이 없고 일간이 지상의 子로 탈기되니 오히려 재물이 손실되며 다시 공망되었으니 손실이 매우 크다.

○ **질병** : 신장경락이 상했다. 지극히 흉하다. 부모의 질병을 정단하면 더욱 두렵다.

→ 밤에 정단하면 백호승신 丑이 오행의 수를 극하니 신장경락이 상했다. ● 부모의 질병을 정단하면 부모효인 丑이 일간의 묘신이고 다시 공망되었으니 부모상을 예방해야 한다.

○ **출행** : 손실을 예방해야 한다.
　➜ 일간은 여행객, 일지는 여행지이다. 간상이 일간의 탈기이니 손실을 예방해야 하고, 지상이 일간의 탈기이니 여행지에서 손실을 예방해야 한다.
○ **귀가** : 역마가 가택에 임하니 즉시 도착한다.
　➜ 역마는 자동차, 일지는 집이다. 역마인 亥가 택상에 임하니 즉시 도착한다.
○ **도난** : 밤에 정단하면 동남방의 도자기를 굽는 가마터에 숨어 있고, 낮에 정단하면 정북방의 빈 무덤에 숨어 있다.
　➜ 도둑은 현무의 음신에 숨어 있다. 밤에 정단하면 현무의 음신이 巳이니 동남방에 있고 巳가 가마터를 뜻하니 도자기를 굽는 가마터에 숨어 있다. 낮에 정단하면 현무의 음신이 丑이니 정북방에 숨어 있고 丑이 무덤을 뜻하니 무덤에 숨어 있다.
↑ **쟁송** : 나는 패소하고 상대는 승소한다.
　➜ 일간은 나, 일지는 상대이다. 일간은 공허하고 일지는 튼실하니, 나는 패소하고 상대는 승소한다.
○ **전쟁** : 주(主)는 이롭고, 객(客)은 불리하다.
　➜ 일간은 공격하는 군대, 일지는 수비하는 군대이다. 일간은 공허하고 일지는 튼실하니, 공격하는 군대는 패전하고 수비하는 군대는 승전한다.
○ **분묘** : 분묘 안에 복시(伏屍)가 있다. 눅눅하며 혈의 기운이 샌다.
　➜ 일지양신은 묘지, 일지음신은 혈(穴)이다. 밤에 정단하면 일지음신 丑에 백호가 타니 혈에 유골이 있다. 일지음양이 癸亥와 丑이니 묘지가 눅눅하고, 지상의 癸亥가 일지 酉를 설기하니 혈의 기운이 샌다.

- □ 『필법부(畢法賦)』: 〈제25법〉 금일(金日)에 정마를 만나면 흉화가 일어난다.
  → 관직자가 정단하면 부임이 매우 빠르고, 일반인이 정단하면 흉이 매우 빠르다.
  〈제52법〉 천강(辰)이 귀신문(寅)을 막으면 임의로 도모할 수 있다. 재난을 피하는 일, 음모, 사적인 기도, 문상, 문병, 약 짓기, 부적 쓰기에 좋다. 만약 甲·戊·庚일이면 더욱 좋다.
- □ 『과경(課經)』: 말전의 巳화가 초전의 丑토를 도와 일간을 생하니, 반드시 드러나지 않은 곳의 곁에 있는 사람이 몰래 나를 도우니 점차 형통하고 복이 온다.
  → 초전의 丑이 공망되었고 다시 일간의 묘신이어서 일간을 생하지 못하니 이러한 뜻이 성립되지 않는다. 다만 토왕절의 축월에는 묘신과 공망을 벗어나니 원문에서의 해석이 가능하다.
- □ 『육임심경(六壬心鏡)』: 丑卯巳는 '허일대용(虛一待用)'이라고 하여 유일(酉日)에 정단하면 酉가 卯목을 충해서 금국을 이루니, 반드시 여러 사람이 하나가 되어 성사되는 뜻이 있다.
  → 여기에서의 금국은 巳酉丑을 말한다.
- □ 『비요(秘要)』: 일간의 묘신인 丑이 발용이 되었으니 구사에서 뜻밖의 문제가 발생한다.
  → 일지음신의 丑이 발용이 되었다. 가정을 정단하면 가정의 부모상 혹은 부인상을 예방해야 한다. 밤에 양택을 정단하면 집 아래에 복시가 있으니 이사해야 하고, 만약 묘지를 정단하면 묘지 아래에 복시가 있으니 길지가 아니다.

辛酉일 제 12국

공망 : 子·丑
낮 : 왼쪽 천장, 밤 : 오른쪽 천장

癸	○	○
玄亥白	陰子空	后丑青
戌	亥	子 ○
癸	○ 壬	癸
玄亥白	陰子空 常戌常	玄亥白
辛戌	亥	酉 戌

戊午 勾貴 巳	己未 青午	庚申 空未	辛酉 白申 玄
丁巳 合 蛇 辰			壬戌 常 酉 常
丙辰 朱 朱 卯			癸亥 玄 戌 白
乙卯 蛇 合 寅	甲寅 貴 勾 丑 ○	○ 后丑 青子	○ 陰子 空亥

□ **과체** : 중심(重審), 진여(進茹), 참관(斬關), 연주삼기(連珠三奇, 공망), 불비(不備) // 간지동류(干支同類), 용잠(龍潛/亥子丑), 복덕(福德), 무음(蕪淫), 형상(刑傷), 역허(歷虛), 천라지망(天羅地網), 맥월(驀越), 복공(腹空).

□ **핵심** : 탈기(脫氣)는 심하고 묘신은 공망되었다. 길과 흉은 종적이 없다. 존귀한 사람이 비유를 취한다. 왕신과 일록과 재성을 만나야 한다.

→ 과전에 왕록인 酉와 처재효인 寅卯가 없다.

□ **분석** : ❶ 초·중전이 亥子이니 거듭 '탈기(脫氣)'이고 중·말전이 子와 丑이다. 삼전에 공망과 탈기만 있으니 길과 흉 모두 종적이 없다.

❷ 일간은 존장이고 일지는 비유이다. 일간 辛(戌)이 일지로 가서 일지 酉에 가했으니 일지에게 가서 비유를 양육한다.

❸ 왕록 酉가 戌에 의지해서 많은 수를 대적하니, 비 관직자는 손실과 도난을 면할 수 있다. 〈소언화〉가 말하기를 "이 과는 丑亥亥를 취해서 삼전이 된다."고도 한다.

□ **정단 : ❶** 진여(進茹)이며 연주삼기여서 본래는 길한 상이지만, 탈기 위에 탈기를 만났으니 부실할 우려가 있다.
  ❷ 간상에 亥가 임하니 난을 피해 도망가서 산다는 뜻의 '피난도생'이라고 하여 허물을 고쳐야 한다.
  ❸ 지상에 戌이 임하여 여우가 호랑이의 위엄을 빌린 '호가호위'의 상이니 움직여서 도모하면 안 된다.
  → 기궁 戌이 탈기인 간상의 亥를 제압하니 호가호위이고, 지상의 戌이 삼전의 탈기국 亥子丑을 제압하니 다시 호가호위이다. 『대육임 필법부』 제12법 〈호가호위격〉에 해당한다.

○ **날씨 :** 공망된 삼전의 모든 수가 공망을 벗어나는 갑자순에는 비가 온다.
  → 오행의 수는 비이다. 갑인순에는 亥子수가 공망되어 비가 오지 않지만, 갑자순에는 공망이 메워지니 다음 순에는 비가 온다.
○ **가정 :** 도난을 예방해야 한다.
  → 일지는 가택이다. 일지음신 亥가 탈기(脫氣)이니 손실을 예방해야 한다. 낮에 정단하면 현무가 타니 집에서 도난을 예방해야 하고, 밤에 정단하면 백호가 타니 가족의 병으로 인한 의료비 지출을 예방해야 한다. ● 일간은 나이다. 간상이 탈기이니 나에게 손실이 많다. 낮에 정단하면 현무가 타니 밖에서 도난을 예방해야 하고, 밤에 정단하면 백호가 타니 병으로 인한 의료비 지출을 예방해야 한다. ● 사과가 불비이니 가정에 불완전한 것을 예방해야 하며, 무음(無淫)이니 가정에 음란이 발생하는 것을 예방해야 한다.
○ **혼인 :** 남자가 여자를 취한다. 길하다.
  → 일간은 남자, 일지는 여자이다. 기궁인 戌이 지상으로 갔으니 남자가 여자에게 장가들고, 戌이 일지 酉를 생하여 남자가 여자를 사

랑하니 길하다. ● 궁합 : 지상으로 간 기궁이 일지를 생하니 좋다.
● 일간이 사과 및 삼전의 세 곳으로 탈기되니 남자에게 손실이 많다.

○ **임신·출산** : 남자를 임신한다. 바로 출생한다.
→ 삼전은 태아가 생육되는 과정이다. 삼전의 두 음(亥,丑)이 하나의 양(子)을 감싸니 남자를 임신한다. 삼전이 연주삼기이니 귀한 남자를 임신한다. 비록 지상의 戌이 그물을 뜻하지만 일간음양과 삼전이 탈기하니 바로 출생한다.

○ **구관** : 삼전에서 삼기(三奇)를 만나니 길하다.
→ 『필법부』 제42법에서 삼전에서 삼기를 만나면 명예가 높아진다고 하였으니, 고시생이 정단하면 일품의 높고 귀한 공무원이 되어 관청에 들어간다. ● 공무원이 정단하면 기궁이 지상으로 갔으니 다른 부서나 지방으로 발령이 나거나 혹은 좌천될 우려가 있다.

○ **구재** : 오히려 잃는다.
→ 자손효는 일간의 탈기이다. 일간의 음양 및 삼전이 탈기국(脫氣局)이니 오히려 재물을 크게 잃는다. 만약 연명이 丑寅이면 그 상신이 재성인 寅卯이니 크게 투자하여 재물을 얻는다.

○ **질병** : 화가 쇠하니 비장이 약하다. 혹은 허탈증이다. 철저히 보해야 한다.
→ 밤에 정단하면 오행의 화가 수국으로부터 극을 받으니 화기가 약하고, 화기가 약하면 화의 자식인 토가 무력해지니 비위가 약해진다. 사과와 삼전 세 곳의 탈기신이 일간을 탈기하여 허탈증이니 철저히 몸을 보해야 한다. 의약신이 수이니 탄약이 좋다.

○ **출행** : 집을 잊지 못하니 출행할 수 없다.
→ 일간은 여행객, 일지는 집이다. 기궁이 지상으로 가는 것은 사람이 오히려 집으로 들어가는 상이니 출행할 수 없고, 또한 간지상신이 천라지망(天羅地網)이니 출행할 수 없다. 만약 출행하면 사과와

삼전의 다섯 곳이 일간을 탈기하니 출행 중 손실이 많다.
- **귀가** : 곧 도착한다.
    → 귀가는 말전 … 중전 … 초전 … 지상 혹은 간상으로 귀가한다. 삼전이 차례로 간상으로 전해졌지만 말전과 중전이 공망되었으니 공망이 풀리는 갑자순에 도착한다.
- **도난** : 북방에 있는 음인(陰人)의 집에 있다.
    → 도둑은 현무의 음신에 숨어 있다. 낮에 정단하면 현무의 음신이 子이니 정북방에 있고 子에 태음이 타니 첩의 집에 숨어 있다. 밤에 정단하면 현무의 음신이 戌이니 서북방에 있고 戌에 태상이 타니 음식점이나 옷가게에 있다.
- **쟁송** : 내가 불리하다.
    → 일간은 나, 일지는 상대이다. 기궁인 戌이 지상으로 가서 일지로 탈기되었으니 내가 불리하다.
- **전쟁** : 간지상에 천라지망(天羅地網)이 타니 주객 모두 불길하다.
    → 일간은 아군, 일지는 적군이다. 기궁 戌의 다음 글자인 亥가 간상이 되니 천라이고, 일지 酉의 다음 글자가 지상이 되니 지망이다. 그물이 간지를 옭아매니 아군과 적군 모두 불길하다.

- □ 『**필법부(畢法賦)**』 : 〈제55법〉 천라지망(天羅地網)을 만나면 모망사가 보잘 것이 없게 된다.
    → 간상에 간전일진이 타고 지상에 지전일진이 타면 '천라지망'이다. 그물로 몸과 가택을 옭아매니 모든 정단에서 형통하지 않다.
- □ 『**과경(課經)**』 : 乙酉년의 사월에 월장 酉를 점시 申에 가한 뒤에 전쟁을 정단한다. 이번의 행군은 불길하다. 중도에 이르러서 회군한다. 그 이유는 백호와 역마가 일간에 임하니 비록 여우가 범의 위엄을 빌린 기세로서 戌토가 그것을 제극하지만 만약 미친 듯이 경거망동

하면 반드시 가로막힌다.

 이번 출병에서 중·말전이 모두 공망되었으니 어찌 앞으로 전진을 할 수 있겠는가? 하물며 辛일에 남방으로 정벌을 가면 왕성한 기운이 소실되니 불리하다. 일간이 일지에 임했으니 날쌔고 용감한 병졸들이 우왕좌왕한다. 나중에 양주에 이르렀을 때에 적군이 성을 나와서 아군의 함선을 빼앗으니 병사를 물려서 후퇴했다.

→ 남방은 귀살의 방위이니 출군에 불리하다.

대육임직지

임술일

壬戌日의 길신(구보)과 흉살(팔살)

일덕	亥	형	
일록	亥	충	
역마	申	파	
장생	申	해	
제왕	子	귀살	辰戌丑未
순기	亥	묘신	辰
육의(六儀)	甲寅	패신 / 도화	酉 / 卯
귀인	주 卯	공망	子丑
	야 巳	탈(脫)	寅卯
합(合)		사(死)	卯
태(胎)	午	절(絶)	巳

대육임직지

갑인순 | 임술일 | 1국

壬戌일 제 1 국

공망 : 子·丑
낮 : 왼쪽 천장, 밤 : 오른쪽 천장

癸	壬		己	
常 亥 空	白 戌	白	勾 未	陰
亥	戌		未	
癸	癸	壬	壬
常 亥 空	常 亥 空	白 戌 白	戌 白
壬 亥	亥	戌	戌

丁巳 朱	戊午 貴	己未 勾	庚申 玄
巳	合 午	陰 未	青 申
丙辰 蛇	蛇 辰		辛酉 空 常 酉
乙卯 貴	朱 卯		壬戌 白 戌
甲寅 后	合 ○丑 陰 丑	勾 ○子 玄 子	癸亥 青 常 亥 空
寅			

- **과체** : 복음(伏吟), 두전(杜傳), 참관(斬關), 여덕(勵德/낮), 삼기(三奇)
// 형상(刑傷), 덕경(德慶), 덕입천문(德入天門), 왕록임신(旺祿臨身), 일록폐구(祿閉口), 나거취재(懶去取財), 최관사자(催官使者).
- **핵심** : 일간과 초전이 폐구되었으니 말할 수 없다. 두 戌과 하나의 未이다. 구진과 백호가 타니 원통하다.
- **분석** : ❶ 일간과 초전에 癸亥가 둘이다. 비록 亥가 일덕과 일록이지만 폐구(閉口) 되었으니 말할 수 없다.
❷ 일지와 중전의 두 戌에 주야 모두 백호가 타고, 말전의 未에 낮에는 구진이 타고 다시 둔간의 己가 일간을 극하여오니 원통하다.
- **정단** : 복음과는 주역 간괘에 해당한다. 옛것을 지켜야 할 경우가 많고 도모하는 일을 쇄신하지 못한다. 하물며 순미(旬尾)인 일덕과 일록이 일간에 임한 뒤에 발용이 되었으니 반드시 근신하고 또 근신해야 화가 되지 않는다. 만약 전진하려고 하면 초전이 자형(自刑)이며 전진이 막힌다는 뜻의 '두전(杜傳)'이니 막히고 불통한다. 중·말전이 다시 서로 형(刑)을 하니 질병과 소송을 어찌 면하겠는가?

○ **날씨** : 천지가 부동한다. 비가 오는 날씨에서 정단하면 비가 오고, 맑은 날씨에서 정단하면 맑다.

※ 『육임직지』 원문에서는 비를 정단하면 맑고, 맑음을 정단하면 비가 온다고 하였다.

➜ 복음과의 천반과 지반이 동일하여 부동하니 현재의 날씨가 그대로 이어진다.

○ **가정** : 백호가 거실에 앉아서 일간을 극하니 질병사와 소송사와 상복사를 예방해야 한다.

➜ 일지는 가택이다. 백호가 지상의 귀살에 타서 일간을 극하여 오니 흉하다. 백호는 질병과 소송과 사고를 주관하니 이러한 재앙이 닥치며, 만약 오월에 정단하면 戌이 오월의 사기이니 사망할 우려가 있다. ● 일간은 사람이다. 일간에 임한 일록 亥가 폐구되었으니 직업운이 나쁘며, 특히 밤에 정단하면 일록에 공허의 천장인 천공이 타니 더욱 나쁘다.

○ **혼인** : 길하지 않다.

➜ 일간은 나, 일지는 배우자감이다. 일간이 지상의 백호귀살로부터 극을 당하고, 일록인 간상의 亥가 폐구되었으며, 초전이 '두전(杜傳)'이니 길하지 않다. 만약 혼인하면 과전에 형이 거듭하여 보이니 평생 반목한다. ● 궁합 : 일간이 일지와 그 상신으로부터 극을 당하니 나쁘다.

○ **임신·출산** : 남자를 임신한다. 출산이 지체된다.

➜ 일간은 태아, 삼전은 태아가 생육되는 과정이다. 일간음양에서 두 음(亥,亥)이 하나의 양(壬)을 감싸고 다시 삼전의 두 음(亥,未)이 하나의 양(戌)을 감싸니 남자를 임신한다. 천지가 부동한 복음과이니 출산이 지체된다.

○ **구관** : 일덕과 일록이 일간에 임하고 '최관(催官)'이 입택하니 승진에 크게 이롭다.

→ 일덕은 공무원, 일록은 공무원이 받는 급여이다. 일덕과 일록인 亥가 일간에 임하고 다시 발용이 되어 좋아 보이지만 폐구되었으니 이번에는 나쁘다. 다만 다음의 공무원 임용고시나 승진시험에는 백호가 관성에 타고 있는 최관(催官)이니 매우 좋다. ● 일록인 亥가 일간에 임하니 현재의 직장이나 사업에 만족하고 근신해야 하며, 이것이 발용이 되어 '두전(杜傳)'이니 더욱 더 근신해야 한다.

○ **구재** : 재효가 나타나지 않았으니 무익하다.

→ 재효는 재물이다. 재효인 巳午가 과전에 나타나지 않았으니 무익하다. ● 사업을 점단하면 초전이 사업을 뜻하는 일록이지만 폐구되었으니 사업에 실패하고, 다시 중·말전이 귀살과 삼형이니 불길한데 다시 여기에 흉장이 타니 더욱 더 사업에 이롭지 않다. ● 일록인 亥가 일간에 임하니 현재의 사업에 만족하고 가만히 있어야 한다.

○ **질병** : 비장경락의 질환이거나 혹은 신수가 부족하다. 병이 사람을 극하니 낫기 어렵다.

→ 지상이 戌이니 비장경락의 질환이다. 지상과 중전의 백호귀살 戌이 수를 극하니 신수가 부족하다. 질병을 뜻하는 지상의 戌이 병자를 뜻하는 일간을 극하니 질병이 낫기 어렵다. 의약신 寅이 임한 동북방에서 의약을 구해서 치료하면 된다.

○ **유실** : 유실물이 집안에 있다.

→ 복음과는 유실물이 집안에 있다.

○ **출행** : 이롭지 않다.

→ 산이 앞을 가로막고 있는 상의 복음과이니 출행할 수 없다. 일간은 여행객, 일지는 여행지이다. 지상의 戌에 백호가 타서 여행지에서 질병이 발생하니 안전하지 않은 출행이다.

○ **귀가** : 가까운 장소에 있는 사람은 바로 도착하고, 먼 곳에 있는 사람

은 지체된다.

→ 복음과는 가까운 곳으로 출행한 사람은 바로 도착하고, 먼 곳으로 출행한 사람은 귀가를 기약할 수 없다.

○ **도난** : 낮에 정단하면 현무가 공망되었으니 잡기 어렵다. 밤에 정단하면 동남방으로 갔고 용광로 옆에서 잡을 수 있다.

→ 낮에 정단하면 현무승신 子가 공망되었으니 잡기 어렵다. 밤에 정단하면 현무음신이 申이니 동남방으로 갔고 申이 제철을 뜻하니 쇠를 다루는 대장간 근처에서 잡을 수 있다.

↑ **쟁송** : 불리하다.

→ 일간은 나, 일지는 상대이다. 일간이 일지와 지상과 중·말전으로부터 극살을 당하니 내가 불리하다. ● **관재** : 과전에 삼형(三刑)이 많으니 관재가 중하다.

○ **전쟁** : 불리하다.

→ 일간은 아군, 일지는 적군이다. 일간이 일지와 그 상신으로부터 극살을 당하니 아군이 불리하다.

○ **분묘** : 땅이 신용(辛龍)이니 묻으면 '최관(催官)'이 가능하다.

→ 일지양신은 묘지, 일지음신은 혈(穴)이다. 일지음양의 戌에는 辛이 있어서 신용이니 길지이다.

□ 『**필법부(畢法賦)**』 : 〈제7법〉 왕록이 일간에 임하면 망령된 행동을 해서는 안 된다.

→ 간상의 亥는 다만 십이운성의 일록이다. 亥가 십이운성의 왕신은 아니지만 일록이 일간에 임하면 현재의 직장이나 사업에 만족하고 가만히 있어야 한다.

〈제70법〉 귀살이 제3·4과에 임하면 소송에 의한 재앙이 뒤따른다. 질병과 관사 두 일만은 면하지 못한다.

→ 이 과전에서는 귀살이 중전과 말전에 임하여 삼형살을 형성하여 일간을 극하니 더욱 흉하다.
□ 『임수경(壬髓經)』: 백호귀살이 일간의 장생을 극하면 질병과 소송이 발생하고, 공무원이 정단하면 임명장이 도착한다.
→ 지상과 중전에 백호귀살이 임한다. 특히 중전의 백호귀살이 말전과 삼형을 형성하니 더욱 높은 직위에 오른다.
□ 『회통(會通)』: 일덕과 왕록(祿旺)을 갖추면 관직과 봉록이 번영한다. 모든 귀신이 나를 보호하니 공명을 얻는다.
→ 일덕귀인은 공무원, 일록은 공무원이 관청에서 받는 급여이다. 따라서 이들을 갖추면 직위는 높아지고 봉록은 오른다.
□ 『묘공결(苗公訣)』: 괴강(戌,辰)에 등사와 백호가 타서 가택에 임하니 가택이 불안하고, 지상의 戌이 일상의 亥를 극하니 집에서 살 수 없다. 귀인이 택상에 타서 지반의 卯酉에 임하면 두 성씨가 동거한다.
→ 묘공은 『대육임묘공귀찰각』을 저술한 묘공달을 가리킨다.
□ 『힐수설(擷粹說)』: 삼전에 있는 백호가 일간을 극하면 마치 감옥에 갇힌 상이다. 출행한 사람은 밖에서 흉이 있으니 귀가를 희망할 수 없다.
→ 주야 모두 백호가 귀살인 戌에 탄다.

壬戌일 제 2 국

공망 : 子·丑
낮 : 왼쪽 천장, 밤 : 오른쪽 천장

- **과체** : 원수(元首), 퇴여(退茹), 참관(斬關), 상문난수(上門亂首), 불비(不備) // 반가(返駕/戌酉申), 침해(侵害), 회환(回還), 인종지신(引從支神), 무음(蕪淫), 괴도천문(魁度天門), 최관사자(催官使者), 양사협묘(兩蛇夾墓/연명:巳), 귀인입옥(貴人入獄/낮).

- **핵심** : 일지는 어린 사람이다. 어린 사람이 어른을 능멸한다. 용기를 내어 포기해야 한다. 장생이 나중에 따른다.

- **분석** : ❶ 일간은 어른, 일지는 어린이다. 일지가 일간에 가해서 어른이 극을 받으니 어린이가 어른을 능멸한다. 비록 어린 사람이 어른을 능멸하지만 상이 하를 극한 기운이 발용이 되었으니 어른이 이것을 용납하지 않는다.

  ❷ 초전은 戌이 亥에 가해서 발용이 되어 하괴(戌)가 천문(亥)을 건넌다는 뜻의 '괴도천문(魁度天門)'이다. 모든 일에서 장애가 생기니 초전의 戌을 과감하게 포기해야 한다. 뒤로 한발 물러나면 오히려 말전의 장생을 얻는다.

- **정단** : ❶ 원수(元首)는 높은이가 낮은이를 통제하니 모든 일이 매우

순조롭다. 다만 눈앞의 육해 酉가 일지 戌을 탈기하고 일지 戌이 일간을 극하니 화를 예측할 수 없을 정도이다.

❷ 하물며 어른이 난을 당한다는 뜻의 '난수(亂首)'이고 다시 사과가 '불비(不備)'여서 결함이 있으니 '퇴여(退茹)'의 뜻을 생각해야 하고, 말전의 申이 백호승신을 탈기하여 일간을 생하지만 제멋대로 행동하지 않아야 하는 것은 백호귀살의 흉과 액이 빠르기 때문이다.

○ **날씨** : 흐린 날씨와 맑은 날씨가 일정하지 않다.

→ 초전의 오행이 토이니 흐리고, 말전이 일간을 생하니 맑다.

○ **가정** : 백호귀살은 일간에 임했고 패기(敗氣)는 가택에 임했으니, 사람에게는 재앙이 닥치고 집에는 소비가 있는 상이다.

→ 일간은 사람, 일지는 가택이다. 백호귀살이 일간에 임했으니 사람에게 질병이 발생하는 것을 예방해야 하고, 일간의 패신인 酉가 일지에 임했으니 패가(敗家)를 예방해야 한다.

● 간상의 戌과 지상의 酉가 육해하니 가족이 화목하지 않다. ● 사과가 불비(不備)이니 가정에 음란이 발생하는 것을 예방해야 한다.
● 간상과 초전이 '괴도천문(魁度天門)'이니 모든 일에서 장애가 발생하는 것을 예방해야 한다. ● 초전의 戌과 말전의 申이 지상의 酉를 인종하니 집수리나 이사에 길하다.

○ **혼인** : 간지의 상신이 서로 육해(六害)하니 불길하다.

→ 일간은 나이고 일지는 배우자감, 육해에는 상해의 뜻이 있다. 간상의 戌과 지상의 酉가 서로 육해하니 궁합은 좋지 않고 혼인은 성사되지 않는다. ● 사과가 불비(不備)여서 남녀가 음란하니 불길하고, 초전이 '괴도천문(魁度天門)'이니 혼인에서 장애가 발생한다. ● 삼전이 지신을 인종하니 음란한 여자이다. ● 궁합 : 나쁘다.

○ **임신·출산** : 여자를 임신한다. 순산한다.

※『육임직지』원문에서는 "순산한다."고 하였다.

→ 삼전은 태아가 생육되는 과정이다. 삼전의 두 양(戌,申)이 하나의 음(酉)을 감싸니 여자를 임신한다. ● 괴도천문이고 삼전이 퇴여이니 난산이다.

○ **구관** : '최관(催官)'이 일간에 임한 뒤에 발용이 되었으니 크게 이롭다.

→ 백호가 관성에 타면 관직을 받는다는 뜻의 '최관사자(催官使者)'이다. 이것이 나를 뜻하는 일간에 임했으니 공직을 누리고, 이것이 발용이 되었으니 지금 부임한다는 뜻이 되니 관직에 크게 이로우며, 또한 만사형통의 뜻이 있는 원수과이니 더욱 길하다. ● 고시 : 합격한다. ● 승진 : 승진한다.

○ **구재** : 밤에 정단하면 없고, 낮에 정단하면 있다. 만약 연명이 巳·午·未·亥이면 주야 정단 모두 재물을 얻는다.

→ 청룡은 재물이다. 낮에 정단하면 재물을 뜻하는 청룡이 일간의 장생인 申에 타니 재물을 얻는다. 만약 연명이 午와 未이면 그 상신이 일간의 재성인 巳와 午이니 득재하고, 만약 연명이 巳이면 그 위의 둔간이 丙이니 역시 재물을 얻는다.

○ **질병** : 신수가 부족하거나 혹은 머리질환이다. 병세가 매우 위독하다. 만약 행년이 卯와 辰이면 흉하다.

→ 주야 모두 백호승신 戌토가 오행의 수를 극하니 신수가 부족하고, 壬의 기궁이 亥이고 亥가 건괘에 해당하니 머리질환이며, 간상과 초전이 '괴도천문(魁度天門)'이니 인후와 식도와 위장이 막혀서 온병으로서 체기를 뚫어야 한다. ● 백호귀살이 일간과 발용에서 일간을 극하니 매우 위독하지만, 말전이 귀살을 설기하여 일간을 생하니 점차 병이 호전된다. ● 의약신 寅이 임한 정동에서 의약을 구하면 된다.

○ **유실** : 서남방으로 가서 찾아야 한다.

※ 『육임직지』 원문에서는 "남방으로 가서 찾아야 한다."고 하였다.
→ 밤에 정단하면 현무의 음신이 未이니 서남방에서 찾으면 된다.

○ **출행** : 낮에 정단하면 매우 흉하고, 밤에 정단하면 무난하다.
→ 일지는 여행지이다. 지상에 낮에는 흉장인 천공이 타니 매우 흉하고, 밤에는 길장인 태상이 타니 무난하다. ● 일간은 여행객이다. 주야 모두 백호가 간상의 귀살에 타서 일간을 극하니 여행에서 병을 얻어 생명이 위독해진다.

○ **귀가** : 도로에 있다. 곧 도착한다.
→ 초전이 사계인 戌이고 삼전이 퇴여이니 곧 도착한다.

↑ **쟁송** : 내가 패소한다.
→ 일간은 나이다. 일간이 일지에서 온 백호귀살로부터 극살을 받으니 내가 패소한다. ● 관재 : 초전이 귀살이고 말전이 장생이니 처음에는 흉하고 나중에는 길하다.

○ **전쟁** : 근신해야 한다. 밤에 정단하면 승전한다.
→ 아군을 뜻하는 일간에 백호귀살이 타니 근신해야 한다. 밤에 정단하면 제4과와 말전이 길신이니 승전한다.

□ 『**필법부(畢法賦)**』 : 〈제91법〉 백호가 귀살에 타면 귀살의 흉이 대단히 빠르다.
→ 백호가 일간의 귀살인 戌에 타서 일간에 임한다. 질병과 관재와 여행을 정단하면 최흉하고, 관직을 정단하면 대길하다.
〈제51법〉 하괴(戌)가 천문(亥)을 건너면 관문이 막힌다. 질병을 정단하면 기운이 크게 막혀 있거나, 또는 음식이 뭉쳐서 막혀있거나, 또는 신을 잘 모시지 못해서 생긴 재앙이다. 약을 복용하여 내려 보내는 것이 좋다. 만약 타인을 방문하는 정단이라면 만나지 못한다.

□ 『**극응경(克應經)**』 : 출행을 정단하여 戌이 보이고 이곳에 등사, 백호,

구진, 주작이 타서 일진에 가하고 발용으로 이어지면 악인으로부터 구설이 생긴다.

➔ 戌과 백호가 간상에 보인다.

☐ 『힐수설(擷粹說)』 : 삼전에 백호가 타거나 혹은 겁살이 일간을 극하며 수기(囚氣)이면 출행한 사람이 집밖에서 흉사로 인해 귀가하지 못한다.

➔ 이 과전에서는 초전에 백호가 탄다.

☐ 『단경(斷鏡)』 : 용신이 일간을 극하면 남자를 낳는다. 범려(範蠡)가 삼경에 월나라의 군주에게 보고하기를, "지진이 발용이 되어 일간을 체생하므로 사람은 풍족하고 융성하지만 집은 넓지 않습니다."라고 하였다.

➔ 범려(範蠡, B.C.536 ~ B.C.448) : 초나라에서 출생하였다. 나중에 월나라로 가서 월나라의 왕인 구천(勾踐, ? ~ B.C.465)을 보좌하여 오나라 멸망에 공을 세웠다.

| 갑인순 | 임술일 | 3국 |

壬戌日　제 3 국

공망 : 子·丑 ○
낮 : 왼쪽 천장, 밤 : 오른쪽 천장

戊	丙	甲
玄午后	后辰蛇	蛇寅合
申	午	辰

辛	己	庚	戊
空酉	常未	陰白申玄	玄午后
壬亥	酉	戌	申

	乙卯 貴巳朱	丙辰 后午蛇	丁巳 陰未貴	戊午 玄申后
	甲寅 蛇辰合			己未 常酉陰
	○丑 朱卯勾			庚申 白戌玄
	○子 合寅青	癸亥 勾丑空	壬戌 青子○白	辛酉 空亥常

- □ **과체** : 원수(元首), 일녀(泆女/밤), 고조(顧祖/午辰寅) // 육의(六儀), 복덕(福德), 맥월(驀越), 퇴간전(退間傳), 오양(五陽), 아괴성(亞魁星).
- □ **핵심** : 말전의 寅은 중매장이에 비유된다. 처를 취하면 혼인에 크게 이롭다.
- □ **분석** : 발용의 午는 일간의 처재효이고, 말전의 寅은 午의 장생이며, 중매장이를 뜻하는 육합이 말전에 타니 寅을 중매인에 비유한다. 말전이 초전의 재성을 도우니, 중매인의 도움을 받아 혼인이 성사되니 크게 이롭다.
- □ **정단** : ❶ 원수과이고 퇴간전이다. 午가 寅으로 전해진 '고조(顧祖)'는 나의 옛집으로 돌아가는 상이니 모든 정단에서 길하다.
  ❷ 본래는 寅이 일간을 탈기하지만 申酉 두 금이 일지 戌을 탈기해서 일간인 壬을 생하니 기운이 빠지는 것을 예방해야 한다. 따라서 寅에는 재물을 돕는 공로는 있고, 일간을 설기하는 누(累)는 없다.

○ **날씨** : 필수(畢宿)가 일간에 임하고 수모(水母, 申)가 일지에 임하니 반드시 비가 온다.

→ 일간은 하늘이고 일지는 땅, 필수인 酉는 비를 생하는 신이고 수모인 申은 수원이다. 간지상에 이들이 모두 임하니 반드시 비가 온다.

○ **가정** : 도난을 당하는 일과 웃어른에게 재앙이 발생하는 것을 예방해야 한다.

→ 일지는 가택이다. 장생인 일지양신 申에 낮에 정단하면 백호가 타니 웃어른에게 질병이 발생하는 것을 예방해야 하고, 밤에 정단하면 현무가 타니 웃어른이 가출하는 것을 예방해야 한다. 그리고 재성인 일지음신 午에 낮에 정단하면 현무가 타니 도난을 예방해야 하고, 밤에 정단하면 처재효 겸 태신인 午에 천후가 타니 신혼인 경우에는 임신의 기쁨이 있다. ● 지상의 申이 역마이니 이사수가 있다.

○ **혼인** : 대길하다.

→ 일간은 남자, 일지는 여자이다. 간상의 酉와 지상의 申이 비화(比和)하니 대길하고, 다시 만사형통의 상인 원수과이니 대길하며, 또한 말전의 寅이 초전의 처재효 午를 생하니 다시 대길하다. ● 궁합 : 간지의 상신이 비화하니 좋다. ● 지상의 申이 일간을 생하니 남자를 내조하는 여자이다. 다만 낮에는 백호가 타니 몸에 병이 있는 사람이고, 밤에는 현무가 타니 삿된 사람이다.

○ **임신·출산** : 삼전이 순양이고 간상신이 불비(不比)이니 여자를 임신한다. 순산한다.

→ 일간은 태아, 일지는 임신부이다. 원수과이며 간지의 상신이 비화하니 순산한다.

○ **구관** : 관성이 일간의 묘신이고 일록이 협극(夾剋)을 당하니 불길하다.

→ 관성은 공무원, 묘신은 암매의 신이다. 관성인 辰이 곧 일간의 묘신이니 흉한데, 일록인 亥가 극지인 丑에 임하니 흉하다. 또한 삼전의 고조(顧祖)에는 귀향한다는 뜻이 있으니 더욱 흉하다. ● 고시 : 일간이 종괴인 酉로부터 생을 받으니 합격한다. ● 승진 : 안 된다.

○ **구재** : 재효가 발용이 되었고 이것을 말전이 도우니 타인이 몰래 재물을 돕는다.

→ 자손효는 투자와 노력, 재성은 재물이다. 자손효인 말전의 寅이 재성인 초전의 午를 도우니 투자하여 돈을 번다.

○ **질병** : 낮에 정단하면 간경락에 병이 들었다.

※ 『육임직지』 원문에서는 "비장과 폐 경락의 병증이다. 동북방에 있는 의사를 모셔야 한다. 사일(巳日)에 약을 먹으면 바로 낫는다."고 하였다.

→ 낮에 정단하면 목이 백호승신 申금으로부터 극을 받았으니 간경락에 병이 들었지만, 삼전이 '퇴여'이니 질병이 점차 물러난다. 낮에 정단하면 백호가 부모효인 申에 타니 부모의 질병을 예방해야 한다.

● 의약신 寅이 辰에 임하니 동남방에서 의약을 구하면 된다.

○ **출행** : 소인으로 인한 해를 예방해야 한다.

→ 일지는 여행지이다. 밤에 정단하면 지상에 현무가 타니 도둑이나 소매치기 하는 사람 등의 소인에 의한 해를 예방해야 한다.

○ **귀가** : 곧 도착한다.

→ 역마는 자동차이다. 지상의 申이 역마이니 자동차를 타고 곧 도착한다.

○ **도난** : 동남방의 숲 근처 혹은 대장간이 있는 곳의 귀인의 집에서 도둑을 잡는다.

→ 낮에 정단하면 현무음신이 辰이니 동남방에 도둑이 있고, 辰이 목국의 하나이니 숲 근처에 숨어 있다. 밤에 정단하면 현무음신이

午이니 정남방에 도둑이 있고, 午가 대장간을 뜻하니 대장간 근처에 숨어 있다.

☂ **쟁송 :** 내가 불리하다.

➔ 일간에 패가망신살인 酉가 임하니 내가 불리하다.

○ **전쟁 :** 객(客)이 승전한다.

➔ 원수과는 먼저 공격하는 쪽이 승전한다.

□ **『필법부(畢法賦)』 :** 〈제37법〉 말전에서 초전을 생하는 것에는 세 가지 설이 있다.

➔ 이 과전에서는 말전의 寅이 초전의 午를 도와서 일간의 재신을 만든다.

〈제40법〉 천후와 육합은 중매인을 쓰지 않아도 된다.

➔ 밤에 정단하면 초전에는 천후가 타고 말전에는 육합이 탄다. 미혼 남녀는 연애혼인하고, 기혼 남녀는 간음한다.

□ **『과경(課經)』 :** 말전이 초전의 재성을 도와서 오히려 간상신을 극하니 스스로 화를 초래하는 격이라는 뜻의 '자초기화격(自招其禍格)'이다. 만약 사람의 연명상에서 초전을 돕고 간상을 극하면 또한 '자초기화'이니 반드시 이치를 잃는다.

□ **『단례(斷例)』 :** 초·말전이 상생하면 나중에 왕성해지니 물건을 사야 한다. 가장 신묘한 것은 말전이 왕상한 것이다.

□ **『옥성가(玉成歌)』 :** 부모효가 일간에 임하면 자식이 걱정된다.

➔ 부모효가 일간에 임하면 자손효가 부모효의 극을 받으니 자식으로 인한 근심이 생긴다.

| 갑인순 | 임술일 | 4국 |

壬戌일   제 4 국

공망 : 子·丑 ○
낮 : 왼쪽 천장, 밤 : 오른쪽 천장

丁	甲	癸
陰 巳 貴	蛇 寅 合	勾 亥 空
申	巳	寅

庚	丁	己	丙
白 申 玄	陰 巳 貴	常 未 陰	后 辰 蛇
壬亥	申	戌	未

甲蛇寅巳	乙合卯午	丙朱辰未	丁陰巳申 貴
朱 ○丑辰 勾			玄 戊午酉 后
合 ○子卯 青			常 己未戌 陰
勾癸亥寅 空	青壬戌丑 白 ○	空辛酉子 常 ○	玄庚申亥

- □ **과체** : 원수(元首), 원태(元胎), 병태(病胎) // 수일정신(水日丁神), 형상(刑傷), 침해(侵害), 삼기(三奇), 육의(六儀), 복덕(福德), 연희치병(宴喜致病).

- □ **핵심** : 낮에는 태상이 가택에 드니 기쁨 속에 예상하지 못했던 우환이 처에게 있다. 귀살의 흉을 면하기 어렵다.

- □ **분석** : ❶ 낮에 정단하면 태상이 지상의 未에 타며 未는 일간의 귀살이다. 태상이 희경사와 혼인을 뜻하지만 반드시 기쁨 속에 예상하지 못했던 일이 발생한다.

  ❷ 지상의 未가 부모효인 간상의 申을 생하니 未는 申의 친척이다. 이와 같으니 귀적이 일간을 극하지 못하지만 백호가 타서 해(害)로 돌변하여 부모에게 병이 생기니 이 귀살의 재앙을 어떻게 막겠는가?

- □ **정단** : ❶ 원수과는 본래 순조롭다. 하물며 말전의 일덕과 일록이 체생(遞生)하여 지상을 생하고 다시 일간을 생한다.

  ❷ 발용의 丁巳에 다시 밤 귀인이 타서 수일에 만나니 구재에 이롭다.

○ **날씨** : 맑다.
  → 초전은 아침, 말전은 저녁이다. 초전이 丁巳화이니 아침에는 맑고, 말전이 癸亥수이니 저녁에는 비가 조금 온다.
○ **가정** : 사람과 집이 모두 편안하다. 집에 임신부가 있다.
  → 일간은 사람, 일지는 가정이다. 지상의 未가 간상의 申을 생하고 간상이 다시 일간을 생하니 사람과 가정 모두 편안하고, 지상에 태상이 타니 혼인이나 횡재 등의 희경사가 있다. 삼전이 모두 사맹이니 집에 임신부가 있다. ● 묘월(卯月)의 낮에 정단하면 묘월의 사기인 귀살 未에 태상이 타니 부모상을 예방해야 한다. ● 낮에 정단하면 장생인 간상의 申에 백호가 타니 부모에게 병이 발생하는 것을 예방해야 한다.
○ **혼인** : 여자가 남편을 왕성하게 도우니 길하다.
  → 일간은 남자, 일지는 여자이다. 지상의 未가 간상의 申을 생하니 여자가 남편을 내조한다. 낮에는 지상에 태상이 타니 음식을 잘하는 여자이고, 밤에는 지상에 태음이 타니 미인이다.
  ● 궁합 : 원수과이고 지상이 간상을 생하니 좋다.
○ **임신·출산** : 남자를 임신한다. 속히 출산하고 순산한다.
  → 일간은 태아, 삼전은 태아가 생육되는 과정이다. 일간의 상하가 모두 양이니 남자, 삼전의 두 음(巳,亥)이 하나의 양(寅)을 감싸니 남자이다. ● 지상의 未가 간상의 申을 생하니 속히 순산한다. ● 초전이 육의(六儀)이고 이곳에 귀인이 타니 귀한 자식을 임신한다.
○ **구관** : 일덕과 일록이 일간의 귀인을 체생하니 대길하다.
  → 일록은 관직자가 받는 관록, 일덕과 천을귀인은 공무원이다. 일덕과 일록인 말전의 亥가 중전의 寅을 생하고 寅이 천을귀인인 초전의 巳를 체생하니 관직에 대길하다. ● 고시 : 합격한다. ● 승진 : 승

진한다.
○ **구재** : 크게 이롭다. 존장이나 귀인의 재물을 취득해야 한다.
→ 재성은 재물이다. 말전이 중전을 생하고 중전이 초전의 재성을 생하니 여러 사람의 도움을 받아 재물을 얻는다. 밤에 정단하면 재성인 丁巳에 귀인이 타니 주로 관청과 관련된 재물을 취득하면 되고, 밤에 정단하면 태음이 타니 귀금속과 아가씨 용품으로 구재하면 된다.

○ **질병** : 비위 질환이다. 치료는 되지만 속히 낫지는 않는다.
→ 지상은 병증이다. 지상이 未이니 위장병이다. 삼전이 병태(病胎)이니 속히 낫지는 않는다. ● 백호가 일간의 장생인 申에 타니 부모의 건강이 우려된다. 만약 진월에 정단하면 申이 진월의 사기이니 위독하다.

○ **출행** : 안전하다.
→ 일간은 여행객, 일지는 여행지이다. 지상의 未가 간상의 申을 생하니 대체로 안전하다. 다만 낮에는 귀살인 지상의 未에 태상이 타니 여행지에서 음식을 조심해야 하고, 밤에는 태음이 타니 음인에 의한 해를 예방해야 한다.

○ **귀가** : 즉시 도착한다.
→ 역마는 자동차, 일간은 귀가를 기다리는 사람이다. 역마인 申이 일간에 임하니 즉시 도착한다.

↑ **쟁송** : 먼저 기소해야 이롭다.
→ 건괘에 해당하는 원수과는 먼저 기소해야 쟁송에 이롭다. 일간은 간상의 생을 받고 일지는 지상과 상형이니 내가 유리하다. ● 관재 : 간상의 申이 귀살인 지상의 未를 설기해서 생하니 관재가 가벼워진다.

○ **전쟁** : 근신해야 한다.
→ 일간은 아군, 일지는 적군이다. 지상의 未가 일간을 극하여서 아

군에게 불리하니 근신해야 한다.

□ 『필법부(畢法賦)』: 〈제70법〉 귀살이 일지에 임하면 소송에 의한 재앙이 뒤따른다.

→ 낮에는 태상이 타니 음식이나 연희로 인한 우환 혹은 부모상, 밤에는 태음이 타니 음인에 의한 우환이다.

〈제26법〉 수일(水日)에 정신을 만나면 재물이 빠르게 움직인다.

□ 『육임지남(六壬指南)』: 1. 癸酉년에 월장 巳를 점시 申에 가한 뒤에 승진을 정단한다. 삼전이 체생하고 천성인 申과 천리인 寅과 천마·역마인 申이 출현하였다. 귀살이 제3과와 제4과에 임했으니 승진하지 못하고 다른 허물이 있다. 관성인 행년상신 丑이 공망되었고 다시 등사가 묘지인 辰에 타서 일간을 극하니 반드시 스스로 놀라서 직위를 물러난다. 나중에 과연 적중했다.

2. 戊辰년에 월장 寅을 점시 巳에 가한 뒤에 부모님이 언제 경성에 도착하며 또한 도중의 안부가 어떤지를 정단한다. 역마인 申과 자월의 천마인 寅이 중전에 임하니 현재 유연(幽燕)의 경계에 있다. 그리고 두 음인 巳와 亥가 하나의 양인 寅을 공협하고 중전에 寅이 보이니 인일(寅日)에 도착한다. 다만 역마가 일간에 임하고 본명인 庚午를 요극(遙剋)하니 대로에서 도적에게 겁탈을 당한다. 과연 인일(寅日)에 평자문(平子門) 밖에 이르러서 눈바람 속에서 도적이 스스로 서남방에서 와서 부모님의 은전 40냥을 빼앗아갔다.

→ 재성인 巳의 선천대연수가 4이니 40냥이다.

갑인순 | 임술일 | 5국

壬戌일 제 5국

공망 : 子·丑
낮 : 왼쪽 천장, 밤 : 오른쪽 천장

己	乙	癸
常未陰	貴卯朱	勾亥空
亥	未	卯

己	乙	戊	甲
常未陰	貴卯朱	玄午后	蛇寅合
壬亥	未	戌	午

朱丑巳	勾甲寅午	合乙卯未	蛇丙辰申
合子辰 青			陰丁巳酉 貴
勾癸亥卯 空			玄戊午戌 后
青壬戌寅	白辛酉丑 空	常庚申子 白	玄己未亥 陰

- **과체** : 섭해(涉害), 곡직(曲直), 여덕(勵德/밤) // 견기(見機), 화미(和美), 전국(全局), 삼기(三奇), 복덕(福德), 오음(五陰), 취환혼채(取還魂債), 귀인탈기(貴人脫氣/낮), 명암이귀(明暗二鬼), 탈기가 천장귀살을 구하는 격, 자손효현괘.

- **핵심** : 낮에는 금전을 잃으니 상인은 억울하다. 화의 근원을 구하니, 삼전에 도둑이 있다고 말하지 않아야 한다.

- **분석** : 지상의 午는 일간의 재성이다. 낮에는 현무가 타고서 삼전의 목국을 탈기(脫氣)하니 반드시 돈과 재물을 잃는다. 다만 일지인 戌이 일간의 귀살인 未를 돕고 삼전의 낮에는 태상과 귀인과 구진의 천장오행이 모두 토이니 일간을 상하게 하지만, 삼전의 목이 구신이니 어찌 삼전에 도둑이 들었다고 말할 수 있겠는가?

- **정단** : ❶ 과명이 섭해(涉害)이니 모진 어려움과 시련을 겪으며, 일간의 천반과 둔반에 두 귀살 己未가 임하니 기회를 노리고 틈을 노리는 사람이 하나가 아니다.
  ❷ 다행히 삼전에 곡직(曲直)이 모여서 상합하니, 비 관직자는 매우

기쁘지만 관직이 있는 사람은 좋지 않다.

O **날씨** : 약간 흐리지만 나중에는 맑다.
  → 초전이 未토이니 처음에는 약간 흐리지만, 삼전이 목국이니 나중에는 바람이 많이 불며 맑다.
O **가정** : 비록 간지의 상신이 육합하니 대길하지만 소인을 멀리해야 한다.
  → 일간은 나, 일지는 가족이다. 간상의 未와 지상의 午가 상합하니 가족이 화목한 상이다. 다만 낮에 정단하면 재성인 지상의 午에 현무가 타니 도난을 예방해야 한다. ● 일간은 사람이다. 묘월(卯月)의 낮에 정단하면 귀살인 未에 태상이 타고 未가 묘월의 사기이니 부모상을 예방해야 하고, 밤에 정단하면 태음이 타니 음인에 의한 해를 예방해야 한다. ● 일지는 집, 지상의 午는 처재효이다. 낮에는 현무가 타니 처와 재물을 잃는 것을 예방해야 하고, 밤에는 천후가 타니 득재 혹은 취처(娶妻)의 기쁨이 있다.
O **혼인** : 화합하니 성사된다.
  → 일간은 나, 일지는 배우자감이다. 간상의 未와 지상의 午가 상합하니 혼인이 성사되지만 섭해과이니 혼인이 지체되어 성사된다. ● 낮에는 지상에 현무가 타니 바른 사람이 아니다.
  ● 궁합 : 매우 좋다.
O **임신·출산** : 남아를 임신한다. 태아가 불안할 우려가 있다. 출산을 정단하면 순산한다.
  → 일간은 태아, 일지는 임신부이다. 일간의 음양에서 두 음(未,卯)이 하나의 양(壬)을 감싸니 남아를 임신한다. 낮에 정단하면 태신인 午에 현무가 타니 태아가 안전하지 않다. ● 일간은 태아, 일지는 임신부, 삼전은 태아가 생육되는 과정이다. 간지의 상신이 상합하니

순산은 하지만 간지의 상신이 상합하고 다시 삼전이 삼합하니 지체되어 출산할 우려가 높다.

○ **구관** : 낮에는 길하다.

→ 관성은 공무원이다. 낮에 정단하면 삼전의 천장오행이 관성국이니 길하고, 밤에 정단하면 삼전이 박관살(剝官殺)이니 흉하다. 낮에는 삼전의 천장오행이 토이니 토와 관련된 관직이 유망하다. ● 고시 : 낮에 정단하면 합격한다. ● 승진 : 낮에 정단하면 승진한다.

○ **구재** : 오히려 손재수를 예방해야 한다. 만약 예전에 빌려주었던 돈을 독촉하면 그 돈을 돌려받는다.

→ 삼전이 탈기국이니 손재수가 크다. 밤에 정단하면 삼전의 탈기국이 지상의 재성을 생하니 빚을 돌려받거나 혹은 투자한 뒤에 돈이 들어온다. 밤에 정단하면 재성인 午에 천후가 타니 여자용품을 매매하면 된다. 다만 섭해과이니 개업한 뒤에 어려움이 많고, 견기격이니 사업을 꼼꼼히 점검해야 한다.

○ **질병** : 심장과 신장 두 경락의 병이다. 寅卯일에 약을 먹으면 낫는다.

→ 밤에 정단하면 백호승신 戌이 오행의 수를 극하니 신장에 병이 든다. 그리고 지상은 병증이다. 지상이 午이니 심장병이고, 午에 주야 모두 수의 천장이 타서 午를 극하고 다시 말전의 癸亥수가 극하니 다시 심장병이다. ● 의약신 寅卯가 午未에 임했으니 정남방이나 서남방에서 의약을 구하면 된다.

○ **출행** : 도착하는 곳이 이롭지만 수로행에서는 잃고 뺏기는 것을 예방해야 한다.

→ 일지는 여행지이다. 지상의 午가 재성이니 이롭지만 낮에는 이곳에 현무가 타니 도난이나 소매치기에 의한 손재수를 예방해야 한다.

○ **귀가** : 가까운 곳에 있는 사람은 곧 돌아오고, 먼 곳에 있는 사람은 아직 도착하지 않는다.

→ 삼합한다는 것은 여러 사람이나 장소와의 결합으로서 시간이 소요되니, 먼 곳에 있는 사람은 아직 도착하지 않는다.

○ **도난** : 밤에 정단하면 동남방에 있고 연못이나 무덤 근처에 있다. 낮에 정단하면 동북방의 숲속에 있는 절이나 도교사원 에 있다.
→ 도둑은 현무의 음신에 있다. 밤에 정단하면 현무의 음신이 辰이니 동남방에 있고, 辰이 연못이나 무덤을 뜻하니 이러한 곳에 있다. 낮에 정단하면 현무의 음신이 寅이니 동북방에 있고, 寅이 사찰이나 도교사원을 뜻하니 이곳에 있다.

↑ **쟁송** : 합의가 가능하다.
→ 간상과 지상이 상합하고 다시 삼전이 상합하니 합의가 가능하다. 만약 합의하지 않으면 섭해과이니 쟁송에서 어려움이 많고, 다시 과전이 삼합하니 쟁송이 오래가며, 삼전이 탈기국이니 경제적인 손실이 매우 크다. ● **승패** : 삼전의 목국이 일지를 극하니 내가 유리하다.

○ **전쟁** : 개선가를 올릴 수 있다.
→ 삼전의 복덕신이 적군을 뜻하는 귀살을 제압하니 승전하여 개선가를 올릴 수 있다.

□ 『**필법부(畢法賦)**』: 〈제83법〉 삼합과 육합을 하면 만사 기쁘다.
→ 일간음양과 일지음양과 삼전이 삼합하고 다시 간지의 상신이 육합한다.
〈제11법〉 비록 귀살이 무리를 짓더라도 전혀 두렵지 않다.
→ 낮에 정단하면 삼전의 천장오행이 모여 귀살국을 형성하지만 자손효인 삼전의 목국과 일지음신의 寅이 귀살을 제압하니 전혀 두렵지 않다.

□ 『**과경(課經)**』: 壬戌일에 午가 일지에 가하고 삼전이 모여 목국을 이

루어서 일간을 탈기해서 지상의 재신을 생하니 전생의 빚을 돌려받는다는 뜻의 '취환혼채(還魂償)'이다. 삼전이 일간을 탈기하고 간상의 재신을 생하는 것도 이것에 해당한다.

➔ 남에게 빌려준 돈을 돌려받는 것과 투자해서 돈을 번다는 해석도 가능하다.

☐ 『**신응경(神應經)**』: 未에 태음이 타서 亥에 임했으니 자식의 혼사이다. 임일(壬日)에 未가 亥에 가하고 낮에 정단해서 未가 사기이니 부친상을 당한다.

➔ 경칩 이후의 묘월에 정단하면 未가 묘월의 사기이니 부친상을 당한다. 태상과 귀살과 사기가 결합되면 '상(喪)'이니 묘월의 낮에 정단하면 최흉하다.

☐ 『**옥약시(玉鑰匙)**』: 삼전의 격명이 '곡직(曲直)'이니 바람이 많이 분다.

壬戌일   제 6국

공망 : 子·丑
낮 : 왼쪽 천장, 밤 : 오른쪽 천장

戊	○		庚
玄午后	朱丑勾		白申玄
亥	午		丑 ○
戊	○	丁	○
玄午后	朱丑勾	陰巳貴	合子青
壬亥	午	戌	巳

○合子巳 青	○朱丑午 勾	甲蛇寅未	乙合卯申 貴朱
勾癸空亥辰			后丙蛇辰酉
青壬白戌卯			陰丁貴巳戌
空辛常酉寅	白庚玄申丑 ○	常己陰未子 ○	玄戊后午亥

- **과체** : 중심(重審), 사절(四絶), 일녀(泆女) // 수일정신(水日丁神), 형상(刑傷), 앙구(怏咎), 초전협극(初傳夾剋), 형통(亨通), 체생(遞生/불성), 명암작재(明暗作財), 백의식시(白蟻食尸/낮), 복공(腹空), 불행전(不行傳), 태수극절(胎受剋絶/초전), 귀인입옥(貴人入獄/밤), 귀인수극(貴人受剋/낮).

- **핵심** : 처와 남종(奴)이 해를 입히고, 자식은 돈을 낭비한다. 먼 곳에서 일간을 생하여 온다. 재물로 인해 파괴된다.

- **분석** : ❶ 巳는 처재효, 戌은 남자종업원이다. 巳가 일지 戌에 임한 뒤에 무리를 지어서 일간을 극하니 처와 노비로부터 해를 입는다. 일지는 자식, 丁巳는 재성이다. 巳가 戌에 의해 묘신과 탈기(脫氣)를 당하니 자식이 재물을 낭비하고 훔친다.

❷ 간상의 午가 발용이 되어 계속 생을 하여 말전에 이르러서 일간을 생하지만, 말전의 申이 초전의 午로부터 극을 당하고, 다시 지반의 丑에 의해 묘지를 당하며, 다시 공함이 되었으니 헛고생만 하고 생계를 잇기 어렵다.

□ **정단 : ❶** 과명이 중심(重審)이다. 하가 상을 범한 곳이 발용이 되었고 다시 초전이 사절(死絶)이니, 옛일은 끝맺어야 하고 새로운 일은 도모하면 안 된다.
　❷ 존장의 질병을 정단하면 몹시 두렵고, 낮에는 현무가 발용이 되었으니 유실과 도망이 있다.
　➜ 말전의 申은 일간의 장생으로서 부모와 생계를 뜻한다. 장생이 묘지에 앉고 다시 공망되었으니, 부모의 생사를 정단하면 사망하고 생계를 정단하면 생계가 곤란하다.

○ **날씨 :** 밤에 정단하면 이슬비가 오고, 낮에 정단하면 맑다.
　➜ 밤에 정단하면 수의 천장인 천후와 현무가 말전에 타고 있지만 공망이 되었으니 이슬비가 오고, 낮에 정단하면 화의 천장인 주작이 중전에 타고 있으니 맑다.
○ **가정 :** 재물을 잃는 것을 예방해야 한다. 파쇄가 관성에 타서 중전에 나타났으니 소송으로 인해 파재한다.
　➜ 재성은 재물, 파쇄는 깨트리는 작용을 한다. 초전의 재성에 낮에는 현무가 타고 있으니 재물을 잃고, 일지의 파쇄인 丑에 관재와 공소장(公訴狀)을 뜻하는 주작과 구진이 귀살에 타서 중전에 나타났으니 소송으로 인해 재물이 나간다. ● 일지는 집이다. 지상이 丁巳이니 가정에 재물이 속히 생긴다. 다만 丁巳가 일지인 戌을 생해서 일간을 극하여오니 이 재물로 인해 해를 입는 것을 예방해야 한다.
　● 일간은 사람이다. 낮에는 간상의 재성에 현무가 타고 있으니 손재수가 있고, 밤에는 간상의 재성에 천후가 타고 있으니 부녀자에 의한 재물이 생긴다. ● 낮에 정단하면 백호가 장생인 申에 타서 申의 묘지인 丑에 앉아 있으니 건강을 잃는 것을 예방해야 하고, 특히 장생이 공망이 되었으니 부모상을 예방해야 한다.

○ **혼인** : 남녀가 형극(刑剋)하니 불길하다.
→ 일간은 나, 일지는 배우자감이다. 일지인 戌이 일간 壬을 극하니 길하지 않고, 초전의 午가 간상의 午와 형(刑)을 하니 연애나 혼담에 장애가 생긴다. ● 궁합 : 비록 일지가 일간을 극하지만 간지의 상신이 비화하니 보통이다. ● 하가 상을 극하여 발용이 되었으니 여자의 성정이 유순하지 않다.

○ **임신·출산** : 여자를 임신한다. 산기가 가까워지면 출산이 순조롭다.
→ 하는 여자, 상은 남자의 상이다. 하가 상을 극하여 발용이 되었고 다시 삼전의 두 양(午,申)이 하나의 음(丑)을 감싸고 있으니 여자를 임신한다. 태신은 태아이다. 초전의 午는 처재효이면서 태신이다. 7월에 정단하면 午가 생기에 해당하니 처가 임신한다. 다만 주야 모두 상하 협극되었으니 유산을 예방해야 한다. 다만 출산을 정단하면 출산한 뒤에 태아의 탯줄을 끊는 상이니 길하다. ● 일간은 태아, 일지는 임신부, 삼전은 태아가 생육되는 과정이다. 간상과 지상이 비화하고 다시 삼전이 일간을 체생하니 출산이 순조롭다.

○ **구관** : 귀인이 입옥되었으니 길하지 않다.
→ 관성은 공무원이다. 관성인 중전의 丑이 공망되었으니 길하지 않다. ● 귀인은 공무원, 辰과 戌은 감옥이다. 밤에 정단하면 귀인이 戌에 가하여 감옥에 갇힌 상이니 길하지 않다. ● 공망된 丑이 풀리는 축년이나 축월이나 축월장 기간에 정단하거나 또는 이 시기가 되면, 초전 午 → 중전 丑 → 말전 申 → 일간 壬을 차례로 생하여오니 승진이나 발탁 등에서 여러 사람의 추천을 받는다. ● 고시·승진 : 안 된다.

○ **구재** : 재물을 얻는다.
→ 재성은 재물이다. 밤에는 초전이 재성이니 재물을 얻는다. 여름과 봄에는 재성인 午가 왕성하니 더욱 확실하지만 가을과 겨울에 정단하면 초전 천반의 午가 실령하며 협극되었으니 사업의 초기에

장애가 발생한다.
○ **질병** : 밤에는 신장경락에 병이 들었고 낮에는 간계통의 병이다. 약을 쓰지 않아도 저절로 낫는다.
→ 백호로부터 극을 받은 장부에 병이 든다. 밤에는 백호승신 戌이 수를 극하니 신장에 병이 들고, 낮에는 백호승신 申이 목을 극하니 간에 병이 든다. 밤에는 백호승신 戌이 과전에 나타나지 않았고, 낮에는 백호승신 申이 공망되었으니 병이 저절로 낫는다.
○ **출행** : 역마가 장생을 연연해하니 아직은 출행을 결심하지 않았다. 유실을 예방해야 한다.
→ 역마는 자동차이다. 역마인 申이 공망되어 교통사고가 발생할 우려가 있다. 재성은 재물이다. 낮에 정단하면 재성인 午에 현무가 타고 있으니 도난을 예방해야 한다.
○ **귀가** : 곧 소식이 온다. 사일(巳日)에 도착한다.
→ 주작은 소식이다. 주작이 중전과 일간음신에 있으니 곧 소식이 온다. ● 정마는 자동차이다. 지상이 丁巳이니 정사일에 온다.
↑ **쟁송** : 합의가 가능하다. 관재는 사라진다.
→ 일간은 나, 일지는 상대이다. 간상의 午와 지상의 巳가 '비화(比和)'하니 합의가 가능하고, 삼전이 일간을 체생하니 내가 유리하다. ● 중심과이니 고등법원에서 재심하는 것이 이롭다. ● 귀살은 관재, 주작과 구진은 관재의 천장이다. 중전에서 공망되었으니 관재가 사라진다.
○ **도난** : 도둑이 온 방위는 서북방이고, 숨어 있는 방위는 동북방이다. 잡을 수 있다.
※『육임직지』원문에서는 "동남방에서 온 도둑이다. 서북방에 숨어 있다."고 하였다.
→ 현무가 임한 지반이 도둑이 온 방위이다. 낮에 정단하면 현무가 亥에 가했으니 서북방에서 왔고, 밤에 정단하면 현무가 丑에 가했으

니 동북방에서 왔다. ● 현무의 음신에 도둑이 숨어 있다. 낮에 정단하면 현무음신이 丑이니 동북방에 숨어 있고, 밤에 정단하면 현무음신이 卯이니 정동방에 숨어 있다. ● 낮에 정단하면 현무승신 午가 협극되었으니 잡을 수 있다.

○ **전쟁** : 시작만 하고 끝을 맺지 못한다. 안정해야 한다.

→ 삼전은 전쟁의 과정이다. 비록 초전은 튼실하지만 말전이 공허하니 시작만 하고 끝을 맺지 못한다.

□ 『**필법부(畢法賦)**』 : 〈제31법〉 삼전이 차례로 일간을 생해 오면 타인의 추천을 받는다. 반드시 여러 번 타인에 의해 높은 직위로 추천을 받는다.

→ ○ 구관 참조.

〈제85법〉 초전이 협극(夾剋)되면 뜻대로 되지 않는다.

→ 초전 천반의 午화가 午에 타고 있는 현무의 오행인 癸亥수와 천후의 오행인 壬子수로부터 극을 받고 다시 지반의 亥수로부터 극을 받았으니 협극을 당한다.

□ 『**고험(古驗)**』 : 정월에 월장 子를 점시 巳에 가한 뒤에 정단한다. 과전의 처재가 협극되고 재성이 관성을 생하며 관성이 인성을 생하고 인성이 다시 일간을 생하니, 파재한 뒤에 재물을 거두어들인다. 초전의 午는 일간의 처이고 다시 12운성의 사기이다. 화의 묘신은 戌이고 여기에 백호가 타서 처의 본명 卯에 가했으니 저승길이 열린다는 뜻의 '묘문개격(墓門開格)'이다. 처의 행년이 卯이니 필사한다. 나중에 과연 물을 많이 마신 것으로 인해 병에 걸려 죽고 말았다.

→ 처를 뜻하는 처재효가 협극되고 다시 사기이니 처의 건강이 나쁘다. 다시 처의 행년이 卯이고 그 위에 백호가 처재효의 묘신인 戌에 타서 卯에 가했으니 묘지문이 열려서 저승으로 갔다.

壬戌일 제 7 국

공망 : 子·丑
낮 : 왼쪽 천장, 밤 : 오른쪽 천장

丁	癸	丁
陰巳貴	勾亥空	陰巳貴
亥	巳	亥

丁	癸	丙	壬
陰巳貴	勾亥空	后辰后	青戌青
壬亥	巳	戌	辰

癸亥巳	○子午	○丑未	甲寅申
勾 空	合 白	朱 常	蛇 玄
壬戌辰 青 青			乙卯酉 貴 陰
辛酉卯 空 勾			丙辰戌 后 后
庚申寅 白 合	己未丑 常 朱○	戊午子 玄 蛇○	丁巳亥 陰 貴

- □ **과체** : 반음(返吟), 원태(元胎), 절태(絕胎), 여덕(勵德/낮), 참관(斬關) // 수일정신(水日丁神), 무의(無依), 삼기(三奇), 회환(回還), 오음(五陰), 신장·귀등천문(神藏·貴登天門), 막귀임간(幕貴臨干/낮), 양귀수극(兩貴受剋), 양후협묘(兩后夾墓), 구절(俱絕).

- □ **핵심** : 재성이 丁을 탄다. 심신이 손상된다. 가족이 추악하다. 질병과 소송이 빈번하게 닥친다.

- □ **분석** : 일간과 초·말전에 세 丁巳가 있다. 수일에 이것을 만나 반드시 재물이 움직여서 지상의 천강(辰)을 생해서 일간을 상하게 하여, 삼전의 재물이 귀살로 변해서 심신을 손상시키니 결국 소득이 없다. 위와 같이 귀살이 지상에 있으니 가족에게 나쁘다. 귀살이 제3·4과에 임하니 질병과 소송이 빈번하게 닥친다. 이러한 경우에는 재물로써 남에게 진 빚을 갚거나 혹은 헌납하면 상황이 좋아져서 화를 면할 수 있다.

- □ **정단** : 반음과는 천지반이 상충하니 힘을 빌려서 의지할 곳이 없고, '참관(斬關)'이니 요동하는 정황이며, '여덕(勵德)'이니 머뭇거리는 정

황과 번복되는 일은 많고 모망사는 이루기 어렵다. 좋은 일과 나쁜 일 등 의외의 상황이 발생한다.

○ **날씨** : 맑기를 원하는 정단을 하면 비가 오고, 비가 오기를 바라는 정단을 하면 갠다.
   → 반음과는 현재의 날씨가 뒤집힌다. 따라서 맑은 날씨에서 정단 하면 비가 오고, 비가 오는 날씨에서 정단하면 날이 갠다.

○ **가정** : 묘신이 가택을 덮고 일간을 극한다. 질병과 소송이 침범하는 것을 예방해야 한다.
   → 일지음양은 가택이다. 지상이 묘신이니 가정이 어둡고 지상이 귀살이니 재앙이 닥친다. 일지양신에는 야 모두 천후가 타니 처에게 우환이 닥치고, 일지음신에는 주야 모두 청룡이 타니 생활고가 닥친다. 만약 자월(子月)에 정단하면 辰이 자월의 사기이니 질병으로 인한 큰 화가 미친다. ● 일간은 나이다. 수일에 정재가 임하니 먼 곳으로부터 재물이 온다.

○ **혼인** : 비록 청룡과 천후가 비화(比和)하니 길하지만 성사되기는 어렵다.
   → 청룡은 신랑감, 천후는 신부감이다. 청룡승신 戌과 천후승신 辰이 비화하니 길해 보이지만 이들이 상충하니 혼인이 성사되지 않고, 다시 과전의 모든 천지반이 상충하니 성사되지 않는다. ● 지상의 辰이 일간의 묘신이니 미래가 어두운 여자이고, 다시 일간의 귀살이니 남자를 해치는 여자이다. ● 궁합 : 나쁘다.

○ **임신·출산** : 남자를 임신한다. 산모는 병을 예방해야 한다.
   ※ 『육임직지』 원문에서는 "삼전이 순음이고 태신 위에 양이 타니 남자를 임신한다."고 하였다.
   → 삼전은 태아가 생육되는 과정이다. 삼전의 모든 음이 극에 이르

면 양이 되니 남자를 임신한다. ● 산모를 뜻하는 천후가 묘신인 辰에 타니 산모의 건강이 크게 우려된다.

○ **구관** : 사년(巳年)과 해년(亥年)에 출생한 사람은 대길하다. 나머지는 종임하지 못할 우려가 있다.

→ 낮에 정단하면 염막귀인이 일간에 임하니 고시에 합격하고, 밤에 정단하면 귀등천문(貴登天門)이니 고시에 반드시 합격한다. ● 승진 : 밤에 정단하면 귀인이 일간에 임하고 다시 정마가 타니 승진하며, 또한 귀등천문이니 더욱 확실하다. 그러나 낮에 정단하면 염막귀인이 일간에 임하니 면책이나 퇴직을 예방해야 한다. ● 관직을 잃었던 사람이 정단하면 반복의 뜻이 있는 반음과이니 복직한다.

○ **구재** : 삼전의 재성이 지나치게 왕성하다. 득재하기 어렵다.

→ 간상과 초·말전의 丁巳가 재물이지만 충지(沖地)와 절지(絶地)에 임했으니 득재하기 어렵다. 수일의 丁巳이니 원방에서 취하면 된다.

○ **질병** : 비장과 신장의 병이다. 신병은 낫고 구병은 흉하다.

→ 지상은 병증이다. 지상이 辰이니 비장에 관련된 질병이다. 반음과는 초기의 질병은 낫지만 오래된 병은 낫기 어렵다.

○ **출행** : 밤에 정단하면 길하고, 낮에 정단하면 흉하다.

→ 일간은 여행객이다. 밤에는 간상에 길장인 귀인이 타니 길하고, 낮에는 간상에 흉장인 태음이 타니 흉하다.

○ **귀가** : 묘신이 가택에 임하니 즉시 도착한다.

→ 묘신은 곧 사계로서 사물의 끝이다. 따라서 출행인이 즉시 도착한다.

↑ **쟁송** : 불리하다.

→ 일간은 나, 일지는 상대이다. 일간이 일지 戌 및 지상의 토로부터 극살을 당하니 내가 불리하다. ● 관재 : 귀살이 충지에 앉아 있으니 곧 끝난다.

○ **전쟁** : 불리하다.

→ 일간은 아군, 일지는 적군이다. 일간 壬이 지상의 辰으로부터 극살을 당하니 아군에게 불리하다.

□ 『**필법부(畢法賦)**』: 〈제49법〉 양 귀인이 극을 받으면 귀인에게 아뢰는 일에서 뜻을 성취하기 어렵다.
→ 낮 귀인 卯는 지반의 酉, 밤 귀인 巳는 지반의 亥로부터 각각 극을 받는다.
〈제70법〉 귀살이 제3·4과에 임하면 송재(訟災)가 뒤따른다.
→ 일간의 귀살인 辰과 戌이 지상에 임한다. **O 가정** 참조.
〈제26법〉 수일(水日)에 정신을 만나면 재물이 빠르게 움직인다.
→ 수일은 임계일, 정신은 재물이다. 수일에 정신이 과전에 보이니 재물을 얻는다.

□ **고감(古鑑)**: 丁巳년에 출생한 사람이 월장 未를 점시 丑에 가한 뒤에 가택을 정단한다. 이 과는 일덕이 죽고 일록이 끊겼으니 사람은 죽고 가정은 깨진다. 내가 가면 상대가 절(絶)이고 상대가 오면 내가 절(絶)이며, 묘신인 辰이 일간을 극하니 최흉한 상이다. 壬의 일록인 亥가 폐구되었으니 일록이 없다고 할 수 있다. 본명인 巳가 亥 위에 앉아서 亥로부터 극을 받는다. 亥는 유월의 사기이며 본명이 외전되니 사람이 죽는다고 하였다. 辰이 와서 가택을 파괴하고 다시 일간의 묘신이며 다시 일간을 극하니 가정이 깨진다고 하였다.

갑인순 | 임술일 | 8국

壬戌日　제 8 국

공망 : 子·丑
낮 : 왼쪽 천장, 밤 : 오른쪽 천장

丙	辛	甲
后辰	空酉勾	蛇寅玄
亥	辰	酉

丙	辛	乙	庚
后辰	空酉勾	貴卯陰	白申合
壬亥	辰	戌	卯

壬戌巳 青	癸亥午 勾	○子未 空合白	○丑申 朱常
辛酉辰 空勾			甲寅酉 蛇玄
庚申卯 白合			乙卯戌 貴陰
己未寅 常朱	戊午丑 玄蛇○	丁巳子 陰貴○	丙辰亥 后后

- □ **과체** : 섭해(涉害), 참관(斬關) // 형상(刑傷), 침해(侵害), 귀묘(鬼墓), 육의(六儀), 복덕(福德), 인귀생신(引鬼生身), 인종지신(引從支神), 참관(斬關), 양후협묘(兩后夾墓), 묘신부일(墓神覆日), 귀인입옥(貴人入獄/낮), 귀인수극·공망(貴人受剋/밤), 귀인탈기(낮), 유도액(幼度厄), 육편판(六片板), 구극(俱剋).

- □ **핵심** : 상대와 나 모두 해를 입는다. 초전은 묘신, 중전은 패기(敗氣), 말전은 탈기(脫氣)이다. 초전과 말전이 택상을 인종하니 가계가 넉넉하다.

- □ **분석** : 간상의 辰이 일간을 극하고 지상의 卯가 일지를 극하니 간지 모두 해를 입는다. 그리고 묘신인 辰이 일간을 덮은 뒤에 발용이 되었고, 패기(敗氣)인 酉가 중전에 거주하며, 탈기인 寅이 말전에 있으니, 길하다고 말할 수 있는 것이 하나도 없다. 다행히 삼전의 辰과 寅이 지상의 卯를 인종하니, 비록 사람은 쇠약을 면하지 못하지만 집은 매우 넓다.

- □ **정단** : ❶ 섭해과는 매사 의혹이 있고 일은 지체되며 갈피를 잡지 못

해 허둥대며 고진감래의 상이다.
❷ 묘신이 머리(일간)를 짓누르고 주야 모두 천후가 타니 마음이 늘 우울하며 마치 꿈속에 있는 것과 같아서 결국 편안하지 않고 상쾌하지 않다.

○ **날씨** : 묘신이 일간을 덮고 기필(箕畢)이 서로 만나니 비바람이 몰아친다.
→ 묘신은 흐리고 어둠, 기(箕)는 寅이며 바람, 필(畢)은 酉이며 비를 생하는 신이다. 말전에서 寅과 酉가 서로 가했으니 비바람이 몰아치며 묘신인 辰이 일간을 덮었으니 하늘이 캄캄하다.

○ **가정** : 간지의 상신이 육해하니 사람과 집이 모두 불안하다. 질병과 소송을 예방해야 한다.
→ 일간은 사람 및 가장, 일지는 가정 및 식구이다. 간상의 辰과 지상의 卯가 육해하니 사람과 집, 가장과 식구가 화목하지 않다. ● 일지의 귀살인 卯에 낮에 점단하면 천을귀인이 타서 일지 戌을 극하니 소송을 예방해야 하고, 밤에 점단하면 태음이 타서 일지 戌을 극하니 음인에 의한 해를 예방해야 한다. 다행히 중전의 酉가 卯를 충과 극을 하고 다시 일지음신의 申이 卯를 극을 하니 흉을 구한다.
● 주야 모두 간상의 묘신 辰에 천후가 타니 부녀자에게 화가 닥치는 것을 예방해야 한다. ● 초전의 辰과 말전의 寅이 지상의 卯를 인종하니 이사와 수리에 길하다.

○ **혼인** : 면전에서 싫어하니 길하지 않다.
→ 일간은 나, 일지는 배우자감이다. 간상의 辰과 지상의 卯가 육해하니 혼인이 길하지 않고, 일지 戌이 일간 壬을 극하니 다시 길하지 않다. ● 섭해과이니 혼담에 장애가 많고, 일간이 묘지에 묻혀서 불운이니 지금은 혼인할 수 없다. ● 궁합 : 나쁘다. ● 일지는 상대이

다. 낮에는 지상에 천을귀인이 타니 귀한 사람이고, 밤에는 도화인 지상의 卯에 태음이 타니 음란한 사람이다.
○ **임신·출산** : 태신의 상신이 음에 속하니 여자이다.
　※ 『육임직지』 원문에서는 辰이 일간을 극하니 쉽게 출산한다고 하였다.
　➜ 삼전은 태아가 생육되는 과정이다. 삼전의 두 양(辰,寅)이 하나의 음(酉)을 감싸니 여자이다. ● 말전이 육의(六儀)이니 귀자를 둔다. ● 섭해과이니 난산이다. 또한 말전에서 손을 뜻하는 卯가 발을 뜻하는 戌에 가했으니 역산(逆産)을 예방해야 한다.
○ **구관** : 천을귀인은 공함되고 일록은 외전되니 이롭지 않다.
　➜ 천을귀인은 공무원, 일록은 급여이다. 밤에 정단하면 귀인승신 巳가 공함되었으니 이롭지 않고, 일록인 亥는 천공의 오행인 토로부터 외전(外戰)이 되었으니 이롭지 않다. ● 고시 : 일간에 묘지에 묻혔으니 시험에 떨어지고 승진은 안 된다. ● 승진 : 묘신이 일간에 임하니 안 된다.
○ **구재** : 재효가 나타나지 않았고 다시 과전이 다시 낙공되었으니 득재하지 못한다.
　➜ 재물을 뜻하는 재효인 巳午가 과전에 나타나지 않았으니 득재하지 못한다. 다만 연명이 子丑인 사람은 그 상신이 재성인 巳午이니 득재가 가능하다. ● 섭해과이니 구재에서 어려움이 많다.
○ **질병** : 간담 혹은 위장 질환이다. 병세가 매우 심하지만 다행히 구할 수 있다.
　➜ 낮에 정단하면 백호승신 申이 오행의 목을 극하니 간담질환이고, 밤에 정단하면 백호승신 子가 오행의 화를 극하니 심장이 약해져서 화의 자식인 토가 함께 약해지니 위장질환이다. 진월(辰月)에 정단하면 죽은 몸(身)이 관 속으로 들어가는 상이니 사망한다. ● 卯는 손, 戌은 발이다. 일지의 상하가 卯와 戌이니 중풍이 우려된다. ● 지

상의 卯가 의약신이니 질환을 치료할 수 있고, 卯가 戌에 임하니 서북방에서 의약을 구하면 된다.

○ **출행** : 이롭지 않다.
  → 일간은 여행객, 일지는 여행지이다. 간지의 상신이 육해하여 몸을 다치는 상이니 출행이 이롭지 않다.

○ **귀가** : 사람이 이미 도로에 있다. 며칠 안에 온다.
  → 卯는 자동차, 일지는 집이다. 卯가 일지에 임했으니 며칠 안에 온다.

○ **도난** : 서방에 있는 술집에서 잡을 수 있다.
  → 도둑은 현무의 음신에 숨어 있다. 밤에 정단하면 현무의 음신이 未이니 서남방에서 있고 未가 술이나 음식을 뜻하니 술집이나 음식점에 있다. 낮에 정단하면 현무의 음신이 亥이니 서북방에서 있고 亥가 물을 뜻하니 물가에 있다.

↑ **쟁송** : 내가 불리하다. 근신해야 한다.
  → 일간은 나, 일지는 상대이다. 일간과 일지 모두 그 상신으로부터 극을 당했지만, 지상의 卯가 간상의 辰을 극했으니, 상대는 이롭고 나는 불리하다. ● 만약 손위와 손아래의 쟁송인 경우에는 사과가 유도액(幼度厄)이고 다시 위가 아래를 극해서 발용이 되었으니 손아래가 불리하다.

○ **전쟁** : 객(客)에게는 내가 불리하다. 근신해야 한다.
  ※ 『육임직지』 원문에서는 "주에게는 이롭고 객에게는 불리하다. 근신해야 한다."고 하였다.
  → 일간은 아군, 일지는 적군이다. 간상의 辰이 지상의 卯로부터 극을 당하니 내가 불리하니 근신해야 한다.

□ 『**필법부(畢法賦)**』 : 〈제59법〉 화개가 일간을 덮으면 사람이 혼미해진

다.
→ 이 과전에서는 일간의 묘신인 辰이 일간을 덮을 뿐이다.
⟨제76법⟩ 서로 시기하여 모두에게 화가 미친다.
→ 간지상의 辰과 卯가 육해한다.

□ 『**과경(課經)**』: 일지의 화개가 일간의 묘신이고 이것이 일간에 임한 뒤에 발용이 되었으니, 억울한 일을 당하더라도 해명하기 어렵다. 만약 유랑자가 정단하면 원방에서 뜻대로 되지 않는다.
→ 위의 『필법부』 ⟨제59법⟩ 참조.

□ 『**묘공결(苗公訣)**』: 지상이 일상을 극하는 경우에는 이 집에 살면 안 된다. 만약 천을귀인이 집에 있고 왕상한 기운에 지상에 타며 다시 일간과 상생하면 가정에 반드시 귀인이 있다.
→ 일간은 사람, 일지는 집이다. 지상의 卯가 간상의 辰을 극하니 이 집에 살면 안 된다. 낮에 정단하면 지상의 卯목에 귀인이 타고 일간 壬수와는 상생하니 가정에 귀인이 있다.

□ 『**태을경(太乙經)**』: 타인을 만나는 약속을 정단한다. 천강(辰)이 일진에 임하는 것을 보고서, 일진의 앞에 있으면 만나고, 일진의 뒤에 있으면 아직 도착하지 않았다.

壬戌일 제 9국

공망 : 子·丑
낮 : 왼쪽 천장, 밤 : 오른쪽 천장

己	癸	乙
勾 未 朱	常 亥 空	貴 卯 陰
卯	未	亥
乙	己	甲　　戌
貴 卯 陰	勾 未 朱	后 寅 玄　合 午 蛇
壬 亥	卯	戌	寅

辛 空 酉 巳	壬 白 戌 午 勾 青	癸 常 亥 未 空 玄	○ 子 白 申
青 庚 合 申 辰			陰 丑 常 酉
勾 己 朱 未 卯			后 甲 玄 寅 戌
合 戊 蛇 午 寅	朱 丁 貴 巳 丑 ○	蛇 丙 后 辰 子 ○	貴 乙 陰 卯 亥

- **과체** : 중심(重審), 곡직(曲直) // 멸덕(滅德), 화미(和美), 전국(全局), 삼기(三奇), 복덕(福德), 오음(五陰), 태신좌장생, 교차상합(交叉相合), 신장·귀등천문(神藏·貴登天門), 막귀임간(幕貴臨干/밤), 귀인탈기(貴人脫氣/낮), 자손효현괘.

- **핵심** : 서로 친하다. 간상의 낮 천장은 일간을 극한다. 삼전이 탈기하지만 오히려 구제신 작용을 한다.

- **분석** : ❶ 기궁 亥는 지상의 寅과 육합하고 일지 戌은 간상의 卯와 육합하니 일간과 일지가 교차육합(交叉六合)을 한다. 따라서 주객이 서로 친밀하다.

  ❷ 삼전의 목국이 본래는 일간을 탈기한다. 만약 낮에 정단하면 구진과 태상과 천을귀인 등 토의 천장오행이 일간을 상하게 하지만 목국이 이것을 제지하니 비록 이름은 '탈기(脫氣)'이지만 사실은 구제신이다.

- **정단** : ❶ 중심과(重審課)이니 매사에서 나중에 해야 하고, 삼전이 목으로 변하여 곡직(曲直)이니 움직이면 뜻한바 대로 되고 가만히 있

으면 불안하며, 처음에는 바르지 않지만 나중에는 바르게 되며, 처음에는 어렵지만 나중에는 쉬운 상이다.

❷ 과전이 삼합과 육합을 하고, 말전의 卯가 초전의 未를 극하고 길장을 만나니 모든 일에서 흉이 길로 변하고 뜻한 것을 이루지 못하는 것이 없다.

❸ 중전의 일덕과 일록이 亥이고 이곳에 밤에는 천공이 타니 허황하다. 모든 일에서 수고만 하고 실속은 없으며, 만약 직위를 정단하면 바람직한 것이 아니다.

○ **날씨** : 삼전이 목국이니 바람이 분다. 수는 올라가고 화는 내려오니 비가 온다.

→ 오행의 목은 바람이다. 삼전이 목국이니 바람이 많이 불고, 중전이 癸亥수이니 비가 온다.

○ **가정** : 사람은 손실을 입고 가택은 재앙을 당한다.

※ 『육임직지』 원문에서는 "사람과 가택이 편안하다. 다만 밤에는 현무가 寅에 타서 일간을 탈기하고 가택을 극하니 도둑을 막아야 한다."고 하였다.

→ 일간은 사람, 일지는 가정이다. ● 일간은 나이다. 낮에 정단하면 간상의 귀인승신 卯가 일간을 탈기하니 공무원이나 관청으로 인한 손재수를 예방해야 한다. 밤에 정단하면 간상의 도화와 태음승신 卯가 일간을 탈기하니 음인으로 인한 손재수를 예방해야 한다. ● 밤에 정단하면 지상의 현무승신 寅이 일간 壬을 탈기하고 일지 戌을 극하니 도둑을 막아야 한다. ● 낮에 정단하면 지상의 탈기신 寅에 천후가 타니 부인의 가출을 예방해야 한다.

○ **혼인** : 과전이 삼합과 육합을 하니 대길하다.

→ 일간은 나, 일지는 배우자감이다. 기궁 亥는 지상의 寅과 상합하

고 일지 戌은 간상의 卯와 상합하니 혼인이 대길한데 다시 삼전이 삼합하니 더욱 길하다. ● 궁합 : 매우 좋다. ● 삼전이 자손국이니 혼인한 뒤에 자녀가 많다.

○ **임신·출산** : 여자를 임신한다. 출산이 늦어지며 난산이다.

→ 음이 양을 극하여 발용이 되었으니 여자를 임신한다. 사과와 삼전이 모두 상합하며 다시 태신인 午가 장생지에 임하니 출산이 늦어지며 난산이다.

○ **구관** : 일록이 협극(夾剋)을 당한다. 본명상신이 未인 사람은 크게 이롭고 나머지는 불길하다.

→ 일록은 공무원이 받는 봉록이다. 일록인 亥가 지반의 未土와 亥에 타고 있는 태상의 오행인 토와 천공의 오행인 토로부터 협극을 당하니 관직에 이롭지 않다. ● 낮에 정단하면 삼전의 천장오행이 관성국이니 관직에 이롭다. ● 본명이나 행년이 卯이면 그 상신이 관성인 未니 관직에 이롭다. ● 고시·승진 낮에 정단하면 가능하다.

○ **구재** : 재성이 장생에 앉았다. 낮에는 얻고, 밤에는 어렵다.

→ 재성은 재물이다. 재성인 午에 낮에는 길장인 육합이 타니 얻을 수 있고, 밤에는 흉장인 등사가 타니 얻을 수 없다.

○ **질병** : 간에 풍이 들었거나 혹은 허탈증이다. 낫기 어렵다.

→ 일간은 사람이다. 일간의 음양이 목국이고 삼전이 다시 목국이니 간이 풍을 맞았거나 혹은 일간 壬이 일간음양 및 삼전의 목국으로 탈기되었으니 허탈증이다. 허탈증이 지나치게 심하니 낫기 어렵다.

○ **출행** : 매우 이롭다. 다만 낭비와 손실을 예방해야 한다.

→ 일간은 여행객, 일지는 여행지이다. 간지가 교차상합하고 삼전이 상합하니 출행이 이롭지만 일간 壬수가 일간음양 및 삼전의 목국으로 크게 탈기되니 손실을 예방해야 한다.

○ **귀가** : 귀가하기 위해 출발하지 못한다.
➜ 삼전은 귀가 노선이다. 삼전이 삼합하여 사람들과 화기애애하니 아직 출발하지 못한다.
○ **도난** : 정남방이나 동남방으로 가서 숲이나 연못에서 도둑을 잡으면 된다.
➜ 도둑은 현무의 음신에 숨어 있다. 밤에 정단하면 현무의 음신이 午이니 정남방에 있는 대장간에서 잡으면 된다.
↑ **쟁송** : 내가 유리하다.
➜ 삼전의 목국이 일지 戌토를 극하니 내가 유리하다.
○ **전쟁** : 적에게 속는 것을 예방해야 한다. 더욱 근신해야 한다.
➜ 일간은 아군, 일지는 적군이다. 일간 壬수가 지상의 寅목으로 탈기되니 적에게 속는 것을 예방해야 하고, 삼전이 탈기국이니 더욱 더 근신해야 한다.

□ **『필법부(畢法賦)』** : 〈제11법〉 비록 귀살이 무리를 짓더라도 전혀 두렵지 않다.
➜ 귀살을 제압하는 오행인 卯와 寅에 임하니 두렵지 않다.
〈제21법〉 간지가 교차상합하면 왕래에 이롭다.
〈제83법〉 삼합과 육합을 하면 만사 기쁘다.
□ **『관월경(觀月經)』** : 삼합과 육합을 하면 서로 기뻐서 설령 악을 대동했을지라도 진노하지 않는다. 가령 금일에 寅午戌 류를 얻어서 삼전이 일간을 극하지만 해가 되지 않고 화합한다. 그러나 오직 우환과 의혹을 푸는 일에서는 이롭지 않다.
➜ 주로 혼인, 매매, 계약, 거래, 회담 등에서 적용된다.

壬戌일 제 10 국

공망 : 子·丑
낮 : 왼쪽 천장, 밤 : 오른쪽 천장

	丙	己	壬
	蛇 辰 后	勾 未 朱	白 戌 青
	丑 ○	辰	未
	甲	丁	○	丙
	后 寅 玄	朱 巳 貴	陰 丑 常	蛇 辰 后
	壬 亥	寅	戌	丑 ○

庚申巳 青空	辛酉午 合空	壬戌未 勾白	癸亥申 青常 空
勾 己未辰 朱			玄 子酉 ○ 白
合 戊午卯 蛇			陰 丑戌 ○ 常
朱 丁巳寅 貴	蛇 丙辰丑 貴 ○	陰 乙卯子 貴	后 甲寅亥 玄

□ **과체** : 요극(遙剋), 호시(蒿矢), 가색(稼穡), 무음(無淫) // 수일정신(水日丁神), 교차상극(交叉相剋), 고진(孤辰), 유자(遊子/3·6·9·12월), 충파(沖破), 귀묘(鬼墓), 전국(全局), 복덕(福德), 가귀(家鬼), 맥월(驀越), 귀색귀호(貴塞鬼戶/밤), 절신가생(絶神加生/연명 寅), 복공(腹空), 중귀수창(衆鬼雖彰), 귀인공망(貴人空亡/밤).

□ **핵심** : 쑥대로 만든 화살이니 공허한 놀람이다. 나와 상대가 서로 업신여긴다. 寅에게 의지하면 여러 귀신이 나를 침범하기 어렵다.

□ **분석** : ❶ 지상의 丑은 일간 壬을 극하고 간상의 寅은 일지 戌을 극하니 일간과 일지가 서로 극적(克賊)한다. 간상의 寅은 튼실하고 지상의 丑은 공허하다.

❷ 발용의 辰은 쑥대로 만든 화살이다. 삼전이 모두 귀신이니 진정 흉한 조짐이지만, 초전이 공망된 지반에 앉아 있으니 공허한 놀람이다. 간상의 寅이 삼전의 토를 대적할 수 있으니 비록 寅이 일간의 탈기이지만 사실은 구제신이다. 〈경〉에서 "비록 귀살이 무리를 짓더라도 전혀 두렵지 않다."는 것은 바로 이것을 가리킨다.

| 갑인순 | 임술일 | 10국 |

□ **정단 :** ❶ 격명이 호시(蒿矢)이고 맥월(驀越)이다. 호시이니 무력해서 일간을 상하게 하기 어려운데, 하물며 초전의 辰이 공망된 지반에 임한다. 맥월이니 모든 일이 갑자기 일어난다. 처음에는 마치 우레가 치는 것 같지만 결국은 무방해서 근심과 기쁨 모두 부실하다.
❷ 삼전이 가색(稼穡)이니 침체되고, 밤에 정단하면 간지의 음양이 천을귀인의 뒤에 위치하니 '미복격(微服格)'이다. 일반인은 물러나서 지켜야 길하고, 공무원은 전진해야 영광이 있다.
→ 삼전이 맹중계의 '계(季, 辰戌丑未)'로만 구성되어 토의 성향이 강해졌으니 가색을 침체로 해석할 수 있다. 그리고 낮에 정단하면 귀인승신 卯의 뒤에 戌亥子丑寅이 있고, 밤에 정단하면 귀인승신 巳의 뒤에 子丑寅卯辰이 있으니, 수수한 옷차림이라는 뜻의 '미복격'이다.

○ **날씨 :** 삼전이 일간을 극하고 각성(角星)이 음을 가리키니 비가 온다.
→ 삼전이 가색이어서 흐린 상이다. 그러나 가색이 일간을 극하여 날씨가 나쁜 상이니 비가 오고 북두칠성을 뜻하는 대각성인 辰이 음의 십이지인 丑을 가리키니 비가 온다.
○ **가정 :** 손실과 상(喪)을 예방해야 한다.
→ 일간은 나이다. 일간이 간상의 寅으로 탈기되니 손실이 생긴다. 밤에 정단하면 이곳에 현무가 타니 사기와 도난을 예방해야 한다. ● 일지는 가정이다. 밤에 정단하면 태상이 귀살에 타니 가정에서 상(喪)을 예방해야 한다. 만약 유월에 정단하면 丑이 유월의 사기이니 확실하다. ● 삼전의 귀살이 가색이니 부동산에 관련된 일로 인해 편안하지 않다.
○ **혼인 :** 지상이 공망되었으니 길하지 않다.
→ 일간은 나, 일지는 배우자감이다. 지상이 공망되어 상대에게 혼인할 의사가 없으니 길하지 않다. 설령 공망되지 않았더라도 지상

의 귀살이 일간을 극하니 길하지 않은 사람이다. ● 일지음신이 공망되었으니 상대방은 더욱 더 공허한 사람이다. ● 궁합 : 간상의 寅이 지상의 丑을 극하니 나쁘다.

○ **임신·출산** : 여자를 임신한다. 출산에서 액이 있다.

→ 삼전은 태아가 생육되는 과정이다. 삼전의 두 양인 辰과 戌이 하나의 음인 未를 감싸니 여자를 임신한다. 출산을 정단하면 丑이 공망되어 자궁이 빈 상이니 속히 출산한다. 다만 지상의 丑이 간상의 寅으로부터 극살을 당했으니 산모의 건강이 나쁠 우려가 있다.

○ **구관** : 묘신이 공망되어 '순관(純官)'이니 현재 직임이 있는 공무원에게는 크게 이롭다. 호시(蒿矢)는 아직 부임하지 않은 사람에게는 힘이 든다.

→ 관성은 공무원, 묘신은 암매의 신이다. 일간의 묘신인 초전의 辰이 공망되어 중전과 말전에 순수한 관성이 존재하니 직임이 있는 사람에게는 크게 이롭다. ● 고시생이 정단하면 초전이 공망되었으니 시험에서 낙방한다.

○ **구재** : 재성이 정마를 대동하니 반드시 재물을 얻는다.

→ 재성은 재물, 정마는 발동의 신이다. 재성인 일간음신 丁巳가 정마를 대동하니 반드시 재물을 얻는다. 정마가 원방을 뜻하니 원방에서 재물을 얻는다. 다만 재성이 삼전의 귀살을 생하여 일간을 극하니 재물로 인해 화가 닥치는 것을 예방해야 한다.

○ **질병** : 비장병은 낫기 어렵고, 신병은 낫는다.

→ 지상은 병증이다. 비위를 뜻하는 丑이 공망되었으니 비위병이고 낫기 어렵다. ● 초전이 공망되었으니 신병은 낫는다. 낮에 정단하면 백호승신 戌이 오행의 수를 극하니 신장병이 있고, 이 병은 백호승신 戌을 극하는 寅 아래의 해방 곧 서북방에서 양의와 양약을 하면 된다.

○ **출행** : 길하지 않다.

→ 일지는 여행지이다. 지상의 丑이 일간의 귀살이니 안전하지 않은 여행지이다. 낮에 정단하면 태음이 타니 음인에 의한 해를 예방해야 하고, 밤에 정단하면 태상이 타니 음식으로 인한 탈을 예방해야 한다. ● 일간은 여행객이다. 밤에 정단하면 간상의 탈기신 寅에 현무가 타니 손실을 예방해야 한다.

○ **귀가** : 호시격이니 아직은 귀가할 수 없다.
→ 가색에는 도로의 뜻이 있다. 삼전이 '역가색'인 辰未戌이니 아직 귀가할 수 없고, 요극과이니 아직 귀가할 수 없다.

○ **도난** : 도둑은 서북방에 있는 누대나 숲속에 있다. 그의 형상(刑傷)은 얼굴에 수염이 있다. 잡고자 노력하면 잡을 수 있다.
→ 현무는 도둑이다. 밤에 정단하면 현무승신이 寅이다. 寅이 서북방을 뜻하니 서북방에 있고, 寅이 수염을 뜻하니 얼굴에 수염이 있으며, 寅이 숲을 뜻하니 숲속에 있다. 현무승신 寅이 그 음신 巳와 삼형이니 도둑을 잡을 수 있다.

↑ **쟁송** : 내가 유리하다.
→ 일간은 나, 일지는 상대이다. 일간은 튼실하고 일지는 공허하니, 나는 유리하고 상대는 불리하다. ● **관재** : 요극과이고 귀살이 寅에 의해 제압당했으니 매우 가벼워진다.

○ **전쟁** : 객에게는 이롭고 주에게는 이롭지 않다.
→ 호시격은 원수과의 상에 가까우니 객에게는 이롭고 주에게는 이롭지 않다. 객은 공격하는 군대, 주는 수비하는 군대이다.

□ **『필법부(畢法賦)』** : 〈제65법〉 일간의 묘신이 관신(關神)을 아우르면 사람과 가택이 황폐해지는 허물이 있다. … 지진의 양 과에서 발용이 되면 가운이 닫힌다.
→ 초전의 辰은 일묘와 여름의 관신이며 지진의 음에서 발용이 되

었으니 가운이 쇠해진다.

〈제70법〉 귀살이 제3·4과에 임하면 송재(訟災)가 뒤따른다.

→ 제3·4과의 丑辰은 귀살이다. 낮에는 태음이 타니 음인에 의한 우환, 밤에는 태상이 타니 음식과 연희에 의한 우환과 상(喪)이다.

〈제26법〉 수일(水日)에 정신을 만나면 재물이 빠르게 움직인다. 반드시 재물은 움직이는데 먼 곳에서 보낸 재물이 나에게 이르는 상이다. 미혼남자는 처를 취하는 기쁨이 있고, 만약 기혼남자는 처와 이별하는 근심이 있다.

→ 壬일이니 수일이고 제2과의 丁巳는 정신이다.

□ **수중금(袖中金)** : 壬일의 가색은 '탈난살(脫難煞)'이라고 하여, 사물이 극에 이르면 변하고 변하면 통하듯이, 오랫동안 액이 있는 사람은 오히려 액이 풀리는 뜻이 있다. 그리고 비 관직자가 정단하면 '경예귀간(鯨鯢歸澗)'이라고 하여 모든 일에서 핍박을 당하고 자신의 뜻대로 되지 않지만, 만약 뇌신(雷神)을 만나면 변화하는데, 뇌신이란 태충(太沖) 곧 육합을 가리킨다.

壬戌일 제 11 국

공망 : 子·丑
낮 : 왼쪽 천장, 밤 : 오른쪽 천장

○	甲	丙
玄子白	后寅玄	蛇辰后
戌	子○	寅
○	乙	○	甲
陰丑常	貴卯陰	玄子白	后寅玄
壬亥	丑○	戌	子

己未 勾	庚申 朱青	辛酉 合空	壬戌 勾白青
戊午辰 合 蛇			癸亥酉 常 空
丁巳卯 朱 貴			○子戌 玄 白
丙辰寅 蛇 后	乙卯丑 貴 陰	甲寅子 后 玄	○丑亥 陰 常

- □ **과체** : 중심(重審), 여덕(勵德/밤), 진간전(進間傳), 향삼양(向三陽/子寅辰) // 과수(寡宿), 육의(六儀), 복덕(福德), 오양(五陽), 강색귀호(罡塞鬼戶), 복공(腹空), 사과개공(四課皆空), 귀인공망(貴人空亡/낮), 귀인탈기(貴人脫氣/낮).

- □ **핵심** : 사과와 초·중전이 공망되었으니 오직 말전의 辰만 남았다. 귀호(鬼戶, 寅)가 종횡한다.

- □ **분석** : ❶ 子丑은 공망, 寅卯는 공함이니 사과가 모두 공망되었다. 초전의 子와 중전의 寅이 다시 공망과 탈기(脫氣)이니 모든 일에서 종적이 없다.

  ❷ 오직 말전의 辰만 남았다. 辰이 비록 일간 壬의 묘신과 귀살이지만 천강인 辰이 귀호인 寅을 막으니 오히려 좋고, 여섯 신이 굴복하고 네 살이 숨으니 일을 도모하여 방해되는 것이 없으니 귀호(鬼戶)가 종횡한다고 하였다.

  → 주야 정단 모두 등사가 子에 임하지 않고, 주작이 丑에 임하지 않고, 구진이 卯에 임하지 않고, 천공이 巳에 임하지 않고, 백호가

午에 임하지 않고, 현무가 申에 임하지 않으니 여섯 신이 굴복하지 않는다. 다만 네 살(殺)인 未戌丑亥가 네 巳申亥寅에 임하니 네 살이 숨는다.

□ **정단** : ❶ 중심과이니 불순한 일이 많고, 밤에는 여덕(勵德)이니 요동치는 상이다. 비록 귀살이 일간에 가했지만 공망되었고, 묘신이 말전에 있지만 일지 戌로부터 충을 받아 깨졌다.

❷ 앞에서는 육합하고 삼전이 '향삼양(向三陽)'이어서, 스스로 어두운 곳에서 밝은 곳으로 가니 선흉후길하고 타인과의 사이는 좋다.

❸ 가을과 겨울에 정단하면 말전의 辰이 휴수한 토여서 생왕한 수를 대적하지 못하니, 비록 하(下)가 상(上)을 범하는 상이지만 결국은 상(上)을 범하기 어렵다.

→ 삼전에서 초전은 상이고 말전은 하이다.

❹ 과전이 공함되었으니 조금 원망스럽고 공허는 많고 실속은 적다.

○ **날씨** : 향삼양(向三陽)이니 맑다.

→ 삼전의 子寅辰은 음에서 양으로 향하니 날이 맑다.

○ **가정** : 사과와 초·중전이 공망되었고 오직 묘신만 남아 거듭 공허한 상이니 질병과 소송과 도둑이 우려된다.

→ 일간은 사람, 일지는 가택이다. 일간음양이 모두 공망되었으니 사람이 하는 모든 일이 공허하고, 일지음양이 모두 공망되었으니 가정이 적막하다. 초·중전이 공망되었으니 가운이 쓸쓸하고 말전이 일간의 묘신과 귀살이니 나중에 재앙이 닥친다. ● 지상에 낮에는 현무가 타니 도난이 발생하고, 밤에는 백호가 타니 가정에 질병이 발생한다. ● 8월에 정단하면 간상의 귀살 丑이 8월의 사기이고 이곳에 태상이 타니 부친상이 우려된다. ● 가상이 나쁘니 이사해야

한다.
○ **혼인** : 간지의 상신이 상합하니 혼인하는 상이지만 공함되었으니 이루지 못한다.

→ 간지상의 子와 丑이니 견우와 직녀가 만나 혼인하는 상이다. 다만 지금은 子丑이 공망되었고 다시 초전이 공망되었으니 혼인을 이루지 못한다. ● 궁합 : 나쁘다. ● 일지는 상대이다. 낮에는 지상에 현무가 타니 도심이 있는 사람이고, 밤에는 지상에 백호가 타니 질병이 있는 사람이다.

○ **임신·출산** : 삼전이 순양(純陽)이니 여자를 임신한다. 간지가 모두 공망되었으니 산액이 우려된다.

→ 일간은 태아, 일지는 임신부이다. 일간과 일지가 공망되었으니 산액이 있다. 그리고 삼전은 태아가 생육되는 과정이다. 양이 극에 이르면 음이 되니 여자이고, 하가 상을 극하여 발용이 되었으니 다시 여자이다.

○ **구관** : 이롭지 않다.

→ 관직을 뜻하는 관성 丑과 나를 뜻하는 일간이 공망되었으니 이롭지 않다. 더군다나 사과가 공망되어 체가 사라진 상이니 매우 이롭지 않다. ● 고시 : 떨어진다. ● 승진 : 안 된다.

○ **구재** : 무익하다.

→ 재물을 뜻하는 처재효인 巳午와 청룡이 과전에 나타나지 않았으니 개업하면 무익하다. 사과가 모두 공망되었고 초·중전이 공망되었으니 개업하면 필패한다.

○ **질병** : 질병이 신장과 방광에 있다. 초기의 질병은 낫고 구병은 흉하다.

→ 지상은 병증이다. 지상이 子이니 신장과 방광에 관련된 질병이다. 초전이 공망되었으니 신병은 낫지만, 일간과 초전과 사과의 체가 공망되었으니 구병은 흉하다.

○ **출행** : 아직은 단호하게 출행하지 않는다. 출행을 하더라도 공허한 명예와 공허한 재물이다.
→ 일간은 여행객, 일지는 여행지이다. 일간과 일지의 음양과 초·중전이 공망되었으니 출행하지 않는다. 출행을 하더라도 목적하는 것이 공허해진다.

○ **귀가** : 귀가를 기약할 수 없다.
※ 『육임직지』 원문에서는 "바로 도착한다."고 하였다. 그 이유는 강색귀호(罡塞鬼戶)여서 이러한 해석을 한 것으로 생각된다.
→ 귀가 노선을 뜻하는 삼전의 말전은 묘신이고 중전과 초전은 공망되어 귀가에 장애가 많으니 귀가를 기약할 수 없다.

○ **도난** : 택상의 현무가 공망되었으니 잡기 어렵다.
→ 현무는 도둑, 일지는 집이다. 낮에 점단하면 지상의 현무가 공망되었으니 도둑을 잡기 어렵다.

↑ **쟁송** : 패소한다.
→ 일간의 음양과 초·중전이 공망되었고 말전이 일간의 묘신과 귀살이니 내가 패소한다.

○ **전쟁** : 강색귀호(罡塞鬼戶)이니 여러 가지의 전술을 구사하면 승전한다.
→ 辰이 寅에 가하면 천강인 辰이 귀신의 출입문인 寅을 막으니 모든 일이 쉽게 풀리고 승전한다.

□ 『**필법부(畢法賦)**』 : 〈제52법〉 천강(辰)이 귀신문(寅)을 막으면 임의로 도모할 수 있다.
→ 육처에서 辰이 寅에 가하면 이 법이 성립된다.

□ 『**단험(斷驗)**』 : 본명이 午인 사람이 戊戌년 8월에 월장 辰을 점시 寅에 가한 뒤에 귀인 알현을 점단한다. 주객이 상합하지만 글이 공허하여

실속이 적고, 일지와 일간의 상신이 공허하게 상합한다. 연명상신이 역마인 申이고 여기에 육합이 타니 만약 존장이나 친척에게 가면 매우 좋다. 다만 귀살 丑이 8월의 사기이고 이곳에 태상이 타서 일간에 가하니 부친상이 우려된다. 나중에 모두 적중했다.

壬戌일　제 12 국

공망 : 子·丑
낮 : 왼쪽 천장, 밤 : 오른쪽 천장

癸	○	○
常亥空	玄子白	陰丑常
戌	亥	子○
○	○	癸 ○
玄子白	陰丑常	常亥空 玄子白
壬亥	子○	戌 亥

戌合午巳朱	己勾未午青	庚青申未合	辛空酉申勾
朱丁貴巳辰			白壬戌青酉
蛇丙后辰卯			常癸空亥戌
貴乙陰卯寅	甲后寅丑	陰丑子○	白○子亥

□ **과체** : 중심(重審), 진여(進茹), 자취난수(自就亂受), 불비(不備), 연주삼기(連珠三奇) // 용잠(龍潛/亥子丑), 앙구(殃咎), 초전협극(初傳夾剋), 멸덕(滅德), 권섭부정(權攝不正), 회환(回還), 천라지망(天羅地網), 인종(引從), 복공(腹空), 불행전(不行傳), 삼전개공(三傳皆空/밤), 귀인입옥(貴人入獄/밤), 나거취재(懶去取財).

□ **핵심** : 자신을 존중하지 않고 아랫사람에게 가서 그의 다스림을 받는다. 밤에는 천공이 초전에 타니 삼전을 모두 포기해야 한다.

□ **분석** : ❶ 일간이 일지로 가서 일지로부터 극을 받아 스스로를 존중하지 않으니 타인에게 몸을 낮추고 억제를 당한다.

❷ 사과와 중·말전이 모두 공망이 되었고 초전과 지상에 밤에는 천공이 타니 소위 '모두 텅 비어서 아무것도 없다.'에 해당하니 모든 일이 허무하기만 하다.

□ **정단** : ❶ 초전의 亥가 삼기(三奇)이니 본래는 재앙이 흩어지고 복이 오지만, 중·말전이 공망되었으니 기이함이 손실되고 복이 감소한다. 하물며 간지상에 천라지망(天羅地網)이 타니 장애로 인해 불통한 상

이다.
❷ 사과가 다시 음불비(陰不備)이니 반드시 결함이 있어서 주밀하지 않으니, 모든 정단에서 길하지 않다.

○ **날씨** : 감(坎)이 일진에 임하고 亥가 발용이 되었으니 비가 온다.
→ 오행의 수는 비이다. 하늘과 땅을 뜻하는 간지상에 亥子가 임하니 비가 오고, 초전이 亥이니 비가 오며, 삼전이 수국이니 비가 온다.

○ **가정** : 지망(地網)이 가택에 가하고 양인(羊刃)이 일간에 임하니 길하지 않다.
→ 일간은 사람, 일지는 가택이다. 지상의 亥가 일지 戌의 전일위이니 '지망(地網)'이고, 간상의 子가 일간 壬의 전일위이니 천라(天羅)이다. 그물을 뜻하는 천라와 지망이 간지 위에 둘러쳐져 있으니 가정 내외에서 장애가 발생한다. 더욱이 간상의 子가 칼날을 뜻하는 양인이어서 함부로 행동하면 몸을 상하니 근신해야 한다. ● 간상의 子에 낮에는 현무가 타니 도난이나 사기를 예방해야 하고, 밤에는 백호가 타니 질병을 예방해야 한다.

○ **혼인** : 삼기(三奇)이니 매우 길하다. 견우와 직녀가 상합하니 반드시 성사된다.
→ 초전의 亥가 갑인순의 삼기이니 숙녀를 구하고 혼인은 성립된다. 일간양신과 일간음신의 子와 丑이 '우녀상회(牛女相會)'여서 반드시 혼인이 성립되는 상이지만 지금은 공망되어 혼인이 불성하지만 이것이 풀리는 시기에 혼인이 가능하다. ● 궁합 : 일간은 나, 일지는 배우자감이다. 간지의 상신이 비화(比和)하고 우녀가 상회하니 매우 좋다. ● 일지는 상대이다. 지상이 삼기이니 좋은 배필감이다. ● 데릴사위로 갈 경우, 지상으로 간 亥가 일지 戌토로부터 극살을 받으

니 나쁜 인연이다.
○ **임신·출산** : 남자를 임신한다. 키우지 못할 우려가 있다.
→ 삼전은 태아가 생육되는 과정이다. 삼전의 두 음인 亥와 丑이 하나의 양인 子를 감싸니 남자를 임신한다. ● 일간은 태아이고 子도 태아이다. 간상이 공망되고 子도 공망되었으니 낙태될 위험이 있다.
○ **구관** : 삼기이니 대길하다. 만약 연명상에서 얻거나 혹은 태세나 월건 또는 태양(월장)이 공망을 메우면 더욱 더 확실하다.
→ 초전의 亥가 갑인순의 삼기이고 삼전이 연주삼기인 亥子丑이니 수험생은 합격하고 공무원은 승진하는 상이다. 만약 공망이 메워지는 자년이나 자월이나 자월장(대한~우수) 기간에 정단하면 합격과 승진이 확실하다. ● 일록 亥가 지상으로 갔으니 다른 지방이나 부서로 가거나 혹은 퇴직하거나 혹은 좌천된다.
○ **구재** : 일진이 천라지망(天羅地網)이고 재성이 과전에 들지 않았으니 소득이 없다.
→ 간지의 상신이 천라지망이니 구재에 장애가 있고, 재물을 뜻하는 일재인 巳午가 삼전에 들지 않았으니 소득이 없다. 다만 연명이 辰巳이면 그 상신이 재성인 巳午이니 재물을 얻는다.
○ **질병** : 심장에 병이 들었거나 혹은 신장과 방광에 병이 들었다. 신병은 악화되지 않고 구병은 몸이 상한다.
→ 백호의 극을 받는 장부에 병이 든다. 밤에 정단하면 백호승신 子수의 극을 받는 심장에 병이 들고, 낮에 정단하면 백호승신 戌토의 극을 받는 신장과 방광에 병이 든다. 백호가 과전에 나타나지 않았으니 신병은 무방하다. 그러나 구병을 정단하면 사람을 뜻하는 일간이 공망되었으니 사망한다.
○ **출행** : 과전에 공망이 많으니 허명만 있고 실리는 없다. 수로로 가야 한다.
→ 일간은 여행객, 일지는 여행지, 삼전은 여정이다. 일간이 공망되

없으니 빈손이고 중·말전이 공망되었으니 헛걸음을 한다. 기궁인 亥가 지상으로 가서 일지 戌土로부터 극을 받으니 안전한 여행지가 아니다.

○ **귀가** : 사일(巳日)에 소식이 온다.
→ 낮에 정단하면 소식을 뜻하는 주작이 巳에 타니 사일(巳日)에 온다.

○ **쟁송** : 풀려서 사라진다.
→ 삼전이 연주삼기이니 쟁송이 풀려서 사라진다. ● **승패** : 일간은 나, 일지는 상대이다. 기궁이 지상으로 가서 일지로부터 극을 당하니 내가 패소한다.

○ **전쟁** : 기습하는 군대로 공격하면 불비이지만 승전한다.
→ 삼전이 삼기이니 기습군대이고 삼전이 연주삼기이니 승전한다.

□ 『**필법부(畢法賦)**』 : 〈제법〉 천라지망(天羅地網)을 만나면 모망사가 보잘 것이 없게 된다. 모든 정단에서 이익을 포기하고 자신의 분수를 지켜야 한다.
〈제법〉??? 삼전 내에서 삼기(三奇)를 만나면 존숭해진다.
→ 초전의 亥는 갑인순의 순기이고, 삼전의 亥子丑은 연주삼기이다. 〈제8법〉 일록이 일지에 임하면 임시직으로서 정당한 자리가 아니다. 임시직을 맡은 것으로서 정당한 자리가 아니고, 먼 곳으로 직록이 주어진다.
→ 일간은 높고 일지는 낮다. 일록인 亥가 지상에 임하니 하위직과 임시직이다.
〈제74법〉 거듭하여 공망되면 일을 추구하지 않아야 한다. 우환사와 의혹사는 풀리고, 성취하려고 하는 일은 얻을 수 없다. 만약 귀살이 공망되면 특히 신묘하다. 만약 질병을 정단하면 오래된 병자는 사망하고, 새로이 병을 얻은 사람은 질병이 낫는다.
- 『**지장부**』 : 일간이 일지로 가서 일지로부터 극을 받으면 난수(亂首)이다.

  → 혼인정단에서는 남자가 여자로부터 무시를 당하고, 여행정단에서는 여행지에서 흉사를 당하며, 가정정단에서는 가장이 가족으로부터 능멸을 당하며, 거래처와의 관계를 정단하면 거래처로부터 업신여김을 당한다.

- 『**육임회통(六壬會通)**』 : 일덕과 왕록을 만나면 관직과 봉록이 높아지고 모든 귀신의 보호를 받아서 공명을 얻는다.

  → 지상의 亥는 일덕과 일록이다. 일덕에는 흉을 없애고 길을 부르는 작용이 있으니 직위와 봉록을 얻는다.

- 『**백문결(百問訣)**』 : 일지에 있는 亥子丑이 삼전에 들면 집 밖에 수도가 있다.

- 『**점식(占式)**』 : 현무가 辰戌亥에 타면 반드시 잃고 빼앗긴다. 이것을 "현무가 적향(賊鄕)에 든다."고 한다.

계해일

癸亥日의 길신(구보)과 흉살(팔살)

일덕	巳		형	
일록	子		충	
역마	巳		파	
장생	申		해	
제왕	子		귀살	辰戌丑未
순기	亥		묘신	辰
육의(六儀)	甲寅		패신 / 도화	酉 / 子
귀인	주	巳	공망	子丑
	야	卯	탈(脫)	寅卯
합(合)			사(死)	卯
태(胎)	午		절(絶)	巳

| 갑인순 | 계해일 | 1국 |

癸亥일 제 1 국

공망 : 子·丑
낮 : 왼쪽 천장, 밤 : 오른쪽 천장

	○	壬	己
勾 丑 陰	白 戌 白	陰 未 勾
	丑 ○	戌	未
	○	○	癸	癸
勾 丑 陰	勾 丑 陰	空 亥 常	空 亥 常
○ 癸 丑	丑 ○	亥	亥

丁巳 貴 巳	戊午 朱 合 午	己未 陰 勾 未	庚申 勾 玄 申 青
蛇 丙辰 蛇 辰			常 辛酉 空 酉
朱 乙卯 貴 卯			白 壬戌 白 戌
合 甲寅 寅	○ 후 勾 丑 陰 丑	○ 青 子 玄 子	癸亥 空 亥 常

□ **과체** : 복음(伏吟), 자신(自信), 가색(稼穡), 여덕(勵德/밤) // 유자(遊子/3·9월), 간지동류(干支同類), 전국(全局), 간지공일록(干支拱日錄), 주객형상(主客刑傷), 복공(腹空), 고진과수(孤辰寡宿).

□ **핵심** : 휴식을 취해야 한다. 만약 다시 시작하면 사람과 신이 모두 분노한다. 형(刑)과 폐(廢)가 같이 나타난다.

□ **분석** : 일간이 발용이 되었다. 자신의 위세를 믿고 타인을 다스리면 조금의 편리와 이익을 얻는다. 만약 멈추지 않으면 여러 귀살을 야기하여 형화(刑禍)가 동시에 침입하고 사람과 신이 분노한다.

□ **정단** : ❶ 과명이 복음(伏吟)이니 엎드려서 움직이지 못하고, 격명이 가색(稼穡)이니 침체되고 어렵다. 다만 사물이 극에 이르면 변화하니 오랫동안 곤란했다면 순조롭게 된다.

❷ 삼전이 모두 귀살이고 백호가 중전에 있다. 관직자가 정단하면 임명장이 도착하고, 비 관직자가 정단하면 반드시 특별히 주의하여 근신해야 질병과 소송을 면하지 않겠는가?

○ **날씨** : 과전에 음이 많으니 흐리고 비가 오는 상이다.
→ 삼전이 토국이니 비가 오지 않는 상이지만, 삼전의 토국이 일간을 극하니 비가 온다.

○ **가정** : 삼전에 화목한 기운이 전혀 없고, 삼전이 일간을 계속하여 형(刑)과 극(剋)을 하니 질병과 관청의 시비를 예방해야 한다.
→ 일간은 사람이다. 삼전이 모두 귀살이니 화목한 기운이 전혀 없을 뿐만 아니라 삼전의 귀살국이 일간을 극(剋)과 형(刑)을 하니 재앙이 있고 형을 하니 재앙이 있다. 삼전에 구진이 타니 쟁송이 발생하고, 삼전에 백호가 타니 병재가 발생한다. ● 만약 오월에 정단하면 백호승신 戌이 사기를 품어서 삼형을 대동하여 일간을 극하니 사망할 우려가 있다. ● 지상이 겁재이고 다시 폐구되었으니 가운이 막힌다.

○ **혼인** : 불길하다.
→ 일간은 나, 일지는 배우자감이다. 일간이 공망되었으니 혼인이 불길하고, 지상이 자형이니 다시 혼인이 불길하며, 간상의 丑토가 지상의 亥를 극하니 다시 혼인이 불길한데, 삼전이 삼형이어서 서로 다투고 다시 일간을 극하여 오니 매우 불길하다. ● 궁합 : 매우 나쁘다.

○ **임신·출산** : 남자이다.
→ 삼전은 태아가 생육되는 과정이다. 삼전의 두 음인 丑과 未가 하나의 양인 戌을 감싸니 남자이다. ● 복음과이니 선천성언어장애를 예방해야 하고, 태궁인 일간이 공망되었으니 유산을 방지해야 한다.

○ **구관** : 관성이 매우 왕성하니 대길하다.
→ 관성은 공무원이다. 삼전의 관성국이 공망되어 불성하니 구관이 불발한다. 또한 일간과 일지가 일록인 子를 공협(拱夾)하지만 지금은 丑이 공망되어 공협하지 못하니 불발한다. ● 고시·승진 : 간상과 초전의 관성이 공망되었으니 이번에는 안 된다.

○ **구재** : 어렵다.

➜ 재성은 재물이다. 재성인 巳午가 과전에 없으니 득재하기 어렵다. 만약 구재를 강행하면 삼전이 귀살국이니 관재나 병재가 발생한다.

○ **질병** : 비위가 나쁘거나 혹은 신수가 훼손되었다. 일지는 튼실하고 일간은 공망이 되었으니 매우 흉하다.

➜ 주야 모두 백호승신 戌의 극을 받는 신장이 상해서 신수가 훼손되었거나 혹은 과전의 토국이 지나치게 강하니 위장이 굳은 병이다. ● 일간은 사람, 일지는 질병이다. 일간은 공망되었고 일지는 튼실하니 매우 흉하다. ● 의약신 寅이 임한 인방 곧 동북방에서 의약을 구하면 된다.

○ **출행** : 이롭지 않다.

➜ 일간은 여행객, 일지는 여행지이다. 일간에 귀살이 임하니 재앙이 발생하는 상이고, 지상이 자형이며, 삼전이 삼형이어서 쟁투와 질병이 발생하는 상이니 출행이 이롭지 않다.

○ **귀가** : 즉시 도착한다.

➜ 복음과는 근행한 사람은 즉시 도착하고, 원행한 사람은 귀가를 기약할 수 없다.

○ **유실** : 물건이 집을 벗어나지 않았다. 찾을 수 있다.

➜ 복음과는 물건이 집안에 있으니 찾을 수 있다. 일지가 亥이니 서북방에서 찾으면 된다.

↑ **쟁송** : 패소한다.

➜ 일간은 나, 일지는 상대이다. 일간은 공망되었고 일지는 튼실하니 내가 패소한다. 또한 삼전의 형살(刑殺)이 일간을 극하니 내가 패소한다. ● 관재 : 삼전이 귀살국이며 형국이니 중형을 예방해야 한다.

○ **전쟁** : 병영을 지켜야 한다. 전투하면 안 된다.

➜ 복음과는 천지반이 부동한 과이니 병영을 지키면서 전투하면 안 된다. 더군다나 과전에 형(刑)과 귀살이 많으니 움직이면 절대로 안 된다.

○ **분묘** : 형살이 매우 크다. 질병과 소송이 침입하는 분묘이다.

➜ 일지의 음양이 자형살이고 다시 삼전이 지세지형이니 흉지이다.

□ 『**필법부(畢法賦)**』 : 〈제91법〉 백호가 일간의 귀살에 타면 귀살의 흉이 대단히 빠르다.

➜ 질병과 관재와 여행을 정단하면 최흉하고, 관직을 정단하면 대길하다.

〈제75법〉 손님과 주인이 다투지 않아도 형벌이 이미 있다. 교섭사에서 반드시 각각에게 다른 마음이 있다. 삼전이 삼형이니 주객이 서로 다툰다. 주로 혼인, 매매, 교역, 계약, 동업, 국제회담 등에서 양측 모두에게 이롭지 않다.

□ 〈**소언화 임상예**〉 진년(辰年)에 출생한 사람이 인년(寅年)의 7월에 월장 巳를 점시 巳에 가한 뒤에 귀인을 만나 발탁을 부탁하는 정단을 한다. 가색이니 반드시 토와 관련된 관직이다. 간지의 상신이 일록을 공협하고 삼전 모두 관성이며 중전에 백호가 타니 임명장이 도착한다. 양 귀인이 본명을 공협하고 그 위에는 천희가 타며 행년상에는 천마가 타며 일록과 청룡이 서로 만나니, 교룡은 비를 얻고 천마는 비상하니 자월(子月)에 반드시 발탁되어 일록이 '여분(女分)'에 임하니 북방으로 부임을 간다. 모두 적중했다.

➜ 지상의 亥와 간상의 丑이 일록 子를 공협한다. 가을의 천희는 본명상의 辰이다. 여분은 子에 속하며 산서성에 해당한다.

| 갑인순 | 계해일 | 2국 |

癸亥일 제 2국

공망 : 子·丑 ○
낮 : 왼쪽 천장, 밤 : 오른쪽 천장

	壬 白 戌 亥	辛 白	常 酉 戌	空	玄 申 酉	庚 青
	○	癸	壬		辛	
	青 子 玄	空 亥 常	白 戌 白		常 酉 空	
	○癸 丑	子 ○	亥		戌	

丙 蛇 辰 巳	蛇 貴	丁 朱 巳 午	戊 合 午 未	陰	己 未 申 勾
乙 朱 卯 貴 辰 合 甲 后 寅 卯					庚 玄 申 青 酉 常 辛 空 酉 戌 壬 白 戌 亥
○ 勾 丑 陰 寅	青 子 丑○	玄 空 亥 子	常	白	

- □ **과체** : 원수(元首), 퇴여(退茹), 참관(斬關) // 간지동류(干支同類), 반가(返駕/戌酉申), 왕록임신(旺祿臨身), 왕록공망(旺祿空亡), 가귀(家鬼), 괴도천문(魁度天門), 최관사자(催官使者), 귀인입옥(貴人入獄/밤), 나거취재(懶去取財), 양사협묘(兩蛇夾墓/연명:巳).

- □ **핵심** : 다행히 왕록이 탄다. 이것을 버리고 백호를 찾으면 액을 당한다. 말전의 장생으로 가면 만을 잃고 백을 얻는다.

- □ **분석** : 왕신 겸 일록인 子가 일간에 임했지만 공망이 되었다. 이것을 버리고 발용을 찾아가면 귀살 戌에 백호가 타서 나를 예의주시하니 어렵다. 중전으로 가면 패기(敗氣)인 酉이다. 다시 말전으로 가면 장생인 申을 만난다. 따라서 모진 고생을 겪은 뒤에 한걸음 나아가서 번영하고 번창한다. 그러나 낮에 정단하면 현무에게 빼앗기니 얻는 것은 적고 잃는 것은 많으니, 만을 잃고 백을 얻는다.

- □ **정단** : 격명이 '참관(斬關)'이니 움직이는 상이다. 다만 하괴인 戌이 천문(亥)을 건너는 '괴도천문(魁度天門)'이니 장애를 면하지 못한다. 하물며 '퇴연여(退連茹)'여서 벗을 잃는다는 뜻의 '실우격(失友格)'이

니, 일을 하고 싶지만 하지 못하고 타인과의 정은 멀어진다. 다행히 한곳의 상이 하를 극하는 원수과이니 오히려 순조로워서 선흉후길하다.

○ **날씨** : 수가 공망된 지반에 앉았으니 맑다.
　→ 오행의 수는 비이다. 하늘을 뜻하는 간상의 子수가 공망되었으니 비가 오지 않고 오히려 맑다.

○ **가정** : 백호가 귀살에 탄다. 사람을 극하고 가택을 극하니 재앙이 겹친다.
　→ 일간은 사람, 일지는 가택이다. 지상의 백호승신 戌이 일간 癸를 극하니 질병이 발생한다. 만약 오월에 정단하면 戌이 오월의 사기이니 집에서 상을 당하는 것을 예방해야 한다.
　● 일록인 간상의 子가 공망되었으니 직업운이 나쁘다.

○ **혼인** : 길하지 않다.
　→ 일간은 나, 일지는 배우자감이다. 지상의 戌이 일간을 극하는 것은 나에게 해를 입히는 사람이니 혼인이 길하지 않고, 다시 간상의 일록이 공망되어 나의 직업운이 약하니 혼인이 길하지 않다. 초전이 괴도천문(魁度天門)이니 혼인이 불길하고 삼전이 퇴여(茹)이니 혼담이 지체된다. ● 궁합 : 나쁘다. ● 일지는 상대이다. 주야 모두 지상이 백호귀살이니 성정이 드센 사람이다.

○ **임신·출산** : 여자를 임신한다. 출산할 때에 놀라며 위험하다.
　→ 삼전은 태아가 생육되는 과정이다. 삼전의 두 양인 戌과 申이 하나의 음인 酉를 감싸니 여자를 임신한다. ● 출산에서 지상이 백호귀살이니 놀라며 위험하다. ● 태궁인 일간이 공망되었으니 유산을 방지해야 한다.

○ **구관** : 발용이 '최관사자(催官使者)'이니 매우 길하다.

→ 권위의 천장인 백호가 관성인 戌에 타서 발용이 되었으니 임명과 승진에 매우 길하다. ● 왕록이 일간에 임했으니 공무원, 직장인, 자영업자 모두 움직이면 안 된다. ● 고시 : 일록인 子와 일간이 공망되어 공허한 상이니 낙방한다.

○ **구재** : 밤에 정단하면 청룡이 장생에 타니 희망이 있다.
→ 청룡은 재물이다. 밤에 정단하면 청룡이 일간의 장생인 申에 타니 득재하고, 만약 연명이 午未이면 그 상신이 일간의 재성인 巳午이니 역시 재물을 얻는다.

○ **질병** : 난치이다.
→ 지상은 병증이다. 지상의 백호귀살 戌이 발용이 되어 병세가 발동하니 난치이지만 삼전이 퇴여(退茹)이니 병세가 점차 약해진다. 백호승신 戌을 제극하는 寅 아래의 묘방 곧 정동방에서 양약과 양의를 구해서 치료하면 낫는다. ● 백호귀살 戌토의 극을 받는 신장과 방광질환이지만 치료하면 낫는다.
● 구병 환자는 일록인 子와 일간 癸가 공망되었으니 위험하다. ● 괴도천문(魁度天門)이니 기운이 크게 막혀 있거나, 음식이 뭉쳐서 막혀있거나, 또는 신을 잘 모시지 못해서 생긴 병이다.

○ **출행** : 왕록이 일간에 임하니 움직이지 않아야 한다.
→ 일간은 여행객이다. 간상의 子가 양인살이어서 움직이면 칼날에 몸을 다치니 움직이지 않아야 한다.

○ **귀가** : 하괴에 백호가 타서 가택에 드니 즉시 도착한다.
→ 귀가 정단에서는 하괴인 戌은 동신, 백호는 도로이다. 하괴에 백호가 타니 즉시 집에 도착한다.

○ **도망** : 남자는 동남방으로 가서 찾으면 되고, 여자는 서남방으로 가서 찾으면 된다. 남종과 여종이 스스로 귀가한다.
→ 낮 정단에서 남자도둑이 동남방에 있는 이유는 申에서 역으로 네 자리를 가면 巳(동남방)에 임하기 때문이고, 여자도둑이 서남방

에 있는 이유는 주야 정단에서 현무가 서남방을 뜻하는 申에 타기 때문이다.
○ **쟁송** : 용신의 상이 하를 극하니 먼저 기소하면 승소한다.
　➜ 천반은 동(動), 지반은 정(靜)이다. 상이 하를 극하여 발용이 되었으니 먼저 기소한 사람이 승소한다.
○ **전쟁** : 근신하면서 지켜야 한다.
　➜ 일간은 아군, 일지는 적군이다. 일록인 간상의 子가 공망되어 아군에게 군량미가 없고 다시 지상의 백호귀살의 작용이 강하니 근신하면서 지켜야 한다.

□ 『**필법부(畢法賦)**』: 〈제51법〉 하괴가 천문을 건너면 관문이 막힌다.
　➜ 하괴는 戌, 천문은 亥이다. 戌이 亥에 가했으니 만사 뜻대로 되지 않는다. 방문을 정단하면 만나지 못하고, 질병을 정단하면 기운은 불통하고 음식은 정체되어 있다.
　〈제7법〉 왕록이 일간에 임하면 망령된 행동을 해서는 안 된다.
　➜ ○ **구관** 참조.
□ 『**고감(古鑑)**』: 丙午년 출생자가 월장 卯를 점시 辰에 가한 뒤에 가축을 정단한다. 戌이 亥에 가한 곳에 백호가 타는 것은 개가 돈사에 들어가는 것이니, 돼지가 작아져서 마치 개와 같다. ● 丑이 寅에 임하니 丑을 상하게 하는 지반에 임한다. 산에 있는 석관 속의 백골이 해를 입히니 가축이 살지 못하며 5년 뒤에는 사람도 상한다. ● 그 이유는 戌이 5이고 가을에 정단하면 천목(天目)이며, 다시 戌이 화명(火命, 丙午) 출생자의 묘지인데, 戌에 백호가 타서 일지에 임해서 일간을 극하니 땅속에 엎드려 있는 유골이 해를 입히는 것이다.

| 갑인순 | 계해일 | 3국 |

癸亥일 제 3국

공망 : 子·丑 ○
낮 : 왼쪽 천장, 밤 : 오른쪽 천장

	己		丁		乙	
陰	未	常	貴	巳	陰	朱	卯	貴
	酉		未		巳	
	癸		辛		辛		己
空	亥	勾	常	酉	空	常	酉	空	陰	未	常
○癸	丑		亥		亥		酉

乙卯 朱 巳	貴	丙辰 蛇 午	后	丁巳 貴 未	陰	戊午 后 申	玄
甲寅 合 辰	蛇					己未 陰 酉	常
○丑 勾 卯	朱					庚申 玄 戌	白
○子 靑 寅	合	癸亥 空 丑○	勾	壬戌 白 子○	靑	辛酉 常 亥	空

□ **과체** : 요극(遙剋), 호시(蒿矢), 퇴간전(退間傳), 불비(不備) // 간지동류(干支同類), 회명(回明/未巳卯), 수일정신(水日丁神), 간지상회(干支相會), 형상(刑傷), 복덕(福德), 가귀(家鬼), 맥월(驀越), 육음(六陰), 재성정마(財星丁馬), 나거취재(懶去取財), 파패신임택(破敗神臨宅), 귀인상가(貴人相加), 귀인탈기(貴人脫氣/밤).

□ **핵심** : 파패(破敗)가 가택에 임하고, 초전의 귀살은 일간을 요극(遙剋)한다. 양 귀인이 함께 있다. 잃었던 재물을 얻는다.

□ **분석** : ❶ 일지의 파쇄(破碎)와 일간의 패기(敗氣)인 酉가 일지에 임하니 집이 파괴되어 황폐해진다. 초전의 귀살이 일간을 요극(遙剋)하지만 다행히 무력하다.

❷ 말전에서 양 귀인이 서로 가하고 중전의 정마가 지상의 酉를 생해서 일간을 생하니 망친 재물을 다시 얻는다.

□ **정단** : ❶ 격명이 호시(蒿矢)이고 과전에 육음(六陰)이 이어지니 혼미해진다. 다행히 삼전이 '회명(回明)'이어서 조각달이 둥근 달이 되는 상이니, 길은 점차 이뤄지고 흉은 점차 흩어지지만, 사과가 불비(不

備)이니 결국은 불완전하다.
❷ 낮에는 酉에 태상이 타니, 혼인의 기쁨이 있거나 혹은 옷가게나 음식점을 개업하면 번창한다.

○ **날씨** : 맑다.
→ 초전이 토이니 비가 오지 않고, 중전이 화이니 맑으며, 말전이 목이니 바람이 인다.

○ **가정** : 가정이 쇠락한다.
→ 일지는 가택이다. 지상의 酉가 일간의 패신이니 패가하고 다시 일지의 파쇄여서 가정이 깨지고 쇠락한다. ● 일간은 나이다. 간상의 癸亥가 겁재이니 손재수를 방지해야 한다. 낮에는 천공이 타니 지인으로 인한 공허한 일을 예방해야 하고, 밤에는 구진이 타니 지인에 의한 분쟁을 예방해야 한다.

○ **혼인** : 매우 길하다.
→ 일간은 남자, 일지는 여자이다. 일지가 간상으로 온 것은 여자가 남자에게 시집오는 상이니 혼인이 성사되며 매우 길하다. 다만 낮에 정단하면 亥에 천공이 타고 다시 요극과이니 속임을 방지해야 한다. ● 궁합 : 대체로 좋다. ● 사과가 불비(不備)이고 무음(蕪淫)이니 음란을 예방해야 한다.

○ **임신·출산** : 음에 극에 이르면 양이 생기니 남자를 임신한다. 속히 출산하고 순산한다.
→ 과전이 모두 음이니 음극양 이치에 의거하여 남자가 된다. 일간은 태아, 일지는 임신부이다. 일지가 간상으로 와서 태아를 보살피는 상이니 속히 출산하고 순산한다.

○ **구관** : 크게 이롭다.
→ 말전의 卯가 중전의 재성인 巳를 생하고 중전이 관직을 뜻하는

초전의 관성 未를 생하니 구관에 크게 이롭다. 또한 삼전이 밝음으로 돌아가는 상이니 다시 이롭다.
- **구재** : 재물을 얻는다.
  → 재성은 재물이다. 중전의 丁巳가 癸일의 재성이니 득재하며, 재성이 정마를 타니 원방에서 재물을 얻는다. 낮에는 酉에 태상이 타니 옷가게나 음식점을 개업하면 번창한다.
- **질병** : 신허증 혹은 간병이다. 질병에 시달리지만 무사하다.
  → 낮에는 백호승신 戌토의 극을 받는 신방광병의 병이고, 밤에는 백호승신 申금의 극을 받는 간경의 병이다. 주야 모두 백호가 과전에 없고, 지상의 酉금이 초전에 있는 귀살의 기운을 빼서 일간을 생하니 무사하다. ● 의약신 卯가 임한 巳방 곧 동남방에서 의약을 구하면 된다.
- **출행** : 정마가 곧 일덕이니 출행에 이롭다.
  → 정마는 자동차, 일덕은 흉화위길의 신이다. 중전이 정마와 일덕이어서 장애가 없으니 출행에 이롭다.
- **귀가** : 귀인이 소식을 가지고 곧 온다.
  → 귀인승신 巳가 정마를 타니 소식을 가지고 곧 온다.
- **도난** : 낮에 정단하면 정남방, 밤에 정단하면 동방에 있다.
  → 도둑은 현무의 음신에 있다. 낮에 정단하면 현무의 음신이 午이니 정남방에 있고, 밤에 정단하면 현무의 음신이 辰이니 동남방에 있다.
- ↑ **쟁송** : 사과가 불비(不備)이니 소송에 필요한 서류를 갖춰야 한다.
  → 제2과와 제4과가 동일하여 사상이 미비하니 소송의 서류를 완비해야 한다. 그리고 호시격은 중심과의 상이니 나중이 이롭고 상급의 법원에서 재심(再審)하는 것이 이롭다.
- **전쟁** : 음불비이니 객(客)에게 이롭다.
  → 일지음신의 未가 일간을 극하는 호시(蒿矢)는 객에게 이롭다. 객

은 공격하는 군을 가리킨다.

―――――――――――――――――――

□ 『**필법부(畢法賦)**』: 〈제45법〉 주야귀인이 서로 가하면 양 귀인에게서 구하면 된다.

→ 밤 귀인 卯와 낮 귀인 巳가 서로 가한다. 공무원이 귀인에게 요청하는 정단에서는 양 귀인이 참견하여 반드시 뜻을 성취한다. 그러나 서민이 귀인을 알현하는 정단을 하면 반드시 귀인을 만나지 못한다.

〈제6법〉 육음(六陰)이 서로 이어지면 혼미해진다.

→ 육음은 특히 고시와 승진에 불리하다.

□ 『**고감(古鑒)**』: 甲寅년 출생자가 월장 未를 점시 酉에 가한 뒤에 가택을 정단한다. 癸亥는 육십갑자가 끝나는 날이고 다시 육음이 이어지니 과전이 무기력하다. 다만 만물의 변화가 극에 이르면 다시 원상으로 복귀하니 나중에 반드시 복이 온다. 지금 집을 여섯 등분하여 나눠서 살고 있다. ● 甲寅생은 후문의 변소 옆으로 출입한다. 내년에 여자가 이곳에서 죽으니, 반드시 밖으로 이사해서 다른 집에서 거주하는 것이 이롭다. 귀한 가문의 여자의 도움을 받아 가정을 이루고 훌륭한 자식을 두며 만년에는 수명과 복이 무궁하다.

● 형제는 여섯이고 변소 옆길로 통행했으며 다음 해에 처가 죽은 뒤에 이사를 했다. 그 뒤에 귀한 가문의 여자를 첩으로 취한 뒤에 치부하고 아들을 낳았으며 84세를 누렸다. 그 이유는 과전이 '영양(**迎陽**)'이고 중전의 낮에는 귀인이 재성에 타며 수일에 丁을 만났으니 가업이 흥하여 일어났다.

癸亥日 제 4국

공망 : 子·丑 ○
낮 : 왼쪽 천장, 밤 : 오른쪽 천장

□ **과체** : 원태(元胎), 병태(病胎), 참관(斬關) // 지일과(知一課), 간지동류(干支同類), 수일정신(水日丁神), 충파(沖破), 침해(侵害), 덕경(德慶), 삼기(三奇), 육의(六儀), 복덕(福德), 맥월(驀越), 폐구(閉口), 최관사자(催官使者/낮), 일희일비(一喜一悲).

□ **핵심** : 귀살에 청룡이 타고 장생에 백호가 타니, 분노는 기쁨이 되고 기쁨은 분노가 된다. 낮에는 귀인이 타니 승진한다. 정마이기 때문이다.

□ **분석** : ❶ 귀살인 戌이 일간에 임하고 이곳에 밤에는 청룡이 탄다. 장생인 申이 일지에 임하고 이곳에 밤에는 백호가 탄다. 따라서 하나는 즐겁고 하나는 두려우니 분노는 기쁨이 되고 기쁨은 분노가 된다.

❷ 낮에는 귀인이 발용이 되었고 그 위에 정마가 타며 삼전이 체생(遞生)하니 반드시 '격이격삼(隔二隔三)'하여 윗분의 추천을 받아 관직이 오른다.

□ **정단** : ❶ '원태(元胎)'이니 생의가 싹트고 '참관(斬關)'이니 움직이려

고 한다.

❷ 巳가 申에 가하고 寅이 巳에 가하며 亥가 寅에 가하니 계속하여 장생이다. 스스로 말전이 계속하여 발용을 생하고 발용은 일간의 귀인과 일덕이니, 시작하는 모든 일이 벼락같이 일어난다.

○ **날씨** : 천강이 음을 가리키고 용호(龍虎)가 일간을 극하니 비바람이 몰아친다.

→ 천강은 대각성, 청룡은 비, 백호는 바람, 일간은 기상이다. 천강(辰)이 음의 십이지인 未에 가하니 비가 오고, 청룡이 일간에 임하니 비가 쏟아지며, 백호가 일간에 임하니 바람이 세차다.

○ **가정** : 집이 평안하다.

※ 『육임직지』 원문에서는 "사람과 집이 편안하다."고 하였다.

→ 일지는 가정이다. 지상의 申이 일간의 장생과 일간의 생기이니 가정이 편안하다. 그러나 지상에 낮에는 현무가 타니 도난을 예방해야 하고, 밤에는 백호가 타니 부모의 질병을 예방해야 한다. ● 일간은 사람이다. 낮에는 귀살 戌에 백호가 타니 질병을 예방해야 하고, 밤에는 청룡이 타니 재정난을 예방해야 한다.

○ **혼인** : 간지의 상신이 상생하고 다시 삼전이 체생(遞生)하니 반드시 성사되며 길하다.

→ 일간은 나, 일지는 배우자감이다. 간상의 戌토가 지상의 申 금을 생하니 혼인이 성사되고, 말전의 亥수가 중전의 寅목을 생하고 중전이 초전의 巳를 생하여 삼전이 체생하니 혼인이 성사된다. ● 궁합 : 좋다. ● 만약 혼처를 구할 경우, 지일과이니 가까운 사람이나 장소에서 구하면 된다.

○ **임신·출산** : 격명이 병태(病胎)이다. 임신을 정단하면 흉하고 출산을 정단하면 길하다.

→ 초전 천반의 巳는 巳의 병지인 申에 임하고, 중전 천반의 寅은 寅의 병지인 巳에 임하며, 말전 천반의 亥는 亥의 병지인 寅에 임해서 태아가 병이 들었다는 뜻의 병태이니 임신을 정단하면 병약한 자식을 임신한다. 그러나 출산을 정단하면 흉이 적다.

○ **구관** : 역마에 타고 있는 귀인과 덕신이 발용이 되었으며 다시 말전으로부터 간상의 청룡관성을 삼전이 차례로 생을 하니 대길하다.

→ 역마는 합격과 승진의 신, 귀인과 일덕은 공무원, 청룡은 문관과 고위직공무원, 관성은 관직, 백호가 귀살에 타면 최관사자이다. 초전에 귀인이 타는 것은 공무원의 상이니 좋고 다시 초전이 역마이니 합격 또는 승진하며, 말전 亥 → 중전 寅 → 초전 巳 → 간상 戌이니 승진 혹은 발탁된다. ● 삼전이 병태(病胎)이니 관운이 창성하지는 않다.

○ **구재** : 재성이 역마에 타서 발용이 되었고 수일에 丁을 만났으니 반드시 크게 재물을 얻는다.

→ 재성은 재물, 역마는 신속을 뜻한다. 초전에서 재성인 丁巳가 역마에 타니 천반의 재물과 둔반의 재물을 속히 얻는다. ● 사업운을 정단하면 삼전이 병태(病胎)이니 날이 갈수록 사업이 쇠약해진다.

○ **질병** : 질병에 시달리며 느리게 낫는다.

→ 삼전이 병태(病胎)이니 질병에 시달리면서 느리게 낫는다. 낮에는 특히 백호승신 戌로부터 극을 받는 수의 장부에 해당하는 신방광에 병이 든다. 백호귀살 戌을 극하는 寅 아래의 사방 곧 동남방에서 의약을 구해서 치료하면 되며, 지일과이니 가까운 곳에서 구하면 된다.

○ **출행** : 역마가 일덕을 대동하니 재앙이 없고 이로우며 다시 귀인의 도움을 받는다.

→ 일간은 여행객, 일지는 여행지, 삼전은 여정이다. 자동차를 뜻하는 역마가 흉화위길의 신인 일덕을 초전에서 대동하니 출행에 재앙

이 없고 낮에는 여기에 귀인이 타니 공무원의 도움을 받는다. ● 일지는 여행지이다. 낮에는 지상에 현무가 타니 여행지에서 도난이나 소매치기를 당하는 것을 예방해야 하고, 밤에는 백호가 타니 질병이 발생하는 것을 예방해야 한다.
● 지일과이니 원행보다는 근행이 좋다.

○ **귀가** : 바로 도착한다.
➜ 초전은 도착지이다. 초전에 역마가 타니 바로 도착한다.

○ **도난** : 밤에는 말전에 구진이 타니 정동에서 잡을 수 있다.
※ 『육임직지』 원문에서는 "서방에서 도둑을 잡는다."고 하였다.
➜ 현무는 도둑, 구진은 경찰이다. 밤에 정단하면 구진승신 亥가 현무승신 午를 극하니 도둑을 잡을 수 있다. 다만 현무의 음신이 卯이니 정동에서 도둑을 잡을 수 있다.

○ **쟁송** : 백호귀살이 일간에 임하니 속히 풀리기는 어렵다.
➜ 일간이 귀살로부터 극살(剋殺)을 당한다. 쟁송의 승패를 정단하면 내가 패소하고, 관재를 정단하면 중형을 받는다. 특히 낮에 정단하면 귀살에 백호가 타니 쟁송과 관재 모두 매우 흉하다.

○ **전쟁** : 매우 근신해야 한다.
➜ 일간은 아군이다. 백호귀살이 아군에게 와서 일간을 극살하여 아군이 위험하니 매우 근신해야 한다.

□ 『**필법부(畢法賦)**』 : 〈제91법〉 백호가 귀살에 타면 귀살의 흉이 대단히 빠르다.
➜ 낮에 정단하면 백호귀살이 일간에 임한다. 질병과 관재와 여행을 정단하면 최흉하고, 관직을 정단하면 대길하다.

〈제26법〉 수일(水日)에 정신을 만나면 재물이 빠르게 움직인다.
➜ 일간이 癸이니 수일이고 초전이 丁이니 정신이다.

□ 『**수중금(袖中金)**』: 巳가 申에 가하면 '병태(病胎)'로서 '파과(怕課)'라고도 하여 임신된 태아에게 병이 있으니 두렵고, 또한 몸은 기쁘지만 마음에는 근심이 있는 상이다.
  → ○ 임신·출산 참조.
□ 『**지미부(指迷賦)**』: 백호가 일지를 극하면 가택에 재앙이 있다.
  → 백호승신 戌이 일지인 亥와 일간인 癸를 모두 극한다.
□ 『**잡점(雜占)**』: 일간의 재성이 일지의 양과에 임하면 밖의 재물이 안으로 들어온다는 뜻의 '외재입내(外財入內)'라고 하여 일을 도모하면 뜻을 이룬다.
  → 재성인 丁巳가 제4과에 임하니 밖에서 번 돈이 집이나 회사로 들어온다.
□ 『**옥성가(玉成歌)**』: 덕신이 동한 곳에 길한 기운이 뒤따른다.
  → 일간의 덕신인 巳가 초전에 임한다.
□ 『**삼재부(三才賦)**』: 백호가 삼전과 일지에 타면 질병을 예방해야 한다.
  → 백호가 일지에 임하니 가족에게 질병이 발생한다.

癸亥일 제 5국

공망 : 子·丑 ○
낮 : 왼쪽 천장, 밤 : 오른쪽 천장

己	乙	癸
陰 未 常	朱 卯 貴	空 亥 勾
亥	未	卯

辛	丁	己	乙
常 酉 空	貴 巳 陰	陰 未 常	朱 卯 貴
○癸丑	酉	亥	未

勾 ○丑 巳 朱	甲 寅 午 合	乙 卯 未 朱 蛇	丙 辰 申 后 蛇
青 ○子 辰 合			貴 丁巳 酉 陰
空 癸亥 卯 勾			玄 戊午 戌 后
白 壬戌 寅 青	辛 酉 丑 ○ 常 空	庚 申 子 ○ 玄 白	常 己未 亥 陰

□ **과체** : 섭해(涉害), 곡직(曲直), 여덕(勵德/낮), 유도액(幼度厄) // 간지동류(干支同類), 수일정신(水日丁神), 화미(和美), 전국(全局), 목국(木局), 아괴성(亞魁星), 삼기(三奇), 복덕(福德), 중귀수창(衆鬼雖彰/밤), 가귀(家鬼), 귀인탈기(貴人脫氣/밤), 연희치병(宴喜致病/밤), 탈기가 천장오행의 흉을 구하는 격(밤), 자손효현괘.

□ **핵심** : 파패(破敗)는 일간에 임하고, 己未는 일지를 극한다. 밤에 정단하면 공무원과 일반인 모두 즐겁다.

□ **분석** : ❶ 일간에는 일지의 파쇄(破碎) 겸 일간의 패신(敗神)인 酉가 타고, 지상에는 己未가 가택에 임해서 가택을 극하니 간지 모두 이롭지 않다.

➜ 사맹일의 파쇄는 酉, 일간 계의 패신은 酉이다.

❷ 일간이 삼전의 목으로 탈기(脫氣)가 되지만 간상의 酉가 여러 목을 제압한다.

❸ 삼전의 밤에는 태상과 귀인과 구진의 천장오행이 모두 토신이다. 토신이 간상의 酉를 생해서 일간 癸를 생하니, 공무원이 정단하

면 관직이 오고 관청의 임명장을 받으니 권력이 매우 아름답다. 그러나 비 관직자가 정단하면 관귀효가 생기를 도우니 모든 정단에서 길하다. 따라서 공무원도 기쁘고 일반인도 기쁘다.

□ **정단 : ❶** 섭해과(涉害課)이니 막히는 일이 많고, 세 곳의 상이 하를 극하니 어린이에게 재난이 닥친다.

→ 천반은 부모, 지반은 자녀이다. 세 곳의 상이 하를 극하니 자녀의 질병을 정단하면 자녀의 생명이 위험하고, 부자간의 쟁송을 정단하면 자녀에게 불리하다.

❷ 다행한 것은 일간(기궁) 丑과 일지인 亥가 일록인 子를 공협하고, 삼전이 목으로 변하여 일간음신의 재성 巳를 생하여 일으키니, 식록을 정단하면 식록이 견고하고 재백을 물어도 길해서, 가만히 앉아서 도모해도 이익이 있고 움직여도 좋다.

○ **날씨 :** 삼전이 모두 목이니 바람이 분다.

→ 오행의 목은 바람이다. 삼전이 목국이니 바람이 많이 분다.

○ **가정 :** 밤에는 태상이 가택에 임해서 가택을 극하니 반드시 연회로 인해 재난이다.

→ 태상은 음식, 일지는 가택이다. 밤에 정단하면 태상이 지상의 己未에 타서 일지 亥를 극하니 음식 탈이 나거나 혹은 집에서 상(喪)을 당한다. 만약 묘월(卯月)에 정단하면 지상의 未가 묘월의 사기이니 상(喪)을 당한다. ● 일간에는 일지의 파쇄 겸 일간의 패기(敗氣)인 酉가 타니 사람이 하는 모든 일에서 흉을 예방해야 한다.

○ **혼인 :** 밤에 정단하면 길하고, 낮에 정단하면 해로하지 못한다.

→ 섭해과여서 혼담이 지체되지만 남녀를 뜻하는 간지의 상신인 酉와 未가 상생하니 대체로 혼인이 길하다. 지상에 낮에는 흉장인 태음이 타니 덜 길하고, 밤에 정단하면 길장인 태상이 타니 길하다.

● 일간이 일지음양 및 삼전의 목국으로 탈기되니 혼사로 인한 지출이 매우 많다. ● 궁합 : 지상의 未가 간상의 酉를 생하니 좋고 삼전이 삼합하니 더욱 좋다.

○ **임신·출산** : 과전이 순음이다. 음이 극에 이르면 양이 생기니 임신하면 남자이다. 순산한다.

→ 과전이 순음이다. 음이 극에 이르면 양이 되는 이치에 의해남자가 된다. 비록 출산이 지체되는 뜻이 있는 섭해과이지만 간상의 酉가 지상의 未의 생을 받으니 순산한다.

○ **구관** : 크게 이롭다.

→ 관성은 공무원이다. 밤에 정단하면 삼전의 모든 천장오행이 관성이니 좋고 여기에서 간상의 생기를 생해서 다시 일간을 생하니 크게 이롭다. 그러나 낮에 정단하면 삼전이 '박관살(剝官殺)'이니 나쁘다. ● 고시 : 일간이 아괴성인 酉금의 생을 받으니 좋다.

○ **구재** : 얻는다.

→ 자손효는 투자 혹은 노력, 재성은 재물이다. 삼전의 자손효국이 일간음신의 재성 丁巳를 생하니 투자해서 재물을 얻는다.

○ **질병** : 음식으로 인해 발생했거나 혹은 신허(腎虛)하고 간왕(肝旺)하다. 질병에 시달리지만 무사하다.

→ 지상은 병증이다. 지상의 귀살에 태상이 타니 음식으로 인해 질병이 발생했거나 혹은 일간 癸수가 삼전의 목국으로 크게 탈기되니 신허(腎虛)하고 간왕(肝旺)하다. 과전이 삼합하니 질병에 시달리지만 삼전이 의약신이니 점차 질병이 낫는다. 다만 묘월의 밤에 정단하면 태상이 귀살에 타서 사기를 품으니 상(喪)을 예방해야 한다.

○ **유실** : 도둑이 훔쳐간 것이 아니다. 문서나 귀인의 일로 인해 유실된 것이다.

→ 과전에 현무가 없으니 도난이 아니다. 재성인 丁巳에 귀인이 타니 귀인의 일로 인해 유실된 것이다.

○ **출행** : 일진의 상신이 상생하고 삼전이 삼합하니 대길하다.
→ 일간은 여행객, 일지는 여행지이다. 간상의 酉와 지상의 未가 상생하니 출행이 안전하고 다시 삼전이 삼합하니 출행이 대길하다.

○ **귀가** : 역마가 문에 임하니 즉시 도착한다.
→ 역마는 자동차, 酉와 卯는 대문이다. 역마인 巳가 酉에 임하니 출행인이 기다리는 사람에게 즉시 도착한다.

↑ **쟁송** : 합의가 가능하다.
→ 일간은 나, 일지는 상대이다. 지상의 未가 간상의 酉를 생하니 합의가 가능하고 다시 삼전이 삼합하니 합의가 가능하다. ● 승패 : 일지 亥가 지상의 未로부터 극살을 받으니 상대가 패소하고, 다시 지상의 未가 간상의 酉로 탈기되니 상대가 패소한다. ● 관재 : 삼전이 역곡직이어서 관재가 순탄하지 않은 상이지만 삼전의 복덕신이 귀살을 제압하니 죄가 가벼워진다.

○ **전쟁** : 적의 속임수를 방지해야 하고 매우 근신해야 한다.
→ 밤에 정단하면 간상에 천공이 타니 적의 속임수를 당한 뒤에 공허해지는 것을 예방해야 하며 근신해야 한다.

□ 『**필법부(畢法賦)**』 : 〈제6법〉 육음이 서로 이어지면 혼미해진다. 공적으로 아뢰는 일은 불리하여 오히려 혼미하다.
→ 과전이 순음(純陰)이다. 음을 생사의 사, 주야의 야, 명암의 암으로 해석할 수 있으니 혼미하다고 해석할 수 있다.
〈제11법〉 비록 귀살이 무리를 짓더라도 전혀 두렵지 않다.

□ 『**과경(課經)**』 : 未가 亥에 가해서 발용이 되었고 삼전의 목국이 일간 癸의 기운을 탈기하니 일간의 귀살이 없는 셈이다. 따라서 어찌 무리를 지은 귀살이 제대로 열을 짓겠는가? 밤에 정단하면 삼전의 천장오행의 모든 토가 일간을 극하여 오지만 목국이 이것을 제지하니,

이것이 바로 '탈기가 흉을 구하는 격'이다.
- 『**옥약시(玉鑰匙)**』: 삼전의 격명이 곡직(曲直)이니 바람이 많이 분다.
  → 주로 날씨 정단에서 쓰인다.

癸亥일 제 6국

공망 : 子·丑
낮 : 왼쪽 천장, 밤 : 오른쪽 천장

	乙	壬	丁	
	朱卯貴	白戌青	貴巳陰	
	申	卯	戌	
庚	乙	戌	○	
玄申	白朱卯貴	后午玄	勾丑朱	
○癸丑	申	亥	午	

	○青子巳	合勾丑午	○甲寅未	蛇合	乙卯申	朱貴
空	癸亥辰	勾			丙辰酉	蛇后
白	壬戌卯	青			丁巳戌	貴陰
常	辛酉寅	空玄	庚申丑	白陰	己未子	常后	戊午亥	玄

- **과체** : 지일(知一), 착륜(斲輪), 사절(四絶), 주인(鑄印) // 간지동류(干支同類), 수일정신(水日丁神), 복덕(福德), 재성정마(財星丁馬), 복공(腹空), 태수극절(胎受剋絶), 귀인입옥(貴人入獄/낮), 귀인탈기(貴人脫氣/밤), 백의식시(白蟻食尸/밤), 교차육해(交叉六害), 최관사자(催官使者).

- **핵심** : 현무와 백호가 장생에 타고, 양 귀인은 무심하며, 정마는 매우 약하다. 낮에는 戌에 백호가 타니 신뢰하기 어렵다.

- **분석** : ❶ 申은 癸의 장생이다. 이곳에 낮에는 현무가 타고 밤에는 백호가 타니 허비와 놀라며 의아스러운 점이 많다.

  ❷ 낮 귀인은 감옥에 들고 밤 귀인은 극을 받아 귀인에게 마음에 품은 원한과 분노가 있으니 귀인에게 부탁하더라도 무익하다.

  ❸ 말전의 역마 巳의 둔반 丁이 묘신에 들어 기운을 뺏기니 무력해서 행동하기 어렵다.

  ❹ 낮에는 귀살 戌에 백호가 타니 그 흉이 심하다.

- **정단** : ❶ 초전은 착륜(斲輪)이고 삼전은 주인(鑄印)이다. 또한 중전은 '최관(催官)'이고 말전에는 역마가 타니 직장에서 봉록이 오르는 상

이다. 만약 관직을 희망하면 먼저 갖은 고난을 겪은 뒤에 결과가 있다.

❷ 다만 교차육해하고 지상의 午가 간상의 申을 극해서 가택의 처재가 부모를 상하게 하니, 일반인이 정단하면 크게 불리하다.

○ **날씨** : 바람이 불며 맑다.

※『육임직지』원문에서는 "처음에는 맑고 나중에는 바람이 불면서 비가 조금 온다."고 하였다.

→ 초전이 卯목이니 바람이 일고 말전이 丁巳화이니 맑다.

○ **가정** : 택상의 재성이 협극(夾剋)되고 다시 현무가 간지에 임하니 손실과 질병과 소송이 닥친다.

→ 일지는 가택이다. 재성인 택상의 午가 지반의 亥와 午에 타고 있는 천장오행인 수로부터 협극을 당하니 재물이 손실되며, 밤에는 일간의 장생인 간상의 申에 백호가 타니 부모에게 병환이 발생한다.

● 기궁 丑은 지상의 午와 육해하고 일지 亥는 간상의 申과 육해하니 가정이 화목하지 않다.

○ **혼인** : 재성이 협극(夾剋)을 당하니 처와 백년해로를 하기 어렵다.

→ 일간은 나, 일지는 배우자감이다. 신부감을 뜻하는 재성인 午가 지반과 재성에 타고 있는 천장오행으로부터 협극을 당해 여자의 몸이 상한 상이니 처와 백년해로하기 어렵다. ● 궁합 : 기궁 丑은 지상의 午와 육해하고 일지 亥는 간상의 申과 육해한다. 이오 같이 간지가 교차육해(交叉六害)를 하여 서로 해치는 상이니 나쁘다.

○ **임신·출산** : 임신하면 남자가 된다. 속히 출산하지만 험난하다.

→ 삼전은 태아가 생육되는 과정이다. 삼전의 두 음이 하나의 양을 감싸니 남자를 임신한다. 일간은 태아, 일지는 임신부이다. ● 간지가 교차육해(交叉六害)를 하니 태아와 임신부 모두 몸을 상할 우려

가 있다. ● 태신인 午가 午의 절지인 亥에 가하고 태신이 절지에 임해서 극을 받으니 임신과 출산 정단 모두 두렵다.

○ **구관** : 주인(鑄印)이니 승진하는 은혜를 입는다.

→ 삼전의 巳戌卯가 주인(鑄印)이니 공무원은 승진하고, 고시합격자는 임명장을 받으며, 고시생은 소기에 합격한다.

○ **구재** : 반드시 크게 이룬다.

→ 잃은 뒤에 얻는다. 지상의 재성 午가 상하로부터 협극(夾剋)을 당했으니 재물을 잃는다. 그러나 말전의 丁巳가 일간의 재성이니 돈을 번다. 말전의 巳가 겁재인 일지 亥를 충하고 간상의 申을 상합하니 더욱 구재에 길하다. ● 재성이 정마이니 원방에서 돈을 번다. 낮에 정단하면 귀인이 재성에 타니 관청이나 귀인을 통해서 돈을 벌고, 밤에 정단하면 태음이 재성에 타니 여자 혹은 금은보석을 통해서 돈을 번다.

○ **질병** : 백호가 戌에 타니 매우 흉하다. 만약 연명상에 구신이 있으면 무방하다.

→ 낮에 정단하면 백호승신이 일간의 귀살이니 매우 흉하다. 만약 연명이 未나 申이면 그 신신이 귀살을 제극하는 寅卯이니 병이 낫고 寅卯가 未申에 임하니 서남방에서 의약을 구해서 치료하면 된다. ● 만약 부모의 질병을 밤에 정단하면 백호가 장생인 申에 타니 부모에게 병이 있고 만약 진월(辰月)에 정단하면 申이 진월의 사기이니 위독하다.

○ **출행** : 역마가 덕신을 대동하니 어려움 속에서 반드시 뜻을 이룬다.

→ 역마는 자동차, 덕신은 흉화위길의 신이다. 말전의 巳가 역마와 덕신이니 어려운 일을 만나더라도 뜻을 이룬다.

○ **귀가** : 즉시 귀가한다.

→ 말전이 정마이니 즉시 귀가한다.

○ **도난** : 분묘나 동굴이나 변소에 있고 반드시 잡을 수 있다.

→ 밤에 정단하면 현무의 음신이 丑이니 분묘에 있거나 혹은 丑이 공망되었으니 갱이나 변소에 있다.
↑ **쟁송** : 내가 불리하다.
→ 일간은 나, 일지는 상대이다. 간상의 申이 지상의 午로부터 극살을 당하니 내가 불리하다.
○ **전쟁** : 낮에는 이롭지 않고 밤에는 대승한다.
→ 낮에는 초전에 흉장인 주작이 타니 이롭지 않고, 밤에는 초전에 길장인 귀인이 타니 대승한다.

□ 『**필법부(畢法賦)**』: 〈제3법〉 염막귀인은 높은 성적으로 장원급제를 한다.
→ 연명상에 염막귀인이 임해도 이 격이 성립한다. 연명이 申인 사람이 밤에 정단하면 염막귀인이 연명에 임하고, 연명이 戌인 사람이 낮에 정단하면 염막귀인이 연명에 임한다.
〈제4법〉 최관사자(관리에 임명되는 것을 재촉하는 것)는 관청에 부임하는 기일을 말한다.
→ 만약 연명이 卯인 사람이 낮에 정단하면 백호가 관성인 戌에 타서 연명에 임하니 임명장을 속히 받는다.
〈제86법〉 내전(內戰)되면 도모하는 일에서 장차 재앙이 생긴다.
→ 밤에 정단하면 초전의 卯목이 귀인의 오행인 己未토를 극하고, 중전의 戌토가 청룡의 오행인 甲寅목으로부터 극을 당하며, 말전의 巳화가 태음의 오행인 辛酉금을 극하니 삼전이 계속 내외전을 한다.
〈제26법〉 수일(水日)에 정신을 만나면 재물이 빠르게 움직인다.
→ 癸일이니 수일이고 말전이 丁巳이니 정신이다.
〈제44법〉 과전이 모두 귀인이면 도리어 의지할 곳이 없게 된다.

→ 귀인이 사과의 한 곳과 삼전의 세 곳에 보인다.

〈제91법〉 백호가 귀살에 타면 귀살의 흉이 대단히 빠르다.

→ 지금은 백호가 일간의 귀살인 戌에 타서 중전에 보인다. 연명이 卯인 사람이 낮에 관재나 질병을 정단하면 연명상에 이곳이 임하니 대흉하지만, 관직을 정단하면 '최관사자(催官使者)'로 쓰이니 대길하다.

□ 『신응경(神應經)』 : 간상의 申금이 묘지인 丑 위에 앉아 있고 밤에는 백호가 탄다. 부모의 묘지 안에 반드시 흰개미가 사니 화와 우환이 있다. 만약 부모가 생존한 경우에는 반드시 질병이 있다.

→ ○ 질병 참조.

□ 『비요(秘要)』 : 卯가 申에 가해서 발용이 되었다. 밤 귀인이 내전되었으니 반드시 귀인으로 인한 내란이 있다. 午가 亥에 가하고 태신이 절지에 임해서 극을 받으니 임신과 출산 정단 모두 두렵다.

→ ○ 임신·출산 참조.

癸亥일 제 7 국

공망 : 子·丑
낮 : 왼쪽 천장, 밤 : 오른쪽 천장

□ **과체** : 반음(返吟), 원태(元胎), 절태(絶胎), 여덕(勵德/밤) // 간지동류(干支同類), 수일정신(水日丁神), 무의(無依), 덕입천문(德入天門/낮), 삼기(三奇), 두괴상가(丑未相加), 신장·귀등천문(神藏·貴登天門/낮), 멸덕(滅德), 회환(回還), 육음(六陰), 복공(腹空), 양귀수극(兩貴受剋), 외효복(外孝服/밤), 작귀(雀鬼).

□ **핵심** : 역마가 셋이고 정마도 셋이다. 행동거지가 빈번하다. 귀인의 정황이 부족하다. 집은 이사하고 사람은 곤란하다.

□ **분석** : ❶ 지상과 초전과 말전 세 곳에 있는 정마가 반복해서 상충(相沖)하며 행동이 빈번하다. 양 귀인이 왕래하면서 극을 받아 악하니 어찌 그에게 부탁할 수 있겠는가?

❷ 丁巳는 본래 재성이다. 삼전의 재성이 귀살로 변하니, 만약 이것을 취하면 간상의 己未를 도와서 사람과 가택을 극한다. 따라서 집을 이사하고 사람이 곤란해지는 것을 어찌 면할 수 있겠는가?

□ **정단** : ❶ 반음과의 상이 본래는 어긋나는 데에 있으니 모든 정단에서 어긋난다.

❷ 덕신과 재성인 巳가 지반으로부터 절(絶)을 당하니 결절해야 한다.
❸ 묘월에 정단하면 간상의 귀살 未가 사기이고 여기에 태상이 타니 상(喪)을 당한다.

○ **날씨** : 과전이 모두 음이며 수는 올라가고 화는 내려오니 비가 온다.
→ 음양에서의 음은 비, 오행의 수는 비이다. 과전이 모두 음이니 비가 오고, 중전의 천반이 亥수이니 비가 온다.

○ **가정** : 집을 이사한다. 사람에게 재액이 있다.
→ 일지는 가택이다. 지상이 정마와 역마이니 집을 이사한다. 일간은 사람이다. 간상이 귀살이니 사람에게 재앙이 닥친다. 낮에는 주작이 타니 구설수나 탄핵이 발생하고, 밤에는 태상이 타니 음식으로 인한 탈이나 상(喪)을 당한다. ● 특히 묘월의 밤에 정단하면 간상의 귀살 未가 사기이고 여기에 태상이 타니 상(喪)을 당한다.

○ **혼인** : 이루지 못한다.
→ 천반은 남자, 지반은 여자이다. 과전의 모든 천반과 지반이 상충(相沖)하니 혼인이 불성하고, 처를 뜻하는 초전의 재성이 절지(絶地)에 가하니 혼인을 이루지 못한다. ● 궁합 : 나쁘다.

○ **임신·출산** : 남자를 출산한다. 순산한다.
→ 음이 극에 이르면 양이 되는 이치에 의해 남자가 된다. 반음과는 임신을 정단하면 낙태되고, 출산을 정단하면 즉시 순산한다. 더군다나 삼전의 사맹이 절신에 가하여 '절태(絶胎)'이니 낙태가 우려된다.

○ **구관** : 직위가 오른다.
→ 역마에는 승진의 뜻이 있다. 더군다나 과전에 세 역마가 있으니 직위가 오른다. ● 丑과 未가 서로 가하여 괴(魁)가 형성되니 고시에 합격한다.

○ **구재** : 재물이 있지만 험난하다.

→ 재성은 재물이다. 재성인 丁민가 세 곳에 보이지만 이들이 절지(絶地)에 임하니 득재가 험난하고, 삼전의 재성이 간상의 己未를 도와서 사람과 가택을 극하니 구재가 험난하다.

○ **질병** : 즉시 낫는다.

→ 반음과는 병이 즉시 낫지만 또한 병이 재발할 우려가 있다. ● 묘월의 밤에 정단하면 간상의 귀살 未가 사기이고 여기에 태상이 타니 상(喪)을 당한다.

○ **출행** : 길하다. 수로로 가야 한다.

→ 현대에서는 일간은 여행객, 일지는 여행지이다. 지상이 자동차를 뜻하는 역마와 정마이니 출행이 길하다. 다만 간상에 낮에는 주작이 타니 신상에 구설수가 생기는 것을 방지해야 하고, 밤에는 태상이 타니 음식 탈이 생기는 것을 방지해야 한다. ● 묘월의 밤에 정단하면 간상의 귀살 未가 사기이고 여기에 태상이 타니 생명이 위험하다.

○ **귀가** : 정마가 입택하니 즉시 도착한다.

→ 일지는 집, 정마와 역마는 자동차이다. 역마와 정마가 입택하니 즉시 도착한다.

↑ **쟁송** : 내가 불리하다.

→ 일간 癸가 간상의 未토로부터 극을 받으니 내가 불리하다. ● 관재 : 비록 낮에는 주작귀살이 일간에 임하지만 흉화위길의 신인 덕신이 발용이 되었고 낮에는 귀인이 천문에 오르니 흉화위길하다.

○ **전쟁** : 승부가 일정하지 않다.

※『육임직지』원문에서는 "서로 극을 하니 승부가 나지 않는다."고 하였다.

→ 반음과는 일승일패하는 상이니 승부가 일정하지 않다.

□ 『필법부(畢法賦)』: 〈제49법〉 양 귀인이 극을 받으면 귀인에게 아뢰는 일에서 뜻을 성취하기 어렵다.
　→ 낮 귀인 巳는 지반의 亥로부터 극을 받고, 밤 귀인 卯는 지반의 酉로부터 극을 받는다.

□ 『과경(課經)』: 2월에 월장 戌을 점시 辰에 가한 뒤에 처가 남편의 질병을 정단한다. 처의 연명상신 未가 화개(華蓋)이고 이곳에 태상이 일간의 귀살에 타며 다시 묘월의 사기(死氣)와 유년의 조객(弔客)이어서 상복을 입는 상이니 반드시 남편이 사망한다. 만약 유월에 정단하면 未가 생기이니 상복을 입지 않는다.

　※ 화개

일지\신살	巳酉丑	申子辰	亥卯未	寅午戌
화개(華蓋)	丑	辰	未	戌

　※ 사기

월건\신살	寅	卯	辰	巳	午	未	申	酉	戌	亥	子	丑
사기(死氣)	午	未	申	酉	戌	亥	子	丑	寅	卯	辰	巳
생기(生氣)	子	丑	寅	卯	辰	巳	午	未	申	酉	戌	亥

　※ 조객

태세\신살	子	丑	寅	卯	辰	巳	午	未	申	酉	戌	亥
조객(弔客)	戌	亥	子	丑	寅	卯	辰	巳	午	未	申	酉

□ 『극응경(克應經)』: 정마에는 생기(生氣)의 뜻이 있다. 이것이 입택하여 문에 임한다. 사람은 이동하고 가택은 변하니, 바쁘고 고생하며 불안하다.

□ 『고감(古鑑)』: 월장 卯를 점시 丑에 가한 뒤에 출행을 정단한다. 이번

의 출행에서는 중도에 되돌아온다. 그 이유는 택상이 발용이 되었지만 중도에 되돌아오는 것은 말전이 지상으로 복귀하니 가족의 상을 당하여 반드시 급히 사람을 보내 돌아오라고 하여 출행한 사람이 상복을 입는다. 일간은 외사문이다. 未가 癸에 가한 곳에 태상이 타니 상을 당하고, 태음은 음인이고 초전의 巳가 처이니 부인상이다. 나중에 적중했다.

| 癸亥일 | 제 8 국 |

공망 : 子·丑 ○
낮 : 왼쪽 천장, 밤 : 오른쪽 천장

	戊		癸		丙	
蛇	午	玄	空	亥	勾	后	辰	后
	丑 ○		午		亥	
	戊		癸		丙		辛
蛇	午	玄	空	亥	勾	后	辰	勾	酉	空
○	癸丑		午		亥		辰

青	壬戌巳	青	空	癸亥午	勾	白	○子未	合	常	○丑申	朱
勾	辛酉辰	空							玄	甲寅酉	蛇
合	庚申卯	白							陰	乙卯戌	貴
朱	己未寅	常	蛇	戊午丑 ○	玄	貴	丁巳子 ○	陰	后	丙辰亥	后

□ **과체** : 중심(重審), 참관(斬關) // 간지동류(干支同類), 삼기(三奇), 회환(回還), 간지공귀인(干支拱貴人), 체극(遞剋), 형상(刑傷), 귀인입옥(貴人入獄/밤), 고진(孤辰), 육편판(六片板/낮/연명:卯).

□ **핵심** : 사과의 천반이 辰午酉亥이다. 양 귀인이 이웃한다. 가택이 어둡고 혼미하다.

□ **분석** : ❶ 사과삼전이 모두 자형(自刑)이니 타인과의 용무에서 화목하지 않아서 자신의 마음에 원망하는 마음이 생기니, 만약 소송을 정단하면 반드시 다투고 질투심을 품는다.

❷ 卯는 밤 귀인이고 巳는 낮 귀인이다. 양 귀인이 택상을 공협(拱夾)하고 양 귀인이 이웃에 있으니 귀인에게 부탁해도 된다.

❸ 천후가 묘신인 지상에 탄다. 신월에 정단하면 혈지와 혈기와 월염이니 반드시 부인에게 흉하고 괴이한 일이 있고, 모든 교역(交易)을 꺼린다.

※ 혈지, 혈기, 월염

월건\신살	寅	卯	辰	巳	午	未	申	酉	戌	亥	子	丑
혈지(血支)	丑	寅	卯	辰	巳	午	未	申	酉	戌	亥	子
혈기(血忌)	丑	未	寅	申	卯	酉	辰	戌	巳	亥	午	子
월염(月厭)	戌	酉	申	未	午	巳	辰	卯	寅	丑	子	亥

□ **정단 :** ❶ 중심과이다. 과전에 화기가 하나도 없으니 모든 일이 불순하다.

❷ 초전의 천반이 하로부터 극을 당하고 지반의 본궁으로 돌아가면 상으로부터 극을 당하니, 소위 극하는 곳에서 본궁으로 돌아왔는데 다시 극을 받으니 '비록 용사의 용맹이지만 할 수 없다.'에 해당한다.

➜ 초전의 午는 지반의 癸(丑)로부터 극을 당하고, 본궁으로 오면 午가 천반의 亥로부터 극을 당한다. 午는 처재효이다. 처와 재물을 정단하면 대흉하다.

○ **날씨 :** 수는 오르고 화는 가라앉으며 대각성이 음을 가리키니 비가 온다.

➜ 중전에서 亥수는 오르고 午화는 가라앉으니 비가 오고 대각성인 辰이 음의 십이지인 亥를 가리키니 비가 온다.

○ **가정 :** 묘신이 가택을 덮었으니 가정이 어둡고 가족은 혼미하다.

➜ 일지는 가정이다. 혼미의 뜻이 있는 십이운성의 묘신이 일지를 덮었으니 가정이 혼미하다. 이것을 충(沖)을 하는 술년(戌年)이나 술월(戌月)이 오면 묘신을 충을 하니 개운된다. ● 일간은 사람이다. 재성인 午에 낮에는 등사가 타니 여자나 재물로 인해 놀라는 일이 발

생하고, 밤에는 현무가 타니 처나 재물을 잃는 것을 방지해야 한다.
● 가출한 사람은 삼전이 사과로 되돌아오는 회환이니 귀가한다.

○ **혼인** : 간지의 위가 모두 자형(自刑)이니 불길하다.

→ 일간은 나이고 일지는 배우자감, 자형에는 상잔(相殘)의 뜻이 있다. 간지의 상신이 모두 자형이어서 남녀가 완고하고 다투는 상이니 혼인이 불길하다. 또한 하가 상을 극하여서 발용이 되었으니 성정이 드센 여자인데, 만약 겨울에 정단하면 하가 더욱 강하니 더욱 드센 여자이다. ● 궁합 : 나쁘다.

○ **임신·출산** : 태신 겸 재성이 일간에 임하고 과전이 서로 극하니, 출산은 빠르고 임신은 손상된다.

→ 태신 겸 재성인 午가 말전으로부터 계속하여 극을 당하니 임신을 정단하면 임신부와 태아가 상하고 다시 공함되었으니 상한다.

○ **구관** : 길하지 않다.

→ 말전 辰 ⋯ 중전 亥 ⋯ 초전 午를 극하여 삼전이 체극하니 길하지 않다.

○ **구재** : 재성이 일간에 임한 뒤에 발용이 되었으니 득재할 수 있지만 놀라고 두려운 일이 많다.

→ 재물을 뜻하는 재성 午가 말전으로부터 차례로 극을 당하여 재물이 파괴되고 다시 공망되어 득재하지 못하니 질겁한다.

○ **질병** : 비장에 병이 있다. 대흉하다.

→ 일간은 사람, 일지는 질병이다. 일간 癸수가 지상의 辰으로부터 극을 당하니 흉하고 다시 지상이 묘신이니 대흉하다. ● 연명이 卯인 사람이 진월의 낮에 정단하면 卯 위의 申이 시신이 되어 입관하는 상이니 사망한다. 삼전이 사과로 되돌아오는 회환(回還)이니 병이 오래 간다. ● 의약신 寅이 酉에 임하니 유방 곧 정서방에서 의약을 구하면 된다.

○ **출행** : 불리하다.

➜ 일간은 여행객, 일지는 여행지, 초전은 출행초기이다. 일간과 초전이 공망되었으니 불리하고, 지상이 일간의 묘신과 귀살이니 다시 불리하다.

○ **귀가** : 말전의 묘신이 가택으로 돌아오니 즉시 도착한다.

➜ 묘신 곧 사계는 사물의 끝과 귀가의 끝을 뜻한다. 삼전이 사과로 되돌아오는 회환이며 말전의 묘신 辰이 지상으로 이어졌으니 즉시 도착한다.

⬆ **쟁송** : 서로 상해를 입는다.

➜ 일간은 나, 일지는 상대이다. 간지의 상신이 모두 자형(自刑)이니 나와 상대 모두 해를 입는다. ● 곤괘의 중심과(重審課)는 상급의 법원에서 재심(再審)하는 것이 유리하다. ● 관재 : 삼전이 사과로 되돌아오는 회환(回還)이니 관재가 오래 가며, 지상과 말전의 辰이 묘신이니 교도소에 수감되는 것을 예방해야 한다.

○ **전쟁** : 서로 상해를 입는다.

➜ 일간은 아군, 일지는 적군이다. 간지의 상신이 모두 자형이니 피아 모두 해를 입는다.

○ **분묘** : 청룡에 결함이 있으니 매장한 뒤에 형상(刑傷)이 많다.

➜ 일지는 묘지, 청룡은 산의 왼편이며 장남을 뜻한다. 주야 모두 청룡승신 戌과 지상의 辰이 상충하여 청룡에 결함이 있으니 매장한 뒤에 형상(刑傷)이 있다.

□ 『**필법부(畢法賦)**』 : 〈제75법〉 손님과 주인이 다투지 않아도 형벌이 이미 있다. 교섭사에서 반드시 각각에게 다른 마음이 있다.

➜ 일간은 나, 일지는 상대이다. 간지상에 상잔의 뜻이 있는 자형(自刑)이 임하니 나와 상대가 다투는 상이다. 주로 혼인, 매매, 교역, 계약, 동업, 국제회담 등에서 양측 모두에게 이롭지 않다.

□ 『**육임지남(六壬指南)**』: 癸酉년의 4월에 월장 酉를 점시 辰에 가한 뒤에 재상의 피소를 정단한다. ① 조정의 관리가 정단하여 이 과를 득하면 반드시 물러난다. 그 이유는 삼전의 12신이 차례로 극을 하고, 덕에서 형을 극하지 못하므로 소인은 무방하지만 군자는 물러난다. ② 그리고 귀인·일록·재신·역마가 모두 공함을 당했으니 어찌 나중이 좋겠는가? ③ 그리고 밤 귀인이 행년 戌에 임하므로 어찌 한직에 종사하지 않겠는가? 6월에 접어 든 뒤에, 행년 未 위의 일록 겸 천마인 子가 본명상신 午를 충하므로 6월이 된다. ④ 좋아 보이는 것은 사묘가 사생에 가하므로 재기하는 상이 된다. 과연 6월에 승인이 되었으므로 말을 달려서 고향으로 돌아갔다.

※ 이우산, 『육임실전』 2, 대유학당, 2014, 198쪽~199쪽 참조.

癸亥일 제9국

공망 : 子·丑
낮 : 왼쪽 천장, 밤 : 오른쪽 천장

	辛	○	丁	
勾	酉空	常丑陰	貴巳朱	
	巳	酉	丑○	
	丁	辛	乙	己
貴巳朱	勾酉空	陰卯貴	朱未常	
○癸丑	巳	亥	卯	

辛勾酉巳	壬空戌午	癸常亥未	○白子申玄
合庚申辰青			○常丑酉陰
朱己未卯勾			玄甲寅戌后
蛇戊午寅	丁合巳丑○	丙朱辰子○	乙陰卯亥貴

□ **과체** : 섭해(涉害), 종혁(從革) 장도액(長度厄) // 간지동류(干支同類), 수일정신(水日丁神), 덕경(德慶/공망), 화미(和美), 전국(全局), 합중범살(合中犯殺), 형통(亨通), 체생(遞生), 복덕(福德), 귀덕임신(貴德臨身/낮), 인귀생신(引鬼生身), 육음(六陰), 재성정마(財星丁馬), 불행전(不行傳), 삼전개공(三傳皆空/밤), 신장·귀등천문(神藏·貴登天門/밤), 막귀임간(幕貴臨干/밤), 귀인탈기(貴人脫氣/밤), 귀부간지(貴覆干支), 복공(腹空), 부모효현괘.

□ **핵심** : 정마가 일간에 임한다. 양 귀인이 나를 보필한다. 재물로 인해 신속하게 움직인다. 천장은 흉하지만 삼전은 길하다.

□ **분석** : ❶ 巳는 역마이고 그 위의 둔간 丁이 일간의 재성이 되어 일간에 임하니, 반드시 재백과 문서가 속히 온다.

❷ 간상의 巳는 낮 귀인, 지상의 卯는 밤 귀인이다. 초전의 酉를 이들이 함께 도우니 양 귀인이 보필한다.

❸ 삼전의 모든 금이 일간을 생하니 매우 길하고 낮 천장오행인 순토가 일간을 극하니 일간이 매우 흉하다. 따라서 천장은 흉하지만

삼전은 길하다.

- **정단** : ❶ 종혁격(從革格)이니 옛것을 고쳐 새로운 것을 따르는 상이고, 섭해(涉害)이니 어려움을 겪고, 도액(度厄)이니 가족이 서먹서먹하다. 정단하면 가족이 분리되니 망동하면 절대로 안 된다.

  ❷ 관직자가 정단하면 중·말전이 공망되었다. 만약 낮에 정단하면 관인(官印)이 서로 생하니 대길하다.

○ **날씨** : 삼전이 일간을 생하니 햇빛이 만리를 간다.
  → 삼전의 종혁(從革)은 가을의 상이다. 다시 중·말전이 공망되었으니 햇빛이 만리를 간다.

○ **가정** : 집은 왕성하고 사람은 형통하다.
  → 일간은 사람, 일지는 가택이다. 巳는 역마이고 그 위의 둔간 丁이 일간의 재성이 되어 일간에 임하니 반드시 돈과 문서가 오니 사람은 형통하고, 지상의 귀인승신 卯가 일지 亥수의 생을 받으니 집이 왕성하다.

○ **혼인** : 남녀의 가문이 모두 권문세가이다. 쌍방이 오래오래 사이 좋게 지낸다.
  → 일간은 나, 일지는 배우자감이다. 간상은 낮 귀인이고 지상은 밤 귀인이니 남녀의 집안이 엇비슷한 권문세가이다. 다만 섭해과이니 혼인에 장애가 있다. 만약 혼담이 지지부진할 경우에는 삼전이 종혁이니 배우자감을 바꿔야 한다. ● 궁합 : 좋다.

○ **임신·출산** : 남자를 임신한다. 순산한다.
  → 음이 극에 이르면 양이 되니 남자를 임신한다. ● 일간은 태아, 일지는 임신부이다. 간상의 巳가 지상의 卯를 탈기하니 순산한다.

○ **구관** : 양 귀인은 일록을 공협하고 일덕이 역마를 대동해서 일간에 임하며 삼전은 체생하니 크게 이롭다.

→ 일덕과 귀인은 공무원, 일록은 공무원이 받는 녹봉, 역마는 승진의 신이다. 일간 丑과 일지 亥가 일록 子를 인종하니 녹봉이 오르고, 일덕인 巳가 역마인 巳를 대동해서 나에게 오니 구관에 크게 이로운데 삼전에서는 말전 巳 ⋯ 중전 丑 ⋯ 초전 酉 ⋯ 일간 癸를 체생하니 더욱 이롭다. 만약 공망된 丑이 풀리는 축년이나 축월이나 축월장(동지~대한)에 정단하거나 이 시기가 오면 더욱 이롭다.

○ **알현** : 낮에 정단하면 매우 길하다.
→ 낮에 정단하면 귀인승신 巳가 일간의 재성이니 나의 부탁을 들어준다. 그러나 밤에 정단하면 일간이 귀인승신 卯로 탈기되니 오히려 손실이 발생한다.

○ **구재** : 재성에 정마가 타고 다시 일덕이 되어 일간에 임했으니 구하지 않더라도 저절로 재물을 획득한다.
→ 재성은 재물, 정마는 신속, 일덕은 흉화위길의 신이다. 재성이 역마를 타니 재물이 나에게 속히 오고, 재성이 일덕을 겸하면 순조롭게 재물을 획득한다.

○ **출행** : 이롭다.
→ 일간은 여행객, 일지는 여행지이다. 간상에 역마와 정마와 일덕이 임하니 출행이 이롭다. 다만 일간이 지상으로 탈기되니 여행비가 많이 지출된다.

○ **귀가** : 오지 않는다.
→ 간상에 역마와 정마가 임하니 오히려 출행한다.

○ **도난** : 쉽게 잡는다.
→ 구진은 경찰, 현무는 도적이다. 낮에 정단하면 구진승신 酉가 현무승신 寅을 극하니 도둑을 쉽게 잡고, 밤에 정단하면 구진승신 未가 현무승신 子를 극하니 도둑을 쉽게 잡는다.

↑ **쟁송** : 내가 유리하다.
→ 일간은 나, 일지는 상대이다. 간상이 지상의 생을 받으니 내가

유리하다. 또한 초전은 튼실하고 말전은 공허하니 내가 유리하다.
● 관재 : 과명이 섭해(涉害)이니 관재가 오래 간다. 비록 주귀(朱鬼)와 구귀(勾鬼)가 제4과에 임하지만 삼전의 금국이 이것을 설기해서 일간을 생하니 관재가 가벼워지고 또한 흉화위길의 신인 덕신이 일간에 임하니 관재가 가벼워진다.
○ 전쟁 : 삼전이 종혁이니 전투를 멈추고 휴양해야 한다.
➜ 종혁(從革)에는 구개신취하는 뜻이 있다. 따라서 전쟁을 멈추고 휴양해야 한다.

□ 『필법부(畢法賦)』 : 〈제31법〉 삼전이 차례로 일간을 생하여 오면 타인의 추천을 받는다.
➜ ○ 구관 참조.
〈제84법〉 합 속에 살을 범하면 꿀 속에 비상이 있다.
➜ 비록 삼전이 삼합하여 기운이 화목하지만 초전의 酉와 지상의 卯가 상충하니 꿀 속에 비상이 있다. 가령 혼인을 정단할 경우, 삼전은 혼담이 진행되는 과정이다. 삼전이 삼합하니 혼담이 대체로 원만하게 진행되지만, 혼담의 초기를 뜻하는 초전의 酉와 지상의 卯가 상충하니 혼담 초기에 혼담이 깨질 우려가 있으니 주의해야 한다.
□ 『고감(古鑒)』 : 자년(子年)에 출생한 사람이 월장 辰을 점시 子에 가한 뒤에 과거응시를 정단한다. 삼전이 일간을 체생하고, 염막귀인이 일간에 임하며, 일지와 일간의 양 귀인이 연명상신을 공협하고, 다시 연명상신이 천강인 辰이니 반드시 높은 성적으로 합격한다. 중전과 말전이 비록 공망이지만 본명이니 공망으로 논하지 않는다.
➜ 辰은 천강성이고, 천강성은 곧 붇두칠성으로서 우주를 주재하니 더욱 길하다.
□ 『지장부』 : 酉丑巳는 칼날을 들어 올린다는 뜻이 있는 '헌인(獻刃)'이

니 원근과 무관하게 모두 상해를 입는다.

→ 삼전의 酉丑巳는 칼날과 총칼에 비유된다. 무관직자가 정단하면 권력을 쥔다는 뜻이 성립되니 길하다. 다만 일반인이 정단하면 사고로 인해 몸을 다치거나 범법으로 인해 형을 집행당한다고 해석할 수 있다.

☐ 『옥성가(玉成歌)』: (밤에 정단하면) 천공이 발용이 되었으니 용사(用事)에서 근거가 없고, 앞에 구진을 대동해서 구진이 정(情)으로써 인도한다.

癸亥일   제 10 국

공망 : 子·丑
낮 : 왼쪽 천장, 밤 : 오른쪽 천장

丙	己	壬
后 辰 蛇	朱 未 勾	靑 戌 白
丑 ○	辰	未
丙	己	甲	丁
后 辰 蛇	朱 未 勾	玄 寅 后	貴 巳 朱
○癸丑	辰	亥	寅

- **과체** : 원수(元首), 가색(稼穡), 참관(斬關) // 간지동류(干支同類), 수일 정신(水日丁神), 유자(遊子/6·12·3·9월), 전국(全局), 복덕(福德), 귀색 귀호(貴塞鬼戶), 절신가생(絶神加生/연명:寅), 형상(刑傷), 귀묘(鬼墓), 묘신부일(墓神覆日), 중귀수창(衆鬼雖彰), 참관(斬關), 고진과수(孤辰寡宿).

- **핵심** : 묘신이 일간을 극한다. 삼전이 화를 낸다. 위태를 풀 수 있는 사람은 오로지 식구이다.

- **분석** : 묘신이 일간을 뒤덮은 뒤에 일간을 극하고는 발용이 되었고 삼전은 모두 귀살이다. 밤에는 초·말전에 등사와 백호가 타니 흉한 과이지만 지상에 있는 寅목이 무리를 지은 귀살을 대적하니, 만약 사람이 위태한 상황에 처했더라도 식구가 그것을 구하여 푼다. 그 이유는 寅이 가정을 뜻하는 택상에 있기 때문이다.

- **정단** : '가색(稼穡)'이니 막히고 지체되는 일이 많고, '참관(斬關)'이니 안거할 수 없다. 다행히 천을귀인이 귀호인 寅을 막으니 귀적이 많을지라도 감히 사람에게 해를 입히지 못한다. 따라서 관직자가 정단

하면 승진하는 영광이 있다.

○ **날씨** : 일상에 묘신이 타니 혼미하고 어둡다.
→ 혼미와 어둠의 신인 묘신이 하늘을 뜻하는 일간을 덮었으니 하늘이 혼미하고 어둡다.

○ **가정** : 질병과 소송이 침범하고 재물이 나가니 손실과 뺏김을 예방해야 한다.
→ 귀살은 재앙, 백호는 질병, 주작과 구진은 쟁송이다. 밤에 정단하면 백호승신 戌이 일간의 귀살이니 병재, 구진승신 未가 귀살이니 쟁송을 예방해야 한다. 낮에 정단하면 주작이 귀살 未에 타니 구설수나 탄핵을 예방해야 한다.
● 일간은 사람이다. 일간 癸가 집을 뜻하는 지상의 寅으로 탈기되니 손실을 예방해야 한다. 특히 낮에는 지상의 寅에 현무가 타니 도난을 예방해야 한다. ● 일간은 사람이다. 간상이 일간의 묘신이니 사람이 하는 모든 일이 어둡다. 밤에는 묘신에 등사가 타니 사고나 질병 등으로 인해 놀라는 일을 예방해야 한다. 다행히 지상의 寅이 간상의 귀살 겸 묘신을 제압하니 나중에는 흉이 풀린다.

○ **혼인** : 나쁘다.
→ 일간은 나, 일지는 배우자감이다. 일간이 묘지에 매장된 상이어서 곤경에 처한 상이고 다시 간상의 辰이 지상의 寅으로부터 극을 받으며 초전의 지반이 공망되어 여자를 잃는 상이니 나쁘다. ● 궁합 : 나쁘다. ● 일지는 상대이다. 낮에는 지상에 현무가 타니 도심이 있는 사람이고, 밤에는 천후가 타니 숙녀이다.

○ **임신·출산** : 여자를 임신한다. 쉽게 낳지만 키우기 어렵다.
→ 삼전은 태아가 생육되는 과정이다. 삼전의 두 양인 辰과 戌이 중전에 있는 하나의 음인 未를 감싸니 여자를 임신한다. ● 일간은 태

아, 일지는 임신부이다. 간상의 辰이 지상의 寅으로부터 극살을 당하여 태아가 상하는 상이고 다시 간상의 辰 이 일간의 묘신이지만 충을 당하지 않으니 태아를 출산하더라도 정상적으로 양육할 수 없다.

○ **구관** : 크게 이롭다.
  → 관성은 관직이다. 일간음양의 관성과 삼전이 연합하여 관성국을 형성하고 일지음신의 丁巳가 관성을 생하여 도우니 구관에 크게 이롭다. 만약 연명이 寅卯이면 그 상신이 관성을 생하는 재성 巳午이니 구관에 더욱 이롭다. 만약 공망된 관성국을 형성하는 축년이나 축월이나 축월장(동지~대한) 기간에 정단하면 구관에 더욱 이롭다.

○ **구재** : 획득한다.
  → 재성은 재물이다. 일지음신이 재성인 丁巳이니 재물을 획득하고 다시 일간의 둔반이 재성인 丙이니 암재를 얻는다. 다만 초전이 공망되었으니 구재 초기에 어려움이 많고 삼전이 귀살국이니 위험이 많다.

○ **질병** : 신수가 부족하거나 혹은 간경락의 병이다. 동북방에 있는 木자가 들어간 성씨의 의사를 구해서 치료해야 한다.
  → 밤에 정단하면 백호승신 戌토의 극을 받는 신장에 병이 들어 신수가 부족하고, 또한 수의 자식에 해당하는 간경락에 병이 들었다. 의약신이 寅이니 寅이 뜻하는 李, 朴, 林 등 목자가 들어간 성씨의 의사를 구해서 치료해야 하고, 寅이 亥에 임하니 亥가 뜻하는 서북방에서 의사를 구해야 한다.

○ **출행** : 매우 뜻대로 되지 않는다.
  → 일간은 여행객, 일지는 여행지이다. 간상이 묘신이니 출행할 수 없다. 만약 출행하면 일간이 지상의 寅목으로 탈기되니 뜻대로 되지 않고 오히려 손실이 발생한다. 낮에 정단하면 현무가 타니 도난을 당하고, 밤에 정단하면 천후가 타니 처와 동행할 경우에는 처를 잃

거나 혹은 처로 인해 손실이 발생할 우려가 있다.
- ○ **귀가** : 즉시 온다.
  - → 초전은 귀가의 말기, 사계는 사물의 말기이다. 초전이 사계의 하나인 辰이니 즉시 도착한다.
- ○ **도난** : 낮에는 동남방에 있고, 밤에는 정동방에 있다.
  - ※『육임직지』원문에서는 "낮에는 동북방에 있고, 밤에는 정북방에 있다."고 하였다.
  - → 도둑은 현무의 음신에 숨어 있다. 낮에 정단하면 현무음신이 巳이니 동남방에 있고, 밤에 정단하면 현무음신이 卯이니 정동방에 있다.
- ↑ **쟁송** : 상대가 승소한다.
  - → 일간은 나, 일지는 상대이다. 지상의 寅이 간상의 辰을 극하니 상대가 승소한다.
- ○ **전쟁** : 적이 승전한다.
  - ※『육임직지』원문에서는 "주가 승전한다."고 하였다.
  - → 일간은 아군, 일지는 적군이다. 지상의 寅이 간상의 辰을 극하니 적군이 승전한다.

- □ 『**필법부(畢法賦)**』: 〈제65법〉 일간의 묘신이 관신(關神)을 아우르면 사람과 가택이 황폐해지는 허물이 있다. … 만약 일간의 양 과에서 발용이 되면 사람이 쇠패해진다.
  - → 일간의 묘신이 일간에 임하면 사람이 하는 일이 쇠패(衰敗)해진다. 만약 여름에 정단하면 간상과 초전의 辰이 관신이니 더욱 쇠패해진다.
- □ 『**육임지남(六壬指南)**』: 癸亥일에 월장 午를 점시 卯에 가한 뒤에 면책(피론, 被論)을 정단한다. ① 과상은 비록 흉하지만 결국은 두렵지 않

다. ② 말하기를 장봉현이 보기에 대체로 어떠한가? 내가 말하기를 장봉현이 풀이한 바에 의하면 과가 좋다. 태세가 일간을 극하므로 임금에 의해 좋지 않지만 목(木)의 성씨를 쓰는 사람이 해를 구하며 석방된다.

③ 삼전이 순조로운 관귀이고 관신과 묘신이 일간을 덮으므로 어찌 흉하지 않겠는가? 좋아 보이는 것은 양 귀인이 일간을 팔짱끼고 복덕(福德)(자손효)과 의신(육의(六儀)이 일지에 임하며 다시 정마·귀인·일덕이 본명에 임하며 또다시 황은과 천조이므로 흉이 변하여 길하게 된다. ④ 그 후에 장봉형이 형부에 수감되었지만, 각사 이 선생(목성인)이 상소하여 죽음에서 감형되어 변방으로 귀양을 가도록 구해 주었다. 나중에 알게 되었는데 그는 운간 전(전용석) 상공이었다.

※ 이우산, 『육임실전』 2, 대유학당, 2014, 217쪽~218쪽 참조.

癸亥일   제 11 국

공망 : 子·丑
낮 : 왼쪽 천장, 밤 : 오른쪽 천장

	○	乙	丁
常丑陰	陰卯貴	貴巳朱	
亥	丑○	卯	
乙	丁	○	乙
陰卯貴	貴巳朱	常丑陰	陰卯貴
○癸丑	卯	亥	丑○

己 朱 未 巳	庚 勾 合 申 午	辛 勾 空 酉 未	壬 空 白 戌 申
蛇 戌 合 午 辰			癸 亥 常 酉
貴 丁 朱 巳 卯			白 ○ 玄 子 戌
后 丙 蛇 辰 寅	乙 陰 貴 卯 丑○	甲 玄 后 寅 子○	常 ○ 陰 丑 亥

□ **과체**: 섭해(涉害), 불비(不備), 진간전(進間傳), 여덕(勵德/낮), 출호(出戶/丑卯巳) // 간지동류(干支同類), 수일정신(水日丁神), 췌서(贅婿), 복덕(福德), 가귀(家鬼), 회환(回還), 무음(蕪淫), 육음(六陰), 재성정마(財星丁馬), 복공(腹空), 강색귀호(罡塞鬼戶), 막귀임간(幕貴臨干/낮), 귀인상가(貴人相加), 귀인탈기(貴人脫氣/밤), 과수(寡宿).

□ **핵심**: 주야의 귀인이 모여 있고, 재성과 역마가 함께 있다. 공망을 생하니 재난과 고통이 반복된다.

□ **분석**: ❶ 낮 귀인 巳가 밤 귀인 卯에 가했으니 주야의 귀인이 모여 있다. 巳는 일간의 재성이며 정마이니 둘은 곧 하나이다.
❷ 지상에는 공망된 귀살이 타고 일간에는 튼실한 도둑이 탄다. 일간이 일지에 가하고 일지가 일간으로 전해졌으니 과전이 순환한다.
❸ 중전이 일간을 탈기(脫氣)한 뒤에 공망된 초전의 귀살을 생해서 일간을 극하니 재앙과 고통이 끝이 없다.

□ **정단**: ❶ 견기(見機)이다. 그리고 삼전이 사이를 띄어서 전해지니 그 기세가 막히고 지체되며 방황(彷徨)한다. 또한 사과가 불비(不備)이

니 모든 일에서 조화롭지 않은 일이 많다. 만약 앉아서 지키면 卯가 귀살 丑을 감당할 수 있으니, 비록 탈기는 당하지만 재앙은 면할 수 있다.

❷ 주야의 귀인이 서로 가하니 재물을 들고 귀인에게 가서 부탁하는 일에 좋다.

❸ 말전이 초전을 도와 일간을 극하지만 초전이 공망되어 일간을 극하지 못하니, 소위 "닭을 안고서는 싸우지 못하는 것"에 해당한다.

※『대육임필법부』, 〈제37-1법〉의 포계불투격(抱雞不鬪格)에 해당한다.

○ **날씨** : 맑다.

→ 초전과 중전이 공망되어 하늘이 텅 빈 상이니 맑고 말전이 丁巳 화이니 다시 맑다.

○ **가정** : 두 성씨가 동거한다. 사람과 집이 편안하지 않다.

→ 일간은 외사문, 일지는 내사문이다. 기궁 丑이 지상으로 갔으니 두 성씨가 동거한다. ● 일간은 사람, 일지는 집이다. 일간 癸가 간상의 卯로 탈기되어 손실이 많으니 편안하지 않다. 낮에는 간상에 음란의 천장인 태음이 타니 음사(陰私)로 인한 손실이고, 밤에는 간상에 귀인이 타니 공무원이나 사회의 귀인에 의한 손실이다. ● 일지 亥가 지상의 丑으로부터 극살을 받았으니 집이 편안하지 않다. 낮에는 태상이 타니 가정에서 상(喪)을 예방해야 하고, 밤에는 태음이 타니 가정에서 소인에 의한 해를 예방해야 한다.

○ **혼인** : 간지의 상신이 공함되었으니 불길하다.

→ 일간은 남자, 일지는 여자이다. 일간의 기궁인 丑이 공함되었으니 장가를 갈 수 없는 형편이다. ● 궁합 : 남자를 뜻하는 기궁이 여

자를 뜻하는 지상으로 갔으니 만약 장가를 간다면 궁합이 좋다. ●
삼전은 혼담과정이다. 초전이 공망되었고 다시 삼전이 진간전(進間傳)이니 혼사가 진행되기 어렵고 혼인이 성사되기 어렵다. ● 말전이 재성이고 여기에 귀인이 타니 나중에 공무원인 여자와 인연이 될 수 있다.

○ **임신·출산** : 음이 극에 이르면 양이 생기니 남자 조짐이다. 출산은 흉하다.

→ 과전이 모두 음이다. 음이 극에 이르면 양이 되는 이치에 의해 남자가 된다. ● 출산을 정단하면 비록 섭해과이지만 천반의 丑이 공망되어 복공(腹空)이니 비교적 속히 출산한다.

○ **구관** : 처음에는 흉하고 나중에는 길하다.

→ 관성은 공무원, 귀인은 공무원이다. 비록 초전의 관성 丑은 공망되었지만 말전의 귀인승신 巳가 튼실하니, 처음에는 흉하지만 나중에는 길하다. ● 고시·승진 : 이번에는 나쁘고 나중에는 좋다.

○ **구재** : 얻는다.

→ 재성은 재물이다. 말전의 丁巳가 재성이니 얻는다. 丁巳가 정마이고 정마에는 원방과 신속의 뜻이 있으니 원방에서 재물을 얻는다. ● 낮에는 귀인이 타니 관청을 통한 득재가 마땅하고, 밤에는 주작이 타니 문서, 문화, 학문을 통한 득재가 마땅하다.

○ **질병** : 사람과 질병이 모두 공함되었으니, 구병은 흉하고 신병은 약을 쓰지 않아도 좋다.

→ 일간은 병자이다. 일간이 공망된 것은 사람이 존재하지 않는 상이니 구병을 정단하면 사망한다. ● 일지는 질병이다. 일지가 공망되었으니 신병을 정단하면 약을 쓰지 않아도 저절로 낫는다.

○ **출행** : 길하지 않다.

→ 일간은 여행객, 일지는 여행지이다. 일간이 간상으로 탈기되고 공함되었으니 길하지 않다. 낮에는 태음이 타니 소인으로 인한 손

실이고, 밤에는 귀인이 타니 귀인이나 공무원으로 인한 손실이다.
● 지상의 丑이 귀살이니 안전한 여행지가 아니다. 낮에는 태상이 타니 사망을 예방해야 하고, 밤에는 태음이 타니 음인에 의한 해를 예방해야 한다.

○ **귀가** : 밖에서 도모한 일에 관한 이익을 취득한 뒤에 즉시 돌아온다.
→ 재성은 재물이다. 목적지를 뜻하는 말전이 丁巳이니 밖에서 도모한 일에 관한 소득이 있다.

○ **도난** : 동북방에 도둑이 있다.
→ 도둑은 현무의 음신에 있다. 낮에 정단하면 현무음신인 辰이 동남방을 뜻하니 동남방에 도둑이 있고, 밤에 정단하면 현무음신 寅이 동북방을 뜻하니 동북방에 도둑이 있다.

↑ **쟁송** : 내가 유리하다.
→ 일간은 나, 일지는 상대이다. 간상의 卯가 지상의 丑을 극하니 내가 유리하다.

○ **전쟁** : 객(客)의 군에 이롭다.
→ 일간은 객, 일지는 주이다. 간상의 卯가 지상의 丑을 극하니 객의 군에 이롭다. 객의 군은 공격하는 군을 뜻한다.

□ 『**필법부(畢法賦)**』 : 〈제45법〉 주야귀인이 서로 가하면 양 귀인에게서 구하면 된다.
→ 주로 하급공무원이 상급공무원을 만나 승진, 발탁, 건의 혹은 일반인이 관청의 직원에게 부탁할 때에 적용된다.

□ 『**필법부(畢法賦)**』 : 〈제44법〉 과전이 모두 귀인이면 도리어 의지할 곳이 없게 된다.
→ 이 과전에서는 간상, 제2과의 천반과 지반, 제4과 천반, 중전의 천반, 말전의 천반과 지반 등 일곱 귀인이 있다.

□ 『**고감(古鑑)**』: 월장 未를 점시 巳에 가한 뒤에 공무원 임용고시 응시를 정단한다. 명 귀인이 암 귀인 위에 가하면 양 귀인이 밝음으로 향한다는 뜻의 "양귀향명(二貴向明)"이라고 한다. 염막귀인 卯가 밤에는 나타나지 않았지만 낮 귀인이 그 위에 가하면 처음에는 어둡고 나중에는 밝은 상이다. 하물며 癸亥는 여섯 甲의 극(極)이다. 일간이 가서 일지를 취하면 근본적으로 안에서 밖으로 발출(發出)된다. 본신 위에서 염막귀인을 얻었으니 시험에서 합격을 어찌 의심할 수 있겠는가?

➜ 이 과전에서는 귀인이 임한 일간이 공망되었으니 합격하지 못한다. 다만 공망된 丑이 메워지는 축년이나 축월이나 축월장(동지~대한) 기간에 정단하면 시험에 합격한다.

癸亥일 제 12 국

공망 : 子·丑
낮 : 왼쪽 천장, 밤 : 오른쪽 천장

	○	甲	乙
	常丑陰	玄寅后	陰卯貴
	子 ○	丑 ○	寅
	甲	乙	○	○
	玄寅后	陰卯貴	白子玄	常丑陰
	○癸丑	寅	亥	子

戊午蛇巳	己未朱午	庚申勾未	辛酉空申
丁巳貴辰朱			壬戌青酉白
丙辰后卯蛇			癸亥空戌常
乙卯陰寅貴	甲寅玄丑后	○子常子陰	○子白亥玄

□ **과체** : 원수(元首), 진여(進茹) // 고진과수(孤辰寡宿), 간지동류(干支同類), 장태(將泰), 육의(六儀), 복덕(福德), 인종(引從), 우녀상회(牛女相會), 록현탈(祿玄脫), 권섭부정(權攝不正), 가귀(家鬼), 회환(回還), 맥월(驀越), 복공(腹空), 귀인입옥(貴人入獄/낮), 천라지망(天羅地網), 록공(祿空), 교차상합(交叉相合).

□ **핵심** : 서로 정답지만 재난을 넘겨야 한다. 낮에 정단하면 태상이 우녀(牛女)에 타니 혼인에서 좋은 중매인을 만난다.

□ **분석** : ❶ 간상의 寅과 일지 亥가 상합하고 지상의 子와 일간(기궁) 丑이 상합하여 간지가 교차상합(交叉相合)을 한다.

❷ 다만 공망된 일록이 일지에 임하고, 간상은 실제하는 도둑신이며, 초전의 관귀효 丑을 중·말전이 제극하지만 중·말전에 탈기(脫氣)가 아닌 곳이 없으니 재앙과 우환이 있다.

❸ 子와 丑은 이십팔수의 견우와 직녀이다. 丑이 子에 가해서 발용이 된 곳에 태상이 타니 견우와 직녀가 상봉하는 상이니 좋은 중매인을 만난다.

□ **정단 :** ❶ 원수과이고 연여(連茹)이다. 전진해서 존귀한 자가 비천한 자를 제어하니 마침내 큰 결과로 나타난다.
　❷ 일간과 일지에 천라지망(天羅地網)이 타니, 모든 일에서 엄수(嚴守)하면 이롭고 움직여서 도모하면 불리하다.
　❸ 일록이 일지에 임하고 현무와 백호가 타니 식록으로 인한 우환이 생기고 손실사가 생긴다.

○ **날씨 :** 기수(箕宿)가 일간에 임한 뒤에 삼전에 드니 바람이 분다.
　→ 기수인 寅은 바람, 일간은 하늘이다. 기수가 일간에 임한 뒤에 중전에 들었으니 바람이 분다.
○ **가정 :** 교차상합(交叉相合)하니 가정의 내외가 두루 형통한다. 다만 속고 잃는 일과 낭비와 손실을 예방해야 한다.
　→ 일간은 부모이고 일지는 자녀, 일간은 남편이고 일지는 아내이다. 간상의 寅과 일지 亥가 상합하고 지상의 子와 일간(기궁) 丑이 상합하니 부모는 자식, 남편은 아내와 화합하니 가정 내외가 두루 형통하다. ● 다만 일간이 간상으로 탈기되니 손실이 발생한다. 낮에는 현무가 타니 도난이나 사기, 밤에는 천후가 타니 부녀자를 잃거나 부녀자로 인한 손실이다. ● 일록인 지상의 子가 공망되었으니 가정에서 식록을 잃는 것을 예방해야 한다. ● 귀살인 일지음신의 丑에 낮에는 태상이 타니 상을 예방해야 하고, 밤에는 태음이 타니 소인에 의한 해를 예방해야 한다.
○ **혼인 :** 교차상합(交叉相合)하니 혼인하고 해로한다.
　→ 일간은 나, 일지는 배우자감이다. 간지가 교차상합을 하니 혼인이 성사되는 상이지만 지금은 공망되었으니 이루지 못한다. 다만 공망된 丑과 子가 풀리는 시기에 정단하거나 혹은 그 시기가 되면 성사된다. 그리고 일지음양이 子와 丑이다. 견우와 직녀가 상봉하는

상이니 혼인이 성사되고, 만약 子와 丑에 길장이 타면 더욱 좋다. 이 과전에서는 낮에 정단하면 길장인 태상이 丑에 타지만 갑인순의 공망이 되었으니 혼인을 이루지 못한다. ● 궁합 : 공망이 풀리는 시기에 정단하면 좋다. ● 일지는 상대이다. 낮에 정단하면 지상에 백호가 타니 드세고, 밤에 정단하면 현무가 타니 사특하다.

o **임신·출산** : 삼전에서 음이 양을 감싸고 간상신이 비(比)가 아니니 남자이다. 출산을 정단하면 액이 심하다.

→ 일간은 태아, 삼전은 태아가 생육되는 과정이다. 일간의 음양에서 두 음인 癸와 卯가 하나의 양인 寅을 감싸니 남자이고, 삼전에서 두 음인 丑과 卯가 하나의 양인 寅을 감싸니 다시 남자이다. ● 태아를 뜻하는 일간과 임신부를 뜻하는 일지가 교차상합하는 것은 태아가 자궁을 떠나지 않는 상이니, 출산을 정단하면 액이 심하다.

o **구관** : 왕록이 일지에 임하니 비정규직이다.

→ 일록은 직록, 일지는 비(卑)이다. 회사 입사 시험에 합격한 경우, 일록이 일지에 임했으니 비정규직이다. 이미 관직이 있는 사람이 정단하면 지방으로 가거나, 좌천되거나, 부서를 옮긴다. ● 관성인 丑이 공망되었고, 다시 박관살(剝官殺) 寅卯가 과전에 많으니 공무원은 퇴직을 예방해야 한다.

● 고시·승진 : 일간이 공망되었고, 초전의 관성이 공망되었으며, 일간음양의 寅卯와 중·말전의 박관살(剝官殺)이 매우 강하니 나쁘다.

o **구재** : 공망되었으니 소득이 없다.

→ 재성은 재물이다. 재물을 뜻하는 재성이 과전에 나타나지 않았으니 소득이 없고 일간이 간상과 중·말전으로 탈기되었으니 오히려 손실이 크게 발생한다.

o **질병** : 심장과 신장 두 경락의 병이다. 신병은 낫고 구병은 흉이 심하다.

→ 질병은 백호의 극을 받는 오행의 장부에 발생한다. 낮에 정단하

면 백호승신 戌토의 극을 받는 신장에 병이 들고, 밤에 정단하면 子수의 극을 받는 심장에 병이 든다. 낮의 백호승신 子가 공망되었으니 심장병은 쉽게 낫고, 밤의 백호승신 戌은 과전에 나타나지 않았으니 역시 병이 쉽게 낫는다. 다만 사람을 뜻하는 일간이 공망되었고 다시 초전의 상하가 공망되어 '고진과수(孤辰寡宿)'이니 구병을 정단하면 사망할 우려가 있다.

○ **유실** : 찾아서 획득하지 못한다.

→ 재성은 재물이다. 과전에 재성인 巳午가 나타나지 않았으니 찾지 못하고 획득하지 못한다.

○ **출행** : 이롭지 않다. 가지 못한다.

→ 일간은 여행객, 일지는 여행지이다. 일간이 간상으로 탈기되었고 다시 공함되었다. 또한 지상의 子가 공망되었으니 출행이 이롭지 않고 가지 못한다.

○ **귀가** : 역마가 묘지에 들고 다시 천라지망(天羅地網)이니 떠나지 못한다.

→ 역마는 자동차, 묘지는 매몰의 신이다. 역마인 巳가 일간의 묘지인 辰에 임하고 다시 간지의 상신이 그물을 뜻하는 천라지망(天羅地網)이니 떠나지 못한다.

↑ **쟁송** : 내가 유리하다.

→ 일간은 나, 일지는 상대이다. 일간과 일지가 모두 공망되었으니 승패를 예측하기 어렵다. 그러나 일간음신의 卯목이 일지음신의 丑토를 극하니 내가 조금 유리하다. ● **관재** : 관재를 뜻하는 초전의 귀살이 공망되었으니 관재가 풀린다.

○ **전쟁** : 군사를 잃는 상이다. 근신해야 한다.

→ 일간음양의 천반이 탈기인 寅卯이고 행군을 뜻하는 삼전이 공망과 탈기이니 근신해야 한다.

○ **분묘** : 록신이 일지에 임했으니 발귀(發貴) 한다.

→ 비록 일록 子가 일지에 임하지만 갑인순의 공망이 되었으니 그렇지 않고, 오히려 일지음양이 공망되었고 지상의 子가 오행의 수여서 구멍난 묘지로 빗물이 들어가는 상이니 흉한 묘지이다.

□ 『필법부(畢法賦)』: 〈제55법〉 천라지망(天羅地網)을 만나면 모망사가 보잘 것이 없게 된다. 간상에 간전일진이 타고 지상에 지전일진이 타면 '천라지망'이다. 대개 이 괘를 얻으면 그물로 몸과 가택을 옭아매니, 모든 정단에서 어찌 형통할 수 있겠는가?
〈제8법〉 일록이 일지에 임하면 임시직으로서 정당한 직위가 아니다.
→ O 구관 참조.

□ 『과경(課經)』: 간상의 寅을 낮에 정단하면 간상에서 탈기를 만나고 여기에 천장의 하나인 현무가 타니 '탈도지격(脫盜之格)'이다.
→ O 가정 참조.

□ 『단경(斷鏡)』: 공무원은 관성이 공망된 것을 절대적으로 꺼리며 또한 관성이 만약 공망되면 만임하지 못한다.
→ 초전의 관성 丑이 공망되었다.

□ 『지장부』: 丑寅卯는 '장태(將泰)'이다. 명성은 있지만 실제적인 혜택은 어둡다.
→ 丑시는 깊은 밤, 寅시는 이른 새벽, 卯시는 동이 틀 무렵이어서 아직은 광명이 비치지 않았으니 혜택이 없다.

□ 『심인부(心印賦)』: 子丑이 서로 가하면 일이 반드시 성사되고 다시 길장을 만나면 환희가 생긴다.
→ 혼인을 정단하면 견우와 직녀가 상봉하는 상이니 혼인이 성사되고, 만약 子와 丑에 길장이 타면 더욱 좋다. 이 과전에서는 낮에 정단하면 길장인 태상이 丑에 타지만 갑인순의 공망이 되었으니 혼인을 이루지 못한다.

끝맺는 말

　이 책은 『육임입성대전검』·『육임직지』·『육임요결』을 위주로 '육임의 720과 고전'을 번역·주석한 책이다. 이 책의 특징은 다음과 같다.

　첫째, 누구나 활용이 가능하다.
　인사(人事)의 길흉(吉凶)과 성부(成否)에 관심이 있는 분이라면 누구나 활용이 가능하다. 그 이유는 육임 문헌에서의 정답을 제시했기 때문이다. 만약 육임의 기초 이론을 숙지한 분이라면 이 책을 더욱 더 잘 활용할 수 있을 것이다.
　둘째, 정답을 제시했다.
　각 사안별로 고전에서의 정답 및 현대인에게 필요하다고 생각되는 사안에 대해 정답을 제시했다.
　셋째, 정답이 도출된 이유를 적었다.
　이를 통해 독학이 가능하고 육임의 이치를 연구할 수 있다.

　육임 고전을 번역한지 17년이 되었지만 번역·주석하는 일이 결코 쉬운 일만은 아니었다. 첫째, 한자 조합의 한문을 번역하되 행간에 숨어 있는 속뜻을 파악해야 하기 때문이고, 둘째, 동양의 사상과 민속을 이해하고 있어야 완전한 번역이 되기 때문이며, 셋째, 뭐니 뭐니 해도 가장 어려웠던 것은 시간이다. 10여 년 전에 완간하고 싶었지만 지금 완간하는 것은 시간이 없었기 때문이다.
　고전을 번역함에 있어서 두 가지를 주의하였다.

첫째, 고전을 가급적 현대 한국어로 번역하였다. 이 목적을 달성하기 위해 국어사전, 옥편, 중국어사전을 무척 애용하였다.

둘째, 책 출간 뒤 십 수 년이 지나면, 다음 세대가 현대 한국어를 이해하기 어려울 수 있다. 특히 육임 전문 용어에는 현대 한국어에 한자어를 병기(倂記) 하였다.

세상은 빠르게 변하고 있다. 지식을 전달하는 방법 또한 빠르게 변하고 있다. 책을 통해 지식을 전달하던 시대에서, 앱(애플리케이션)과 프로그램을 활용해서 지식을 전달하고 활용하는 시대로 빠르게 변하고 있다. 따라서 본 저자는 『대육임직지』를 재구성해서 앱과 프로그램을 개발하여 독자가 편리하게 육임을 활용할 수 있도록 할 것이고, 또한 틈틈이 육임 720과 강의를 녹화하여 유튜브에서 공감의 장을 만들 구상을 하고 있다.

끝으로 많은 분량의 원고를 편집, 출판해 주신 대유학당의 여러분께 감사의 말씀을 드리면서, 이 책이 독자께 작은 도움이 되길 기원한다.

서기 2019년 맹하에
빛고을 광명에서 이수동 적음

참고문헌

1. 고서(古書)

- 삼국시대 촉나라, 諸葛孔明(?), 『六壬直指』.
- 시대, 작자 미상, 『六壬立成大全鈐』〈고금도서집성에 수록〉.
- 명나라, 黃賓廷, 『六壬集應鈐』 (전60권).
- 청나라, 吳師靑, 『六壬要訣』.

2. 근대

- 阿部熹作[아부태산], 『鑑定祕鍵』, 京都書員(일본).

3. 현대

1) 대만

- 林相如, 『大六壬總覽』, 武陵出版公司, 대만, 1995.
- 阿部熹作[아부태산], 『鑑定祕鍵』, 武陵出版公司, 대만, 1995.

2) 국내

- 아부희작, 정민현 번역, 『六壬天文易720課鑑定祕鍵』, 삼원문화사, 1998.
- 신육천, 『육임정단법』, 상지사, 1987.
- 소담, 『六壬直指註解』, 2007.

즉문즉답
대육임직지-갑인순 [이 책의 활용법]

◆ **2019년 7월 16일(화) 낮 3시 30분~5시 30분** 사이에 정단할 경우

→ ① 일진 ② 점시 ③ 월장이 필요하다. 육임은 정확한 시간을 생명으로 여기므로 지역까지 넣어서 보려면 육임책력을 활용하면 좋겠다.

① 달력(만세력)을 보니, 일진이 甲寅이다.

② 낮 3시 30분~5시 30분의 점시가 申이다. 본문 12쪽 〈표 2〉 참조

시간	23:30 ~1:30	1:30 ~3:30	3:30 ~5:30	5:30 ~7:30	7:30 ~9:30	9:30 ~11:30	11:30 ~13:30	13:30 ~15:30	15:30 ~17:30	17:30 ~19:30	19:30 ~21:30	21:30 ~23:30
점시	자	축	인	묘	진	사	오	미	신	유	술	해

③ 7월 16일의 월장이 未이다. 본문 13쪽 〈표 3〉 참조

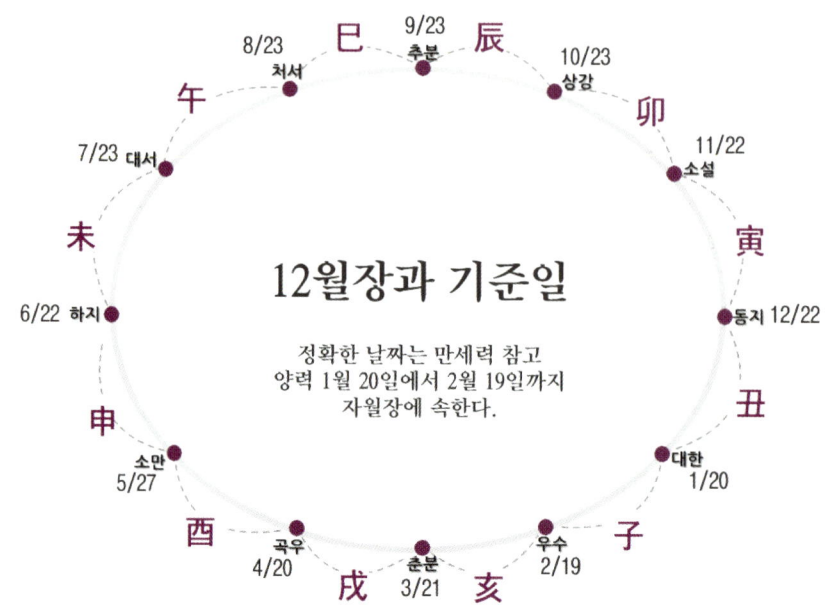

12월장과 기준일

정확한 날짜는 만세력 참고
양력 1월 20일에서 2월 19일까지
자월장에 속한다.